国内外经典教材辅导系列·新闻类

彭兰《网络传播概论》
笔记和课后习题（含考研真题）详解

主编：圣才考研网
www.100xuexi.com

中国石化出版社

内 容 提 要

国内外经典教材辅导系列是一套全面解析当前国内外各大院校权威教科书的辅导资料。彭兰著的《网络传播概论》是我国高校采用较多的传播学权威教材之一。本书遵循该教材第4版的章目编排，共分为10章，每章由四部分组成：第一部分为考情分析，提示考查重点及常考题型；第二部分为复习笔记（含导学视频），把握本章核心考点，并进行拓展延伸；第三部分为课后习题详解，对该教材的课后习题进行了详细的分析和解答；第四部分为考研真题与典型题详解，精选了部分名校近年的考研真题，补充典型题，并提供了详细的解答。

圣才考研网（www.100xuexi.com）提供彭兰《网络传播概论》网授精讲班【教材精讲＋考研真题串讲】、电子书、题库。购书即可享受大礼包增值服务【导学视频＋本书电子书（手机版、电脑版）】。手机扫码（本书封底）领取本书大礼包。

图书在版编目（CIP）数据

彭兰《网络传播概论》笔记和课后习题（含考研真题）详解/圣才考研网主编．—北京：中国石化出版社，2022.7

（国内外经典教材辅导系列·新闻类）

ISBN 978－7－5114－6748－5

Ⅰ．①彭… Ⅱ．①圣… Ⅲ．①网络传播－中国－研究生－入学考试－自学参考资料 Ⅳ．①G206.2

中国版本图书馆CIP数据核字（2022）第108022号

中国石化出版社出版发行

地址：北京市东城区安定门外大街58号

邮编：100011　电话：（010）57512500

发行部电话：（010）57512575

http://www.sinopec-press.com

E-mail：press@sinopec.com

武汉市盛宏源印务有限公司印刷

全国各地新华书店经销

*

787×1092毫米16开本18.5印张468千字

2022年7月第1版　2022年7月第1次印刷

定价：62.00元

目　录

序　言

我国各大院校一般都把国内外通用的权威教科书作为本科生和研究生学习专业课程的参考教材，这些教材甚至被很多考试（特别是硕士和博士研究生入学考试）和培训项目作为指定参考书。为了帮助读者更好地学习专业课，我们有针对性地编写了一套与国内外教材配套的复习资料，并提供配套的名师讲堂和题库。

彭兰著的《网络传播概论》是我国高校采用较多的传播学权威教材之一。作为该教材第4版的学习辅导书，本书具有以下几个方面的特点：

1. 视频导学＋框架图表体系，通俗易懂易记

本书提供视频导学，在全方位把握重要考点的同时，提纲挈领地以知识框架思维导图形式，呈现重要的考点、难点，脉络清晰，一目了然，更容易记忆。

2. 下划线＋星级标记，透彻剖析核心考点

本书每章的复习笔记均对该章的考点难点进行了整理，全书考点均按重要程度分为一星（一般了解）至五星（熟练掌握），并对关键词进行了标记，方便考生更有针对性地复习。

3. 解析课后习题，提供详尽答案

本书参考大量传播学相关资料对彭兰《网络传播概论》（第4版）的课后习题进行了详细的分析和解答。

4. 精选考研真题，补充典型习题

本书精选了部分名校近年的网络传播考研真题，并补充了典型习题。所选习题涵盖的知识点全面，特别注重理论联系实际，凸显当前热点。

要深深牢记：考研不同一般考试，概念题（名词解释）要当作简答题来回答，简答题要当作论述题来解答，而论述题的答案要像是论文，多答不扣分。有的论述题的答案简直就是一份优秀的论文（其实很多考研真题就是选自一篇专题论文，完全需要当作论文来回答）！

购书即可享受大礼包增值服务！手机扫码（本书封底）领取本书大礼包。具体包括：①导学视频；②本书电子书（手机版、电脑版）。

圣才考研网（www.100xuexi.com）是圣才学习网旗下的考研考博专业网站，提供考研公共课和全国各高校新闻传播类专业考研考博辅导班【一对一辅导（面授/网授）、网授精讲班等】、电子书、题库、全套资料（历年真题及答案、笔记讲义等）、国内外经典教材名师讲堂、考研教辅图书等。

考研辅导：kaoyan.100xuexi.com（圣才考研网）

资格考试：www.100xuexi.com（圣才学习网）

圣才考研网编辑部

第一章　互联网的演进及对传媒业的影响

1.1　考情分析

本章涵盖了各大院校的热门考点，主要介绍了互联网技术的发展和内在逻辑、网络媒体的类型以及其对传媒业的影响，互联网的未来走向等；考生应掌握 Web1.0、Web2.0、Web3.0 等各个时期的特征，网络媒体的各种类型，大众门户到个人门户的演变，智能化媒体、大数据生产方式、虚拟现实等新兴概念。

其中算法推荐、大数据、信息茧房、社会化媒体、UGC、PGC 等内容常以概念题和简答题的形式进行考查，需要重点掌握。本章是网络传播的重中之重，可以与媒介融合、新闻体制、新媒体用户、技术演变等知识点结合，考查考生对媒体变革的宏观理解。考点一中的互联网技术可以简单了解，命题频率不高。

1.2　复习笔记

【视频导学(名师点拨)】

互联网的演进及对传媒业的影响

扫码看视频导学

【知识框架(庖丁解牛)】

- 互联网的演进及对传媒业的影响
  - 互联网的技术基础
    - 计算机网络系统的组成
    - 计算机网络的分类
      - 广域网和局域网
      - 有线网络和无线网络
    - 网络协议
    - 网络互联技术
  - 互联网发展的内在逻辑
    - 互联网诞生
    - 互联网的媒体化
    - 社会化媒体时代的到来
    - 终端及其连接的升级
    - 物联网与互联网融合

- 互联网的演进及对传媒业的影响
  - 网络媒体的演变
    - 网络新闻业务形态的变化
    - 网络新闻分发平台的延展
    - “大众门户”到“个人门户”的变革
  - 网络媒体冲击下传统媒体的变革
    - 从独立向融合发展的业务形态与生产机制
    - 从凝固到游移的价值坐标
    - 从内容到产品、从受众到用户的思维转变
    - 从封闭走向开放的媒介体制变革
  - 互联网的未来走向及对传媒业的影响
    - 移动互联网重新定义大众传播
      - 改变时间观
      - 改变空间观
      - 场景
    - 大数据驱动媒体生产方式变革
    - 智能化媒体时代的到来
    - 互联网推动虚拟世界与现实世界融合

【考点难点归纳(厚积薄发)】

考点一：互联网的技术基础——计算机网络 ★

计算机网络系统就是利用通信设备和线路将地理位置不同、功能独立的多个计算机互联起来，以实现资源共享和信息传输。

1. 计算机网络系统的组成与分类(见表1-1)

表1-1 计算机网络系统的组成与分类

要点		具体内容
组成	硬件	包括：①计算机；②有线或无线通信线路；③通信设备
	软件	包括：①网络操作系统；②网络通信系统；③网络应用系统
分类	广域网和局域网	①局域网传输速率比广域网相对较高，广域网通信范围比局域网更广。 ②局域网主要用于内部网，例如企业网、校园网。而广域网则主要是公用数据通信网
	有线网络和无线网络	差别主要体现在连接时是否需要传输介质。 ①在有线网络中，各个计算机之间必须用一定的介质实现连接。 ②无线网络则通过一些无线介质实现数据传输，例如电磁波、微波、红外线或激光等，相对于有线网络容易受到干扰

2. 网络协议(见表1-2)

表1-2 网络协议

要点	具体内容
含义	网络协议是为计算机网络中进行数据交换而建立的规则、标准或约定的集合

续表

要点	具体内容	
要素	语义	是解释控制信息每个部分的意义。它规定了需要发出何种控制信息，以及完成的动作与做出什么样的响应
	语法	是用户数据与控制信息的结构与格式，以及数据出现的顺序
	时序	又称“同步”，是对事件发生顺序的详细说明

3. 网络互联技术（见表 1－3）

表 1－3　网络互联技术

要点	具体内容	
网络互联设备	包括：①网桥；②网关；③路由器；④中继器	
网络接入技术	有线系统	①一般电信及网络（xDSL、光纤网）。 ②有线电视网络（Cable Modem、以太网、光纤网）
	无线系统	包括：①卫星通信；②一般无线系统（如4G技术）；③数字微波

考点二：互联网发展的内在逻辑（见表 1－4）★★

表 1－4　互联网发展的内在逻辑

要点	具体内容	
互联网的诞生——机器互连	阿帕网	①1969 年于美国诞生，是美国国防部高级计划研究署的一个实验性网络。 ②采用“分布式”结构，提高网络的可靠性和安全性，以及信息传播的多样化和控制的复杂化
	TCP/IP	1983 年，TCP/IP 被指定为互联网的标准协议，被所有网络采纳。这被认为是全球互联网正式诞生的标志，也是互联网技术史上的第一次飞跃
互联网的媒体化——内容互连	WWW	①1989 年，蒂姆·伯纳斯·李提出了 WWW（World Wide Web，即万维网，简称为 Web）的技术构想。 ②它是一种应用方式，可以通过互联网传输超文本信息（Hypertext），用于描述如文本、图形、视频、音频等的超媒体（Hypermedia）。 ③WWW 的出现使得互联网技术变得平民化，不再是技术人员的专有工具
	搜索引擎	①指根据用户需求和一定的算法，运用特定策略从互联网检索出指定信息，再反馈给用户的一种检索技术。有网络蜘蛛型搜索引擎［如 Google、百度］和人工分类目录搜索引擎［如雅虎］两种基本形式。 ②搜索引擎向着数据全面、更新及时、分类细致等方向发展，这种搜索引擎采用的是特征提取和文本智能化等策略。 ③搜索引擎的目标是为用户提供检索服务，将检索的相关信息展示给用户
社会化媒体时代的到来——用户互连	Web2.0	①Web2.0 让用户可以广泛参与网站内容建设和交互技术，由用户主导内容的生成。 ②具有个性化和交互性特征，强调以人为中心。 ③通过 Web2.0 应用，个体可以不断扩大自身的社交网络，将个体的声音散布到网络空间，甚至将个人行为变成社会性行为

续表

要点	具体内容		
社会化媒体时代的到来——用户互连	相关概念	自媒体	指非专业媒体组织或个人通过各种网络手段进行信息传播
		UGC	User Generated Content，指用户生成的内容。网民逐渐成为互联网内容的重要生产力量，这一概念强调公民在新闻报道活动中的参与，以及新技术对于公民新闻发展的意义，对专业网站生产的内容产生冲击
		公民新闻	这一概念强调公民在新闻报道活动中的参与，以及新技术对于公民新闻发展的意义
	社会化媒体	概念	是一种基于用户社会关系的内容生产
		主要特征	①内容生产与社交的结合。人们对社会关系的需求促进了平台的内容生产，而平台上的内容也加强了人们的联系。 ②用户成为社会化媒体平台的主角，而非单纯的运营者
终端及其连接的升级	包括：①从功能手机到智能手机；②平板电脑、电子书与电子纸；③可穿戴设备		
物—物、物—人的连接	物联网技术	①物联网是指通过信息传感设备，按约定的协议，将任何物体与网络相连接，使物体能够进行信息交换和通信。 ②未来任何物体都有可能成为智能终端，自主收发信息，实现智能连接和互动。 ③由于各种可穿戴设备的不断升级，人也可能被终端化。 ④物联网技术掌握了人体很多方面的信息，隐私一旦泄露会危及个人安全	
	相关技术	①IPv6是英文“Internet Protocol Version 6”［互联网协议第6版］的缩写，能够提高互联网的地址容量，解决IP地址资源不足的问题。 ②云计算（Cloud Computing）是分布式计算的一种，指通过网络“云”将巨大的数据计算处理程序分解成无数个小程序，然后通过多部服务器组成的系统进行处理和分析，这些小程序得到结果后会返回给用户	

【考点拓展】自媒体（见表1－5）

表1－5　自媒体

要点	具体内容
含义	英文为We Media，是普通大众经由数字技术，与全球知识体系相连后的一种提供和分享事实和新闻的途径
发展趋势	①从理想主义到现实主义的转折。自媒体已经进入商业模式的探索阶段。 ②从个人主义到集体主义的转折。自媒体已经不再是以前的单打独斗的状态，而是形成了一个真正的集体
面临的挑战	①从生存环境来看，自媒体受政策、平台因素影响大。 ②从运营规范来看，自媒体的经营需要高度的自我规范与自我约束。失范的行为很容易带来品牌与口碑的瞬间瓦解。 ③从生存根基来看，合理的定位、高水准的内容和高明的传播技巧，是自媒体的立身之本

考点三：网络媒体的演变历程(见表 1－6)　★★★

表 1－6　网络媒体的演变历程

<table>
<tr><th>要点</th><th colspan="2">具体内容</th></tr>
<tr><td>网络新闻业务形态的变化</td><td colspan="2">①定时——及时——实时——全时：网络新闻时间观的发展。
②单媒体——多媒体——融媒体：网络新闻手段的丰富。
③粘贴——整合——解读：网络新闻编辑方式的发展。
④单向——互动——共动：网络新闻受众观的演变</td></tr>
<tr><td>网络新闻分发平台的延展</td><td colspan="2">①整合类平台：多源聚合＋人工分发。
②搜索引擎：多源搜索＋算法调度。
③社会化媒体：人际网络＋大众传播。
④个性化推荐平台：个性分析＋算法匹配。
⑤视频和 VR/AR 平台：临场体验＋社交传播。
⑥服务类平台：生活场景＋新闻推送</td></tr>
<tr><td rowspan="2">“大众门户”到“个人门户”的变革</td><td>大众门户</td><td>①始于 Web1.0 时代，网站传播占据主导地位。
②网站通过无差别的内容来吸引用户，带来流量。
③网站是传播的控制者。
④传播效果的测量方式有限。
⑤用户的内容传播具有明显的中心化趋势</td></tr>
<tr><td>个人门户</td><td>①由无限个网络节点(用户)以及它们之间的多元连接共同组成的人际关系网络。
②每一个节点都是传播中心，同时扮演着生产者、传播者以及接受者的多重角色，通过人际关系网络进行内容的传播。
③在个人门户模式中，传播媒介变成了“人”，人的社会关系渠道的质量和数量影响了信息广度。
④用户的社交与分享欲望成为传播动力。
⑤信息不再是无差别的，逐渐呈现个性化趋势。
⑥传播路径更加便于观测。
⑦传播变得更加多层次，想要扩大传播效果，需要进行多次传播，但每一次都有可能致使信息变形。
⑧传播格局呈现“去中心化到再中心化”的局面</td></tr>
</table>

考点四：网络媒体时代中传统媒体的变革(见表 1－7)　★★★

表 1－7　网络媒体时代中传统媒体的变革

要点	具体内容
从独立向融合发展的业务形态与生产机制	传统媒体的业务形态发生变化，走向技术融合、业务融合和市场融合的道路
从凝固到游移的价值坐标	①新闻价值要素的权重改变，媒体需要理解用户的动态价值取向。 ②质量判定坐标的迁移。用户对媒体的业务能力要求下降，对其干预和反映社会现实的能力有了更高的要求

续表

要点	具体内容
从内容到产品、从受众到用户的思维转变	①网络产品不只是内容，还包括关系产品、接入产品和服务产品。 ②网络时代的信息消费是参与式和分享式的，用户的角色具有多重性，既是生产者也是消费者
从封闭走向开放的媒介体制变革	包括：①媒体间的开放与合作；②媒体内部的开放与重组；③传媒业的开放与跨界合作

【考点拓展】中央厨房

2015年，媒体把全媒体平台冠以“中央厨房”的称谓，实施“一次采集、多种生成、多元传播”的模式。“中央厨房”这一概念，源于餐饮业的一种管理运作方式，用于统一品牌营销、连锁经营。优点是集中采购、集约生产、统一配送、提高工业化标准化水平、降低成本、提高效率、增加效益。把这一概念引入媒体融合，是把集约化生产分发模式运用于媒体领域，以媒体自身主业品牌建设为核心，建立全媒体信息处理平台，形成“新旧融合、一次采集、多种生成、多元传播”的新闻信息生产与传播机制，实现最大化利用新闻信息资源，最大程度地满足不同群体的需求，最大限度地保证核心品牌的有效延伸与效益最优。

考点五：互联网的未来走向及其对传媒业的影响 ★★★

1. 移动互联网对大众传播的新定义(见表1－8)

表1－8　移动互联网对大众传播的新定义

要点	具体内容	
移动互联网改变的时间观	优势	用户用碎片化的时间接触与使用网络，从另一种角度看，这种使用和接触也是个性化的
	缺陷	①注意力难以集中，容易被分散。 ②思考和信息表达碎片化，思考和表达能力降低
移动互联网改变的空间观	信息消费空间	从“大空间”向“微空间”转变
	新闻生产空间	从“媒体空间”向“现场空间”转移
场景	共性化场景	①一群人中无差别的，有共同需求和一致行为的场景。 ②构成共性化场景的基本要素包括空间与环境、行为共性、时间等
	个性化场景	①与个人特征和特定情境相关。 ②个性化场景的构成要素包括空间情境、用户生活惯性、社交氛围、用户实时状态与需求等

2. 大数据驱动下的媒体生产方式变革(见表1－9)

表1－9　大数据驱动下的媒体生产方式变革

要点	具体内容
大数据的含义	指无法在特定时间范围内用常规软件工具进行捕捉、管理和处理的数据集合，需要新处理模式才能具有更强的决策力、洞察发现力和流程优化能力的海量、高增长率和多样化的信息资产

续表

要点	具体内容	
大数据的特点（“4V”）	多样性（Variety）	数据来源多样化
	体量（Volume）	数据量巨大
	速度（Velocity）	处理迅速
	价值（Value）	价值密度低
新闻业务方向的变革	①预测性报道增加。 ②深度报道模式的变革。 ③个性化新闻和信息服务水平升级	
用户分析水平	①对于整体用户的全样本、跨平台分析。 ②对于个体用户的精准性分析。 ③对于群体用户的细分化分析	
其他影响	①媒体盈利模式发生改变。 ②跨界合作需求逐渐增加	

3. 智能化媒体时代的到来（见表 1－10）

表 1－10　智能化媒体时代的到来

要点	具体内容	
技术基础	技术铺垫	包括：①社会化媒体应用；②云计算；③大数据；④移动互联网
	直接动力	包括：①物联网；②人工智能；③VR/AR
特征	包括：①万物皆媒；②自我进化；③人机合一	
语义网	包括：①手势或体感交互技术；②语音交互技术；③面部识别交互技术；④视线交互技术	
智能化媒体带来的可能	①用户分析与匹配的智能化、场景化与精确化。 ②新闻生产的智能化、机器化与分布式。 ③新闻传播的智能化、泛在化与新闻体验的临场化。 ④互动反馈的智能化与传感化	
新闻生产的新模式	包括：①个性化新闻；②机器新闻写作；③传感器新闻；④临场化新闻；⑤分布式新闻	
人的价值	①算法本身并非完全客观公正，用户需要及时发现算法带来的歧视与偏见，及时弥补其中的陷阱和漏洞。 ②人的力量将更多地向意见性信息生产倾斜	

4. 互联网推动虚拟世界与现实世界融合（见表 1－11）

表 1－11　互联网推动虚拟世界与现实世界融合

要点	具体内容
虚拟化生存及互动逐步走向“现实化”	①早期用户认为网络是完全虚拟化的，但随着互联网的不断发展便认识到网络空间与现实空间是交织的，网络空间也是现实社会的一部分。 ②虚拟环境中，人们的现实身份与人际关系也是不可忽视的。基于个人资本与特质才能建立网络关系、获得社会报偿

续表

要点	具体内容
虚拟空间与现实空间的同一化	由于LBS技术的出现，地理位置成为开启社交关系的一个要素，同时也促进了现实空间和虚拟空间的互动
现实世界的虚拟化还原	①新的关系出现，利用虚拟的数字技术还原更真实的现实世界。 ②除了VR/AR技术外，3D技术对于现实世界的数字化还原也具有促进作用

【真题链接】网络生产中的“现实化”倾向。[河北大学2022年研]

1.3 课后习题详解

1. 网络带宽的不断增加将对新闻传播产生什么影响?

答：网络带宽通常是指互联网每秒传输的数据流，即传输通道的传输能力。带宽决定着信息能否迅捷地在网络中传输，带宽的提升会加快新闻传播的速度。具体而言，网络带宽的不断增加对新闻传播的影响体现在以下几个方面：

(1)网络新闻的多媒体化得到发展。

网络带宽的改善促进了网络新闻的多媒体化。在互联网发展初期，网站的文字、声音、图片与视频等报道手段往往是互不相干的。但网络带宽的不断增加为新闻的多媒体组合传播创造了条件。

(2)网络新闻传播速度大大提升。

随着网络带宽的不断增加，在追求“及时”与“实时”的同时，网络新闻的“全时”化观念也逐渐建立起来，这意味着网络新闻不仅要最大限度地保障对个别新闻报道的时效性，同时还要作为一个“全天候”的媒体，在所有新闻报道中争取最强的时效性。今天，“全时化”新闻发布已经成为网络媒体的常态。

(3)网络新闻受众的评论、反馈更加及时、便捷。

网络带宽的不断增加，使得新闻传播速度变快，人们上网更加便利，可以更快地表达自己的看法和观点。

2. “连接”技术的发展是如何推动互联网的发展的?

答：网络连接技术是指将互联网中的各节点连接起来，从而使用户能访问其他网络的资源，不同网络上的用户也能够互相通信与交换信息。“连接”技术的发展对互联网的推动作用体现在以下几点：

(1)互联网的诞生——机器互连。

从起源来看，互联网的雏形——阿帕网于1969年诞生于美国，是美国国防部高级计划研究署的一个实验性网络，它采用“分布式”结构，提高了网络的可靠性和安全性，也使信息传播更加多样，对网络的控制更加复杂。

(2)互联网的媒体化——内容互连。

万维网的出现使互联网技术平民化，不再只是技术人员使用，也为之后各种应用的开发奠定了基础。而万维网的普及，使得Web网站成为互联网主要的信息获取渠道。

(3)社会化媒体时代的到来——用户互连。

Web2.0 允许用户广泛参与网站内容建设与交互，由用户主导内容的生成。Web2.0 具有强烈的个性化和交互性，强调以人而不是内容为中心。通过 Web2.0 应用，个体可以不断扩大自身的社交圈子，个体声音会扩散到网络空间中，个人行为甚至被放大为社会性行为。自媒体、UGC(用户生产内容)等概念也逐渐被人们理解和应用。

(4)终端及其连接的升级：移动互联网时代到来。

从功能手机到智能手机，平板电脑、电子书、电子纸，以及各种可穿戴设备出现，终端设备不断升级。

(5)物—物、物—人的连接：物联网与互联网融合。

物联网是指通过信息传感设备，按约定的协议，将任何物体与网络相连接，物体通过信息传播媒介进行信息交换和通信。未来任何物体都有可能成为智能终端，从而实现自主连接和互动。

3. 在网络的影响下，传统媒体发生了哪些变革?

答: 传统媒体是相对于网络媒体而言的传统大众传播方式，主要包括报刊、电视、广播等传统意义上的媒体。在网络的影响下，传统媒体发生的变革体现为以下几个方面：

(1)从独立向融合发展的业务形态与生产机制。

①传统媒体的业务形态发生变化，开始走技术融合、业务融合和市场融合的道路。

②近年来，一些媒体开始探索“中央厨房”的模式，最大化利用新闻信息资源，最大程度地满足不同群体需求，最大限度地保证核心品牌的有效延伸与效益最优。

③在媒介融合的过程中，传播者和用户也在不断融合，以往由专业媒体垄断内容生产的模式，开始向由用户参与的“双边性”生产倾斜。

(2)从凝固到游移的价值坐标。

①新闻价值要素的权重改变，媒体需要不断理解用户的动态价值取向。

②质量判定坐标的迁移。用户对媒体的业务能力要求变低，但对其干预和反映社会现实的能力有了更高的要求。

(3)从内容到产品、从受众到用户的思维转变。

①网络也触动了传统媒体的思维模式。传统媒体逐渐形成了把内容转变为产品，将受众转变为用户来认识和看待的观念。

②积极推动信息的定制化和个性化发展。当前一些媒体与公司展开合作，除开发内容产品外，还将接入产品、关系产品和服务产品纳入自己产品发展的规划之中。

(4)从封闭走向开放的体制变革。

传统媒体时代，各个媒体间的壁垒分明，媒体各部门间也缺乏合作。网络时代的到来，一定程度上打破了各种媒介类型的壁垒，媒体逐渐走向合作、开放或融合的道路。

4. 移动传播有哪些特点?

答: 移动传播是指基于移动互联网的传播模式，需要依靠移动客户终端进行。移动终端包括手机、电子阅读器和平板电脑等。移动传播的特点体现为以下几个方面：

(1)终端的随身性与私人性。

随着互联网的不断发展，手机从功能手机发展为智能手机。智能手机具有轻巧、大小适中、可随身携带的优点，并且每一台手机都有特定的使用者，私人性较强。

(2)信息传播与服务的流动性。

位置技术的发展使信息传播更具流动性，可以依据不同的地理环境提供服务。

(3)个性化与场景化。

移动传播具有随时随地性，符合人们碎片化的生活需求。互联网不断发展，手机服务可以根据用户所处的特定场景而提供，极具个性化和场景化。

5. 社会化媒体及公民新闻将对新闻传播产生哪些影响?

答：人们在关于公民新闻的研究中有两个共识：一是强调民众参与新闻报道活动；二是强调新技术作用于公民新闻发展。近年来，社会化媒体及公民新闻迅猛发展，二者对于新闻传播的影响体现在以下几个方面：

(1)社会化媒体及公民新闻对新闻传播的积极影响。

①对主流媒体的有益补充。传统媒体对新闻的报道几乎处于垄断状态，其报道什么样的信息、什么样的内容，大众没有发言权。但在新媒体时代，社会化媒体及公民新闻的崛起使得传统媒体不再享有信息传播的独控权，新闻成为了全社会共同的声音，人人都有机会面向社会发表言论、提出看法。从报道时效上来看，社会化媒体及公民新闻的报道者多数是新闻现场的目击者或参与者，可以第一时间将新闻信息传递出去，这些内容都是对主流媒体的有益补充，也是传统媒体时代的新闻所缺乏的要素。

②重构媒体话语权。由于新媒体具有匿名、自由、便捷的特点，公众可以自由发表自己的观点与言论。社会化媒体及公民新闻打破了传统媒体对话语权的独揽，将话语权交给了公众，公众不再局限于小群体议论，转而使用新媒体发布言论。传统媒体“你传我受”的大众传播模式转变成“你说我评，一个话题大家论”的新传播模式。公众能够平等自由地参加到传播中，公众的话语权得到了尊重。

③加强舆论监督。舆论监督是公民行使民主权利的重要形式，在社会化媒体及公民新闻出现之前，传统媒体承担了社会的舆论监督职责。社会化媒体及公民新闻兴起后，由于其代表着普通大众的广泛利益，且多角度、全方位、多层次的监督格局使得公民新闻的舆论监督作用比传统媒体更加有效，范围更加广泛。

(2)社会化媒体及公民新闻对新闻传播的消极影响。

①把关不严导致新闻失真。传统媒体在新闻制作和生产的流程中进行了严格把关，从核对新闻来源，到采访制作直至播出都要接受层层审查。而新媒体时代的开放性导致公民新闻中把关环节弱化，人人都可以是传播者，但并不是所有人都具备较高的新闻素质，难免会发表一些不适宜的言论，所以公民新闻在保证公民自由言论的同时，也变成了虚假新闻传播泛滥的“自由地”。

②内容泛娱乐化现象严重。公民新闻和社交平台上的传播者多是没有经过专业训练的普通大众，加上新媒体对新闻的把关不严，导致有些人为了博得点击率，将一些道听途说、捕风捉影的事件夸大，甚至有意识地制造一些耸人听闻、低级趣味的泛娱乐化新闻吸引大众的眼球。这类新闻的典型代表就是一些名人“被离婚”“被去世”之类的八卦。

③侵犯他人合法权益。社会化媒体及公民新闻拥有海量的信息和参与者，信息搜集、

反馈速度快，导致了一些侵犯他人合法权益的现象。“人肉搜索”是公民新闻的一种表现，它是指“网民用提问、跟帖的方式来获取搜索结果的网络搜索方式”。“人肉搜索”的后果就是通过广大网民的信息搜集，当事人的姓名、年龄、家庭住址、社会背景和关系等与事件有关的情况被公之于众，严重影响了当事人的现实生活，侵犯了其合法权益。

6. 大数据技术将对传媒业产生哪些影响？

答：大数据具有多样化的数据来源、快速的处理、巨大的数据量和价值密度低的特点。大数据技术对传媒业产生的影响包括以下几个方面：

（1）数据新闻出现及新闻业务方向的变革。

大数据的应用会促进数据新闻业务的进一步发展，带来深度报道模式的改变、预测性新闻的增加、个性化新闻与信息服务水平的提升。

（2）大数据提升用户分析水平。

基于大数据对用户进行分析，其范畴涵盖用户需求分析、用户态度和意见分析、用户行为及特征分析、传播效果分析等。大数据可以分析用户的行为特征，从整体、群体和个体角度对用户进行全面分析，进行更好地判断。

（3）大数据对媒体的其他影响。

广告是媒体最根本的盈利模式。而大数据也逐渐对其产生重要影响。通过大数据技术，对特定用户进行专属信息推送，甚至可以将其与销售平台直接连接，对传统媒体的内容发布方式产生了较大冲击。

然而，大数据技术的应用，对于单一媒体来说并非易事，因此可以加强跨界合作，联合外部力量来解决更多的难题。

【真题链接】

（1）主流媒体应该如何利用大数据算法等技术推动主流话语传播。［北师大 2022 年研］

（2）大数据的应用给新闻传播带来的方法变革和思维变革。［河北大学 2022 年研］

7. VR/AR 技术会改变未来的新闻报道吗？

答：VR（Virtual Reality），虚拟现实技术，是 20 世纪发展起来的一项全新的实用技术。虚拟现实技术囊括计算机、电子信息、仿真技术，其基本实现方式是计算机模拟虚拟环境，从而给人以环境沉浸感。

AR（Augmented Reality），增强现实技术，是一种将虚拟信息与真实世界巧妙融合的技术，广泛运用于多媒体、三维建模、实时跟踪及注册、智能交互、传感等多种技术手段，将计算机生成的文字、图像、三维模型、音乐、视频等虚拟信息模拟仿真后，应用到真实世界中，使两种信息互为补充，从而实现对真实世界的“增强”。

无论是 VR 还是 AR，它们的出现都为人类发展打开新的大门，为传媒生产行业提供了更多可能性。因此，VR/AR 技术一定会改变未来的新闻报道，具体表现为以下几个方面：

（1）提升新闻真实性。VR 和 AR 技术特点在于能真实构造场景，给体验者身临其境的体验。在没有摄像头在场的情况下，新闻受众接收到以文字为主的新闻报道，导致受众产生主观想象，VR 和 AR 技术有很大的可能性为新闻构造现实场景，并结合外部设备增强用户在场感。

(2)全景视角为广告创新注入活力。传统广告往往只能刺激消费者的一种感官，即通过视频内容描述产品与定位品牌，在视觉方面给消费者一定的冲击。而 VR 和 AR 技术则可以全景化、全方位地刺激受众，受众也能够全方位体验，更好地沉浸在广告的情境之中。

(3)传播模式的无限化。由于 VR 和 AR 技术的出现，人们突破了时空限制，在接触信息时可以不再通过电脑、手机等终端。VR 和 AR 技术不受媒介传播方式的限制，可以带给受众全息的感受。

当然，尽管技术发展为传媒的发展带来更多可能性，但目前实际应用中依然存在技术和资金方面的壁垒。总体而言，创新技术是未来发展的必然方向，我们还需要在进一步发展中不断解决问题。

8. 智能化机器与算法对未来新闻生产将产生哪些影响?

答: 智能化机器是以人工智能技术为核心的一系列计算机系统的总称，它是人工智能技术在实际应用中的具体体现。算法是指对解题方案的准确而完整的描述，是一系列解决问题的清晰指令。算法代表着用系统的方法描述和解决问题的策略机制。智能化机器与算法对未来新闻生产的影响有以下几个方面:

(1)数据收集。当人工智能应用于新闻生产领域，新闻素材的来源会更加广泛。在信源捕获方面，大量的数据收集可以成为新闻生产的原始材料。但是信息来源广泛同样可能导致假新闻泛滥、侵犯隐私等问题。当前，脸书、谷歌、推特等互联网巨头正在使用人工智能技术来识别网络虚假消息并及时遏制其大范围传播。

(2)个性化新闻生产与分发。在人工智能技术的协助下，新闻机构能为用户打造个性化的阅读产品。人工智能技术能够通过对不同语料库语言风格的学习，生产出适应不同群体表达习惯的稿件。基于算法的智能化分发平台能够促进信息与用户需求的匹配。但这也会导致“信息茧房”问题，使用户被困在能够取悦自己的事物中，此外也加剧了不同人群之间的信息沟。

(3)机器人新闻写作。新闻机器人能做的只是在现有数据库的支持下搜集大量数据，对文章的词汇和语句进行抓取，然后排列组合，其对文章的深度理解能力还远远不能与人类相提并论。机器人新闻当前的应用还停留在以使用数据为主的新闻领域，具体来说是在财经和体育方面，很少能“身兼数职”“一机多能”。这一方面是初始写作模块的设置导致其功能较为单一，设计者也未能考虑到深度学习功能；另一方面，数据壁垒也导致其不能获取并学习更多的数据资料，从而“知之甚少”。此外，与人相比，机器人新闻写作缺乏一定的温度和创造力，期待未来机器写作能在这些方面有所突破。

【真题链接】论述数据和算法在新闻生产流程中的作用。[华科 2022 年研]

9. 在算法流行的时代，人应该如何坚守自己的价值?

答: 算法是指对解题方案的准确而完整的描述，是一系列解决问题的清晰指令。算法代表着用系统的方法描述和解决问题的策略机制。在算法主导的移动新闻资讯时代，把用户阅读的选择权交给机器算法依然有很多争议，这不仅在于技术本身面临的挑战，还在于算法营造的拟态环境存在伦理风险。在算法流行的时代，人坚守自己的价值应做到以下几点:

（1）不断革新技术。算法表面上是机器的力量，但决定算法的是人。人的失误会带来算法的偏差，不能发现或者无视偏差的存在也是人的过错。在算法大行其道之时，人应该不断革新技术，用更高的能力对算法进行评判，及时发现与弥补算法中可能存在的漏洞与陷阱。

（2）构建优质内容生态。从内容生态的构建角度看，互联网企业应当考虑整个产业的长远发展，更多地回报那些优质内容的生产者，同时防止低俗内容的蔓延。作为互联网公司，要改变单纯追求用户时长的 KPI（关键绩效指标）评判标准，更加注意内容的消费升级，打造优质内容生态。

（3）生产意见性信息。随着大数据技术的发展，机器人写稿能力越来越强。运用机器人写作可以提升发稿速度，进行全天候新闻热点监测，提高新闻的时效性。但是对于意见性信息的生产，仍需要专业的媒体从业人员。因此需要提高媒体人的媒介素养，使新闻生产向意见性信息倾斜。

（4）加大人工审核力度，加强立法管理。尽管当前自动化内容审核系统已经比较先进，但仍需要人工审核来进行最后把关。因此，要积极通过立法的方式规范监管，鼓励生产和传播优质主旋律内容。同时政府机构应当发挥作用，对市场调节失灵进行合理干预，让信息流消费市场不至于沦为低质量内容循环生产的"垃圾堆"。政府还应对互联网企业加以引导，鼓励企业将算法权重向优质内容倾斜，对频频出现"三俗内容"的产品加以约束。

（5）克服"信息茧房"。互联网公司只有改变唯用户时长的 KPI 评判标准，才能彻底克服"信息茧房"效应。克服"信息茧房"问题有多种途径：①通过推荐系统获取更多输入信息以增进对用户的了解。②采用协同过滤的方式，帮助用户发现新的兴趣点，这一算法的原理就是把同类型的用户阅读过但此用户未阅读的内容推荐出来。③作为受众的个体也应该提升自身的媒介素养，扩大信息的接收范围和领域，培养多样化的兴趣点，避免"信息茧房"产生的危害。

10. 物联网技术将对未来传媒业产生什么影响？

答：物联网技术起源于传媒领域，是信息科技产业的第三次革命。物联网是指通过信息传感设备，按约定的协议，将任何物体与网络相连接，物体之间通过信息传播媒介进行信息交换和通信，以实现智能化识别、定位、跟踪、监管等。物联网技术对未来传媒业产生的影响包括以下几个方面：

（1）增强媒体与受众间的互动。

与传统媒介的单向传播不同，物联网真正实现了双向互动，使受众有了越来越多的主动权。在物联网时代，受众不仅能够在"任何地点""任何时间"，通过"任何设备"，选择"任何服务"，而且还可以通过视频在线同节目主持人及其他观众交流，给观众一种"在场感"。

（2）物联网使得传媒业的信息采集方式发生变革。

随着物联网的应用，人体也会成为某种意义上的终端。人体的信息及人的活动信息可以通过可穿戴设备来采集。

（3）物联网给隐私权保护带来挑战。

物联网技术掌握了个人很多方面的信息，一旦泄露会危及个人隐私。因此物联网技术开发，要做好用户的隐私保护工作。

11. 在你看来，未来的互联网将变成什么样?

答: 互联网技术一日千里，正在全面融入经济、社会、消费和生活各个范畴，它引领了社会消费新革新，探索了人类生活新空间，带来了国家治理新挑战，并深入地改变着全球产业、利益、经济、安全等格局。互联网正在成为21世纪影响和加速人类历史发展进程的重要因素，成为影响全球创新与革新、合作与共享、战争与和平的重要议题，未来的互联网也必将继续朝着这个方向迈进。

(1)互联网将成为全球产业转型升级的重要助推器。

互联网正在为全球产业发展构建起全新的运转形式，它在推进产业组织形式、服务形式和商业形式全面创新，加速产业转型升级等方面发挥着重要作用。互联网构建的网络空间，使产业能够更好地汇集创新要素，更好地应对资源和环境等外部风险，推进全球产业发展迈入创新、和谐、绿色、共享、开放的数字经济新时期。

(2)互联网将成为世界创新发展的重要新引擎。

互联网企业正在成为将来全球创新驱动发展中最为耀眼、最为普遍、最为强劲的创新动能源泉，成为全球技术创新、业态创新、产业创新、产品创新、市场创新和管理创新的引领者。人口、资源、市场等驱动国家发展的传统红利要素，正在全面让位于互联网创新发展的红利，互联网创新将成为推进世界持续发展的重要新动能，引领人类全面跨入创新发展的快车道，创新、智能、革新的社会正由于互联网创新而加速到来。

(3)互联网将成为造福人类的重要新渠道。

互联网促进了开放共享发展，泛在化的网络信息接入设备、便利化的“互联网+”出行信息服务、全天候的指尖网络批发形式、“一站式”旅游在途体验、数字化网络空间学习环境、普惠化在线医疗服务、智能化在线养老体验、无时空限制的网络社交文娱环境将全面点亮聪慧地球，开启人类聪慧生活新时期，将极大地促进国家、城乡、区域、人群等的和谐、开放和共享发展，促进世界发展成果更好地惠及全人类。

(4)互联网将成为各国治国理政的新平台。

“指尖治国”将成为新常态，“互联网+”政务服务、移动政务、大数据决策、微信、微博等将深入改变政府传统运转形式，并构建起网络化、在线化、数据化和智能化的全天在线政府。精准服务、在线监管、预测预判、事中事后处置、网络民意调查的全面提升，不仅创新了宏观调控、社会管理、公共服务和市场监管形式，更提高了国家管理能力和管理体系现代化。

1.4 考研真题与典型题详解

一、概念题

1. 可穿戴设备

答: 可穿戴设备(Wearable Device)是指电脑科技结合多媒体和无线传播以不凸显异物感的输入或输出仪器，如手饰、眼镜或衣服进行连接个人局域网络功能、侦测特定情境或成为私人智慧助理，进而成为使用者在行进动作中处理信息的工具。可穿戴设备通常以人体为载体、通过便携式穿戴，实现对应的业务功能。可穿戴设备与人体的交互形态主要基于人体能力和设备内置能力配合实现，是计算“以人为本、人机合一”理念的产物。

2. VR［北外 2022 年研］

答：VR 即虚拟现实技术（Virtual Reality），是一种可以创建和体验虚拟世界的计算机仿真系统，是一种多源信息融合的、交互式的三维动态视景和实体行为的系统仿真，它利用计算机生成一种模拟环境，使用户沉浸到该环境中。虚拟现实技术具有多感知性、存在感、交互性和自主性的特点。多感知性指除一般计算机所具有的视觉感知外，还有听觉感知、触觉感知、嗅觉感知等。理想的虚拟现实应该具有一切人所具有的感知功能。存在感指用户感到作为主角存在于模拟环境中的真实程度。理想的模拟环境应该达到使用户难辨真假的程度。交互性指用户对模拟环境内物体的可操作程度和从环境得到反馈的自然程度。自主性指虚拟环境中的物体依据现实世界物理运动定律动作的程度。

3. 沉浸式新闻［西南大学 2020 年研；长安大学 2020 年研；华侨大学 2019 年研；北大 2018 年研］

相关试题：沉浸式新闻的内涵、特点、发展趋势。［简答题，中国社科院 2022 年研］

答：沉浸式新闻（Immersive Journalism）是指通过虚拟现实输出设备构建新闻现实的模拟场景，为受众提供沉浸式互动体验的新闻报道。受众以第一人称身份深入新闻事件中，身临其境地感受现场，获取对报道事件的认知。沉浸式新闻是虚拟现实范畴内的一个新兴领域。这种全新的虚拟现实技术应用方式来自洛杉矶的一个记者团队，他们以第一人称的视角进行新闻报道或是播放纪录片，使用 3D 游戏和虚拟现实技术给使用者创造一种“存在感”，能够使其亲身经历事件发生的过程。沉浸式新闻与传统新闻的最大区别在于重塑用户体验。借助特殊设备，用户由新闻阅读者转变为现场目击者。用户能够体会传统新闻难以提供的现场感，获取更多新闻细节。

4. 物联网［湖南师大 2020 年研］

答：物联网（IoT，Internet of Things）是指将各种信息传感设备，如射频识别装置、红外感应器、全球定位系统、激光扫描器等装置与互联网结合起来而形成的一个巨大网络。其目的是让所有的物品都与网络连接在一起，方便识别和管理。物联网是新一代信息技术的重要组成部分，也是“信息化”时代的重要发展阶段。物联网是物物相连的互联网，主要包括两层意思：①物联网的核心和基础仍然是互联网，是在互联网基础上延伸和扩展的网络；②其用户端延伸和扩展到任何物品与物品之间，进行信息交换和通信，即“物物相息”。物联网通过智能感知、识别技术与普适计算等通信感知技术，广泛应用于网络的融合中，也因此被称为继计算机、互联网之后世界信息产业发展的第三次浪潮。物联网是互联网的应用拓展，与其说物联网是网络，不如说是一种业务和应用。因此，应用创新是物联网发展的核心，以用户体验为核心的创新 2.0 是物联网发展的灵魂。

5. 3D 打印［北大 2016 年研］

答：3D 打印（3D Printing）是指将计算机设计出的三维数字模型分解成若干层平面切片，然后由 3D 打印机把粉末状、液状或丝状塑料、金属、陶瓷或砂等可黏合材料按切片图形逐层叠加，最终堆积成完整物体的一种快速成型技术，学术上称之为快速成型技术。该技术综合了数字建模技术、信息技术、机电控制技术、材料科学与化学等诸多前沿技术知识，是一种具有高科技含量的综合性应用技术。3D打印可以实现大规模的个性化生产，可以制造出传统生产技术无法制造出的外形；可以实现首件的净型成形，大大减小后期的辅助加工量，避免委外加工的数据泄密和时间跨度。由于其制造准备和数据转换的时间大幅减少，单件试制、小批量生产的周期和成本随之降低，特别适合新产品的开发和单件小批量零件的生产，这些优势使3D打印成为一种潮流。目前，3D打印技术已在建筑、工业设计、珠宝、鞋类、模型制造、汽车、航空航天、医疗、教育、地理信息系统等诸多领域得到广泛应用。

6. 算法［北大2019年研］

答：算法（Algorithm）是指解题方案的准确而完整的描述，是一系列解决问题的清晰指令。算法代表着用系统的方法描述、解决问题的策略机制。也就是说，能够对一定规范的输入，在有限时间内获得所要求的输出。如果一个算法有缺陷，或不适用于某个问题，那么这个算法将无法发挥作用。不同的算法可能用不同的时间、空间或效率来完成同样的任务。一个算法的优劣可以用空间复杂度与时间复杂度来衡量。算法的特点有：①算法具有有穷性，必须能在执行有限个步骤之后终止；②算法具有确切性，每一步骤必须有确切的定义；③算法具有输入项，以刻画运算对象的初始情况；④算法具有输出项，以反映对输入数据加工后的结果；⑤算法具有可行性，每个计算步骤都可以在有限时间内完成。

7. 人工智能［西南大学2020年研；山西大学2020年研；北大2018年研］

相关试题：人工智能技术如何建构广告活动中的“人—货—场”的关系？结合实例和理论谈谈你的看法。［简答题，人大2022年研］

答：人工智能（Artificial Intelligence，AI）是计算机科学的一个分支，是研究开发用于模拟、延伸和扩展人的智能的理论、方法、技术及应用系统的一门新的技术科学。人工智能可以对人的意识、思维的信息过程进行模拟，使计算机模拟人的某些思维过程和智能行为，如学习、推理、思考、规划等。在新闻传播领域，机器人新闻是人工智能的一个典型应用，引发了新闻生产模式的变革，它可以利用算法程序，建立庞大数据库，从中寻找模型、趋势以及相互的关系，由机器自动化生产新闻。随着人工智能技术的发展，未来智能化的媒体将更好地洞察每个个体用户在特定场景下的行为与需求，并智能推荐用户所需要的信息与服务。

8. IPv6

答：IPv6是最新版本的互联网协议（Internet Protocol），它可以跨互联网识别设备，从而确定它们的位置。IPv6是IETF（互联网工程任务组，Internet Engineering Task Force）设计的用于替代IPv4的下一代IP协议。IPv6具有丰富的地址资源，号称“可以为全世界的每一粒沙子编上一个网址”。换成IPv6之后，每台设备都可以有独立的IP地址。如果配合5G网络，每台汽车、路灯、摄像机、手机、垃圾桶、消防栓都可以有独立的IP地址。所有的设备都能分到独一无二属于自己的IP地址，让“物联网”成为可能。基于IPv6协议的多地址性，地址能有效分配给每一个物联网设备，从而实现专网连接。除此之外，IPv6还更安全，响应更快。IPv6 拥有加密选项，用户和服务器之间的通信很难被破解。除此之外，IPv6 能大大降低网络延迟，可以从现在普遍 100M/s 左右降低到个位数。低网络延迟不光对打游戏有帮助，还让远程无人机、无人汽车变得可行。

9. 智能家居

答：智能家居(Smart Home)是依托于住宅这个平台，依赖于计算机技术、网络技术、通信技术和综合布线技术等关键技术，科学统筹家居生活的管理系统。智能家居的智慧几乎体现在家居生活的各个方面，如家居安防、灯光调节、家用电器智能控制、全宅背景音乐、多媒体资源共享、厨房和卫生间的智能化管理等。目前，国内智能家居行业结构较为复杂，主流智能家居厂家主要由对讲安防类、传统家电类和网络通信类厂家发展而来，也有专业从事智能家居生产的厂家。各类厂家结合自家特色，推出的智能家居产品在功能上各有侧重点。专业智能家居生产厂家对控制功能单一的智能家居产品进行功能组合，把发展的主要目标放在智能控制系统的研发上。作为智能家居系统中最常见的组件，智能家电不仅包含传统家电的几乎所有功能，还具有网络化、智能化、节能化，以及开放性、兼容性、易用性等特点。

10. 个性化算法

答：个性化算法(Personalized Algorithm)是指通过对用户使用习惯、数据等的挖掘，推荐符合用户兴趣的内容或产品的算法。个性化推荐系统现已广泛应用于很多领域，其中最典型并具有良好的发展和应用前景的领域就是电子商务和短视频传播领域。系统会根据每个人的历史行为以及人物特征，为其推荐较为合适的物品。个性化推荐离不开用户数据，通过数据系统才能知道用户的偏好和特征。用户数据收集主要分为两种形式：①显式反馈，即用户主动表达自己的偏好信息；②隐式反馈，即系统会收集用户的行为数据，这种情况用户一般无法察觉。

11. 个人门户

答：个人门户是指以个人为中心的上网入口，还可以进一步延伸为个人信息中心。当下互联网 Web2.0 模式日趋完善，随着社交网络的普及和移动互联网的异军突起，互联网用户的网络话语权不断膨胀，呈现出“去中心化”的网络信息处理特征。随着 P2P、RSS、widget、APP、API 以及 SNS、微博等社会化媒体应用的进一步普及和优化，网络传播模式也从“大众门户”时代传播模式向“个人门户”时代传播模式转变。在“个人门户”时代，特别是面临内容同质化严重的难题，视频网站的发展重心也从“内容为王”转向“关系为王”，集中培养用户忠诚度，与用户建立独一无二的联系，获得持久用户。

12. LBS 技术

答：LBS 技术是指基于位置的服务，全称为 Location Based Service，融合了移动通讯、互联网络、空间定位、位置信息、大数据等多种信息技术，利用各类型的定位技术来获取定位设备当前的位置，通过移动互联网向定位设备提供信息资源和基础服务。LBS 技术的发展趋势是为用户提供智能化和个性化的定位服务。在用户行为轨迹数据的基础上，进行数据分析、兴趣点匹配和习惯分析，建立用户行为特征模型，为不同的用户提供个性化的定位服务。“附近的人”是微信开发的基于 LBS 技术的功能，展示与用户距离较近的其他用户。

13. 大数据[中南大学 2022 年研；东北财经 2020 年研；湘潭大学 2015 年研；复旦大学 2014 年研]

答：大数据是指基于相当大的量级(这个量级也在不断发生变化)的数据进行数据收集、分析、发掘与应用的技术，包括结构化、半结构化和非结构化数据。大数据技术具有多样性、大体量、快速处理和低价值密度的特点。大数据技术的运用能够节约时间、提升效率、信息共享；提高网络营销的精准度，创造经济效益。大数据技术在新闻行业的运用体现在数据新闻上。数据驱动新闻是指基于数据的抓取、挖掘、统计、分析和可视化呈现的新型新闻报道方式。数据新闻是在大数据的技术背景下产生的，是随着数据时代的到来出现的一种新型报道形态，是数据技术对新闻业全面渗透的必然结果，其出现在一定程度上改变了传统新闻生产流程。

14. 公民新闻[清华大学 2018 年研；南京大学 2018 年研；人大 2011 年研；中央民大 2010 年研]

答：公民新闻(Citizen Journalism)是指公民(非专业新闻传播者)通过大众媒体、个人通信工具，向社会发布自己在特殊时空中得到或掌握的新近发生的特殊的、重要的信息。公民新闻是 20 世纪 90 年代美国新闻界提出的新闻理念，是对社会责任理论呼吁满足组成“大共同体”的各种不同团体的需要的直接反应。公民新闻是一种交互式新闻的形式，打破了现有的专业媒体组织垄断新闻内容的格局，使新闻生产的权力由媒体中心向受众中心转变；同时，它通过多渠道的新闻信息报道满足日益多元化发展趋势下公民的知情权需求。“公民新闻”还使传统媒体的信源结构发生变化，传统媒体对新闻信息的议程设置功能受到影响。公民新闻具有原创性、互动性、整合性、自主性的特点。

15. 预测性新闻

答：预测性新闻是指对将会发生而未发生的某些能够引起公众关心的新闻事件的发展结果和新闻现象的发展趋势所作的前瞻性报道。它是大数据时代的产物，具体指的是通过对大数据的分析，以理性、前瞻的眼光，在相关事实或数据的基础上，按照事物发展的客观规律对其发展趋势进行预测。其价值取向表现为准确性、科学性和权威性。它具有超前性、重要性、服务性和不测性等特点，这些都增加了报道的难度。但数据本身的混杂性以及处理人员的技术问题也可能导致预测性新闻出现错误，从而对人们的生活造成困扰。未来，随着物联网技术的进一步发展和新闻记者数据素养的进一步提高，预测性新闻将会更加精确可靠。

16. 个性化新闻[清华大学 2019 年研]

答：个性化新闻是指基于“用户洞察”的个性化信息智能匹配推送的新闻形式，其主要目的是为用户找到与其需求相匹配的内容，在个性化推送、对话式呈现、定制化生产等方面有所体现。有效利用长尾内容促使由受者中心转变为传者中心，但也易造成用户信息消费的固化和“信息茧房”效应的产生。个性化新闻推送已经成为新闻市场的“新星”，新闻产业的市场格局在个性化新闻推送的驱动下正在发生着变化，整个新闻生产业务链条正在面临重塑，新闻生产环节和用户接收环节都呈现出若干前所未有的新特点。

17. 智能化媒体

相关试题：智能媒体［华东师大 2022 年研］

答：智能化媒体是指基于移动互联、大数据、虚拟现实、人机交互等新技术产生的一种新的媒体发展形态，其立足于共享经济，充分发挥了个人的认知盈余，形成了多元化、可持续的商业模式和盈利模式，实现信息与用户需求的智能匹配。智能化媒体主要包含三个特征：万物皆媒、人机合一和自我进化。智能化媒体的影响有：①用户分析与匹配，场景化、智能化与精准化；②新闻生产的机器化、智能化与分布式；③新闻传播的泛在化、智能化与新闻体验的临场化；④互动反馈的传感化。

18. 语音交互技术

答：语音交互技术是机器通过识别和理解的过程把语音信号转变为相应的文本或命令的技术。语音交互的关键技术包括语音识别、语音合成、语义理解。语音识别技术将用户输入的语音转化为相应的文本或命令，语音合成技术将文本转换成机器合成的语音，语义理解技术从语音识别输出的文本中获取语义信息从而理解用户的意图。目前语音交互面临的技术难点主要包括：①连续语音中音素、音节或单词之间的调音结合引起的音变使基元模型之间的边界不明确；②语法语义规则的建立与理解很困难；③方言、口音严重影响语音识别的正确率；④单个字母及单个词发音时的语音特性受到上下文环境的影响，音量、音调、重音、音素等都可能不同。

19. 中央厨房［复旦大学 2021 年研；同济大学 2021 年研；华东师大 2020 年研］

答：“中央厨房”是传统媒体进行深度媒体融合、资源整合的一种机制，是指“新旧融合，一次采集，多元生成，多元发布”，即记者把采集到的所有数据都放在内部网络平台上，各家媒体依据总编室的调度，生成不同形态的新闻作品来发布。这样可以避免各家媒体到现场一哄而上抢新闻，大大节省了人力成本，同时，各家媒体可以依照各家特点分工协作来报道。“中央厨房”这一概念源于连锁餐饮业，是企业集中采购、集约化生产成品或半成品的场所。传媒业引入这个概念，是希望借助数字化、智能化的技术平台，实现新闻产品的集约化生产和传播，整合资源，节约成本，提升生产效率，同时在内容传播过程中统一价值观，形成合力，增强媒体的舆论引导能力。

20. 区块链［南京大学 2020 年研；北师大 2020 年研；中国政法 2020 年研；上海大学 2020 年研；浙传 2020 年研］

相关试题：区块链技术对新闻业的变革。［简答题，海南大学 2022 年研］

答：区块链技术又称“分布式记账”技术，是确保数据储存和移动安全的一种新方式。它不是将数据存放在一个中心化的地方，而是将其“化整为零”后分别存放在全球互联网络中的数以千计的节点上，并同时使用一种强大的加密技术将这些数据相互锁定在一起，从而能够确保数据的完整性和安全性。区块链对新闻业的价值体现在四个方面：①确保数据采集的真实性，纠正报道者的刻板印象和“媒介的偏向”；②确保报道的安全性，抵御政治和技术力量的干预；③准确跟踪内容流向，保护内容版权；④利用虚拟货币获得新的众筹商业模式。

21. 机器人写作[北师大2019年研]

相关试题：机器人新闻[南京师大2015年研]

答：机器人写作是指利用算法程序，通过采集大量的题材及高质量的数据，建立庞大数据库，从中寻找模型、趋势以及相互的关系，最后由机器自动化生产新闻的新闻报道方式。近年来随着媒介技术的不断发展，人工智能越来越发达，表现在新闻传播业便是机器人新闻生产方式的出现。其优点在于：①新闻生产复杂流程简单化、生产高效化；②速度快，增强新闻时效性；③信息收集精准化、信息源甄别精准化。其不足包括：①深广性不够；②灵活性欠缺；③文章较为枯燥，多为数据罗列，不符合受众阅读习惯；④缺乏温度、深度、人文主义等。目前，机器人新闻局限于强调数据的财经、体育新闻方面，在其他领域运用不多。

22. 分布式新闻

答：分布式新闻是借助计算机的分布式计算进行具体的分布式处理的一种有效技术，通过此类技术在社交媒体中实现多主体的自组织模式的话题报道，通过对新闻信源资源的发现和整合，实现多主体、多角度的协同报道。社会化媒体的应用，使得新闻生产逐步趋向分布式，即多种主体在自我协同下共同参与某一个话题的信息生产，完成对事实全貌的构建。维基百科便是分布式知识生产方面的一个典范，而在新闻领域，借助一些开放平台，人的“认知盈余”与机器、智能物体的智能资源结合在一起，将有助于对一个特定的新闻主题建立起丰富的认知框架，也有助于推动人们在某些角度下的深入挖掘。在分布式新闻这样的模式中，各种主体的资源发现和整合，报道任务的分配与报道过程的协同，是发展的核心。分布式新闻意味着新闻生产进一步去中心化。

23. 阿帕网[清华大学2019年研]

答：阿帕网(ARPANET)是美国国防部高级研究计划署开发的世界上第一个运营的封包交换网络，它是全球互联网的始祖，于1969年问世。阿帕网的主要特点包括：可以共享硬件、软件和数据库资源；利用分散控制结构；应用分组交换技术(包交换技术)；运用高功能的通信处理机；采用分层的网络协议。1986年，美国国家科学基金会利用ARPANET发展出TCP/IP通信协议，出资建立名为NSFNET的广域网。至此，互联网基本摆脱军方控制，并且逐渐成为一种便捷的“民用”媒介。20世纪90年代开始，商业机构开始大举介入互联网，从而进一步推动其民用化趋势，充分挖掘了因特网通讯、资料检索、客户服务等方面的巨大潜力。至此，互联网的基本平台已经搭建完成，接下来万维网(即World Wide Web——WWW，又称Web)和网络“浏览器”的普遍使用使它的发展又踏上一个新的台阶，网络成为真正意义上的传播媒介，深刻地改变着社会生态、传播生态和新闻媒介。

24. 新媒体[湖南大学2019年研]

答：新媒体是指以数字技术为基础，以网络为载体进行信息传播的媒介，是新的技术支撑体系下出现的媒体形态，包括数字杂志、数字报纸、数字广播、手机短信、移动电视、网络、桌面视窗、数字电视、数字电影、触摸媒体、手机网络等。相对于报纸、杂志、广播、电视四大传统意义上的媒体，新媒体被形象地称为“第五媒体”。新媒体具有交互性与即时性、海量性与共享性、多媒体与超文本、个性化与社群化等特征。

25. 三网融合[上海财经2020年研；北大2016年研]

答：三网融合是指电信网、广播电视网、互联网在向宽带通信网、数字电视网、下一代互联网演进的过程中，通过技术改造使其技术功能趋于一致、业务范围趋于相同，实现网络互联互通、资源共享，并能为用户提供语音、数据和广播电视等多种服务的一种融合转型。就狭义而言，三网融合是电信网、有线电视网与计算机网的融合与趋同；就广义而言，三网融合是电信、媒体与信息技术等三种业务的融合；从服务商的视角而言，三网融合是指不同网络平台倾向于承载实质相似的业务；从终端用户而言，三网融合是指消费者用户装置(如电话、电视与个人电脑)的趋同。它是一种高层业务应用的融合，其表现为技术上趋向一致，网络层上可以实现互联互通，形成无缝覆盖，业务层上互相渗透和交叉，应用层上趋向使用统一的IP协议，在经营上互相竞争、互相合作，以向人类提供多样化、多媒体化、个性化服务为统一目标，业务逐渐交汇，行业管制和政策方面也逐渐趋向统一。

26. 四全媒体[人大2020年研；复旦大学2020年研；华科2020年研]

相关试题：

(1)请谈谈对“四全媒体”的理解。[论述题，北师大2020年研]

(2)什么是四全媒体？有什么含义？四全媒体时代对新闻工作者有什么新要求？[论述题，中山大学2020年研]

答：四全媒体是习近平总书记在2019年1月25日的人民日报社调研活动中提出的四种不同的媒体类型，包括全程媒体、全息媒体、全员媒体、全效媒体。全程媒体指事件的发生、发展以及结束等所有环节，全部都在传播链条之中。无时无刻不在的媒体，使得事件公开化、透明化成为可能。全息媒体主要体现在技术层面的发展，当下传播呈现的形式不断拓展，更加多元和深层次化，图文、音视频、VR/AR、新闻游戏、人工智能等的发展使得媒体发展更加完善化。例如中央厨房以及媒体合成大脑、AI主播等新技术的出现。全员媒体与全民记者的发展密切相关，当下全媒体时代，人人都有麦克风，全民皆新闻，无处不信息。自媒体的发展扩大了信息源，新媒体扩展了媒体的渠道，但同时也在一定程度上消解了发布信息的门槛。全效媒体与技术的兴起密不可分，大数据与云技术的发展，为每一个互联网用户都绘制了一个非常清晰的画像，由此实现了精准推送，传达效果更加数据化和可视化，这有利于最大程度地实现传播目的，达到更好的传播效果。

27. 自动新闻

答：自动新闻又称自动化新闻(Automated Journalism)，是指计算机软件根据已知的数据自动撰写新闻稿，目前已经成为全球性的发展趋势。自动化新闻的制稿通常有五个步骤——收集数据、辨识元素、编列顺序、编撰叙述、最后发布。每个步骤虽然都是运算逻辑的处理，但必须依据默认的规则，然后配合文字或数据，按照步骤制出结果。自动化新闻是人工智能的一种，适用于快速、时效性的事件报道。目前已知的运用自动化的新闻机构有美联社、《福布斯》杂志、《纽约时报》、《洛杉矶时报》以及中国的腾讯、新华社等。

28. 过滤气泡[西北政法2021年研]

答: 过滤气泡(Filter Bubble)是指社交媒体会像一个气泡一样将受众包裹在其中，通过算法和推送塑造受众所处的传播生态。过滤气泡的概念由定制新闻网站Upworthy的创始人伊莱·帕里泽在2010年提出。这种网络针对个人化搜索而提供筛选后结果的推荐算法，被称为“过滤气泡”。各个网站像气泡一样将用户与其他网站的信息隔绝开来，让人沉浸在自己偏好的信息世界中。随着新媒体技术的不断发展，公众在意识形态上越来越分化，其中“过滤气泡”发挥着极其重要的作用。这种由于算法推送和回音室效应推动并强化的“过滤气泡”会出现“结晶”效果，进一步强化我们已有的“选择性接触机制”和“个人差异”，使我们呈现出群体内高同质化，群体外高差异化。

29. OTT TV[暨大2016年研]

答: OTT TV是“Over The Top TV”的缩写，是指基于开放互联网，向用户传输视频的新型视频服务，其终端可以是电视机、电脑、机顶盒、PAD、智能手机等。OTT TV在网络上提供视频服务，但强调视频服务与物理网络的无关性，通过互联网传输的视频节目可以通过PPS、UUSEE等平台传输到显示屏幕(包括电视)上。对于消费者而言，OTT TV是以Over-The-Top方式服务，通过满足消费者的需求，集成互动电视功能的全功能的互联网电视。从世界范围来看，全球OTT TV有三种发展模式：①欧洲的兼顾传统广播电视与OTT服务的HBBTV模式；②完全以互联网架构为基础的美国开放式OTT模式；③中国所形成的强调内容监管的可管可控模式。

30. 媒介融合[厦大2021年研；兰州大学2021年研；郑州大学2021年研；同济大学2020年研；陕西师大2020年研；贵州大学2020年研；中传2019、2016年研；浙传2019年研；云南大学2018年研；上海交大2016年研；华东师大2016年研；重庆大学2016年研；西北大学2016年研；华科2016年研；北大2015年研；复旦大学2015年研]

答: 媒介融合(Media Convergence)是指各种媒介呈现多功能一体化的趋势，最早由美国马萨诸塞州理工大学教授伊契尔·索勒·浦尔提出。其概念包括狭义和广义两种，狭义的概念是指将不同的媒介形态“融合”在一起，产生“质变”，形成一种新的媒介形态，如电子杂志、博客新闻等；而广义的媒介融合则包括一切媒介及其有关要素的结合、汇聚甚至融合，不仅包括媒介形态的融合，还包括媒介功能、传播手段、所有权、组织结构等要素的融合。换言之，媒介融合是信息传输通道的多元化下的新作业模式，是把报纸、电视台、电台等传统媒体，与互联网、手机、手持智能终端等新兴媒体传播通道有效结合起来，资源共享，集中处理，衍生出不同形式的信息产品，然后通过不同的平台传播给受众。媒介融合是信息时代背景下的一种媒介发展理念，是在互联网迅猛发展的基础上的传统媒体的有机整合。

31. 网络民族志[厦大2022年研；西南大学2022年研；北邮2021年研]

相关试题：虚拟民族志[郑州大学2021年研]

答: 网络民族志指“在特定时间内，通过持续的网上参与式观察(观察并参与网络社区的讨论)，描述虚拟社区(论坛、网络圈子、博客、QQ群等)中的族群及其文化现象的过程”，它还有其他命名如“虚拟民族志”“赛博民族志”等。其主要的研究田野在虚拟社会，主要研究对象就是群体或个人在网络虚拟空间中的行为及活动。该方法的优点主要是方便快捷，成本低，由于网民们日积月累的话语、图片等信息都集中在网络空间中，所以可以获取到比较丰富的资料。且互联网跨越了空间，可以通过该方法对一些比较难以接触到的人或比较敏感的领域进行研究。网络民族志的方法有以下几种：①互联网民族志的核心方法是参与观察——研究者沉浸在研究田野中，与研究对象互动对话。②网上进行访谈和分析网络文本并不等同于田野调查。网络的匿名性让互联网民族志者很难确认被研究者的身份，这也就意味着网民行动的社会情境及其社会政治经济特征等关键信息的缺失，因此最好与线下访谈结合。③互联网民族志者最好进行多点研究以弥补情景单一的问题，从单一网站、游戏、社区、论坛等跳脱出来，构连更为广阔的社会文化背景。

32．元宇宙［清华大学 2022 年研；南京大学 2022 年研；华东政法 2022 年研；内蒙古大学 2022 年研］

相关试题：你认为的元宇宙应该有什么特点？［简答题，北师大 2022 年研］

答：元宇宙是整合多种新技术而产生的新型虚实相融的互联网应用和社会形态，它基于扩展现实技术提供沉浸式体验，以及数字孪生技术生成现实世界的镜像，通过区块链技术搭建经济体系，将虚拟世界与现实世界在经济系统、社交系统、身份系统上密切融合，并且允许每个用户进行内容生产和编辑。从时空性来看，元宇宙是一个空间维度上虚拟而时间维度上真实的数字世界；从真实性来看，元宇宙中既有现实世界的数字化复制物，也有虚拟世界的创造物；从独立性来看，元宇宙是一个与外部真实世界既紧密相连，又高度独立的平行空间；从连接性来看，元宇宙是一个把网络、硬件终端和用户囊括进来的一个永续的、广覆盖的虚拟现实系统。准确地说，元宇宙不是一个新的概念，它更像是一个经典概念的重生，是在扩展现实（XR）、区块链、云计算、数字孪生等新技术下的概念具化。

二、简答题

1．请简述当下有哪些新闻分发模式。［北大 2019 年研］

答：在目前的移动资讯信息分发市场中，新闻分发模式主要分为三类，分别是媒体型、关系型和算法型。移动互联网的快速发展驱使传统媒体以及互联网媒体拓展其内容传播渠道。目前，伴随着资讯信息量的指数级增长，算法型推荐模式可以从海量信息中匹配用户需求，为用户推荐感兴趣的内容，从而深入挖掘用户价值，算法型分发模式渐成潮流。

（1）媒体型分发模式。

媒体型模式的平台本身拥有优质记者和编辑团队，可以产出丰富的新闻内容。平台作为内容的生产者，由于本身的社会属性，一般更具严肃性和社会性。信息消费者在媒体型平台上可以获取更为全面和集中的信息，因此更为信任这类模式的媒体。

媒体型分发模式的主要优势在于拥有内容生产能力，人工力量介入使内容运营更有目的性、针对性，易于树立品牌，聚拢一定规模的受众并形成品牌文化。典型产品包括腾讯新闻、搜狐新闻、网易新闻、新浪新闻、凤凰新闻等。

（2）关系型分发模式。

关系型模式平台的资讯信息主要来自微信和微博上的自媒体，基于社交关系，内容生产者可以迅速地获取流量与用户。这些自媒体一般没有编辑和记者团队，其内容信息和数据一般摘自各大内容平台。用户根据朋友圈内容或是主动关注相关自媒体来获取信息，这种基于关系的信息分发模式使信息消费者更容易发觉所在群体的关注重点。

关系型分发模式的核心优势表现在以平台姿态出现，为内容生产者提供了一系列的服务，依托社交关系链，内容生产者可以迅速地获取流量与用户。典型产品包括微博、微信等。

(3)算法型分发模式。

算法型模式的平台主要根据用户的特征来推荐内容，有利于进一步挖掘潜藏用户需求。伴随用户使用时间和程度加深，平台方愈加洞察用户需求，为其推荐符合个人偏好的内容。由于这类平台的信息推送主要是基于用户本身偏好和需求，故消费者一般更感兴趣。这类平台的典型代表是今日头条和一点资讯。

算法型分发模式的主要优势是可以对资讯信息与用户阅读需求进行高效匹配，提升分发精准性，在分发过程中，对用户进行细致分析，发掘潜藏用户需求。

2. VR、AR、MR的特点。[北师大2019年研]

相关试题：VR新闻[概念题，湖南师大2018年研；上海大学2017年研]

答：(1)VR，即虚拟现实技术(Virtual Reality)，是一种可以创建和体验虚拟世界的计算机仿真系统。具体来说，是指用户可以沉浸在计算机生成的三维虚拟环境中，从自己的主观视角出发与其进行互动，并产生一种“身临其境”的代入感。其“复制世界”的核心特征可以归纳为“3I”，即沉浸感(Immersion)、交互性(Interaction)和想象性(Imagination)：

①沉浸感是指让人沉浸到虚拟的空间之中，脱离现有的真实环境，获得与真实世界相同或相似的感知，并产生“身临其境”的感受。

②交互性是通过硬件和软件设备进行人机交互。VR用眼球识别、语音、手势乃至脑电波等多种传感器，与多维信息的环境交互，逐渐趋同于真实世界的交互。

③想象性是指在虚拟世界中，用户根据所获取的多种信息和自身在系统中的行为，通过逻辑判断、推理和联想等思维过程，对其未来进展进行想象的能力。

(2)AR，即增强现实技术(Augmented Reality)，指在真实环境中增添或者移除由计算机实时生成的可以交互的虚拟物体或信息。带上AR眼镜后，看到的全是真实的场景，它把这些智能计算机设备所产生的“增强”的虚拟数字层套在真实世界之上。AR技术的突出特点为构建在三维世界基础上的虚拟场景，从而达到交互性和沉浸式的双重体验。

AR的特点有：①真实世界和虚拟的信息集成；②具有实时交互性；③在三维尺度空间中增添定位虚拟物体。

(3)MR，即混合现实(Merged/Mixed Reality)，是虚拟现实技术的进一步发展，该技术通过在虚拟环境中引入现实场景信息，在虚拟世界、现实世界和用户之间搭起一个交互反馈的信息回路，以增强用户体验的真实感。MR是合并现实和虚拟世界而产生的新的可视化环境，是数字化现实与虚拟数字画面的结合。

MR的特点有：①它结合了虚拟和现实；②在虚拟的三维(3D注册)；③实时运行。

MR的实现需要在一个能与现实世界各事物相互交互的环境中。如果一切事物都是虚拟的那就是VR的领域了。如果展现出来的虚拟信息只能简单叠加在现实事物上，那就是AR。MR的关键点就是与现实世界进行交互和信息的及时获取。

3. 人工智能对内容生产与传播的影响。［中传 2019 年研；北人 2019 年研；暨人 2019 年研；北师大 2019 年研］

相关试题：论述人工智能对传媒业的影响。［北邮 2019 年研］

答：人工智能是指基于大数据、算法和云计算三项技术基础，开发用于模拟、延伸和扩展人的智能理论和方法的新技术，是制造智能机器、可学习计算程序和需要人类智慧解决问题的科学和工程。近年来，“人工智能 + 媒体”是引起热议的话题之一。人工智能对传媒业的整个传播流程都在产生影响，包括组织机构、内容生产、传播方式、效果测定、经营模式等。其中，内容生产与传播是人工智能技术应用较多的环节。

（1）人工智能对内容生产和传播的积极影响。

①改变了单一向度的新闻生产流程。传统媒体的新闻生产以记者调研和寻找线索为起点，然后记者采访写稿或者拍片与剪辑，成稿后经由编辑加工，最终形成产品并由媒体发布。这个过程是单向度的线性流程。而人工智能技术使得内容生产变为交互多向。新兴的新闻生产包括由用户兴趣主导的话题选择、依靠受众网络分析、不同渠道发布内容、对传播效果事实评估等。内容生产者和用户之间是交互关系，而非线性关系。

②压缩了内容生产流程的环节，提高了单位时间内的生产数量。机器的自动化带来环节合并，如 Veo 公司的产品能全景追踪体育赛事，在无人监管模式下，自动追踪体育场上的动向，并将素材自动组合成片，将拍摄、剪辑、后期等多个环节进行整合。同时，通过实时追踪，省略反复核查带来的环节冗余。如英国的一家体育媒体 GiveMeSport，实时自动收集新闻线索，并排除垃圾信息与虚假内容，确定信息来源的可靠性，人工智能对真实性的全面把关就省略了记者自查、编辑审核等多个环节。

③算法成为内容生产流程运行的一个规则。传统新闻生产的价值判断主要依赖记者个人敏感度、编辑经验水平来判断，而人工智能技术下的内容生产则是以算法及其依托的数据作为判断依据。如路透社的 News Tracer 像一个“社交噪音过滤器”，它每天会识别来自 1200 万个推文的对话，选择那些类似新闻的内容，给每个故事添加总结或主题，评估每个故事的新闻趣味性、准确性、新颖性和范围，并打上地理标签。

④智能推荐将成为主流分发方式。在大众媒体时期，内容分发主要依靠职业编辑人员的手工操作来完成。互联网的产生打破了内容供给的时空限制，使得网上内容走向海量化。因此，基于用户内容消费数据，以“今日头条”为代表的智能推荐集合了网络编辑分发、搜索引擎分发、社交分发等分发方式的优点，可以更好地满足用户的个性化需求，从而增强用户对智能推荐平台的黏性，使得智能推荐成为主流的内容分发方式。

（2）人工智能对内容生产和传播的消极影响。

①数据收集可能侵犯隐私。当人工智能应用于新闻生产领域，新闻素材的来源更加广泛。比如，在信源捕获方面，大量的用户数据可以成为新闻生产的原始材料。人工智能的应用大大增加了新闻素材，但可能存在侵犯用户隐私的问题。人工智能的数据捕捉是基于云计算和大数据技术的，但是大数据的抓取行为本身就存在可能侵犯用户隐私的问题。在网络信息技术高度发达的今天，用户的一切网上行为都处于一种被“监视”的状态，在网上留下自己的信息，导致个人隐私泄露的案例频发。

②个性化定制易形成“信息茧房”。人工智能依托用户个人兴趣爱好偏向，通过对信息

的收集、整合与加工，为用户提供个性化的新闻内容。但是根据用户个人的兴趣爱好进行信息推送容易形成“信息茧房”，导致用户对感兴趣的信息无限制地获取，而对此领域之外的信息一无所知。这种热衷于某一事物，而对其他事物一无所知的现象将会导致人们习惯顺从地接受媒体提供的各类信息，并且认为媒介提供的信息真实可靠，慢慢丧失了批判能力，对于媒介提供的信息不加思考、全盘接受。

③模式化现象严重。人工智能通过算法的优选，摒弃了冗余信息的干扰，让用户能够直接接收最有用的内容。机器人在写稿件时，首先从数据库中依据挖掘到的数据找出符合新闻需求的信息，然后进行结构化处理，把数据进行排列组合，最后用设定好的模板形成新闻报道。在这种情况下产生的新闻报道就存在模式化严重的问题。

(3)人工智能对传媒业的挑战。

①人工智能技术使新闻机构和记者的工作面临被取代的危机。当算法实现逐步优化，人工智能通过用户浏览行为数据能准确将个性化、聚类化、标签化的新闻信息投送给不同的新闻受众群体，大量的传统新闻机构依托人工编辑的内容生产模式将受到前所未有的强烈冲击。

②对新闻专业主义价值观产生冲击。人工智能的技术运作逻辑是“一切皆可量化”，在“算法”逻辑的思维下，其得出的数据结果造成了“主体建构被抹杀”和“生活意义被取消”；同样，当下的人工智能只会根据新闻的阅读点击率去判断该新闻的热点价值，而不会像传统新闻记者那样，秉承新闻作为“社会公器”的专业主义视角，去进行社会新闻的选取与生产。

③对新闻时效性产生冲击。时效性是新闻报道的生命线，是新闻存活及构成新闻价值的重要条件，但媒介技术一日千里的发展使人们的时间观念产生根本性的变革，“机器人写稿”的出现，则使得人类记者在新闻报道的“时效性”上更是望尘莫及。

④对新闻客观性产生冲击与“后真相”时代的来临。客观性新闻原则是新闻工作的准则与依据，由此衍生出“新新闻主义”、调查性报道、精确新闻学、公民新闻学等系列学说，更代表了业界、学界对新闻客观真实性的不懈探索与追求。然而，“后真相”一词近年来的不断闪现，无疑让新闻报道客观性的基本原则产生动摇。技术促进了人的延伸与连接，通过网络聚合相同兴趣、观点、情感、价值观的个体，并以此形成网络社群。人工智能技术“个人定制”的推荐系统的出现，更是利用算法机制精准地生产和推送信息，不仅满足用户个性化、社群化的信息兴趣和需求，而且还加固了社群，使成员生活在“信息茧房”之中，不断强化其各种认识偏见，最终进一步加剧了“后真相”时代特征。

4．媒介融合包括哪几个方面的融合？［北体 2019 年研］

答：媒介融合最早由美国马萨诸塞州理工大学教授伊契尔·索勒·浦尔提出，原意是指各种媒介呈现多功能一体化的趋势。从狭义上讲，媒介融合是指不同的媒介形态融合在一起，形成一种新的媒介形态。从广义上讲，媒介融合包括一切媒介及其相关要素的融合，如媒介形态、传播手段、所有权、组织结构等要素的融合。媒介融合主要包含三个层面：媒介内容的融合、传播渠道的融合、媒介终端的融合。当前我国的媒介融合主要表现为各级媒体积极融入新媒体，建立自己的新媒体矩阵，打通内部组织架构等。如人民日报打造中央厨房、浙江日报集团“新闻＋服务”建构用户平台等。媒介融合主要包括以下几个方面：

(1)组织融合。这是最初的媒介融合，这种结合往往是依靠外部的力量(如行政力量)使媒体结合成一个共同体，如我国的许多报业集团都属于这种类别。这类集团往往只是名义上的，是一种十分松散的组合，往往还是处于各自为政的状态，没有形成有机分工的态势。

(2)资本融合。在市场“看不见的手”的作用下，使有实力的媒介集团在资本市场上完成对其他媒介或媒介集团的收购，或者两个媒介组织之间通过资本市场进行合并。

(3)传播手段融合。所谓“传播手段融合”，从小范围来说是指利用新技术改造传统媒体；从大范围来说是指大型的传媒集团将不同媒介的传播手段在一个大平台上进行整合，使这些媒介之间的内容相互推销和资源共享，由“多媒体编辑”统筹策划，将采回的材料和新闻用于集团旗下的各个媒体。

(4)媒介形态融合。这是媒介融合的最高阶段。新技术的发展日新月异，完全有可能在未来产生一种与今天媒介形态完全不同的新媒介，这种媒介有可能融合了几种甚至全部媒体的优点。

5. 如何使用大数据对传播内容开展研究?［北邮 2019 年研；北大 2019 年研；安徽大学 2019 年研］

答: 大数据是指无法在一定时间范围内用常规软件工具进行捕捉、管理和处理的数据集合，是需要新处理模式才能具有更强的决策力、洞察发现力和流程优化能力的海量、高增长率和多样化的信息资产。现阶段大数据已经渗透到各个学科领域，也革新了对传播内容的研究。使用大数据对传播内容开展研究包括以下几个方面:

(1)利用大数据技术获取相关数据。大数据最根本的变革是数据生产方式的改变。对应到传播学研究中，是指针对大数据的研究不再需要填问卷等方式来获得有限样本总量。新的研究方式是运用一个开放的平台，让人们主动地自己往上“填写”记录。就像自媒体时代的新闻生产方式，很大一部分的新闻来源都是个体在微博等平台上生产的。

(2)将大数据技术应用于抽样调查。大数据会提高抽样研究的准确性，但是抽样方式会发生改变。首先，需要厘清大数据本身已经是数据的前端采集结果，这是大数据的本质，而它就是一个全样本。抽样的时候，其实是对数据后端的一次再处理，即大数据本身是伴随着分析处理方法的开发而诞生的。运用这些方法直接分析数据的准确性最高，但是需要传播学者进行计算机相关知识的学习，或者与其他学科的学者进行合作。只有在无法使用大数据分析工具的情况下，传播学者才会使用抽样分析方法。

(3)非结构化数据的结构化分析。不同于自然科学数据的特点，社会科学的数据不仅非结构化数据多，而且实时性强，大量数据都是随机动态产生，根据网络数据做经济形势、安全形势、社会群体事件的预测成为了可能。传播学者不是要获取更多的数据，而是要首先得到大数据，然后去冗分类、去粗取精，科学合理地二次抽样采集数据，进一步进行数据挖掘。

(4)利用大数据做可视化分析。大量的数据经过分析处理后，结果需要展示给客户或普通受众。普通的图表已经无法展示大数据的处理结果，只有可视化的结果才可以被接受。好的可视化展示应该是通过清晰美观的图示，让人理解数据的真正含义或者它的真实面貌。这对于传播学学者来说，是一个可探索的领域。

6. 请谈谈5G对于传播场景带来的影响。[北师大2021年研]

相关试题:

(1)论述5G对网络信息内容传播生态带来的潜在风险及其治理路径。[暨大2021年研]

(2)谈谈5G技术对新闻内容生产带来的变革。[华东师大2020年研;中国政法2020年研]

答:(1)5G通信技术,即第五代移动通信技术,是目前最新一代移动互联网技术。

(2)5G技术的特点:

①高速率:5G使数据传输速率提升了100倍,万物互联将成为现实。

②高容量:5G的G比特级接入速率,令用户进入"无限网络容量"的体验时代。

③低时延:5G的低时延将催生和创造出更多的生产与生活的场景应用。

④低能耗:5G技术能容纳更多设备连接,并维持低功耗的续航能力。

(3)5G在传播场景中的应用主要体现在人与人之间的通信、人与物之间的沟通,以及物与物之间的沟通,其带来的影响有:

①突破空间与环境,模糊边界与入口。

随着5G技术的普及,虚拟时空场景的搭建成本将大大降低,新的媒介形态和媒介形式将带来更多形式的新场景。用户可以根据自己的主观意愿随时进入虚拟空间与现实空间,以往外显的入口将变得隐蔽起来。

②精准定位习惯与需求,调试个体性与群体性。

5G的发展将带来社交浸润式传播,以社交平台为依托,与不同属性的用户形成交互,基于群体的不同需求适配于差异化场景之内进行社交传播。如百度眼就试图定位用户所处的特定空间以提供个性化服务。

③多业态融合发展,应用场景多元化。

5G的到来不仅放大了短视频行业的边界,也促进短视频与其他产业产生更多的连接,视频平台+社交、短视频+文化、短视频+旅游、视频平台+教育、短视频+体育等多种组合方式丰富了应用场景,多种业态与短视频实现跨界融合。

④智能算法升级,重塑社交网络的核心逻辑。

5G拥有强大的连接力,能够连接万事万物,并为万物之间的信息交换提供渠道支撑。一方面,大数据与人工智能技术的深度融合能够将拥有相同需求、兴趣的用户连接起来,形成新的社群。另一方面,未来可能会形成以算法为主导的社交场景,形成算法构建的社交氛围,甚至出现新的媒介社交形态。

7. 简述互联网发展的内在逻辑。[贵州大学2022年研]

答:参见本章考点难点归纳相关内容。

三、论述题

1. 谈谈人工智能、机器人新闻写作对新闻生产的影响。[北大2019年研;北师大2019年研;湖南大学2019年研]

相关试题:结合具体案例,简述机器新闻写作的特点与应用领域。[暨大2019年研]

答:机器人新闻是指利用算法程序,通过采集大量的题材及高质量的数据,建立庞大数据库，从中寻找模型、趋势以及相互的关系，最后由机器自动化生产新闻的新闻报道方式。机器人新闻的诞生，引发了新闻生产模式的变革。

（1）全新的新闻生产：从专业生产走向“专业生产 + 用户生产 + 机器人生产”。

计算机自动生成的机器人新闻，尽管在国内尚属新鲜事，但是国外几年前就已成为现实，机器人早已开始协助写稿、编辑、校对等。路透社、美联社、《纽约时报》、《洛杉矶时报》、雅虎、《赫芬顿邮报》等传统媒体和互联网公司都已纷纷采用机器人生产新闻。

机器人还可以协助美联社将 NBA 比赛、橄榄球赛的流水账式记录，统计整合成一篇报道。过去，专业体育记者一边看电视，一边查官网数据，一边写稿子；如今，机器人新闻可以全部自动识别所有球员的得分、助攻、篮板、抢断、盖帽等，之后机器人根据这些数据，结合关键球员的表现、球队排名等赛况写出报道。

随着人工智能技术的逐渐成熟，机器人的计算能力和学习能力不断提升，传统新闻生产的方式将逐渐被颠覆。过去依靠专业记者生产内容（PGC）的手工模式，继走向“专业生产 + 用户生产”（PGC + UGC）的 Web2.0 模式后，又将走向 Web3.0 新阶段：算法生成内容（AAC）与 PGC、UGC 三者鼎立。

（2）全新的议题设置：从流水线生产走向个性化定制。

①议题设置的改进。

传统媒体的议题设置主要取决于当时的新闻热点、宣传管理部门的指令、媒体同行的选择和编辑记者的经验。但是，人工智能技术出现后，媒体议题设置和编排分发的旧有规则被打破了。算法推荐新闻，以及受众之间的相互推荐，逐渐开始争夺内容分发的主导权。

②受众分析的改进。

a. 人工智能技术的核心是数据挖掘。媒体的受众分析将比以往更精准，内容的聚合与分发，将更加精准化、智能化、对象化、个性化。通过大数据挖掘技术、个人信息行为追踪，新闻机构可以做到为用户智能推荐，实现个性化的新闻定制。

b. 全球新闻生产从人工整合向技术整合的趋势愈加明显，人工智能向传媒领域进军已成潮流。人工智能技术宣告了个性化新闻时代的全面到来。针对每个订阅用户的专属评论和定制化报道，已经成为现实。首先，人工智能技术使得“用户画像”更清晰，可以为用户量身定做内容。其次，人工智能技术可以为受众进行场景化适配，这是传统议题设置望尘莫及的。最后，人工智能技术使媒体更加社交化，更加注重对社交媒体数据的收集和挖掘。对媒体来说，没有大数据，一切都将成为无源之水、无本之木。未来媒体的竞争力，取决于其数据挖掘的能力，而非简单的叙事能力。

（3）全新的运作方式：从内容为王走向全产业链运作。

人工智能技术将使传统媒体内容开始向移动化平台聚合，推动传统新闻媒体的改造。机器人写作相比人工新闻的优点不言而喻。其写稿速度最快可达到毫秒级，无人匹敌；其应用大数据技术处理海量数据的能力让人类望尘莫及；它不知疲惫、产量惊人、准确性高，大大提高了传统新闻工作者的效率。生物传感机器人，可以把观众的真实体验实时地呈现出来，供创作方分析、供观众了解自己，也可以让记者从中发现有新闻价值的东西。某种程度上，机器人的算法，比编辑记者更懂受众。因此，在这种情况下，传统媒体就不能抱残守缺，需要有一定程度的改变。

①传统媒体不能一味沉溺于“内容为王”的路径依赖，而要考虑“内容＋技术＋渠道＋市场＋人才”的全产业链运作。片面强调“内容为王”，对科技发展视而不见，最终会导致传统媒体的彻底边缘化，丧失主流舆论阵地。

②传统媒体除了培养“全能型记者”，还要引进软件算法工程师。一方面，媒体需要复合型的人才队伍，需要记者掌握多元化的知识结构，使其除了必备传统“报台网”的采访、编辑和写作技巧，懂得文字、图片、音频、视频的制作技能，还要懂得微博、微信、客户端等新媒体平台的发稿流程。另一方面，媒体队伍需要专门的算法工程师。媒体队伍的知识结构，不能局限于中文、新闻、传播等文科领域，还需要大量的 IT 人才，满足 TMT、ICT 的融合趋势。

③面对人工智能技术的步步紧逼，传统媒体不能画地为牢，需要打破藩篱，既要开展传统媒体与新媒体的一体化运营，也要做好内容集成服务商，在媒体聚合平台安营扎寨(如运营媒体公众号)，还可以主动聚合自媒体(如发起自媒体联盟)，实现平台共享。

通过大数据挖掘，机器人可以更精准地预测未来。人工智能的核心是数据处理，它可以极大提高出稿效率，对突发事件实现快速反应。与此同时，媒体人借助人工智能技术把内容输送到算法推荐平台，实现精准传播。

(4)人工智能本性中的传播缺陷。

①虽然机器人新闻优势明显，一定程度上给新闻从业者带来压力，对传统新闻生产模式也造成了很大影响，但其流水线式的新闻生产模式仍存在很大局限性。当前新闻写作软件只能生成特定类型的报道，只能采用单一来源的数据，遵循这类报道常用的固定模式，大批量“生产”出有限类别的短新闻。

②机器人的数据罗列能力较强，但分析能力较弱，不能提供有价值的观点、有深度的行业调查，不能深入一线进行实地采访，缺乏新闻敏感度和新闻温度，所以目前主要应用在数据要求多、格式化、模板化的企业财报和体育报道上。新闻毕竟出自机器人之手，它不具备对新闻线索进行挖掘的观察能力，也不具备对新闻事件进行取舍的决断能力，而这两种能力是新闻敏感度的重要体现。因此，机器人新闻不可能普遍取代人工写稿。

2. 结合实例谈谈你对“算法新闻”的看法。[复旦大学 2019 年研；北师大 2019 年研；安徽大学 2019 年研]

相关试题：

(1)协同过滤算法[概念题，北京工商 2021 年研]

(2)算法新闻/算法分发新闻/算法推送新闻[概念题，中山大学 2022 年研；暨大 2022 年研；北师大 2021、2019 年研；清华大学 2020 年研；同济大学 2020 年研；重庆大学 2020 年研；华东政法 2020 年研；复旦大学 2019 年研]

(3)算法在新闻推送中的问题以及应对办法。[人大 2019 年研]

答：技术进步不断推动着新闻业态的发展变革，个性化内容推送作为一种相对成熟的人工智能技术，对于新闻业务链的创新发展产生了革命性的影响。在这种智媒环境下，个人的兴趣越来越成为用户获取新闻的关键词，基于对个人兴趣的用户洞察所形成的个性化新闻推送，也越来越成为未来新闻业发展的重要方向。

(1)算法新闻的含义。

算法新闻是以计算机算法技术为基础，利用算法工具自动完成生产新闻、分发新闻，以及助推新闻的落地等一系列流程的一种方法或系统。实现用户个性化信息的智能匹配，即通过人工智能分析和过滤机制，根据个性化需求聚合相关的信息和应用，并以此对信息进行深度智能分析，以实现用户个性化、动态的需求。概言之，就是为用户找到与其相匹配的内容，反过来说也就是为内容找到与其属性相匹配的用户。在如今，算法新闻逐渐从个案向普遍性运用转变，从低水平向高质量转变，出现个性化的操作，正在改变传播中的权力关系，在未来将会有更大的发展。

(2)算法新闻的种类。

①基于内容的推荐算法。基于内容的推荐算法可以分析用户喜欢和自己关注过的 item 以及在内容上类似的 item。

②协同过滤的推荐算法。原理是用户喜欢那些具有相似兴趣用户喜欢过的商品。比如你的朋友喜欢电影《江湖儿女》，那么平台也会推荐给你。这是将用户的所有数据读到内存中进行运算的。

③基于知识的推荐算法。这种算法比较典型的是构建领域本体，或者建立一定的规则进行推荐。

(3)算法新闻存在的问题。

①内容不符合用户兴趣。

a. 从数据质量角度看，个性化推荐对数据的数量和质量要求比较高，如果一个用户缺乏有质量的数据，个性化推荐远远不如热门推荐的效果。多数新闻资讯类应用要面对大量历史阅读记录空白的新增用户，对他们进行个性化推荐的效果是很差的。这个问题又称为“冷启动”的问题，是大多数个性化推荐系统共同面临的问题。

b. 从自然语言处理的局限看，个性化推荐系统无法对新闻文章内容做深入理解。目前的自然语言处理只能从其特有的高频关键词层面进行标签层面的相似度匹配，这样产生的肤浅层面的话题，无法与用户气质、性格、生活方式进行深层次匹配，很难深层次地满足用户阅读新闻资讯中一些细腻的心理需要。

②内容质量问题。

纯粹的算法推荐系统对新闻的质量和内容是没有把关的。算法所做的只是提取新闻文章中包含的特征关键词，并将其与用户兴趣进行匹配。算法并不知道文章内容，更不要说对其进行选择了。一篇文章可能没有任何意义的内容，只是堆砌一些用户可能感兴趣的词语，但仍会被算法推荐给用户。网络上有很多文章文不对题，内容空洞，却被算法推荐给成千上万的手机用户，获得阅读量。这对用户来说是一种欺骗，对内容产业生产高质量内容的能力也是极大的伤害，产生了不良的引导。

③“信息茧房”和“信息成瘾”。

“信息成瘾”问题与“信息茧房”问题是一个硬币的两面。个性化算法推荐类应用在被用户使用的过程中，由于其算法不断贴合用户想看的内容，使用户的欲望不断被满足，构成了一个正向反馈，使用户形成心理依赖。

一些新媒体公司，运用大数据、高并发分布式后台、机器学习等先进技术，都是为了尽可能延长用户在其平台的停留时间。无论是内容上、算法上，还是交互设计上，都尽可能降低门槛，让用户越来越容易地接触到信息，而这些信息很大程度上就是刺激感官的垃圾信息。这样，由最顶尖的算法工程师和研发工程师，结合最懂用户心理的产品经理的设计，构建出一个“拟态环境”，其有着海量数据和超高算力，能够不断向用户推送直击人性弱点的信息，让用户很难离开。

④版权问题。

算法只负责推荐，并不知道文章是由谁撰写，以及是否涉嫌抄袭。事实上，很多新闻网站上的推荐系统中的文章是由爬虫从其他网页抓取的，换句话说，是未经授权的窃取。对此，企业方面考虑的往往一方面是内容成本，另一方面是时间成本，如果先获得同意再上传内容，用户很可能已经在等待的时间中流失了。

(4)算法新闻对涉及主体的影响。

①对媒体的影响。

a. 有利影响：对新闻生产机制的重塑。新闻内容分发成为专业化的独立部门：集社交、搜索、场景识别、个性化推送、智能化聚合于一体。

b. 不利影响：平台没有版权，只是对内容进行二次加工而非二次创新，在传播过程中易造成侵权现象。

②对受众的影响。

a. 有利影响：新闻私人定制满足个性化需求，节省时间，缓解信息过载与用户注意力匮乏这对矛盾，有助于“使用与满足”范式下用户地位的升级，提升新闻媒介信息传播效率。

b. 不利影响：会形成信息“孤岛”效应。今日头条基于算法针对用户进行个性化推荐，势必造成用户信息选择面的收窄，在用户周围砌起了一堵墙，形成“信息茧房”。

③对社会的影响。

a. 网络低俗化：德弗勒认为，媒介的低级趣味内容是维持大众传播体系正常运作的主要途径。庸俗、低俗、媚俗三俗信息的泛滥导致整个社会中低端趣味固化。

b. 社会黏性丧失：在“信息茧房”的作用下，人们很容易沉浸在自我的话语场中，脱离整个社会的发展，这些都大大减少了经验的分享。共同体关系的维系出现问题，也会导致意见整合和舆论把控能力下降。

c. 加剧网络群体的极化：克拉帕认为，受众会有选择地接触一种媒介，且往往只选择那些能加强自己信念的信息，而拒绝那些与自己固有观点相抵触的信息。网络群体是分化而类聚的，群体成员拥有相近似的观点和看法，群体内同质的特征越显著，就越容易增强群体内部的思想一致性，从而使人产生盲目自信，心胸狭隘等不良心理。

(5)相关对策与未来发展走向。

①克服“信息茧房”。走出茧房效应，发展信息平衡与纠偏技术，对用户进行校正性推送或反向关联推送。一方面，扩展推荐内容的广度，增加用户的兴趣点，可保证用户的长期体验，避免用户兴趣转移时放弃对新闻的关注；另一方面，用户兴趣的拓展，可以使推荐给用户的信息不局限在一个小范围之内，从商业利益的角度也是大有好处。

②技术不断革新。优化媒介技术，提升用户洞察技术，人机对话“聊新闻”，基于人工智能的人机交互模式可以对个性化精准信息服务起到扩张和挖掘作用。

③完善配套服务。用户获取的不单单是简单的新闻资讯，而是一整套相关的配套服务，

信息获取平台也成为一个实现精准服务的超内容社区。

3. 媒介融合的问题和未来趋势，用传播学理论和经典案例分析。［北师 2019 年研］

答：(1)“媒介融合”的基本定义。

①媒介融合(Media Convergence)最早由美国马萨诸塞州理工大学教授伊契尔·索勒·浦尔提出，原意是指各种媒介呈现多功能一体化的趋势。其概念包括狭义和广义两种，狭义的概念是指将不同的媒介形态“融合”在一起，产生“质变”，形成一种新的媒介形态，如电子杂志、博客新闻等；而广义的“媒介融合”则包括一切媒介及其有关要素的结合、汇聚甚至融合，不仅包括媒介形态的融合，还包括媒介功能、传播手段、所有权、组织结构等要素的融合。

②喻国明教授在《传媒经济学教程》中提出，媒介融合是指报刊、广播电视、互联网所依赖的技术越来越趋同，以信息技术为中介，以卫星、电缆、计算机技术等为传输手段，数字技术改变了获得数据、现象和语言三种基本信息的时间、成本及空间，各种信息在同一个平台上得到了整合，不同形式的媒介彼此之间的互换性与互联性得到了加强，媒介一体化趋势日趋明显。

(2)媒介融合的问题。

无论理论还是实践，我国媒介融合发展已有诸多成果。但媒介融合目前在我国仍然是目标理想与现实情况不相配。大量媒体依靠行政手段将旧内容与新媒体平台做简单拼接，形同内核照旧，影响力十分有限。

①逻辑起点：战略比战术更重要。

互联网真正导致的是：

a. 万物皆为渠道，拥有渠道已经变得不那么重要和关键了。仅仅在有限的传统渠道上“整合”与叠加意义甚小。

b. 传统意义上的“传受”之间的主客关系，已经变为“人人都是传播者”的主主关系。

c. 用户需求层面、消费层面和市场层面的改变及现实才是决定媒介融合的方式与构造的基本出发点。

一个人过去可能看《人民日报》就能通晓天下，今天有微信、微博、论坛等各种各样的媒介，消费层面已经发生深刻的融合改变。媒介融合应该从这个视角出发重新配置资源，这才是问题的关键。媒介融合创新有两种意义层面：一种是从“0”到“1”的创新，一种是从“1”到“100”的创新。从“0”到“1”的创新实际上就是从战略的层面上解决问题，而从“1”到“100”的创新则是从战术的层面上解决问题。在实际发展中所存在的问题常常是，还没有很好地解决从“0”到“1”的创新时，便急着要去做从“1”到“100”的复制和扩张，一拥而上，一哄而散，付出极大量的人力和物力的成本，甚至贻误了对于发展而言至为关键的“最佳窗口期”。从某种程度上说，我们在“媒介融合”的操作上所犯的错误就属于此类。

②平台融合：传统媒体难以维持内容影响力。

互联网时代下，没有任何一种能够称得上引领潮流的主流媒介，是拒绝和排斥新的社会生产力、传播生产力所释放出来的新的传播能量、新的传播形态的。换言之，能否把UGC、PGC、OGC 的内容充分地加以利用，能否把社群传播、视频直播、VR 等新的传播形态充分有效地纳入到自己的媒介平台中去，是判断一种媒介能否成为新时代主流媒介的最为重要的标准。

目前，我国大量传统媒体都在推动“两微一端一号”的平台融合建设。但真正面临的问题是缺乏对用户需求的思考，将传统内容大量复制到新媒体平台，内容同质化严重，产生了大量僵尸号，面临着有人发布，没人观看的尴尬境地。

③经营模式：媒介融合难以应对市场。

互联网是一种高维媒介，传统媒体在媒介融合与逐渐升维的过程中，其产业模式也发生了巨大的变化。从传媒产业发展的趋势来看，传媒经济运作历程是不断整合关联价值的过程。概括而言，传媒产业经济发展可以分为以下三个阶段：第一阶段传媒产业追求的是规模经济效应，第二阶段是追求范围经济效益，而在互联网的“下半场”发展，表现较为突出的传媒产业经济模式则是第三阶段的集成经济模式。

集成经济是传媒产业转型过程中，突破产业界限、扩张产业价值链的内在逻辑要求。传统的规模经济和范围经济的发展模式都存在规模的临界点。在经济范围达到一定的临界点之后，由于生产、沟通和管理等成本的上升，产品平均成本上升而平均利润下降，边际效益递减，很容易出现规模不经济或者范围不经济。而在互联网“互联互通”特质的作用下，原有的社会半径被大大扩张，开放性成为传媒产业的新属性，对于规模临界点很难实现人为的估量和把控，如果沿用传统的经济模式，则无法避免规模扩张带来的负面效应，分散和弱化传媒产业的核心竞争力，最终导致效率下降和收益减少。集成经济则不受困于规模扩张的制约，而是将系统内外的关联资源整合利用，通过结构改造和产品线的拓宽，形成各要素共同联动、协作生产的集成竞争力。

我国自2009年起媒体机构尝试向现代企业转型，同时实行股份制改革，以求上市融资增强竞争力。如人民网于2012年整体上市，是我国媒体改革的里程碑。但是，传统媒体在经营模式改造过程中，步伐缓慢，各方利益错综复杂；或者更多媒体仍然在走规模化扩张的道路，一味横向铺开铺广，按照流行的“三微一端”去进行全面布局，开展一厢情愿式的集团战术，例如办一万个APP没效果那我们就办十万个APP，但这明显是用有限的资源在投入一个无限的互联网的市场。在一个无限市场海洋里面，如果生产的内容跟用户毫无关联，让人索然无味，办100万个APP也不会有效果。而面对以BAT为代表的互联网企业竞争的局面，如果新优势不足，传统优势又运用不到位，最终就会面临被淘汰的结局。

(3)媒介融合的未来趋势。

①精确用户需求，打造多元媒介产品。以《人民日报》为例，通过微信公众号向用户推送每日睡前故事、换季注意事项、我与妈妈拍张照等精品栏目，极大地革新了往日国家级媒体高大上的路线，贴近受众需求，增强了影响力。

②利用主业优势，培育多元化经营。媒介融合既要考虑如何获得新优势，也要注意如何保持传统优势，利用主业优势，扩大经营面，提高综合影响力。例如浙报集团2005年以来涉入房地产、科技、网游、电商、电影等多种产业，收购边锋和浩方两大游戏平台，将用户规模拓展至3亿；2014年运营“钱报有礼”电商平台，将媒体业务与本地电商业务相结合，全面利用钱江报系与浙报集团资源，进行产业链的嫁接与重构，迸发出诸多的增值点，包括网站、微信商店、实体店。“钱报有礼”首先拓展的是钱报发行公司的产业链。报业发行包含储物、配送等环节，与物流配送的产业链条有诸多相似之处，容易融合在一起。产

业链经过延伸，将发行站点改造为电商的线下门店，节省开支的同时更好地实现线上线下相结合的销售模式。它打造的是本地化、垂直化的电商平台，对市场和地域进行垂直划分：市场再以生鲜果蔬、保健品、酒水、家电等为重点进行划分；地域以杭州为中心，拓展到浙江各个地市，自采自销。

两者的定位都是为浙江本地居民的生活提供资讯或服务。此外，集团的旅游全媒体中心打造“来吧旅行”电商。集团还与阿里巴巴、携程网等互联网公司进行战略合作，并与华数传媒、浙江广电等其他类型的媒体集团达成合作协议，并且浙江新闻客户端还为集团其他相关产业提供平台支持。

③适应分众化、差异化传播趋势，加快构建舆论引导新格局。习近平总书记在2·19讲话中明确指出，媒介融合要新老媒体优势互补，一同发展。加强党在新媒体环境下的话语权，媒介融合要做到受众在哪里，宣传报道的触角就要伸向哪里，宣传思想工作的着力点和落脚点就要放在哪里。这表明，媒体融合从本质上讲关系到党的执政问题，是治国理政、定国安邦的重要环节。

传统媒体与新媒体展现出来的融合态势并不是媒介融合的最终表现，而是其发展过程中的一种表达方式。传统媒体向新媒体进军，是传统媒体顺应时代、勇于突破的表现，也是媒介融合的第一步。媒介融合促进了传统媒体在新网络时代的转型，是大众传播进一步发展的重要技术手段。

在媒介融合的背景下，传统媒体需要转变观念、优化媒体资源、善用多种平台进行多元化经营。同时，媒体记者也要更新观念，敢于创新，重新定位自身角色，时刻提高职业素养，不断学习新的技能以适应新型媒介环境。

4. 5G技术给新闻传播学科的影响。[西南大学2020年研]

相关试题：

(1)5G给媒介带来的变革。[武汉大学2020年研]

(2)5G对新闻与传播的影响。[简答题，吉林大学2020年研]

(3)5G应用背景下，媒体融合的发展前景如何？[华科2020年研]

(4)5G时代的到来，可能会对媒体行业带来什么新的变化？新闻传播行业的从业者如何应对5G带来的机遇与挑战？[华中师大2020年研]

(5)结合事例谈5G对新闻传播实务的影响。[四川大学2020年研]

答：5G即“第五代移动网络与通信技术”(The 5th-Generation Mobile Networks)的简称，具有高速率、高容量、低延迟等特点。麦克卢汉提出“媒介即讯息”，技术的迭代发展会对社会带来一系列的影响，5G技术的发展应用，必然会对新闻传播业、新闻传播学、新闻传播者产生影响。

(1)5G技术促进新闻传播的变革发展。

①全时空、全媒体、全现实、全连接传播，新闻传播进入“全”时代。

5G技术全面应用后，人类社会将前所未有地实现信息传播的无时不在、无处不在，这种历时性与共时性同在的传播可以最大限度地突破传播的时间和空间制约。5G结合各种信息技术，如大数据、云计算、物联网、区块链、人工智能等，可以实现所有人、物、资金及信息(数据)的连接，人类社会的所有资源都可以数字化，并被作为数据进行传输与传播，以实现最短途、最高效的交互和交换。

②5G 技术带来新实践，新闻传播学科迎来新问题、新范式、新理论。

5G 技术带来的“全”时代，改变新闻传播产业的形态和实践，新的新闻传播实践带来值得关注的新问题，原有的研究方法要适应新问题，采用与新技术相结合的研究方法进行研究范式创新探索，如大数据、网络民族志等研究方法的应用推进。新问题的出现和新范式的应用，一方面会对新闻传播的经典理论进行现实检验，另一方面会产生针对新问题的新理论，如场景理论的进一步发展。

③信息制作和发行系统重组，新闻业态和传播格局发生巨变。

5G 技术带来更快的传输速度，让新闻更为即时便捷，提高传播效率。新闻从采集到制作、从输入到输出、从多屏直播到沉浸式媒体，5G 技术让受众与信息的距离不断缩短，更触手可及、冲击力更大，也让直播更接近、新闻更时新、报道更深入，进一步拓展了新闻报道的宽度、广度和深度，5G 技术带来新闻制作和发行系统的重组。此外，5G 技术推动沉浸式新闻和视频化信息的发展，在降低传播对接收者文化技术要求的同时，实现信息的立体化传播，给接收者带来沉浸式体验。

④传播主体多元化，智能设备和人一起成为传播主体。

在大众传播形态和移动互联催生的新传播形态中，受众凭借社会化媒体拥有了传播权，但人始终是信息的掌控者，是传播的唯一主体。而在 5G 技术和物联网应用下，传播将不再是人与人之间的信息传递和交往关系搭建，而是人与智能设备所“代表”的外部环境之间的直接信息交换。智能设备不再是“被动”的传播媒介，可以针对传者的意图和收者的需求，对信息符号和内容进行修改调整，成为编码者。人在传播中唯一主体的地位被打破。

(2)5G 技术给新闻传播带来的隐患。

①5G 技术带来新闻传播体制和规范的问题。

5G 技术的发展会促进新媒体、自媒体、社会媒体的进一步发展，为新闻传播业带来新的产业体系。在互联网传播的管理规范中，当前的新闻传播体制已经出现管理规范的困境，5G 技术的发展普及将会加剧这一情况。5G 技术推动下的新闻传播，可能会出现既没有专业精神的指引，更缺乏管理规范的境况，产生一系列的媒介伦理问题和法律问题，如新闻失实、新闻寻租、广告泛滥、侵犯隐私权等。

②学科交叉发展带来的理论及实践困境。

在信息时代，互联网的发展推动新闻传播学科的快速发展，在提供发展机遇的同时，提出了新的挑战。新闻传播原有的研究视角、经典理论、研究范式等已不能适应技术发展带来的新问题，需要在与社会学、心理学等学科交叉研究的基础上，进行与通信学、计算机学等学科的新结合。在取得一定成果的同时，带来了一系列的问题，如社会科学和自然科学的价值取向偏差，关注焦点的侧重偏差，研究范式的路径偏差等，都为新闻传播在学科交叉发展中带来了挑战。

③技术狂欢下，谨防技术对人的异化。

人们使用技术的目的是为人服务，但技术给人类带来巨大利益的同时，也给人类带来了灾难，甚至于成为一种异己的、敌对的力量，危害社会、反制人类。基于短视频的视觉社交迎合了内容生产与消费的碎片化、即时化、场景化、移动化的发展趋势，成为与 5G 高速传输技术进行匹配的新型社交样态。5G 技术的实现在带来更便捷高效传播的同时，也加剧了人们对现实环境的陌生感，人们可能会在传媒的“超真实”环境中变得麻木沉默。此外，5G 技术带来的视频化、碎片化传播，在满足受众需求的同时，会造成情绪的泛滥和思维的断裂，非逻辑、非理性的群体极化现象可能会进一步加剧。

④智能中介的出现，隐藏的技术权力中心。

传播政治经济学强调关注传播背后的权力中心，尤其是互联网构建的以平等、自由为特性的虚拟空间中，政治组织和经济组织仍然处于权力的中心。5G 技术的发展普及，会推动传播者传播能力的提高，会促进受众信息需求的满足，但也可能进一步削弱传受双方对信息的把控能力，“智能中介”的权力可能得到进一步增强，把控信息的传输、呈现和舆论的引导，“智能中介”背后的组织成为隐藏的权力中心，有可能通过技术垄断实现经济或政治目的。

5G 技术带来了传播方式的改变，同时也带来了新闻生产、组织结构等多方面的革新。5G 技术不只是为人们带来更方便、更强大的应用，同时必然会系统性地重塑媒体行业，只有时刻把握其对社会生活的系统性变革，才有可能变被动为主动，摆脱技术应用带来的恐慌和焦虑，让原本作为人类延伸的技术媒介为解放人的潜力服务，为新闻传播学科服务。

5．根据新冠肺炎疫情期间的信息传播，分析媒介技术与全球化的关系。［北邮 2021 年研］

相关试题：

（1）2020 年新冠肺炎疫情，用传播学理论分析新媒体媒介对公众情绪波动的影响。［中国农大 2021 年研］

（2）新媒介技术和大数据在新冠肺炎疫情中的作用。［北大 2021 年研］

答：媒介技术是自然技术、社会技术和思维技术相互作用而形成的内在统一体，不仅包括一定的知识理论、技术手段和工艺方法，还包括人对技术过程的控制方式、机制与能力。在全球化的大背景下，媒介技术的发展及其引起的社会变化是最引人注目的现象，在考虑当代媒介技术或传播技术之际，媒介技术与全球化的关系必然是个不可回避的问题。在考察媒介技术与全球化的相互影响中，片面地强调技术的作用将会陷入“技术决定论”的误区，片面强调社会的作用又会导致“社会决定论”的偏颇。无论是哪种绝对化的决定论，都是不可行的。媒介技术是在人类全球化的大背景下产生和发展的，所以全球化趋势中媒介技术并非单向影响着人类社会，而是与社会相互影响，从而推进人类文明的进步。

2019 年年底发生的新冠肺炎疫情，是一起典型的突发公共卫生事件。在来势汹汹的疫情期间，我国积极依托大数据、区块链、人工智能等技术，加强对疫情发展趋势、人员流动信息的分析预估，为病例统计分析、病毒溯源、防控救治、资源调配和疫苗研发等提供强大数据支撑，取得了显著的防控成效。随着疫情的暴发，媒体尤其是网络社交媒体成为了各类疫情信息传播无可争议的“主流”平台，尤其是微博和微信以及各类热门的短视频平台，几乎是在全程“直播”疫情。社交媒体向公众提供了一个全面的健康知识和疫情防控的传播平台，新冠肺炎疫情健康传播具有渠道互联网化的特点。

（1）全球化的发展影响着媒介技术的演进。

随着全球文明的进步，人们有了更高的信息需求。书写技术、造纸印刷术、电话电视等媒介技术无一不是在人类信息交流的需要推动下产生的。一项媒介技术在满足人们需要的情况下又会激发出新需要。信息的传播推动了学术的共享，从而促进了科学研究的进步，科学的发现又为技术的进步营造了大环境，如电磁波的发现促进了无线电媒介技术的发展。

新冠病毒的世界性蔓延，上演了身体感知的全球化，对照交通的、物质的、生活方式的、价值观及意识形态等等众多的全球化样式。此次全球化最显著的表现，是由数字媒介中介的身体感知产生了莫兰所说的相互依存但并不团结的全球化感受。这是人类历史上第一次全终端、全信息、全场景、全时空、全体验、全直播的重大事件，整个地球上几乎所有地点的所有人，都会通过终端设备“观看疫情”，同时“观看疫情的破坏性效果”。全世界范围内被重重障碍严密隔绝的身体，却承受着外界源源不断的强大信息冲击波。

大众的感知依赖于全球移动网络智能感官的体验，打破了静态纸面、抽象文字的局限，数字媒介集文字、声音、图片、影像以至于虚拟、增强、混合现实等技术多维度地诉诸感官。更为关键的是，这种影响并不止于文本信息的呈现，还表现在，媒介通过身体感知带动物质的流动和身体在实体空间的移动，重塑了身体感官与时空的关系。如疫情期间的物流大量依赖数字媒介的位置信息功能，这个功能也给身体隔绝的人们创造了一种感知周围人和环境的新型方式，比如健康码、疫情地图等等，都是数字技术重塑人类对于世界、他人及时空感知的典型媒介。

这种后人类的感官全球体验，缘于逐渐嵌入身体感官的数字媒介的迅猛崛起。媒介技术发展的一个重要特征是越来越趋向于嵌入身体，不断制造人体的多重感知。而基于印刷术的大众媒介正在走向衰落，新冠肺炎疫情暴发作为人类生存的一种极端状况，只不过是凸显了数字媒介时代的急速来临。近年来短视频、虚拟现实、位置信息、云计算等技术在各种社会场景中的广泛应用强有力地表明，基于印刷媒介与模拟技术的社会感知模式已经式微，数字媒介支撑的新型感知模式也已初现端倪。

(2)媒介技术改变了人们的交往方式，推动全球文明的进步。

媒介技术每一次突破性的进展，都会大大提高媒介承载、传递信息的能力，推进文明的进步，从不同层面为人类提供了超越性的便利，人性化的技术补偿不断改善着我们的世界。新冠肺炎疫情发生在社交媒体广泛使用、处于全媒体环境的当下。快速传达和收集信息，高效应对风险社会。

①意见领袖主动设置议题，促进信息的优化传播。

除了传统的健康传播主体——医疗机构、医学专业人士、健康行业媒体发声之外，几乎所有类型的网络主体都参与了新冠肺炎信息和知识的深度网络建构，并生产出海量的疫情信息。网络健康传播主体激增，新冠健康信息在互联网上广泛传播可能是双刃剑：一方面，能够帮助公众获得疫情知识，提高公众对于疫情的认识，降低感染的风险；另一方面，长时间暴露在单一的疫情信息主题中，过载的信息与知识可能成为“信息疫情”，也会导致公众焦虑症状的加剧甚至引发心理健康问题。

在新媒体平台中，意见领袖的存在价值得以最高程度地体现，他们通过微博、论坛、微信等手段发布的信息会以最快的速度被最大范围的人群接受，这在健康信息的传播中优势极为明显。这些意见领袖主动设置的议题可以取得非常好的传播效果。

②新媒体用户间互相提供情感支持，建立归属感。

公众在新冠肺炎这样的重大传染病疫情中的健康信息获取和使用习惯也发生了变化，

人们不仅仅被动接受来自官方的信息，而且通过互联网的互动和交流，主动获取、采用、转发健康信息。这加速了新冠肺炎健康信息和知识的传播效率，也让新冠肺炎防治的相关话题成为公众日常获取和互动交流的重要话语。新媒体的社区导向和互动性既可以使“同一社区”里的人寻找自我群体的归属感，交流健康信息，提供情感支持，并集体进行个人诉求的表达和权益的争取，在良好的交流氛围中获得彼此间和群体外的认同和支持，达到健康传播的最终效果。新媒体平台还可以有效组织线下活动，对有特殊需求的用户进行健康干预。

③利用新媒体传播优势，促进健康信息的国际沟通与协调。

德国社会学家贝克认为，21 世纪以来，高风险社会日益常态化，一个快速高效的信息生产和传输系统成为社会正常运作的必要条件，新媒介技术的应用使其成为了现实。疫情的持续蔓延，使得全世界的经济、政治、民生都陷入一种焦灼的煎熬状态。这种状态不仅给各国的民众带来不安和危机感，更是加剧了国际间和各国人民之间的摩擦和撕裂对立。在疫情期间，新华智云紧急上线了疫情报道机器人，为各大主流媒体提供生成可视化新闻，发布会智能拆条等功能，使得疫情最新消息能快速送达受众面前，从而减少社会恐慌，高效应对风险社会。健康问题是无国界的，以互联网为代表的新媒体平台充分打破了时空限制，超越现实社会的管理边界将信息在最短时间内传遍全球，在健康信息的国际传播中发挥重要作用。

总之，在后疫情时代下，媒介技术深刻影响了全球化发展的进程，全球化也在不断塑造媒介技术，二者是密不可分、不能孤立的存在。

第二章　网络的属性与传播形态

2.1　考情分析

本章主要介绍了两个方面：网络的各种属性以及网络传播的具体形式。考生需掌握网络各种属性下的不同特点、新形势，明白体验经济、数据经济、赛博空间等概念的含义，同时深入把握网络传播中的四种形式及其具体表现，分别为人际传播、群体传播、组织传播及大众传播。

其中各种新型互联网经济类型，如“体验经济”“数据经济”“共享经济”常以概念题的形式出现，网络传播的四种形式通常以概念题和简答题的方式呈现。网络传播带来的问题，例如数字鸿沟，个体的节点位置，人际传播中的表演、社会资本，群体传播中的网络社区、回声室效应等问题则时常以论述题的方式出现，结合案例考查考生对重点概念、考点的理解程度。其中组织传播的考查频率较低。

2.2　复习笔记

【视频导学（名师点拨）】

网络的属性与传播形态

扫码看视频导学

【知识框架（庖丁解牛）】

- 网络的属性与传播形态
  - 网络的多重属性
    - 技术平台属性
    - 传播媒介属性
    - 经营平台属性
    - 社会形态属性
  - 网络传播的基本形态
    - 网络中的人际传播
      - 渠道特点
      - 动机
      - “印象管理”与“表演”
      - 对现实人际关系的影响
      - 对于大众传播的意义

- 网络的属性与传播形态
  - 网络传播的基本形态
    - 网络中的群体传播
      - 网络中的群体
      - 群体形成的基础
      - 群体传播的影响要素
      - 网络群体的深化方向
    - 网络中的组织传播
      - 内联网
      - 互联网
    - 网络中的大众传播
      - 传播主体的多元性
      - 传播过程的复杂性
      - 传播手段的复合性
      - 受众的高能动性和互动性
      - 传播效果的开放性

【考点难点归纳(厚积薄发)】

考点一：网络的多重属性 ★

1. 技术平台属性(见表2－1)

表2－1　技术平台属性

要点	具体内容
概念	技术平台是指包括传统媒介和网络在内的技术变革产品。 ①网络媒介发展的根本动因之一是技术变革。 ②技术的突飞猛进拓展了网络应用的广度与深度。 ③技术进步与拓展网络功能形成了良性互动的关系。 ④政治、经济和文化的力量参与对媒介发展也具有重要作用
特点	①与计算机技术、通信技术等诸多技术密切相关，发展脉络复杂。 ②是大众传播、人际传播的手段。 ③用户驱动力推动技术进步。 ④涉及社会生产与生活的各个层面，拥有更多元和强劲的发展动力

2. 传播媒介属性

(1)网络传播的复合性，见表2－2。

表2－2　网络传播的复合性

要点	具体内容
传播形式与形态的复合性	①传播形式：两微一端等新媒体相互连接和渗透，塑造出立体动态的传播网络。 ②传播形态：人际传播、群体传播、组织传播与大众传播等各种传播形态相互交织渗透。 ③网络信息传播的具体过程与结构由于各种传播形式与形态的相互交织而日渐复杂
传播手段的多媒体融合	①网络平台可以承载多元形式的信息。 ②可以综合运用多媒体手段传播某一具体的事件或主题

续表

要点	具体内容	
传播功能的多重性	网络承担复杂的传播功能，在个人、群体、组织和社会层面上各有侧重	
“公共”与“私人”话语空间的统一性	决定因素	网络承载多样的传播形态
	含义	公共领域，即“公共空间”，指介于私人领域和公共权威之间的一个非官方公共领域，由德国哲学家哈贝马斯提出。公众在该领域可以评判公共权威、公共政策和共同关注的问题
	表现	网络媒介兼具“公”“私”特性。需认识到网络的多元化功能，网络既可以表达公共意见，也能广泛满足用户私人化表达的诉求

(2)网络传播的连通性，见表2－3。

表2－3　网络传播的连通性

要点	具体内容
结构的连通性	信息可以在网络中自由流动、相互渗透，网络中有价值的信息，可以在任意两个节点之间流动，削弱了网络媒介的宏观控制力
信息的连通性	信息间的联系是网状、多元的，在时间和空间维度上连通。 ①积极作用：信息间的连通性有利于拓展网络新闻报道面、增加报道深度。 ②负面影响：干扰受众的注意力、信息的过载与浪费等
传受关系的连通性	传受双方的互动模式从简单的“交流—反馈”向共同协作模式转变
受众内的连通性	受众之间产生联系，相互影响。表现在：①受众间的相互影响可能超越时空，产生较大影响。②四通八达的信息流、意见流导致控制难度加大。③高度聚合性，集体声音代替了个人意见，但并不总能产生积极效果，如网络中的群氓现象

(3)网络传播的开放性，见表2－4。

表2－4　网络传播的开放性

要点	具体内容
传播格局的开放性	打破传媒机构的垄断地位，任何有条件利用网络的人或组织都有资格参与网络传播，打造多元化的传播格局，专业新闻传播机构仍发挥着把关作用
传播过程的开放性	①时间上，全天候、即时发布、全程跟踪、不间断报道成为可能。 ②信息传播过程各要素与环节处于开放状态。 ③传播过程中更容易发生信息变形

(4)网络传播的多级性，见表2－5。

表2－5　网络传播的多级性

要点	具体内容
两级传播	大众传播—意见领袖(中间环节)—一般受众
N级传播	罗杰斯认为大众传播过程包括两方面： ①“信息流”[信息传递过程]是“一级”传播； ②“影响流”[效果或影响的产生和波及过程]是“多级”传播

(5)网络传播的网状化，见表2－6。

表2－6　网络传播的网状化

要点	具体内容
概念	信息非线性的、网状扩散的传播途径，数字平台中的每条信息都可借助网络由点扩散到面
模式	“个人门户”模式，如微博、朋友圈、博客等

3. 经营平台属性

(1)网络经济的基础——传统经济，见表2－7。

表2－7　网络经济的基础——传统经济

要点	具体内容
体现	①网络经营并没有从传统经营的轨道中完全脱离出来。 ②网络经营平台并未颠覆传统经营平台，而是以各种传统产业为支撑
传统行业的发展方向	利用“互联网＋”战略，融合互联网和传统行业，在新领域创造新生态

(2)网络经济的基本特征——信息经济，见表2－8。

表2－8　网络经济的基本特征——信息经济

要点	内容
概念	网络经济是一种信息经济，多以信息产品的生产与经营为主。信息经济是指基于信息技术的互联网向经济、社会、生活各领域渗透形成的，以信息产业为主导，以信息产品生产和信息服务为主体的新经济模式
信息产品的特点	①信息生产成本高，复制成本低，具有高固定成本、低边际成本的特点。 ②信息是基于人们对其尝试和评价的“经验产品”。 ③建立品牌和名誉是信息生产中的固定成本，且基本为“沉没”成本。 ④丰富的信息导致注意力的匮乏，注意力是稀缺资源
约翰·哈格尔三世和阿瑟·阿姆斯特朗：网络经营平台的五个基本特征	①是关于成员的独特中心。网络经营活动的目的性强，组织起群体并集中购买力。 ②结合内容和通信(即网络的交互性)。 ③强调成员生产内容的价值。 ④用户可以主动选择卖主。 ⑤虚拟社会组织者，商业动机明确

(3)网络经济的增值方向——体验经济，见表2－9。

表2－9　网络经济的增值方向——体验经济

要点	具体内容
理想特征	①消费是过程，消费者是此过程的产品。 ②消费者愿意为美好、独特的体验付费
特性	①游戏化—娱乐性。 ②人性化—互动性

续表

要点	具体内容	
体验的开发	内容或服务	提供信息和知识，也可为个人提供独特的体验经历，如在线活动、网上购物、网络游戏体验
	社区	建立和维护人际关系，创立和维护网络社区等都可给社区成员带来独特的体验
	网络“情境”	情境是网民在网络中的重要体验对象之一。网络“情境”所带来的体验，指一种整体氛围给予人的感觉

(4)网络经济的再升级——共享经济，见表2－10。

表2－10　网络经济的再升级——共享经济

要点	具体内容
概念	指拥有闲置资源的机构或个人有偿让渡资源使用权给他人，让渡者获取回报，分享者通过分享自己的闲置资源创造价值
特点	①实时、高效地匹配和连接需求与服务［资源］。 ②资源提供者与需求满足者可随时进行角色互换
产生基础	用户“盈余”：时间、知识和资源盈余等
驱动力	①共享经济能使消费者在消费过程中充分发挥自我掌控能力，有更大的主动权和透明度。 ②当今世界范围内正出现信任危机。年轻消费者对目前的商业和其他大规模组织的信任度越来越低，当他们发现卖家与自己产生共鸣时，感觉更可信，因此这类消费更具吸引力。 ③消费者和供应者都在交换过程中更受益。消费者通过合理的价格满足了自己的需求，供应者从闲置物品中获得了额外的收益

(5)网络经济的未来方向——数据经济，见表2－11。

表2－11　网络经济的未来方向——数据经济

要点	具体内容
概念	又称“新经济”，指以信息经济、知识经济、智能经济为先导与核心的经济。数据是描述经验事实的定量或定性的符号表示(数字、字母、算法、空间等)，是新经济的核心与基础
应用领域	互联网医疗行业、网络知识付费、网络咨询服务

4. 社会形态属性

(1)作为虚拟社会的网络，见表2－12。

表2－12　作为虚拟社会的网络

要点	具体内容
研究重点	虚拟社会与现实社会之间的差异
主要问题	①虚拟社会中个体的存在形态与心理，如个体身份与自我认同。 ②虚拟社会中个体间的关系。其中最受关注的是“虚拟社群”，它带来了新型的人际交往方式和群体关系。 ③人在虚拟环境中的需求与心理、虚拟社群的互动如何影响新闻传播效果，以及网络经营中虚拟社群的作用

(2)与现实社会日益交融的网络，见表2-13。

表2-13　与现实社会日益交融的网络

要点	具体内容
“现实化”	①网络社会是对现实社会的映射，并对现实社会关系产生深刻影响。 ②网络虚拟社会正在影响个人的社交网络，社会圈子、社会阶层等方面逐层趋于“现实化”
意义	①是一种既映射传统的现实社会，又形成独特的社会系统和数字文明的新型社会形态。 ②网络社会与现实社会实现深层互动，重塑融合二者的全新社会

(3)从卡斯特的“网络社会”到互联网社会，见表2-14。

表2-14　从卡斯特的“网络社会”到互联网社会

要点	具体内容	
相关概念	“网络社会”是指一种具有更广泛意义、由新经济所带来的与信息化、全球化相平行的社会结构，而互联网社会是处于发展中的新的社会形态	
互联网社会的特点	基本节点	个体拥有多重虚拟角色、可自我定位
	枢纽	网络服务平台
	空间特征	“流动空间”，解除物理空间约束
	互动	形式多样、结构多元、依赖网络的中介性互动
	生态单元	群体
	权力结构	开放、流动
	治理机制	以自组织式自治为基础

(4)网络空间：从赛博空间到第五大空间，见表2-15。

表2-15　网络空间：从赛博空间到第五大空间

要点	具体内容	
网络空间	①由计算机等硬件系统、内容等软件、数据、用户等要素所创建或组成的物理或非物理的领域。 ②结合互联网基础上的机器系统与人的系统	
两大学说	“全球公域”说	网络是人类创造出来的具有全球公域属性的虚拟空间
	“国家主权”说	网络空间基于信息基础设施建立，以国家、社会相关形式存在，主权属性明确

考点二：网络传播的基本形态　★★

1. 网络中的人际传播

(1)网络人际传播的渠道特点，见表2-16。

表2-16　网络人际传播的渠道特点

要点	具体内容
约翰·舒勒：网络空间的基本心理特征	包括：①有限感知经验；②个人身份灵活匿名；③平等地位；④超越空间界限；⑤延伸和浓缩时间；⑥永久记录；⑦大量人际关系易被建立；⑧变化的梦幻体验；⑨黑洞体验

续表

要点	具体内容
传播特性	①技术和平台依赖性； ②广泛与可控的交流对象[广泛性、可控性]； ③可选择的交流手段[可选择性]； ④虚拟的传播情境[虚拟性]

(2)网络人际传播的动机，见表2－17。

表2－17 网络人际传播的动机

要点	具体内容
社会支持与社会交换	①社会支持是人际传播的重要动因之一。 ②社会交换理论认为人类的相互交往和社会联合是一种相互的交换过程。 a. 基本研究范畴和概念：包括价值、最优原则、投资、奖励、代价、公平和正义等。 b. 主要代表人物：美国社会学家G. C. 霍曼斯[交换理论创始人]、P. M. 布劳和R. 埃默森。 c. 六个命题：成功命题、刺激命题、价值命题、剥夺—满足命题、攻击—赞同命题、理性命题
情绪调节	人们通过网络交流调节情绪
自我认知	①人际交往与自我概念相互作用。 ②人际传播是自我认知的重要来源，自我认知调节着人际传播

(3)网络人际传播中的“印象管理”与“表演”，见表2－18。

表2－18 网络人际传播中的“印象管理”与“表演”

要点	具体内容	
理论基础	戈夫曼的“拟剧理论”：认为人际传播的过程实质上就是人们利用符号进行自我表演的过程	
概念	印象管理[印象整饰]是指个人试图影响他人对自己印象的现象及过程，即管理自我形象，由戈夫曼提出	
表演的目的	熟人关系互动	塑造利于获得社会信任、社会资本与情感支持的个人形象
	陌生关系互动	塑造个体希望扮演的角色
主要手段	包括：①设置头像与昵称；②设定扮演角色；③自我披露策略；④选择交流手段；⑤表达与控制情绪	

(4)网络人际传播对现实人际关系的影响。

①网络更易把握投入和产出，因此网络传播具有解压作用。

②网络人际传播具有麻醉的负功能，是逃避现实的手段之一。

③网络人际传播促使人们使用各种手段进行“印象管理”，以塑造其更佳的网络形象。

④网络交流可能导致人与现实社会的脱离，减少在现实生活中人际交流的欲望。

(5)网络人际传播对于大众传播的意义。

网络中的人际传播在传播社会舆论、社会动员方面发挥愈加重要的作用，同时也是流行文化的形成与传播、病毒式营销等的重要渠道。网络中的人际传播与群体传播、组织传播及大众传播缺少清晰的界限，有助于放大其他传播的效果。

2. 网络中的群体传播

(1)网络中的群体，见表2－19。

表 2-19　网络中的群体

要点		具体内容
含义	广义	带有共同利益，通过持续的社会互动与社会关系结合起来进行共同活动的人类集合体
	狭义	由持续、直接交往联系起来的具有共同利益的人群
特征	包括：①成员关系明确；②持续性的互动；③群体意识和规范一致；④一定的分工协作；⑤一致行动的能力	
要素	群体意识	指参加群体的成员所共有的意识。包括：①群体目标和群体规范的合意；②群体感情；③群体归属感
	群体规范	指成员个人必须遵守的群体活动规则，广义上包括群体成员判断是非好坏的标准[即群体价值]
类型	①已存在于现实世界的群体，由它通过网络途径来发展群体成员间的关系。例如同学录、微信群等。 ②通过网络形成的新群体，如一些兴趣社团。网络群体有广泛的形成途径，如电子邮件、博客、网络游戏、微博、微信等	

(2)网络群体形成的基础：社区，见表 2-20。

表 2-20　网络群体形成的基础：社区

要点		具体内容
人类群体分类	社区	以地域、意识、行为以及利益为特征的生活共同体
	社会	以目的、利益、契约以及距离为基础的社会共同体
社区的维系要素	兴趣	基于共同兴趣爱好而进行交流
	关系	通过分享一些相似的经历或经验而形成某种关系
	幻想	聚集在一起共同探索幻想和娱乐的新世界
	交易	交换产品信息或实质性的商品交换

(3)群体传播的影响要素。

①社区结构模式，见表 2-21。

表 2-21　社区结构模式

要点	具体内容
传统社区的圈式结构	圈式结构明确社区边界和社区成员的身份意识，社区成员多进行集体交往，更易形成社区归属感
新型社区的链式结构	①较为松散、灵活的结构，社区成员的个别交往多于集中交往，因此难以形成群体意识。 ②个体可以构建以自我为中心的关系圈

②成员关系，见表 2-22。

表 2-22　成员关系

要点	具体内容
意见领袖	居于交流中心，在信息交流中最活跃，更容易发表引起广泛注意和讨论意见的成员
其他关系	成员之间的认同、结盟、对抗关系等
群体压力起作用的因素	①群体结构对个体的影响程度。 ②“群体承诺”，即个体对群体的认同度与依赖度

③群体认同与群体承诺，见表2－23。

表2－23 群体认同与群体承诺

要点	具体内容
群体认同	①群体成员从群体活动中得到某种程度的需求满足而对群体产生的认同以及承诺[即“群体归属”]。 ②认同度有四个级别：a. 高认同度；b. 中认同度；c. 低认同度；d. 无认同度
群体承诺	①一般指个体认同并卷入一个群体的强度，是对群体形成认同的直接结果或行为表现。 ②群体承诺有三种：a. 情感取向；b. 工具取向；c. 规范取向

④群体心理。

a. 群体的存在会使个体心理出现社会助长作用、搭“集体便车”、去个体化和群体极化等现象。

b. 网络群体成员比传统群体成员有更高的交流频率和深度，加深了网络群体成员彼此间的影响。结构因素、个体对群体的归属感等因素，会使个体受到网络群体压力和群体心理的影响。

(4)网络群体的深化方向：网络社群，见表2－24。

表2－24 网络群体的深化方向：网络社群

要点	具体内容
社群的特征	社交平台、人群的紧密聚合与深度互动
社群经济的指向	①将社群看作服务对象或营销场所。 ②挖掘粉丝社群价值。 ③聚集社群成员力量进行共同创造或经营活动，使其成为生产力

【考点拓展】群体极化

群体极化(Group Polarization)，又称“冒险转移”。指在群体决策中往往表现出一种极端化倾向，即或转向冒险一极，或转向保守一极。主要有两种原因分析理论占据主流：①说服论据理论，认为人们在听取别人支持自己原来立场的论据以后，会变得更相信自己的观点，从而采取更极端的立场。②社会比较理论，认为人们通过把自己与他人做比较来评估自己的观点。当人们在群体讨论中发现别人与自己的观点相似时，他们不愿停留在一般水平上，而倾向于采取极端立场，以表明自己水平较高于一般水平。

3. 网络中的组织传播

(1)组织传播，见表2－25。

表2－25 组织传播

要点		具体内容
含义		组织从事的信息活动，包括组织内、外传播
功能		包括：①内部协调；②指挥管理；③决策应变；④达成共识
渠道	下行传播	自上而下传达贯彻组织的目标、任务、方针、政策等信息
	上行传播	自下而上汇报情况，传达信息，提出意见、愿望与要求
	横向传播	组织内同级部门或成员间互通交流情况信息的活动，目的是协调配合

(2)内联网与组织传播，见表2-26。

表2-26　内联网与组织传播

要点	具体内容
含义	借助互联网技术，实现组织内部的通信和信息访问，是针对组织的人员和信息的集成机制
影响	①改变传统的组织结构，从金字塔式向网络式演变。 ②改变了组织成员间的交流方式。 ③改变成员关系。 ④集中办公转变为分布式办公，促进了虚拟办公的发展

(3)互联网与组织传播，见表2-27。

表2-27　互联网与组织传播

要点		具体内容
组织外传播	信息输入	组织广泛收集和处理外部信息的活动
	信息输出	宣传活动是现代组织信息输出的主要内容，包括：①公关宣传；②广告宣传；③企业标识系统宣传
网络宣传特点	①组织更好掌握宣传活动的主动权。 ②运用网络手段的能力影响宣传活动效果。 ③互联网逐渐淡化组织与大众传播的界限	

4. 网络中的大众传播(见表2-28)

表2-28　网络中的大众传播

要点	具体内容
传播主体的多元性	网络传播主体除传统大众媒体外，还包括商业网站、政府部门、各种社会组织与机构及个人
传播过程的复杂性	非线性、层次性的信息在传播过程中对个体发挥的作用因人而异，体现了网络大众传播的复杂性
传播手段的复合性	网络大众传播除了通过Web网站和客户端，还可以利用微博、微信等多种方式传播
受众的高能动性与互动性	①受众信息生产能动性。 ②受众信息消费能动性。 ③与专业机构互动呈现的能动性
传播效果的开放性	①网络大众传播赋予受众更高的主动权。受众的深度参与使网络传播由传播者单方面把握的过程，转为双方“共动”形成的复杂传播过程。 ②复杂的网络传播过程使得多种因素共同作用于大众传播，产生更为开放的传播效果

2.3　课后习题详解

1. 为什么要从多重属性角度认识网络?

答：网络传播的复杂性决定“从多重属性角度认识网络”：

(1)网络并存的多重属性和相互交织的多种传播形态导致了网络传播的复杂性。从多重属性了解网络，是认识网络传播特点的重要基础。

(2)网络中的技术平台、传播媒介、经营平台、社会形态等多重属性彼此交叉，相互融合、渗透。

①技术平台属性要求跟踪技术变革的轨迹，及时关注其产生的影响。

②复合性、连通性、开放性、多级性与网状化是网络传播的突出特性，有助于指导媒体网络传播实践。

③认识网络的经营平台属性是利用互联网从事经济活动的基础。

④了解网络的社会形态属性是把握当下现实社会本质特征和问题的重要环节。

2. 结合网络技术发展谈谈你对麦克卢汉的“媒介即讯息”这一观点的理解。

答：“媒介即讯息”高度概括了传播媒介在人类社会发展中的地位和作用，是一种影响广泛的媒介观，加拿大著名传播学家麦克卢汉在《理解媒介：论人的延伸》一书中提出此观点。

(1)含义。

媒介本身才是真正有意义的讯息，即人类基于某种媒介才可能从事与之相适应的传播和其他社会活动。因此，从漫长的人类社会发展过程来看，各个时代的传播内容并非真正有意义、有价值的“讯息”，真正的“讯息”是指该时代所使用的传播工具的性质、其所开创的可能性及带来的社会变革。

(2)表现。

麦克卢汉提出广义的媒介概念指语言、文字、印刷物、电信和广播电视，还包括各种交通运输工具。他认为，媒介是社会发展的基本动力，新媒介的产生开创了人类感知和认识世界的方式，传播中的变革改变了人类的感觉、人与人之间的关系，并衍生新的社会行为类型。

(3)网络技术发展下新的诠释。

在新媒体时代，“媒介即讯息”反映了科技进步与社会文明的程度具有密切联系，说明了媒介技术给人类社会带来的影响比媒介内容的影响更深刻、彻底。最具价值的意义伴随着新媒体的新媒介体验、新传播模式、新文化、新环境、新生活方式产生。例如，网络技术带来的生活方式的革命性变化包括：①新建消费关系；②生活方式的新体验；③改变个人学习模式；④读图时代的到来；⑤个性化推送与亚文化的发展加快社会分化。

可见，网络技术的发展都诠释着“媒介即讯息”的内涵，且新媒体的时代背景又凸显了该理论的意义。

3. 网络传播的复合性对于传播效果会产生什么影响?

答：网络传播相较传统传播形态的一大特性是复合性，表现为：传播形态与形式的复合性；传播手段的多媒体融合；传播功能的多重性；公共与私人话语空间的统一性。网络传播的复合性对于传播效果的影响表现在以下几个方面：

(1)产生放大、扭曲、衰减信息等多种可能性。

网络传播中，各种传播形态与形式的相互交织，使网络信息传播的具体过程与结构复杂化。主要表现为：①网络传播，包括"点对面""点对点"传播；②包括一级传播、多级传播；③包括同步传播、异步传播。能够跨越多种传播形态、多个传播渠道、多级传播信息，因此可能会产生信息放大、扭曲、衰减等多种可能性。

(2)网络信息传播呈现多媒体融合的特征。

网络平台可以承载任何一种形式的信息。可以综合运用多媒体手段传播某一事件或主题的信息，即多种传播手段、多重方式综合作用生成内容。因此，使网络信息传播呈现多媒体融合的特征。

(3)催生新的互联网新闻形式。

如融合性新闻，传统媒体与新兴媒体在网络和数字技术的作用下，二者之间的界限愈加模糊，全球逐渐形成媒介融合的大潮流。

(4)兼顾公共信息传播和私人化表达需求，提高传播效果。

网络中的"公共"与"私人"话语空间的界限时常模糊难辨。网络媒介兼具"公""私"特性。需认识到网络的多元化功能，意识到网络既可以表达公共意见，也能广泛满足用户私人化表达的诉求，才能提高传播效果。

4. 如何认识网络传播的连通性?

答: 网络传播的连通性是指网络技术的发展使网络受众、网络信息等要素间的连通成为可能。网络的演进过程就是"连接"的演进过程。网络传播的连通性表现在以下几个方面:

(1)结构的连通性。

信息可以在网络中自由流动、相互渗透，网络中有价值的信息，可以在任意两个节点之间流动，削弱了网络媒介的宏观控制力。

(2)信息的连通性。

①信息间的联系是网状、多元的，在时间和空间维度上连通。

②积极作用：信息间的连通性有利于拓展网络新闻报道面、增加报道深度。

③负面影响：干扰受众的注意力、信息的过载与浪费等。

(3)传受关系的连通性。

传受双方的互动模式从简单的"交流—反馈"向共同协作模式转变。

(4)受众之间的连通性。

受众之间产生联系，相互影响。表现为：①受众间的相互影响可能超越时空，产生较大影响。②四通八达的信息流、意见流导致控制难度加大。③高度聚合性，集体声音代替了个人意见，但并不总能产生积极效果，如网络中的群氓现象。

5. 如何理解长尾理论?

答: 克里斯·安德森(美国《连线》杂志主编)在他的《长尾理论》一书中提出著名的长尾理论。

(1)内容。

长尾理论中的"头"(head)和"尾"(tail)是两个统计学名词。"头"指正态曲线中间的突起部分；"尾"指右边相对平缓的部分。人们通常只能关注重要的人或事(即正态分布曲线中的"头部")，忽视不太重要的人或事(即正态分布曲线中的"尾部")。但在网络时代关注的成本大大降低，人们有可能以很低的成本关注正态分布曲线的“尾部”，且总体效益甚至超过“头部”。

(2)特点。

①细：长尾是份额很少，以前不被重视的市场。

②长：市场小，数量多。在网络上将非流行市场累加形成的市场比流行市场还大。

(3)互联网信息传播的长尾形成机制。

①生产内容的工具导致信息生产的长尾。Web2.0 条件下的智能终端普及，带来内容生产的普及，实现了廉价的信息生产。生产工具的普及以及越来越智能化的发展趋势，打破传媒机构的垄断地位，任何有条件利用网络的人或组织都有资格参与网络传播，打造多元化的传播格局。众多业余信息生产者生产的内容组成信息市场尾部曲线中的多样化内容，导致选择空间以前所未有的速度扩张膨胀，延伸长尾，形成供给长尾。

②配销大众化导致信息传播平台的长尾。随着传播工具的普及使用，快捷、海量的信息和低廉的传输成本，大幅度降低了生产者接触消费者的成本，受众能便捷地找到匹配的群体，有效地提高了长尾的流动性。从而吸引了更多独特需求的受众，有效地提高了长尾曲线，扩展了曲线之下的面积。

③供需连接的可能导致信息需求的长尾。互联网搜索引擎解决了选择成本的问题。每个信息需求者通过搜索提出自己差异化、个性化的信息需求。搜索引擎通过智能软件程序化的方式，自动匹配供求，为信息需求者提供定制化、一对一的服务，满足其需求。

6. 为什么说未来网络经济将是一种数据经济?

答: 数据经济(即“新经济”)的先导与核心是信息、知识、智能经济。未来网络经济将是一种数据经济，理由如下：

(1)数据是未来一切的基础。

背景数据构成信息，规律的信息构成知识，机器基于大量数据为人类提供自动化服务产生智能。可见，数据是未来信息社会运行的基础。

(2)数据分析具有愈加重要的意义。

数据可以对用户的个人信息(如网络行为、社交关系数据以及网络黑名单等)进行分析，并制作用户画像。互联网公司利用数据资源，整合分配产品和工业手段，大大提高生产效率，促进消费。

(3)数据经济是网络经济与传统经济的重要结合方式。

对用户数据的采集与深层应用是未来网络改造传统行业，不断发展的方向。B2B、O2O、P2P、场景应用以及共享经济平台，都要依托数据分析，因此数据经济是结合网络与传统经济的关键。

7. 作为虚拟社会，网络与现实社会的关系如何?

答: 作为虚拟社会，网络与现实社会的关系体现在以下几个方面：

(1)现实社会是网络社会存在的基础。

①从网络社会存在的技术层面看，现实社会组成了互联网的硬件设备，是网络社会依存的基础。自 20 世纪 90 年代初互联网商业化发展后，网络运营早已纳入现代经济体系

之中。

②从网络社会的主体层面看，现实社会是网络社会的主体来源。网络社会的主体以符号化的形式出现，并能对应到现实中的人。网民首先是社会人，现实社会塑造其思维方式、行为模式、价值理念、性格特征等，虽然互联网上人的行为模式会发生某些改变，但也都有现实依据可循。

③现实社会是网络内容的重要来源。网络社会不是实体而是信息流动的过程，支撑信息流动的软硬件、网络主体等构成网络社会存在的实体基础，网络社会本身是以来自表述现实社会的语言、图片、声音等信息流动作为存在依据。

④网络社会的矛盾冲突表现放大了现实社会中的矛盾冲突。网络上铺天盖地的低俗信息、粗鲁言辞、言语暴力、危险言论等不良行为也存在于现实生活，只不过网络便捷的信息传播渠道，将现实社会少数人才能看到的不良行为放大呈现在网民面前，形成了聚集效应。简单的冲突事件，经网民放大围观后，则有可能引发大规模的冲突。

(2)网络社会是现实社会在互联网上的映像。

①网络社会对现实社会映像的不完整性。主要表现有：a. 网络社会的成员只是一部分现实成员。b. 我国网民的年龄结构以青年为主。青年人较为活跃，但思想不够成熟较为激进。c. 互联网使用者需要一定的经济基础和计算机知识。很多低收入、年龄偏大者是相对弱势的群体。

②网络社会对现实社会映像的扭曲性。主要表现有：a. 网络并非完全还原现实生活，不可避免存在扭曲。网络社会可以虚拟实现很多现实中无法实现的理想，而这种虚拟实现往往由于缺乏现实基础，使客观存在的人、物及其关系发生扭曲。b. 网络社会摆脱了现实社会对人的束缚，呈现出被现实压制的东西，人们可以撕掉伪装，自由表达意见，重塑被现实社会扭曲的人性。

8. 试分析即时通信这一人际传播方式的特点。

答：即时通信是一种基于关系网络的点对点传播，它不仅为人际交流提供了新的渠道与手段，也深刻影响着人们的生活与行为方式。其主要特点表现为以下几点：

(1)点对点的交流结构。

即时通信通常运用点对点的技术交流，也有一对多、多对多的方式。个体之间的信息传播，跳过中心服务器，直接连接交流者的电脑或手机终端。这种交流结构，实现两个个体间即时通信交流的稳定性与持续性。受技术问题影响，存在被他人截获聊天内容、泄露隐私的弊端。

(2)交流时效同步。

即时通信传播与接收几乎同时进行。存在时滞，但时滞很小，甚至可被忽略。即时通信工具设有脱机留言的功能，增强了延时性。这种延时性是即时交流的有益补充。

(3)交流的可控性。

在即时通信交流中，个体具有较强控制性，主要表现为以下方面：

①自主选择交流对象，用某些手段拒绝不愿意进行交流的对象。

②设置自己的在线状态，选择开启或关闭交流，避免受到不必要的打扰。

③选择交流采用的手段。手段的控制很大程度上决定了交流的层次与深度。

④较好地控制交流的时间与节奏。

(4)交流手段丰富、可切换。

文字是即时通信工具早期的传播形式。随着技术的不断发展，涌现出图片、动画、声音与视频等传播形式，人们可以选择不同的交流手段，适配不同的交流环境和主题，便捷切换文字、语音和视频等形式。

9. 网络中的社区与群体是何关系?

答：在网络传播研究中，社区与群体有着密切的关系，主要体现在以下几个方面：

(1)主体上，社区是网络群体形成的途径。

网络群体主要由社区聚合形成。社区将网络上分散的个体按照共同兴趣、爱好等聚合成群体，如粉丝群体就是由于追捧偶像而聚集在社区中，进而形成庞大的群体。因此，社区是网络群体形成的途径，群体是社区发展形成的产物。

(2)传播方式上，群体传播是网络社区中常见的传播方式。

社区中传播对象有相近的兴趣、目标和共同的语言符号系统，网络社区基于点对点的传播特性，广泛使用群体传播，即社区为群体的传播活动搭建平台。

(3)网络社区的结构模式影响群体传播。

网络群体的传播首先受网络社区的结构模式限制。主要表现有：①圈式结构使社区边界明确，社区成员的身份意识较明确，社区成员多进行集体交往活动，成员更易形成社区归属感。②层级结构使社区内规范森严，社区成员共同遵守一套社区规范体系。这两种结构都有利于形成群体。

10. 观察网络中的一个群体，研究其群体传播的特点。

答：以互联网的粉丝群体为例，其群体传播的特点有以下几个方面：

(1)群体成员之间双向的、直接的信息传播。

粉丝群体聚集了有相同目的的人员，它们一般有共同的偶像。群体成员间传播偶像信息，往往是一种双向的直接传播，即成员都可以自主分享个体信息，无需中介传播。

(2)群体传播对形成群体意识起重要作用。

群体意识指参加群体的成员所共有的意识，包括群体目标、群体规范、群体归属感。群体意识与群体凝聚力呈正相关关系，群体意识越强，越有利于实现群体目标。群体成员在群体传播中才能认知群体目标、熟悉群体规范，加强群内联系，形成较强的群体归属感。

(3)群体中的“舆论领袖”对成员的认知和行为改变具有引导作用。

粉丝群体分为不同级别，狂热粉可能利用个人资源建立微信群或成为某论坛的意见领袖，打造影响一般成员认知的话语权，并可能引起一般成员行为的改变。

11. 网络中的组织内传播是如何实现重新赋权的?

答：网络中的组织内传播通过以下几种方式实现重新赋权：

(1)利用结构的变革重新赋权。

随着互联网媒介的普及，组织从“金字塔式”演变成“网络式”的结构。组织更多使用上行传播，改变了下行传播占主导地位的局面。一些学者认为，传统企业的组织内部，权力与信息的掌握程度相对应。但互联网空间中，权力对应着网络的流通性。

(2)利用交流的信息量重新赋权。

在网络交流中传输和持有的信息量越多，群体领导者权力越大。通常，成员在信息交流中越活跃，输出有价值、有吸引力意见的信息越多，相应持有的信息量也越多，发表观点就更容易引起广泛讨论，也就更容易成为群体(意见)领袖。且这一特点在平等的群体关系中表现更为突出。

(3)利用技术能力重新赋权。

在技术赋权的视角下，技术是改变客观环境的手段和方法，是急需被赋权的工具。人人能够参与到公平的信息环境中共享优秀的信息资源是技术与赋权结合的实质。技术赋权是动态的社会互动，能够提高自身能力，能促进组织内的知识流动。因此，占有较高组织地位的个体往往掌握更多的核心技术。

12. 网络中的大众传播的特点是由哪些因素带来的?

答：网络中的大众传播的特点有传播主体的多元性、传播过程的复杂性、传播手段的复合性、受众的高能动性、传播效果的开放性。这些特点由以下因素带来：

(1)网络技术的可接触性促进传播主体的多元性。

网络传播主体除传统大众媒体外，还包括商业网站、政府部门、各种社会组织与机构及个人，从而促进了传播主体的多元性。

(2)信息和受众因素共同导致了传播过程的复杂性。

非线性、层次性的信息在传播过程中对个体发挥的作用因人而异，导致网络大众传播的复杂性。

(3)技术平台的多样性导致传播手段的复合性。

网络大众传播除了通过 Web 网站和客户端，还可以利用微博、微信等多种方式传播。

(4)受众的高能动性与互动性。

表现在：①受众信息生产能动性；②受众信息消费能动性；③与专业机构互动呈现的能动性。

(5)传播效果的开放性。

①网络大众传播赋予受众更高的主动权。受众的深度参与，使网络传播由传播者单方面把握的过程转为双方“共动”形成的复杂传播过程。

②复杂的网络传播过程使得多种因素共同作用于大众传播，产生更为开放的传播效果。

【真题链接】网络大众传播的特点及成因。[河北大学 2022 年研]

2.4　考研真题与典型题详解

一、概念题

1. 哈贝马斯

答：哈贝马斯是法兰克福学派的第二代旗手，20 世纪后半叶以来西方世界最具影响力的思想家之一，享有“当代黑格尔”等美誉。哈贝马斯改良第一代法兰克福学派学者的激进主义立场和悲观主义态度，将辩证法与实证主义哲学、分析哲学、语言学等结合起来，实现批判学派的理论的“语言学转向”。他批判继承阿多诺等人对工具理性的批判，主张用交往理论代替工具理性，以交往行动理论为核心，从而重建理性在人类生活世界中的基础性地位。哈贝马斯最著名的概念包括“公共领域”“交往行为理论”等。总体来说，哈贝马斯的理论特点在于有破有立，继承法兰克福学派对于文化工业的批判传统；又反对马尔库塞将科技进步具有的社会功能等同于传统意识形态的社会功能。

2. N级传播

答：N级传播是指媒介信息传至受众的过程有多种方式和多种传播渠道，可能由多级中介环节组成信息传播链。这是对两级传播观点的修改和补充，又称多级传播。拉扎斯菲尔德等人在“人民的选择”中提出两级传播假说之际只注意到了一层意见领袖的存在，后来拉氏和卡兹在“人际影响”中对此做了补充，提出意见领袖是多层次的。社会学家罗杰斯在考察农村革新事物的普及过程时，把大众传播区分为“信息流”和“影响流”，认为信息的传播可以是“一级”的，即媒介信息可以直接抵达一般受众；而影响的传播则是“N级”(多级)的，其间经过大大小小的意见领袖的中介。这样，两级传播假说便发展成“N级传播”假说。

3. 微内容[华中师大2020年研；四川大学2017年研；人大2011年研]

答：微内容(Micro-content)是相对于传统媒介中大众所熟悉的大制作、重要内容即“巨内容”(macro-content)而言的，是指“最小的独立的内容数据，如一个简单的链接，一篇网志，一张图片，音频，视频，一个关于作者、标题的元数据，E-mail的主题，RSS(简易信息聚合)的内容列表等等”。换言之，互联网用户所生产的任何数据，都可以被称为微内容。微内容一直存在，但互联网时代之前一直作为私内容存在，互联网的互联互通使它进入公共话题空间。

4. 巨内容

答：巨内容是指传统媒体的主体内容，是休现新闻的重要性、接近性、时效性、显著性和趣味性等新闻价值的内容，是在传统媒介中大众所熟悉的引起社会普遍关注的大制作和重要内容。

5. 共享经济

答：共享经济是指以获得一定报酬为主要目的，基于陌生人且存在物品使用权暂时转移的一种新的经济模式，其本质是整合线下的闲散物品、劳动力、教育医疗资源，使人们公平享有社会资源，各自以不同的方式付出和受益，共同获得经济红利，此种共享更多地通过互联网作为媒介来实现。共享经济牵扯到三大主体，即商品或服务的需求方、供给方和共享经济平台。共享经济的发展是去中介化和再中介化的过程，去中介化意味着共享经济的出现，打破了劳动者对商业组织的依附，他们可以直接向最终用户提供服务或产品；再中介化则是个体服务者虽然脱离商业组织，但为了更广泛地接触需求方而接入互联网的共享经济平台。典型案例如共享出行的代表滴滴打车、摩拜单车，共享空间的代表Airbnb。

6. 协同消费

答：协同消费是消费者利用线上、线下的社区(团、群)、沙龙、培训等工具进行“连接”，实现合作或互利消费的一种经济模式，包括在拥有、租赁、使用或互相交换物品与服务、集中采购等方面的合作。协同消费一语最先出自英国市场咨询顾问雷·阿尔格(Ray

Algar)2007 年 4 月发表的文章，标题就是“协同消费”。他写道：“协同消费将成为横扫全球的现象，消费者在网站上进行物物交换和服务交换……还把钱集中放在网站上共同拥有名车、豪宅、飞机等昂贵资产，这也称作部分所有。”协同消费这种经济模式还有一个名称叫“同车资本主义”，这个说法是新闻记者布鲁斯·努斯鲍姆在 2008 年提出的。

7. 数据经济

答：数据经济是互联网经济和传统经济的总和。无处不在的智能机器设备和各类终端，在获得海量的数据之后，能为人类自动地提供各种服务。数据经济并不是对海量数据的分析，它是一种思维方式的转变。在大数据时代，传统的经济模型已经过时，传统理论也被它终结。世界的本质就是一系列大数据，大数据经济将成为全球经济的重要组成部分，进而影响到人类的价值体系和经济的发展方式。数据经济是网络经济的未来方向。未来经济是数据经济，数据是未来经济的基础。

8. 虚拟社会

答：虚拟社会是以现代计算机网络为基础和框架，人们以虚拟方式在其中展开活动而形成的社会关系体系。虚拟社会的生成，改变了社会的结构，使社会分化为现实社会和虚拟社会，社会主体生存也随之分化为现实生存和虚拟生存。以虚拟性、模糊性、全球性、裂变性为特点的虚拟生存是与现实生存具有根本区别的社会主体的一种存在方式，这种存在方式带来了人类生存中虚拟生存与现实生存、理想化生存与世俗化生存、全球生存与民族生存的矛盾。

9. 网络社会

答：网络社会是一种信息化社会的共同的社会结构形态。这是美国学者曼纽尔·卡斯特在《网络社会的崛起》中对“网络社会”做出的综合性总结，他认为新的信息技术范式是网络社会的物质基础。卡斯特在“网络社会”的论述中，不仅指网络这种结构逻辑的单纯存在，还指它能够即时地在全球范围内、在社会生活各领域普遍存在的结构形态。“网络社会”的典型特征是“流动的空间”与“无时间之时间”。如今网络社会改变了人们参与社会表达的空间形式，流动空间对地方空间的支配成为这一社会形态的主导性空间逻辑。一方面，网络社会引起社会结构与社交能力的转变，人们能即时相互沟通交流；另一方面，网络空间下的虚拟空间中存在群体极化、网络暴力、网络谣言频发等问题。

10. 流动空间

答：流动空间是围绕人流、物流、资金流、技术流和信息流等要素流动而建立起来的空间，以信息技术为基础的网络流线和快速交通流线为支撑，创造一种反复的、可程式化的动态运动。流动空间通过节点将流向不同的各种流动相互连接起来，节点之间微妙异同实现流动循环。此概念由著名城市社会学者曼纽尔·卡斯特于 1996 年在《网络社会的崛起》一书中提出。他认为，互联网的广泛应用为一种流动空间的建立提供了强大的后盾，这种虚拟网络所创造的新的生产与管理模式将改变人们的生活与生产方式。在日益强大的全球化经济带动下，流动空间将逐渐弱化城乡区域的内部行政边界、社会关系及政治制度的限制作用。在人流、物流、资金流、信息流等各种“流”的作用下，功能化和等级化的网络节点将生产、分配和管理功能定位在最有利的区位，并通过电信网络将所有活动联系起来。总之，全球化与信息化所带来的“流动”将成为今后各种要素功能的集中再扩散的主导因素。

11. 自组织

答：自组织是指没有外界干预，只控制参量变化，通过子系统间的合作，能够形成宏观有序结构的现象。自组织机制使群体聚合从混沌走向秩序。凯文·凯利等对于群体智慧形成的解释，基本上是从“自组织”这个角度出发的。自组织的一个重要特点，就是在没有外力干预的情况下，完成内部的分工和协作。在网络论坛这样的地方，可以逐渐形成一种常态性的自组织，成员之间有长时间的互动，因而实现分工是比较容易的。但很多时候，网络中的自组织机制，是一种应激响应的结果，许多素不相识的人聚集在一起，却能自然地实现分工与协作，看上去似乎不可思议，但确实发生了。这得益于共同的目标推动、四通八达的连接网络、成员的多元化、社会报偿的刺激。

12. 赛博空间

答：赛博空间(Cyber Space)是由加拿大作家威廉·吉布森于1984年在其小说《神经漫游者》中创造的一个术语，并逐渐在信息技术和计算机领域普及开来。赛博空间一词中的“cyber”在古希腊语里表示“舵手”，在现代信息技术领域中，将其与空间联系起来，是指由计算机、数字化通信技术和互联网等所创造的与真实现实空间不同的网络空间或虚拟空间，这个空间由各种文字、图像、音频、视频、符码、网络和关系组成，相对于现实的三维空间来说是非现实的，但是从人的感官上来说，它又是真实的。人们可以进入这个空间，发生互动关系，建立虚拟纽带，并可能影响到实际三维空间中的社会互动。赛博空间的出现，对现代生活方式、文化形式、媒介形态和信息生产产生了巨大的影响，出现了以虚拟社群和虚拟身份为代表的“赛博文化”。

13. 网络空间安全

答：网络空间安全(Cyberspace Security)是指作为信息环境中的一个整体域的网络空间(Cyberspace)的安全性，该网络空间由独立且互相依存的信息基础设施和网络组成。

14. 网络人际传播

答：网络人际传播(Computer-Mediated Interpersonal Communication)，简称CMIC，是指通过计算机进行的个人与个人之间的信息传播活动，是在网络空间中进行的、和传统的面对面人际传播相对应的一种传播形式。网络人际传播有五种特征：①网络人际传播是一种以文字交流为主的传播。②网络人际传播具有广泛性。③网络人际传播往往具有偶然性。④网络人际传播具有匿名性。⑤个体在网络人际传播中具有多重性。网络人际传播的传播方式有即时通信工具、社交媒体、网络论坛、网络游戏等等。

15. 社会交换理论

答：社会交换理论是对人和人的心理动机的研究，批判只在宏观社会制度、社会结构或抽象的社会角色上研究社会的做法；在方法论上倡导个人是社会学研究的根本原则；认为人类的相互交往和社会联合是一种相互的交换过程。它出现于20世纪50年代后期，是针对结构功能主义提出的，在理论和方法上具有实证主义、自然主义和心理还原主义倾向。

代表人物有 C. 霍曼斯、P. 布劳、R. 埃默森等。

16. 自我认知

答：自我认知(self-cognition)是对自己的洞察和理解，包括自我观察和自我评价。自我观察是指对自己的感知、思维和意向等方面的觉察；自我评价是指对自己的想法、期望、行为及人格特征的判断与评估，这是自我调节的重要条件。

17. 自我披露

答：自我披露，是指个体对他人表达情感、想法与观点的窗口。自我披露最先是由Jourard(1958)提出、界定并开展发展性研究的。个人将有关自己的信息披露给目标人(将个人信息与其进行交流的人)。后来他在《透明的自我》(The Transparent Self)一书中将其界定为：告诉另外一个人关于自己的信息，真诚地与他人分享自己个人的、秘密的想法和感受的过程。

18. 网络群体传播

答：网络群体传播(Computer-Mediated Colony Communication，简称 CMCC)，是指网络上具有共同的利益、观念、目标等因素的个体联结在一起，进行群体内部与外部的信息传播活动。其传播方式有 BBS、SNS、博客、微博、网络聊天群等。网络群体传播的特点有：①成员身份公开性与匿名性共存；②重新赋权；③群体压力程度与成员对群体的认同度有关。影响群体传播的要素有以下几个方面：社区结构模式；成员关系；群体认同与群体承诺；群体心理。

19. 社区结构模式

答：社区结构模式有圈式和链式两种结构。传统社区的圈式结构的特点是：圈式结构使社区边界明确，社区成员有较明确的身份意识，社区成员作为一个集体进行的交往比较多，成员对社区的归属感更容易形成，因此，这种结构更有利于群体的形成。而新兴社区的链式结构的特点为：链式结构较为松散、灵活，使社区成员的集中交往并不多，更多的是一对对成员之间的个别交往，因此群体意识较难形成；新兴社区的规模不是固定的，而是处于动态变化中的；每一个人都可以以自我为中心来解释社区的边界，换一个角度说，每一个人都可以以自我为中心来构建自己的关系圈子。

20. 强关系

答：强关系是两个行动者通过长期的合作建立起来的社会关系，比如亲密的同事关系、朋友关系和家庭关系。这种关系下的双方在多种社会背景下长期合作，了解与支持伙伴的需求，并且能够提供某种意义的情感支持、归属感和个人特性，在相互关系上也自愿投资。这种关系是在性别、年龄、教育程度、职业身份、收入水平等社会经济特征相似的个体之间发展起来的。强关系呈现如下四个特点：长期性、稳定性、中介性、高信用度。另外，强关系在信息传递和人际关系两方面都可发挥重要作用。从信息传递来看，强关系是一种重要的可直接利用的信息来源和知识传播渠道；在人际关系方面，强关系维系着群体或组织内部成员之间的关系。

21. 群体认同

答：群体认同是指群体成员从群体活动中得到某种程度的需要满足而对群体产生的认同感。网络群体属于自发性群体，认同度一般是中低水平。对群体形成认同的直接结果或行为表现是网民的“群体承诺”。群体承诺指个体认同并卷入一个群体的强度。从群体承诺的主要取向看，可以将它分为三种：情感取向、工具取向和规范取向。

22. 心理契约

答：心理契约指一个人持有的、对他自己与另一方之间交换协议的信念。在心理契约中，员工期望从他们的组织中获益，以换取他们付出的劳动或对组织的贡献。心理契约的类型有四种：交易型心理契约、关系型心理契约、平衡型心理契约和过渡型心理契约。心理契约的特点有：①心理契约是连续不断存在的。②心理契约具有异质性。③心理契约理论中的关键假设之一是个体的选择。④理想情况下，心理契约被认为是一个相互的协议。⑤理想情况下，心理契约是一个互惠协议。互惠是指员工和组织之间关于交换协议条款达成一致，双方同意，一方所做出的承诺和贡献使另一方有义务践行其承诺和责任。

23. 群体心理

答：群体心理是群体成员共有的价值、态度和行为方式的总和。在一个群体中，群体成员具有共同的需要与目标，并围绕这个相同的目标形成相互依赖的关系；每一个群体具有一定的结构形式，使群体成员处于一定的关系之中。群体内具有自己的规范，群体成员有一定的心理倾向或态度。群体心理具有群体性、界限性，形成于群体的群体活动中，使个体产生群体归属感、群体认同感，群体对个体还有促进和干扰作用。

24. 乌合之众

答：乌合之众这一概念出自法国社会心理学家古斯塔夫·勒庞创作的社会心理学著作《乌合之众：大众心理研究》，勒庞阐述了社会群体以及群体心理的特征，指出了当一个人是孤立的个体时，他有着自己鲜明的个性化特征，而当这个人融入了群体后，他的所有个性都会被这个群体所淹没，他的思想立刻就会被群体的思想所取代，而当一个群体存在时，他就有着情绪化、无异议、低智商等特征。通常在新闻传播领域的乌合之众指的是群集。群集指集合状态下的人群，具有匿名性、情绪性、暗示性和感染性，能够从事一定的集合行为。群集一般是由临时参加或卷入事件、活动的人们组成的，并不具备成为稳定社会构成体的条件。

25. 群体极化

相关试题：

(1)网络群体极化的原因和结果。[论述题，厦大2022年研]

(2)网络环境下传播极化现象的成因、表现、影响。[论述题，上海大学2020年研]

答：“群体极化”是来源于社会心理学的一个概念，以研究群体讨论对群体决策及群体成员的影响为核心，其经典定义是芝加哥大学教授桑斯坦总结提出的：“团体成员一开始即有某些偏向，在商议后，人们朝偏向的方向继续移动，最后形成极端的观点。”他还指出互联网中群体极化现象更容易发生，极化程度也高于现实世界。对群体极化现象的研究可追溯到詹姆斯·斯托纳提出的“冒险转移”：“如果群体中大多数人倾向于谨慎，那么经过讨论之后的群体意见会更为谨慎；如果群体中大多数人倾向于冒险，那么经过讨论之后的群体意见会更趋于冒险。”

26. 内联网

答：内联网是针对组织的人员和信息的集成机制。内联网传播是在一个组织内部使用互联网技术实现通信和信息访问的方式。其作用有以下几方面：内联网改变了传统的组织结构联网的使用，使组织的结构从“金字塔式”演变成“网络式”；内联网改变了组织成员间的交流方式；利用内联或其他先进技术进行组织传播，有可能导致成员关系的变化；利用内联网来实现组织传播，使虚拟办公成为可能。

27. 话语分析

答：话语分析是指借助于符号理论和话语理论，致力于对传播活动的各种符号、象征、文本及话语进行解剖，从表象中发现其中隐含的深层寓意与真实用意的分析方法，是传播学定性研究的常用方法之一。话语的社会作用在于构建各种至关重要的实体，并以不同的方式将人们置于社会主体的地位，以揭示话语如何由权力与意识形态的关系所构成以及话语对于社会身份、社会关系、知识和信仰体系的建构性作用。话语分析的另一个关注点是历史变化，即不同的话语如何在不同的社会条件下结合起来，通过变异、变化和斗争，建造一个新的、复杂的话语，从社会历史的角度具体说明变化着的话语结构。

二、简答题

1. 卡斯特的“网络社会理论”。

答：卡斯特的“网络社会理论”是20世纪90年代末期新出现的一种信息社会学理论，一经问世，便在世界范围内引起了广泛而深刻的学术和社会反响。

(1)主要观点。

①卡斯特“网络社会理论”的研究对象是现实具体的信息社会和现实具体的网络社会。卡斯特看到了社会信息化和社会网络化的具体过程，看到了社会信息化和社会网络化对社会的经济、政治、文化及其他各方面的具体影响。由此他提出了现实的社会理论，这是对已有理论的超越。

②卡斯特还提出了理论色彩浓重的学术概念和理论范式，如信息主义、信息主义精神、信息资本主义等概念和网络社会的信息技术范式，揭露了当代社会文明和社会变迁的信息技术逻辑及网络逻辑。他还依据马克斯·韦伯的新教伦理与资本主义精神的分析框架，建立了信息主义与信息主义精神、信息主义与资本主义精神的理论。

(2)局限性。

①卡斯特虽然注重概念的创新，但他所采用的某些术语有时显得比较模糊，不易理解。例如，信息主义、信息主义精神、信息资本主义、信息城市、流动的空间、无时间之时间这些词语，在卡斯特那里，就不完全是一些经过明确定义的概念，在严格意义上它只是一种抽象的说法，更多的是一种意识形态意义上的表达。

②卡斯特虽然研究了信息时代或者说网络时代的社会结构和社会变迁问题，但其进行

分析研究的视角有时是从政治经济学出发，而不完全是一种社会学的研究视角。正因如此，他所探讨的问题更多是信息时代或网络时代的政治经济学方面的问题。

③卡斯特虽然对当代社会的政治、经济、文化等各方面的问题进行广泛的研究，但他的主要着眼点和着力点却在城市社会。卡斯特除了是个信息主义者外，还是个城市主义者，他最为了解的是城市，最为关注的是城市，其理论中饱含“城市中心论”的思想观念，与他早年专事城市社会学研究不无关系。

④卡斯特虽然是一位新马克思主义学派的社会学家，但其思想观念与马克思主义的思想观念是有较大出入的。因此，我们在学习和研究网络社会理论时，必须对此有充分的认识。

2. 简述长尾理论的主要内容和应用。[清华大学2013年研]

相关试题：长尾理论[概念题，贵州大学2020年研；厦大2019年研；暨大2018年研]、**长尾效应**[复旦大学2016年研]

答：(1)长尾理论的主要内容：

长尾用来描述诸如亚马逊和Netflix之类的网站的商业和经济模式。长尾实际上是统计学中帕累托分布特征的一个口语化表达，即只要存储和流通的渠道足够大，需求不旺或销量不佳的产品共同占据的市场份额就可以和那些数量不多的热卖品所占据的市场份额相匹敌甚至更大。因为当商品储存流通展示的场地和渠道足够宽广，商品生产成本急剧下降以至于个人都可以进行生产，并且商品的销售成本急剧降低时，几乎任何以前看似需求极低的产品，只要有卖，都会有人买。

(2)长尾理论的应用：

Google是一个最典型的长尾公司，其成长历程就是把广告商和出版商的长尾商业化的过程。数以百万计的小企业和个人，此前从未打广告，或从没大规模地打广告。他们小得让广告商不屑，但Google的Adsense降低了广告门槛，广告不再高不可攀，它是自助和价廉的。另一方面，对成千上万的Blog站点和小规模的商业网站来说，在自己的站点放上广告已成举手之劳。Google目前有一半的生意来自这些小网站，而不是在搜索结果中放置的广告。数以百万计的中小企业代表了一个巨大的长尾广告市场。

3. 在中国的场景中有学者围绕媒介与公共空间、媒介的公共性、媒介与公共参与等议题进行了讨论。谈谈你如何理解哈贝马斯的公共领域？中国的公共生活面临怎样的历史语境？中国公共生活应该如何打造？[浙大2019年研]

答：(1)哈贝马斯“公共领域”的内涵。

①“公共领域”的定义。

哈贝马斯认为，公共领域又称公共性，它是指“我们生活的一个领域，在这个领域中，像公共意见这样的事物能够形成”。具体来说，公共领域是私人领域的一部分，它是一个“由私人集合而成的公共领域”，公共领域讨论的是私人领域的“一般性问题”。其次，公共领域和公共权威领域是相对立的，它是公共管理与私人自律紧张关系的反映。公共领域就是公共舆论领域，它和公共权力机关直接相抗衡。公共领域的基础是国家和社会的分离。

由此可见，资产阶级公共领域是公共权力领域与私人领域的中间地带，作为公众聚集的领域，它的主要功能在于提出批判，形成公共舆论，其精髓在于其批判性。

②公共领域的形成条件和内在矛盾。

a. 资产阶级公共领域应满足的条件。

第一，平等性。首先要求具备一种平等、自由的社会交往的方式。各色人等，不论层次与职业，均能在理性的层面上参与讨论。

第二，公共性。公共的讨论应当限制在一般问题上，即所有人能加入讨论的行列。

第三，公开性。只要拥有财产并受过教育，就可以参与其中。

哈贝马斯认为，公众参与公共讨论、寻求理解与沟通，实质上体现了资产阶级人性观念或者说私人自律，是自愿、爱的共同体、教育三位一体的。

b. 内在矛盾。

公共领域应当是公私分明的，私人在公共领域中则抛弃了谋取私利的念头，参与公共讨论，商讨公共事务。然而哈贝马斯指出，这种公共领域一开始就是充满矛盾的。这种矛盾首先体现在公共领域得以存在的基础——资产阶级的人性观念和私人自律中。尽管家庭领域本身想保持独立和充满纯正的人性，但是它和劳动领域以及商品交换领域还是有一种依附关系，爱的共同体被家庭权威所代替，职业需要和教育观念也发生了冲突。公共领域的矛盾还体现在法治国家观念上，诉诸公众舆论的立法只有通过与旧的权力斗争才能建立起来，这样立法本身就带有“强权色彩”。

此外，资产阶级把公共领域中形成的公共舆论作为立法的唯一合法源泉，但是只有拥有一定财产且经受过教育的人才能进入这一领域。对于下层人民来说，这个标榜开放性的公共领域实际上是封闭的。进入公共领域的上层市民阶级、资产阶级借助公共原则把本阶级的利益普遍化，因此，阶级利益上升为普遍利益，成了公共舆论的基础。

(2)中国公共生活面临的历史语境。

①文化背景差异。

用西方理论解释中国社会，首先要明确其文化背景的差异。哈贝马斯的公共领域以市民社会为前提，而市民社会的制度核心是由国家和经济领域以外的自愿组织构成的，包括教会、文化团体、学术界和独立媒体等，哈贝马斯把这些自愿组织的任务归为“通过相互依赖和同时发生的两个过程维护和重划市民社会与国家的界限：扩大社会平等和自由，对国家机构进行重构和民主化”。在市民社会基础上的公共领域总是充满各种诉求，是一个非常政治化的空间，通过公共领域，人们发展出创造和表达政治意愿的能力，解决身边问题，并决定政府的合法性。

从中国的政治传统来看，并没有公域和私域明确划分的实践和观念。在中国古代占支配地位的价值体系中，“私”让位于“公”，“公”对于“私”总是具有道德上的优越性，且“公”与“私”之间的界限总是相对的，相对于国，家族为私，相对于成员，家族又为公，传统中国不存在一个同个体生活领域相对的公共场所。中国文化中的“公”，更多强调的是“公益”，学者陈弱水称之为“普遍的人间福祉或普遍平等的心态”，弘扬的是公共服务的精神，为了共同善而从事的无私行动(比如江歌事件、鲍毓明事件)。相比之下，哈贝马斯的“公共领域”强调社会影响国家行动。

②存在条件无法满足。

公共领域存在的条件是国家与社会之间存在一定分离，并且在国家和社会之间能够形成一个既不依附于国家也不依附于社会的、由公众组成的对公共事务进行话语交往的领域，这并不符合中国的政治国情。

具体而言，公共领域构成要具备三要素：具有批判意识的公众、能够自由交流的媒介、能够形成共识和舆论，这三点都与中国目前的现实情况相背。

a. 具有批判和反思精神的公众。

哈贝马斯在20世纪就指出共享的、批评性的公共话语活动被被动的文化消费所取代，独自阅读和公共讨论的空间被起居室里的电视所挤占，这样，被大众媒体所塑造的世界只是外表看上去像公共领域而已。在公域和私域的区分被模糊后，亲密领域被经济社会所打破，理性批判讨论让位于消费文化，公共领域变得更像一个“广告舞台”。

在中国后极权主义的文化中，政治集权和经济消费主义产生了奇异结合，鼓励道德冷漠、庸俗，埋头于个人生计、消费和其他私人事务，极力劝说人们把大众文化中的消费自由和权利当作政治生活中的公民自由和权利，年轻人普遍显示出对政治的厌倦和对被商品淹没的生活的亲近，争取更好的生活成为大众的世俗梦想。网民使用互联网的目的并不是谈论政治，而是发泄个人情感，在“微不足道的事务中寻找快乐”。正如学者林毓生所说，“逃避政治权威的个人‘私的领域’现在当然扩大了，但‘公共领域’却不因个人在‘私的领域’空间扩大而建立起来”。

b. 能够自由交流的媒介。

互联网的发展，使得公民表达变得更加开放多元、成熟理性，但我国一手松经济、一手紧政治的局面从未改变，“舆论一律”始终是中国媒体的特色，相比“新闻自由”，人们更习惯于“舆论监督”，事实上，这是现有政府权力的一种延伸和补充。即便是对于互联网，国家也是把持“一方面积极推动技术发展，一方面加强控制，防止负面影响的产生”的态度，以独立的《中华人民共和国网络安全法》来控制网络言论，这是世界上少有的，这些法律的规定实际上还是把互联网等同于传统媒体，在某些方面，对网络信息传播的监管甚至超过了对传统媒体的监管力度。

c. 能够形成共识和舆论。

德国康德的公共性原则对哈贝马斯至关重要，康德认为，所谓启蒙，就是脱离自己所加之于自己的不成熟状态，不再向权威寻求理据，而是运用纯粹理性，公共性原则的前提是必须永远有公开运用自己的理性的自由，免于被操纵和强迫。公共领域不是霸权，强调的不是统治，而是面对各种不同的意见开放，与其说是物理空间，不如说它随时产生，只要有两个或更多的人在一起讨论公共事务，公共领域就开始出现。

中国社会，并不是由于社会上的多数人打算将行为乖张者绳之以法，而是由于多数舆论可能对少数特立独行的人形成看不见的压力，迫使不同的意见和个体的创造性就社会之范，公众有选择欢呼与不欢呼的权利，但批评性话语的问题仍有待商榷。

综上所述，中国的公共空间中的交谈不太可能产生公共领域的经典政治功能。

(3)如何打造中国公共生活。

①基本措施。

面对权力化的公共领域，哈贝马斯认为必须采取以下方法重建公共领域：

a. 必须把公共性原则推广到各种社会组织中去。首先，这些组织内部结构按公共性原则加以组织，并且允许政党内部和组织内部民主，即允许交往和公开的批判。其次，用政党内部和组织内部事务的公开性来保障这些组织的公共领域与全体公众公共领域之间的联系。组织本身的活动，也需要一种广泛的公共性。

b. 实现官僚决策的最小化。在利益集团和政党内部出现可以称之为“社会——政治”的官僚体系，通过它可以实现对“国家——政治”的官僚体系的控制，同时“社会——政治”官僚体系必须受到其组织内部的公共性的控制。

c. 形成社会能够认同的普遍利益。要把社会组织和国家权力从公共领域中剥离出来，形成“纯净”的公共领域，重新发挥其中介功能，而不是继续由社会组织和国家权力笼罩公共领域。

②交往理性。

哈贝马斯认为，老一代法兰克福学派学者的批判理论之所以陷入悲观论的死胡同，关键在于传统的批判理论的理论基础是主体意识哲学和形而上学的理性观。原有的批判理论只是表明理性在工具行为中的绝对化已经成为野蛮的工具理性，却没有揭示出理性的解放潜能。

哈贝马斯在 20 世纪 80 年代对交往行为的研究提出了交往理性。首先，他回避了真理符合论（真理是话语所陈述的内容与实在事物相符），从实用主义和语用学角度提出真理的共识论：所谓真实，仅仅是人际语言交往的一种“有效性”要求，所谓真理，不过是这一要求的实现。真理应该定义为：话语主体通过语言交往而达成共识。

哈贝马斯区分了以实现个体计划为目的的策略行为和以相互理解、达成共识为目的的交往行为。不再把理性理解为具有自我意识的主体的能力，而是运用语言进行交往的能力，即用交往理性取代工具理性，运用恰当的语言，建立公共的规范。重建交往理性，就能重建公共领域。

③与互联网时代相结合。

a. 利用数据新闻的优势重建公共领域。大众媒介平台上的公共新闻信息由于其传播的单向性和生产形式的封闭性等原因，在一定程度上损害了人们的知情权和对于公共领域内的公共事务的参与权，而新媒体平台上的新闻虽然实现了互动，但是其鱼龙混杂、良莠不齐，使得公共部门和私人之间由于没有一个共同的讨论支点而陷入非理性。

数据新闻对于数据源和议程设置的开放使得公民的知情权得到满足，交互性和众筹设计使得大众、媒体和政府相关部门都能在具体而理性的议程框架内进行协商。从公共领域角度看，数据新闻关于和公共利益相关的信息（比如医疗、选举、环境治理、犯罪分析、交通事故等）的设计在一定程度上恢复甚至扩大了哈贝马斯所建构的政治公共领域的交往理性。通过数据新闻的平台建构，公共领域内有关私人利益诉求的信息和公共管理的信息再一次实现良性互动。所以，数据新闻通过自身的内容优势（数据）、平台优势（互联网）和技术优势（算法与可视化）通过一种理性而快乐的交互体验在新闻领域内对公共领域进行了一次重建。

b. 利用互联网营造公共领域。以微博为例，微博以分享与发现为基本传播形态，以独特的技术优势、丰富的社会实践和推动公民社会建立的潜质，对公共领域产生重要的影响。

其可以成为公共领域的客观条件如下:

第一,祛魅/复魅:多元话语集散地。公共领域原则上是向所有公民开放。微博创造了一个不同阶层、不同职业、不同文化程度、不同社会背景的公民共同参与的网络空间,真正成为了多元话语集散地。行使网络话语权门槛降低的过程是一个“祛魅”的过程,也是一个“复魅”的过程,“祛”的是权威之魅、阶层之魅,“复”的是草根之魅、平权之魅。微博使草根阶层获得了“信息的接近权”,使原本沉默的大多数获得了发声的机会,使他们获得了与社会精英或者意见领袖同样的被倾听的机会。

第二,转发:草根舆论放大器。公共领域概念的核心是公民精神的独立性,即意见表达的独立性。在微博上,草根意见的大规模转发和聚集是草根舆论发挥作用的基础性条件,草根阶层与精英、准精英阶层的具体互动是草根舆论穿越社会阶层和媒体壁垒的现实路径,微博的裂变式传播方式是草根舆论广泛传播的技术保证和虚拟助推器。

第三,对话:交往理性试验区。交往理性是双维度的,强调人与人之间、主体与主体之间相互理解的达成。在微博中,关注转发功能、评论功能、私信功能等,为用户之间的信息交换提供了条件,也为主体之间的相互对话和理解提供了渠道。微博是一个由不同规模的对话构成的“复调”系统。

我们需要强调的是,由于内容监管、商业化、市场化、娱乐化、传播碎片化等问题,微博用户更接近于“即逝公众”或“短暂群体”,而非公共领域中能够“理性讨论”的民主社会的公众,微博未能成为理想中的公共领域。但我们可以以此为参考,利用互联网营造公共领域,主要包括营造社区归属感、灵活决定匿名政策、保持平等、鼓励慎议、培育良好的公共话语等。

第三章　网络传播的具体形式

3.1　考情分析

本章梳理了网络传播的发展历史，以及每个时期代表性的网站及应用。考生需掌握不同时期代表性社交媒体的功能及特点，以及社会化媒体演变的过程。

本章考点主要集中在分析某个代表性的媒体，以简答题的形式出现。“移动化视频直播”这一考点可能考查网络直播、KOL 等名词的定义，同时也会结合媒介技术如 VR、AR 等考查新闻的新形式及其带来的影响。

3.2　复习笔记

【视频导学(名师点拨)】

网络传播的具体形式

扫码看视频导学

【知识框架(庖丁解牛)】

- 网络传播的具体形式
  - 网络传播的方式
  - 网站传播
    - 网站传播的主体及其目标
    - 网站传播的特点
  - 论坛传播
    - 概念与形式
    - 人员构成
    - 作用、优势与缺陷
  - 即时通信传播
    - 含义
    - 功能
    - 特点
  - 博客传播
    - 博客的基本含义及社会意义
    - 博客的传播模式及传播特点
    - 博客用户的使用与满足
    - 后博客时代的博客价值

- 网络传播的具体形式
  - 维基：协作式知识生产系统
    - 定义、主要特点与生产流程图
    - 维基用户的使用与满足
    - 维基的主要应用方向
  - SNS
    - SNS 的基本含义、传播结构及传播特点
    - SNS 个体用户的使用与满足
  - 微博
    - 微博的社会意义、传播结构及传播特点
    - 微博个体用户的需求
  - 微信
    - 微信平台的主要价值及与微博的差异化表现
    - 微信平台各功能及影响
  - APP 及其传播特点
  - 移动视频直播
    - 网络直播中的“现场”与“在场”
    - 社交互动性直播中的“表演”“在场感”及“陪伴”

【考点难点归纳(厚积薄发)】

考点一：网络传播的方式(见表 3－1) ★★

表 3－1　网络传播的方式

要点	具体内容	
概述	在过去的人类传播实践中，人际传播、群体传播、组织传播、大众传播四大类型相互独立，分界明显。而网络作为一种新兴的“泛媒介”，融合了人际传播、群体传播、组织传播和大众传播等传播形式，使得这四种传播形式之间形成相互联系、相互影响的关系	
网络传播与传统媒体传播的区别	传播主体的变化	传统媒体的传播主体，主要是大众传播机构，如通讯社、报社、电台和电视台等。而网络媒体的传播主体既包含利用网络进行新闻传播的传统媒体，也包括从事新闻传播的非专门性机构(如综合性网站、政府机关网站、民间团体网站、企业网站等)。此外，它还包括利用网络发布新闻信息的个人
	传播载体与传播模式的变化	从传播载体方面看，报纸媒体传播以纸质为载体，广播媒体传播以无线电为载体，电视媒体传播以电视机为载体，而网络媒体传播则以国际互联网为载体；从传播模式方面看，传统媒体的传播主要是一对多、点对面的传播。而网络媒体的传播，除了一对多的传播模式外，还有一对一、多对一、多对多的传播模式，这是一种去中心化的传播
	传受关系理论的变化	在传统媒体传播中，传播者与受传者之间处于一种不平衡的状态，传播者占据主导性地位，受传者相对被动；而网络媒体传播中传者与受者之间的关系是互动性的，一定程度上消解了这种不平衡关系
网络传播中的四个层级	①个人对个人的异步传播； ②多人对多人的异步传播，如新闻讨论组、电子公告牌和电子论坛等； ③个人对个人、个人对少数人、个人对多数人的同步传播，如多人用户游戏、在线聊天室等； ④多人对个人和个人对多人的异步传播，主要指信息接收者在网络上寻求信息的活动，如网页和远程通信等	

考点二：网站传播 ★★

大众传播是专业化的媒介组织运用先进的传播技术和产业化手段，以社会上一般大众为对象进行的大规模的信息生产和传播活动。门户网站(portal site)作为大众传播的延续，其概念于1997年正式提出。就字面上而言，portal是大门的意思，即进入网络的第一关。更具体地说，门户网站是集合众多内容，提供多样服务，以尽可能地成为使用者上网的首选网站。

1. 网站传播的主体及其目标

网站传播的主体可以是任何类型的组织或个人，传播主体不同，其传播目标也不同。结合目前的发展现状，网站传播主体的种类具体见表3-2。

表3-2 网站传播主体的种类

要点	具体内容	
ISP	定义	ISP全称是互联网服务提供商(Internet Service Provider)，是用户进入互联网的入口和桥梁，一般分为两类：IAP与ICP
	IAP	即互联网接入商(Internet Access Provider)。为需要上网的用户提供接入因特网的服务
	ICP	即互联网内容提供商(Internet Content Provider)。为用户提供信息服务业务，可利用互联网从事信息内容提供、网上交易、在线应用等活动
媒体	网站传播提供某类综合性互联网信息资源并提供有关信息服务，与传统的大众传媒有不少相同之处，同时又可发挥其自身的独特优势	
政府	利用网站将其打造成政府信息公开的直接渠道、发布电子政务的平台，从而塑造政府形象	
机构与组织	利用网站将其打造成机构或组织信息发布的直接渠道、办公平台，从而塑造机构与组织形象	
企业	利用网站将其打造成企业对外发布信息的渠道、塑造企业形象的窗口。企业网站的建设多与电子商务交易平台相结合，从而更好地进行营销活动	
个人	个人网站一般规模小，内容单一，影响力也相对较小。但也不排除存在一些特色鲜明，且有很高的人气的个人网站。有些个人网站结合自身特色不断扩大自己的影响力，最终获得投资，开始商业化运作	

2. 网站传播的特点(见表3-3)

表3-3 网站传播的特点

特点	具体内容
长期运转复杂	网站的长期运营、定期更新都需要强大的技术支撑
网站经营者的高控制权	用户不可直接对网页内容进行修改，网站经营者拥有对网站的单一控制权
即时、全面的新闻信息	由于互联网即时、便利的特性和各类专属搜索引擎的帮助，用户能更迅速、准确地获得自己所需要的新闻信息，其传播的深度和速度都领先于传统媒体
免费的特色服务	早期门户网站上的新闻信息是免费开放给受众的，不需要进行付费观看，同时还有各具特色的个人化服务
互动的虚拟社区	网站可以将分散的、兴趣爱好不同的网民凝聚成一个整体，通过留言板、电子邮件的方式进行反馈互动
无处不在的广告信息	网络广告是门户网站最主要的经济来源。因此，网站中的网络广告总是无处不在

考点三：论坛传播 ★

1. 网络论坛的概念

网络论坛，是指以各种话题讨论为主的BBS(电子公告板)，是网络中最早的社会化媒体之一。它们分属于网络传播中的群体传播，是指由具有共同兴趣的人们组成的交流信息的网络园地。

2. 网络论坛的形式

论坛以BBS为主，但也有几种不同的形式。按组织形式可分为专题式论坛、综合式论坛和专业式论坛；按论坛管理方式可分为有限制式论坛、半限制式论坛和无限制式论坛。

3. 网络论坛的人员构成(见表3－4)

表3－4　网络论坛的人员构成

类型	具体职责
建设者	建设者人群与群体一起成长，其个人目标已经比较好地与群体目标统一起来。当群体出现问题的时候，他们想到的是如何克服困难，推动群体发展
利用者	利用者人群对具体的BBS没什么感情，只将之作为一种解决问题、联系亲友的工具
游离者	由于好奇或者朋友推荐等渠道，他们在BBS象征性地注册，但却不参与讨论、交流

4. 网络论坛的作用(见表3－5)

表3－5　网络论坛的作用

要点	具体内容
对网民的作用	①满足个体的自我表现与表达。 ②帮助网民获得一定的社会归属感。 ③促进对周围环境的认知。 ④增强网民的社会认同
对网站的作用	①提高用户黏性。 ②深入了解网民兴趣。 ③打造自身品牌
对社会的意义	①提供传播公共信息的途径。 ②民意表达与社会记录的重要平台。 ③公共服务、公共沟通的重要渠道。 ④培育网络亚文化和群体
对Web2.0时代的价值	①论坛是以内容为中心的社会化媒体，在围绕内容开展交流时有一定的优势。 ②成员之间可以进行深度互动，因此需要针对某些话题进行大规模的封闭讨论时，论坛仍是一种理想的交流平台。 ③论坛中名人卷入相对较少。成员的意见表达不会被抑制，可以提供更平等的交流环境

5. 网络论坛的优势及缺陷(见表3-6)

表3-6 网络论坛的优势及缺陷

要点	具体内容	
优势	匿名性	每个成员都拥有自己相对固定的昵称，为了避免言论所带来的舆论上的压力，可以采用匿名发布
	层级性	论坛成员的影响力很大程度上取决于他的文字表现力，因此哪怕现实世界外表不出众，依然有可能担任网络群体中的领袖
	高自由度	作为一种虚拟的群体，论坛成员具有高度的自由，即使持有与多数成员意见相反的想法，也可以表达出来
	话语赋权	一些弱势群体在现实生活中常遭受各种歧视，但可以自由地在论坛上交流，重拾被剥夺的社会话语权
缺陷	高争议性	管理员、成员之间对论坛规范理解存在差异，常造成成员之间的争论甚至人身攻击
	低信用度	作为高度自由、相对匿名的虚拟社区，论坛也极易成为大量虚假消息、谣言的集散地
	非法内容	论坛成员由于过于强调网络的“绝对自由”，言语涉及黄、赌、黑内容，甚至反动内容，触犯国家法律

考点四：即时通信传播(见表3-7) ★★

表3-7 即时通信传播

要点	具体内容	
含义	在网络传播中，人际传播的点对点异步传播以即时通信传播为代表。它为人际交流提供了新的渠道与手段，也在其他层面影响着人们的生活方式与行为方式。即时通信(Instant Messenger，简称IM)，是指能够即时发送和接收互联网消息等的业务。即时通信打破了主客体之分，点对点进行传播。在传统的媒介中，传者和受者的角色分明。随着网络的出现，传者和受者之间的界限被打破，产生着革命性的影响	
功能	个体交流	点对点的交流，基于强连接关系的熟人
	信息共享	即时通信工具可以传送各种形式的文件，实现资源共享
	积累人脉资源	搭建个人人际网络，从而转化为人脉资源
	表露个人信息与情绪	昵称的更改、签名的更新等都可以表露个人信息与情绪
特点	①即时通信是一种同步时效性的传播，传播互动性强。传播者与受传者可以实现实时的交流和沟通，从而节约了大量的成本和时间，使得传播更为迅速和快捷。 ②即时通信传播同步时效，再现了真实的传播环境。通过语音、视频和文本的实时互动创造一个三维的“拟态环境”，它可以将传受双方聚焦在这个小小的平台上，凭借着这个平台的功能，传播双方的距离瞬间消失。 ③即时通信传播方式多样，传播效果迅速及时。它整合了在线文件传输、网络电话、在线音频播放、在线视频播放等媒介，跨越了时空，缩短了距离	

考点五：博客传播 ★★

1. 博客的基本含义

“博客”，英文名为Blogger，为Weblog的混成词，它的正式名称为网络日记，又音译为“部落格”或“部落阁”等，是使用特定的软件，在网络上出版、发表和张贴个人文章的人，或者是一种通常由个人管理、不定期张贴新的文章的网站。

2. 博客的社会意义(见表3－8)

表3－8 博客的社会意义

要点	具体内容
推动去中心化传播	零门槛进入，不需要任何“技术含量”，使得不具有专业媒体背景的普通公众也能够自己撰写新闻信息
改变传统新闻界的生存状态	博客新闻成为专业媒体的信息来源和资料库。分布在世界各地的博客，可以为传统媒体提供各地的原生态新闻素材
重新构建话语权	在传统媒体上，普通人很难有机会发出自己的声音和意见，博客赋予了个人前所未有的力量去影响世界
个人出版成为现实	每一个博客作者都可以将自己的作品出版在网络上，任何人都能做自己的出版人
成为一种有效的网络营销工具	博客让营销人员从依赖媒体发布信息转向了自主发布信息

3. 博客的传播模式

如果把每一个博客用字母A来表示，以每一个博客的传播过程为一个单元，N表示网络中任意一个博客，博客圈子用I来表示，其他网页、网站用B来表示，应该是如下的传播过程(如图3－1)。

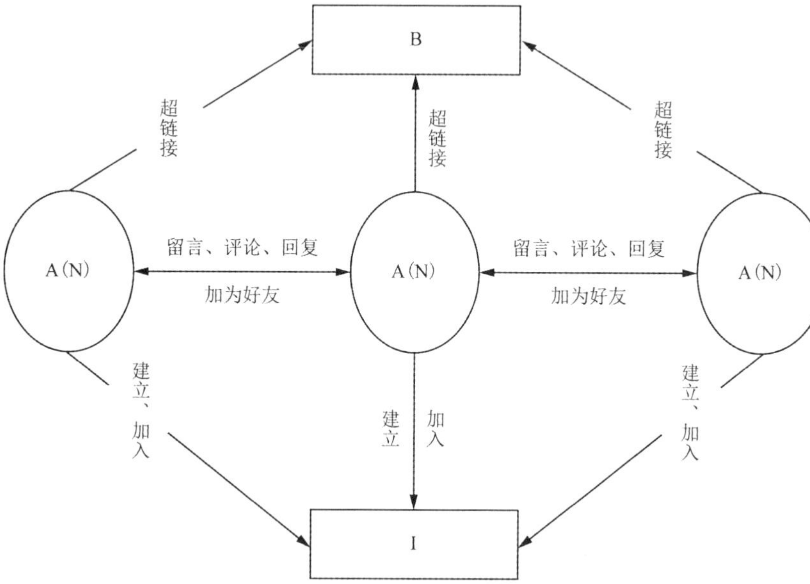

图3－1 博客的传播模式

此图表示每一个博客的传播过程，而网络博客的整体传播是由无数个这样的博客组成的，是一个复杂的整体互动传播模式。整体互动传播模式中的对象既是整体的又是互动的，他们相互沟通、互换信息、相互创造、共享信息。这个整体互动传播模式抛弃了传统传播的单向性、被动性，表现了传播的互动性、能动性、多向性和复杂性。

4. 博客的传播特点(见表3-9)

表3-9　博客的传播特点

要点	具体内容
操作简单	申请、注册简单。只要花一分钟，就轻松拥有博客
个人性	博主只要在不违反国家法律法规的前提下，可以就自己感兴趣的各个话题在博客上传播自己的思想和观点，而不需要向谁报告和接受审核
开放性	博客作为一种“零门槛”(即零编辑、零技术、零体制、零成本、零形式)的网上个人发布信息的方式，使传统的“把关人”不复存在
交互性	博客中包含许多其他网站的链接构成了网络社区，扩大交流平台、实现多对多交流，社区内的人利用网络日志分享彼此的生活

5. 博客用户的使用与满足(见表3-10)

表3-10　博客用户的使用与满足

要点	具体内容
博客写作者的使用与满足	博客活动主要表现在三个层面的需求：①个体内在的根本心理需求；②对博客平台的直接使用需求；③对社会报偿的需求
博客阅读者的使用与满足	博客阅读者的外在诉求主要体现为：①环境认知；②自我表达；③自我投射；④自我推介；⑤获取信息或知识；⑥娱乐诉求等

6. 后博客时代的博客价值(见表3-11)

表3-11　后博客时代的博客价值

要点	具体内容
现状	社会化媒体层出不穷，博客的用户也在急剧下降，处于衰落的状态
博客的独特优势	①更适宜讨论专业化的内容、深度阅读。 ②作为一个知识生产与传播系统，它的存在具有不可替代的作用。 ③保持写作者的独立性，不易受到其他反馈的干扰。 ④阅读群体更加稳定，利于个人资源与品牌的积累

考点六：维基：协作式知识生产系统(见表3-12)　★★★

表3-12　维基：协作式知识生产系统

要点	具体内容
定义	维基(Wiki)支持的是众人协作式写作，实现了人人参与写作，人人编辑修改，在众人的共同努力下，文章、条目越来越丰富，越来越完善，并最终沉淀为知识库中的一部分

续表

要点	具体内容	
主要特点	公共	维基这种超文本系统支持面向社群的协作式写作，而且往往是围绕一个群体所感兴趣的公共话题
	开放	人人是作者，人人是编辑。任何人都可以随意进入网站，任何人都可以随意创建新的条目
	平等	可以说没有任何一个个体可能主导一个维基。正是这种平等才能形成有利于集思广益的环境
	合作	维基提供的是一个公共空间，但它并不抹杀个性，只是最后终会在集思广益中趋向于统一
	共享	维基的内容对每个参与者都开放，众人都能够共享维基的内容
合作知识生产流程图	见图3－2	
维基用户的使用与满足	①个体内在的社会分享需求； ②自我提升需求； ③社会报偿需求； ④自我表达需求	
主要应用方向	知识共享	汇集人类共同智慧，依靠广大网民的参与和协作
	新闻传播	正在发生的社会事件也会有其自己的词条，而这些词条在一定意义上也能看作是一种新闻报道
	社会协作	大规模的协作，推动着知识生产的变革，不仅是个别工作、个别任务的完成模式，更重要的是社会中个体的关系及其结构方式

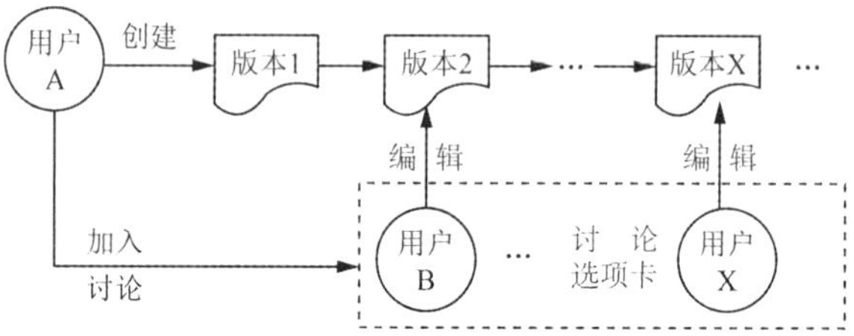

图3－2　维基合作知识生产流程图

考点七：SNS(见表3－13)　★★

表3－13　SNS

要点	具体内容
含义	SNS(Social Network Service)，指社会性网络服务，即社会关系的网络化。它的理论依据是哈佛大学心理学教授Stanley Milgram在1967年创立的六度分离理论，即“你和任何一个陌生人之间所间隔的人不会超过六个，也就是说，最多通过六个人你就能够认识任何一个陌生人”

续表

要点	具体内容	
传播结构	SNS 的基本单元	个人用户是 SNS 的基本单元，遵循的是“个人展示”+“多重关联”的传播模式，“展示”是围绕个人进行的。个体是 SNS 的基本细胞，而“关联”是构成社会网络的基础
	SNS 中的关联分类	包括：①社交关联；②内容关联；③兴趣关联；④时间关联；⑤空间关联；⑥活动关联
	虚拟互动转向现实互动	网络自我不再是人们逃避现实的方式，而是现实自我的一种延伸
	社会网络在公共传播中的作用突显	对比以往论坛的小范围封闭互动，SNS 实现了更大范围的连接与扩张，社会网络成为信息传播的渠道之一
	个人节点地位的确立	个人在网络传播中完全成为一个传播节点，在传播结构上尽量实现平衡的双向信息流动
	表达与互动的维度扩展	不再局限于文字交流，图片、视频等形式丰富，还包含了送礼物、点赞、游戏、调查等互动形式，这有助于提高用户的参与度
SNS 个体用户的使用与满足	①社会关系拓展需求； ②社交表演、个人形象构建； ③真实信息的曝光过度； ④个体社交质量提升	

【考点拓展】三度影响力

出自由美国学者尼古拉斯·克里斯塔基斯和詹姆斯·富勒撰写的一部社会学著作《大连接》。书中指出，三度影响力(即朋友的朋友的朋友也能影响到你)是社会化网络的强连接原则，决定着社会化网络的功能。相距三度之内是强连接，强连接可以引发行为；相距超过三度是弱连接，弱连接只能传递信息。

考点八：微博 ★★★

微博是指一种基于用户关系信息分享、传播以及获取的通过关注机制分享简短实时信息的广播式的社交媒体、网络平台。

1. 微博的社会意义(见表 3－14)

表 3－14 微博的社会意义

要点	具体内容	
公共信息系统	微博在传播新闻信息方面发挥着重要作用。而人们对公共信息的了解，也会促进其对社会事务的关注和参与	
公共沟通系统	纵向	疏通渠道，更好地传达公共信息
	横向	跨越群体分界，不同阶层、不同行业之间可以相互了解和沟通
社会生态系统	人们的生活状态也可以通过微博来传达，自我记录、情绪宣泄、意见表达都可以抒发自身情绪	
服务系统	既包括政府机构的公共服务，也涵盖企业的商业服务	
公共知识系统	微博保存着大量的公共知识，其中的协同机制还有助于知识的不断丰富与系统化	
社会动员系统	通过微博进行社会动员，号召社会行动	

2. 微博的传播结构

微博作为现阶段推动移动互联网发展的主流应用之一，正在挑战传统大众媒体的主导地位。其传播结构是“个人中心”+“内容关联”。其大众传播体系的影响在于：(1)媒介特权被广泛分享，传播结构失衡；(2)私下交谈打破大众媒体的渠道霸权；(3)传播结构网状化隐含新的人际秩序信息。

3. 微博的传播特点(见表3－15)

表3－15 微博的传播特点

特点	具体内容
去中心化优势	由于每一位自媒体都是信息的生产者、传播者和接收者，使用的传播方式还是以网络为基础的微博等社交软件，所以信息传播成本较低、传播速度较快，打破了专业媒体掌控媒体信息传播内容、方向的限制，人们可以多角度、全方位观察社会动态
传播主体多样化	每个人都可以申请微博账号成为自媒体，准入门槛相对传统媒体较低，每个人都可以从微博上获得资讯，所有人都可以成为自媒体信息的传播者
平民化	以微博为代表的自媒体改变了传统媒体的单向传播方式，加强了传播者与接收者的交流互动，自媒体的成立不需要政府部门进行审批，只需要自行申请注册账号便可，切实体现出自媒体的平民化发展特点和准入门槛低的特点
内容简洁	当今时代受信息技术发展影响，成为信息爆炸的时代。以微博为代表的自媒体在传播信息时就体现出内容简洁明了的优势，极大程度上节省了信息接收者、阅览者的时间成本，有利于加快信息的传播速度和被接受程度

4. 微博个体用户的需求

微博个体用户的需求主要表现在四个层面：

(1)获取公共信息；

(2)记录与表达自我；

(3)建立社会关系以寻求社会资本；

(4)信息与知识的积累、归档。

考点九：微信 ★★★

微信(WeChat)是腾讯公司于2011年1月21日推出的一个为智能终端提供即时通信服务的免费应用程序。在新媒体技术支撑下，微信以移动端口为基础，以手机用户为依托，以增强用户个性化体验为目标，融合了信息丰富化形态，重新整合了人们的生活圈、社交圈、工作圈，极大地满足了用户的沟通交流、信息获取、消遣娱乐等需求。

1. 微信平台的主要价值及与微博的差异化表现(见表3－16)

表3－16 微信平台的主要价值及与微博的差异化表现

要点	具体内容	
微信平台的主要价值	社交平台	社交手段多样。除去点对点的私人交流外，还可以通过“摇一摇”等方式快速与陌生人进行交流

续表

要点	具体内容	
微信平台的主要价值	媒体	①用户希望一个平台能集成各种功能，包括信息获取、社交、视频等。 ②众多媒体、企业、政府机构开设微信公众号。公众号无字数限制，为深度阅读提供空间。 ③微信一定程度上能够反映社会生态、舆论动向，但大多偏微观和私人，想要整体把握舆情很困难
	营销及服务平台	①提供新的微信营销方式，例如朋友圈、微信推送广告。 ②可通过小程序、微店等直接在微信上进行产品销售。 ③打通了线上与线下的连接，也因此被视作 O2O 的一个重要渠道
	移动互联网入口	微信支付意味着向移动互联网生活服务领域的全方位扩张
	互联网连接器	在人、设备、服务之间形成智能的连接
微信与微博的差异化表现	产品属性不同	微信是以关系为核心的高度私密性社交工具，注重小圈子社交，对话是私密的，亲密度更高，可以做一些真正满足需求和个性化内容的推送。微博是以内容为核心的瀑布型弱关系社交平台，社交范围更广。微博的产品属性是以事件为主的爆炸式营销
	传播方式不同	微信是点对点的大众传播模式。当微信用户关注某个公众账号并勾选了“接收信息”选项后，该公众账号就可以从公众平台的管理页面上，通过群发消息对所有关注它的微信用户进行信息传播。而在微博上，大多数内容一经发布即成为公开信息，无论是否关注，是否是彼此的粉丝，都能查看
	传播过程不同	微信的传播过程与微博相比噪音干扰较少。微博上，一用户发表微博，其他用户进行评论、转发，所有人都可以看到。而在微信的平台上，一用户发布信息，另一用户进行评论，其他用户无法看到这两方的信息内容，除非他们也建立了好友关系。微博的信息传播路径清晰可辨，而微信朋友圈的信息传播轨迹较难辨识
	受众定位不同	微信相比于微博，无论在信息的传递范围还是内容方面，都略逊一等，但微信的目标群体相比微博更具有针对性。微信的受众是真实存在而且能实时接收的
	内容属性开放度不同	微信的内容私密，开放度低，用户的隐私得到严密的保护。而微博的话题公开，开放度高，容易被用户关注和引发探讨，甚至是引起热点话题的信息爆炸

2. 微信平台各功能及影响(见表 3 - 17)

表 3 - 17　微信平台各功能及影响

各功能	具体内容
朋友圈	包括：①晒自拍；②点赞党；③分享“鸡汤”；④伪科学谣言
微信群	①快速扩展群内成员的社交圈子。 ②可以让群内成员进行便捷的信息沟通。 ③群成员可以在群中获得归属感。 ④孕育出特定的圈子文化，甚至改变现实圈子中的某些文化。 ⑤群会强化同质性与服从性，从而抑制人们的异质性，形成“沉默的螺旋”

续表

各功能		具体内容
微信公众平台	传播影响	①公众号平台用户更青睐能提高自己的生活质量、修身养性等领域的内容，对硬内容兴趣较小。 ②微信推送的形式顺应了用户惰性，同时百分之百的到达率也消除了传播的不确定性。 ③在信息超载时代，用户已经不再习惯超负荷的信息接受。微信推送一天只能编辑群发一次，给用户做了减法
	局限性	①有限的推送次数与媒体时效性的冲突。 ②难以保持用户黏性。 ③点开率有限。 ④表现形式存在一定的局限。 ⑤系统较封闭，难以向其他平台拓展。 ⑥深度阅读与移动阅读形成冲突。 ⑦“覆水难收”的发布机制。 ⑧获得粉丝的门槛较高

考点十：APP及其传播特点(见表3-18) ★★

表3-18　APP及其传播特点

要点	具体内容
含义	APP又称客户端，是指安装在智能手机、平板电脑以及智能电视等设备的第三方应用程序
传播特点	①获取信息路径更简单，获取信息成本更低，移动状态下操作更方便，用户的使用习惯得到一定的固化。 ②一方面继承了网站传播的特点，如点对面的传播、传播主体对内容的控制等，另一方面是对网站传播的垂直化与移动化改造。 ③内容与服务的专业化、个性化

考点十一：移动视频直播 ★★★

1. 网络直播中的“现场”与“在场”

移动互联网时代，视觉体验已经不能够满足用户，亲临现场的真切感受和“我在现场”的存在感也越来越成为用户的需求。具体见表3-19。

表3-19　网络直播中的“现场”与“在场”

要点	具体内容
电视时代用于观看的“现场”	①大众媒体如电影、电视等，它的核心优势在于对现场的再现能力。 ②电影、电视以视觉的形式传达了一定的“现场感”，但观众与现场的距离是由摄影机的位置决定的，缺乏用户自主性
移动时代新闻直播中的“现场进入”与“在场感”	在场感表现在：①在场个体的存在感与主观视角；②“现场”里的幕后感

2. 社交互动性直播中的“表演”“在场感”及“陪伴”（见表3－20）

表3－20　社交互动性直播中的“表演”“在场感”及“陪伴”

要点	具体内容
拟剧化“表演”	①美国学者戈夫曼提出，人就像舞台上的演员，要努力展示自己，以各种方式在他人心目中塑造自己的形象。 ②社交性直播本质也是一种表演，直播现场代表着“表演空间”，表演能力在某种程度上体现为一种对“前台”与“后台”的把控能力
表演的动因	包括：①经济需求；②显示自我存在感
直播盛行的原因	包括：①观看者的偷窥心理；②直播者及观看者出于“存在感”“在场感”与“陪伴”等的心理动机

【考点拓展】网络直播（见表3－21）

表3－21　网络直播

<table>
<tr><th>要点</th><th colspan="3">具体内容</th></tr>
<tr><td>含义</td><td colspan="3">指在现场架设独立的信号采集设备（音频＋视频），然后导入导播端（导播设备或平台），再通过网络上传至服务器，发布至网址供人观看，如淘宝直播、抖音直播等</td></tr>
<tr><td>特点</td><td colspan="3">①门槛低，直播主体多为普通人、草根青年；
②时效性强，信息在传播过程中的损耗小；
③即时互动，直播注重与受众的互动；
④直播内容丰富，体现为平台的分众化</td></tr>
<tr><td>盛行原因</td><td colspan="3">①直播的形式符合当下年轻人的场景设置和使用习惯；
②随着网络的不断发展和智能手机的普及，技术的进步为直播的发展奠定了基础；
③巨大的经济利益的吸引，网红经济、粉丝经济的兴起，以及以“打赏”为代表的互联网娱乐消费观念逐渐形成；
④受众对泛娱乐化的需求不断扩大</td></tr>
<tr><td>存在问题</td><td colspan="3">①内容娱乐化，甚至出现不少低俗化内容；
②直播主体没有统一标准，主播素质良莠不齐；
③内容同质化严重，难以提高用户黏性；
④直播平台监管不到位，缺乏相应的规范化制度</td></tr>
<tr><td>改进措施</td><td colspan="3">①加强对主播的培训，提升主播队伍的整体素质和准入门槛；
②创新直播内容，鼓励多元文化的出现；
③加大政府的监管力度，平台也应出台相应的规章制度，加强自律</td></tr>
<tr><td rowspan="2">直播带货</td><td>含义</td><td colspan="2">指一种在互联网平台上，使用直播技术进行商品线上展示、咨询答疑、导购销售的新型服务方式，具体形式分为职业主播（如李佳琦等）集合进行推荐介绍；或者店铺开设自己的品牌直播间进行带货</td></tr>
<tr><td>原因</td><td>主播化身导购，营造购物场景</td><td>随着互联网和电子商务的不断发展，消费者在网上购物中能接触到更多的品牌、产品，也因此有了更多的选择。但这也导致消费者不得不面对更多的信息内容，这对消费者的信息处理能力提出了更高的要求。而主播通过在线演示、使用产品，让人更直观地了解到商品及其使用过程，加之主播对产品的用后感分享，消费者很难不被打动甚至下单购买</td></tr>
</table>

续表

要点	具体内容		
直播带货	原因	从众心理影响，推动冲动消费	消费者的每一个购买决策都会受到生活中所属群体的影响。在直播间里，主播亲切的话术、大额的优惠福利以及粉丝不停的刷屏互动，极大地吸引了新用户参与并快速融入其中。同时，主播作为直播间中的消费者意见领袖，其对产品的介绍，能有效强化观众对产品的印象。加上产品的低价诱惑和粉丝争相购买的氛围影响，消费者容易产生害怕错过的心理而导致冲动消费
		高频次的直播，增加用户黏性	像李佳琦等顶级主播几乎每天都会直播四小时及以上，他们高频次的直播和不间断的互动容易与粉丝建立起亲密的关系，同时增强粉丝对其的喜爱度和信任感，提升用户黏性，推动直播带货的成功
		打造主播人设，拉近心理距离	为了强化在粉丝心中的形象，主播往往会对自身进行一定的包装，给自己设定一个人设，如主播常说的口头禅也会成为他的一个标签，加深受众对其的印象，如李佳琦的“OMG”“never 拜拜”等。这些更具生活化气息的细节能拉近主播与粉丝的距离，帮助主播成功圈粉，提高直播卖货的成功率

3.3 课后习题详解

1. 论坛的结构特点与传播特点是什么?

答: 网络论坛，是指以各种话题讨论为主的 BBS，是网络中最早的社会化媒体之一。它们分属于网络传播中的群体传播，是指由具有共同兴趣的人们组成的交流信息的网络园地。

(1)论坛的结构特点。

网络论坛基于“圈子 + 话题互动”的模式，其社区结构是“圈式结构”。这种相对封闭的结构，有助于培育不同的群体。论坛中人们通过长期互动，逐渐形成更为密切、稳定的群体关系。

(2)论坛的传播特点。

①匿名性。每个成员都拥有自己相对固定的昵称，为了避免言论带来的舆论上的压力，可以采用匿名发布。

②层级性。论坛成员的影响力很大程度上取决于他的文字表现力，因此哪怕现实世界外表不出众，依然有可能担任网络群体中的领袖。

③高自由度。作为一种虚拟的群体，论坛成员具有高度的自由，即使持有与多数成员意见相反的想法，也可以表达出来。

④话语赋权。一些弱势群体在现实生活中常遭受各种歧视，但可以自由地在论坛上交流，重拾被剥夺的社会话语权。

2. 试分析一个有代表性的论坛。

答: 近年来，互联网逐渐发展成公众参与和交流的主要平台，并由此衍生出一种新的网络场所——网络论坛。BBS，即电子公告板，在互联网诞生之初便已出现，而网络论坛作为网络言论空间和讨论系统，是在网络 BBS 的基础上发展建立的。在多种因素的综合作用下，网络论坛的人气越聚越多，现在已经成为产生网络舆论的重要场所，也是传播网络舆论最有效的渠道。其中，我国最具代表性的网络论坛是天涯论坛。

(1)天涯论坛的概况。

天涯论坛被认为是全球最大的、影响力最强的中文论坛。天涯论坛下设 482 个分论坛，日均到访 980 万独立 IP，每日发帖量超过 100 万，主帖数超过 10 万/天，每月覆盖超过 1 亿人，这一系列数字可直观地反映出天涯论坛的社会影响力。

(2)天涯论坛舆论传播特点。

①舆论主体的"大众化"。

作为一个网络交流平台，天涯论坛最大的特点便是开放性，它吸引并汇聚了来自社会各个阶层的网民。其中有一部分人群受过高等教育，拥有良好的自我判断能力及文学修养，乐于在论坛中发表自己的评论意见，因此在论坛中拥有很大的影响力，被视作论坛中的"意见领袖"；他们在无需实名登录的论坛中可以自由发表自己的观点和看法。长此以往，便对天涯论坛产生了强烈的依赖感，从而构成了天涯论坛中最忠诚稳定的用户群体。这些人群共同构成了天涯论坛的舆论主体，而天涯论坛中的舆论也多来源于此，他们集中体现出天涯论坛用户群的大众化特征。

②舆论客体的高聚合性。

天涯各个分论坛的内容，根据其不同属性，经过自动、高效、精确地分类与聚合，形成了聚合页面，而天涯聚焦就是所有精华内容汇聚而成的一个总的聚合页面。天涯聚焦是天涯论坛各类精彩内容的综合展现，同时也是绝大部分有影响力的网络论坛舆论的传播承载中心。此外，天涯论坛还根据不同的范围大小形成各个分聚合页面。天涯下设 400 多个分论坛，包括娱乐八卦、天涯杂谈、情感天地、国际观察、时尚资讯等，即代表了 400 多种不同价值观的聚合，相较于其他同类网站而言其数量非常大，且每个分论坛里都汇聚着一大批固定用户。

③舆论的主导性。

不少网络论坛舆论都萌芽于天涯论坛，继而扩散至全社会，成为影响力强大的公众舆论，这背后最重要的原因就是天涯论坛的舆论主导性，而这一特点也使它逐渐成为引导其他传统媒体舆论的风向标。它能及时抓住新闻事件的焦点并快速引爆，同时兼顾官方与网友两方的立场，成功主导舆论。

3. 博客的结构特点与传播特点是什么？

答："博客"，英文名为 Blogger，为 Weblog 的混成词，它的正式名称为网络日记，又音译为"部落格"或"部落阁"等，是使用特定的软件，在网络上出版、发表和张贴个人文章的人，或者是一种通常由个人管理、不定期张贴新的文章的网站。

(1)博客的结构特点。

结构上，每一个博客都是点对面的传播，博主发布博客、受众粉丝观看，博主是博客空间的唯一主角。

(2)博客的传播特点。

①操作简单。申请、注册简单。只要花一分钟，就轻松拥有博客。

②个人性。在不违反国家法律法规的前提下，博主可以就自己感兴趣的各个话题在博客上传播自己的思想和观点，而不需要向谁报告和接受审核。

③开放性。博客作为一种“零门槛”(即零编辑、零技术、零体制、零成本、零形式)的网上个人发布信息的方式，使传统的“把关人”不复存在。

④交互性。博客中包含许多其他网站的链接构成了网络社区，扩大交流平台、实现多对多交流，社区内的人利用网络日志分享彼此的生活。

4. 试分析一个有代表性的博客。

答：以潘石屹的新浪博客为例。

2005年底，以新浪为首的博客服务商推出了名人博客，一石激起千层浪，名人博客的出现及发展加速了我国博客的发展进程。其中，知名地产商潘石屹是我国首位博客点击量突破千万的财经界人物。对潘石屹的新浪博客的分析将从以下几个方面进行：

(1)博客成为潘石屹本人情感宣泄的重要平台。

博客是一个相对私人的空间，能够很好地满足个人自我表达的欲望。现代社会竞争激烈，商界精英们的压力更大，但由于身份的特殊性，他们内心的苦恼往往难以向周围的人倾诉，其孤独感也比常人更强烈，所以需要在博客上找到一种能释放自己情绪的空间。

(2)博客书写的呈现满足了网民受众想窥探名人生活的心理需求。

名人博客可以满足人们的窥私欲，这种让人感受到电子世界和虚拟空间中的名人“透明度”效应的群集性，形成“眼球效应”，致使点击率居高不下。而访问量的激增，反过来也刺激了名人博客的不断更新与发展。

(3)博客书写中的“议程设置”，是个人议程设置的过程。

潘石屹的博客除了设置有基本栏目外，还专门开通了SOHO热线、SOHO预告、SOHO播报、SOHO产品以及友情链接等栏目，这看起来仿佛像是潘石屹的一份私人电子报刊。他的博客内容分为生活随想、有关地产、我的照片、建筑作品、网友互动、张欣文字、好书推荐、北京2008、和潘石屹共进早餐等九个版块。博客书写展现了潘石屹在生活、工作、公益等多方面的形象，同时通过设置社会热点，创造行业话题等多种方式，引发业界和公众的关注，促进互动。此外，潘石屹在其网络社交圈中扮演着意见领袖的角色，他对特定商品、服务乃至企业的看法，或者是对公益事业、公共事件的关注评论等，都会产生一定的辐射与渗透作用，无形中影响着圈内受众的意见。

5. 你如何看待维基的价值？

答：维基(Wiki)支持的是众人协作式写作，实现了人人参与写作，人人编辑修改，在众人的共同努力下，文章、条目越来越丰富，越来越完善，并最终沉淀为知识库中的一部分。维基的价值主要包括以下几个方面：

(1)公共话题。维基这种超文本系统支持面向社群的协作式写作，而且往往是围绕一个群体所感兴趣的公共话题。

(2)开放性。人人是作者，人人是编辑。任何人都可以随意进入网站，任何人都可以随意创建新的条目。

(3)人人平等。可以说没有任何一个个体可能主导一个维基。正是这种平等才能形成有利于集思广益的环境。

(4)知识共享。用户参与内容建设，维基的内容对每个参与者都开放，众人都能够共享维基的内容。

6. SNS 的结构特点与传播特点是什么?

答: SNS(Social Network Service)是指社会性网络服务，即社会关系的网络化。它的理论依据是哈佛大学心理学教授 Stanley Milgram 在 1967 年创立的六度分离理论，即“你和任何一个陌生人之间所间隔的人不会超过六个，也就是说，最多通过六个人你就能够认识任何一个陌生人”。

(1)SNS 的结构特点。

SNS 是一个以个体为中心的网络服务形式，个人用户是 SNS 的基本单元，基于此，SNS 遵循的是一种“个人展示”+“多重关联”的传播模式，“展示”是以个人为中心的。个体是 SNS 的基本细胞，“关联”是社会网络形成的基础。

(2)SNS 的传播特点。

①虚拟互动转向现实互动。网络自我不再是人们逃避现实的方式，而是现实自我的一种延伸。

②社会网络在公共传播中的作用。对比以往论坛的小范围封闭互动，SNS 实现了更大范围的连接与扩张，社会网络成为信息传播的渠道之一。

③个人节点地位的确立。个人在网络传播中完全成为一个传播节点，在传播结构上尽量实现平衡的双向信息流动。

④表达与互动的维度扩展。不再局限于文字交流，图片、视频等形式丰富，还包含了送礼物、点赞、游戏、调查等互动形式，这有助于提高用户的参与度。

7. 微博的结构特点与传播特点是什么?

答: 微博是一种基于用户关系进行信息分享、传播以及获取的社交媒体、网络平台，用户通过关注机制可以分享简短实时的信息。微博允许 PC、手机等多种移动终端接入，借助文字、图片、视频等多媒体手段，实现信息的即时分享、传播互动。在微博中，越具有公共价值的内容越容易被广泛传播。正因如此，在一定程度上它是一种社交化的大众传播平台。

(1)微博的结构特点。

微博传播是以博主个人为中心，以内容为纽带连接其他受众的结构。

(2)微博的传播特点。

①去中心化优势。由于每一位自媒体都是信息的生产者、传播者和接收者，使用的传播方式还是以网络为基础的微博等社交软件，所以信息传播成本较低、传播速度较快，打破了专业媒体掌控媒体信息传播内容、方向的限制，人们可以多角度、全方位观察社会动态。

②传播主体多样化。每个人都可以申请微博账号成为自媒体，准入门槛相对传统媒体较低，每个人都可以从微博上获得资讯，所有人都可以成为自媒体信息的传播者。

③平民化。以微博为代表的自媒体改变了传统媒体的单向传播方式，加强了传播者与

接收者的交流互动，自媒体的成立不需要政府部门进行审批，只需要自行申请注册账号便可，切实体现出自媒体的平民化发展特点和准入门槛低的特点。

④内容简洁。当今时代受信息技术发展影响，成为信息爆炸的时代。以微博为代表的自媒体在传播信息时就体现出内容简洁明了的优势，极大程度上节省了信息接收者、阅览者的时间成本，有利于加快信息的传播速度和被接受程度。

8. 试分析一个有代表性的微博账号。

答：微博作为一种社会化的自媒体，不仅超越了以往自媒体的发展速度，成为人们接收信息的重要渠道。同时，微博的发展也使媒体格局发生了翻天覆地的变化，传统媒体纷纷进军微博，其中，《人民日报》官方微博最具代表性。

(1)《人民日报》官方微博概况。

2012 年 7 月 23 日，《人民日报》官方发出第一条微博，标志着《人民日报》官方微博正式上线。中央级党报《人民日报》正式开通了其官方微博，影响力迅速攀升，粉丝量很快就突破了千万，一举成为最具影响力的媒体微博，同时还带动了其他党报官方微博的发展，其传播策略对其他党报官方微博的发展而言存在一定的借鉴意义。

(2)《人民日报》官方微博在表现形式上的创新。

使用链接、图片、视频、长微博等多媒体元素，打造信息丰富且适合网络传播的微博作品。《人民日报》官方微博图文并茂、视听共享的联动形式极大提高了内容的传播效果和影响力。为了顺应互联网时代用户信息获取习惯，适应不同的媒介氛围和平台差异，《人民日报》官方微博在日常内容的播发方面基本上已经摒弃了纯文字的表现形式，更注重摄影、漫画与评论的配发，图文结合率高，尤其注重内容层次的呈现，不仅限于简单的形式创新，更不是一条消息与一幅画面的物理相加。

(3)《人民日报》官方微博的内容特征。

①体裁，注重文约事丰。

《人民日报》官方微博对每日新闻事件的选择和编排，更注重在叙事策略上追求精耕细作的“价值阅读”。不再恪守过去动辄上千字的写作习惯和宣传范十足的传统传播语汇，转而开始做减法，提取精髓，提炼关键语句，交代核心信息，内容经过“萃取”后更显精当。

②词汇，注重行文易读。

进驻微博平台，置身草根话语场，《人民日报》官方微博对自身的话语风格进行了革新。有网友看了《人民日报》官方微博之后惊呼“这还是《人民日报》吗”，这都是由于《人民日报》官方微博开始走下神坛，运用清新鲜活又富于现代感的表达方式，开始以一个说闲话家常的朋友的姿态进行传播。

“关键时刻看党报”，《人民日报》素来注重“党的喉舌”“严肃大报”的形象建构，读者也早就习惯了官方话语体系里严肃沉闷，甚至陈旧呆板的语言表述。如今，敬畏之心不变，不骄矜、不浮夸依旧，改的就是“风格特征”，破的就是“刻板印象”。

③句法，注重情感表达。

辨析社会变迁，审视时代步伐，引导理性思考，一直是作为我国主流舆论首席代表与中坚力量的《人民日报》的使命和责任。《人民日报》官方微博不粉饰行为，更拒绝冷淡回应，往往热切地表达褒贬扬抑和喜怒爱憎，这种有情感、有温度、有诚意的话语方式堪称

“直面现实的时代强音”，获得民众一致称赞。

9. 微信中三个不同层级的传播是什么关系？

答：微信中三个不同层级的传播是指人际传播、群体传播、大众传播。

（1）语音“文字化”打破人际传播障碍。

对于人际传播而言，倾向于口语交流是人类的天性，微信上线之初，便主打“语音消息”和“照片传输”，努力提升软件体验的新鲜感。在微信中，发送语音就如同发送文字一样便捷，且每条语音都可以被长久保存，微信在一定意义上打破了语音信息与文字信息传播的壁垒，语音也被“文字化”了。

（2）朋友圈的强关系传播增强群体传播效果。

微信朋友圈在更大程度上将现实中的社交关系通过网络进行虚拟重现。不同于微博，微信上的社交关系多为熟人关系，朋友圈基于群体传播的信息交流，更具认同感和亲密感。

（3）公众平台实现信息定制化的大众传播。

微信的公众账号开启了一种新的网络大众传播模式，公众号可以推送消息，用户可以通过关注公众号来接收消息，这种一对多的大众传播方式实际上给用户带来了极大的选择权利，用户能按照自身需求进行“私人定制”。同时，微信公众号的传播效果并不只取决于它本身。微信实现了公众号、朋友圈、微信群这三种信息圈的无障碍关联，因此朋友圈、微信群能在一定程度上对公众号的信息进行扩散与放大。

10. 试分析一个有代表性的微信公众号。

答：以微信公众号“罗辑思维”为例。

2012 年底，“罗辑思维”微信公众号正式运营。该公众号专注于“为深处互联网时代的我们提供一种全新的思维”，每天推送一段罗振宇的 60 秒语音，一篇以新角度看世界的文章。罗振宇秉承“死磕自己来愉悦大家”的理念，将各类有趣、有料的段子融入话题内，因此迅速走红网络。其走红的原因有：

（1）对目标受众的把握十分精准。

罗振宇非常注重对受众的维护。该公众号的目标受众为都市青年、白领群体等，有明确的目标受众定位是其走红的一个重要原因。

（2）坚持推送特色、原创的内容。

“罗辑思维”会每日推送罗振宇的书评音频，罗振宇的脱口秀更成为粉丝们追逐的内容。不管采用什么方式，平台推送给目标受众的一定是他们最关心的、独特的内容。在此基础上成立一个忠实于原创的编辑团队，尽可能地提供贴近受众需求的内容也是“罗辑思维”成功的重要原因。

（3）恰到好处地运用音频素材。

“罗辑思维”每日一条的音频推送，成为了很多粉丝每日早起的必读课。许多运营者一味地推送图文，却忽略了音频工具。如果能适时地推送一些个性化的音频素材，如粉丝留言、现场录音、编辑感言等等，或许会产生不一样的效果。

（4）和粉丝的有效互动。

“罗辑思维”会组织多样化的线下活动，罗振宇在线下的分享也得到了不少粉丝的追捧，各种沙龙、论坛成为宣传罗氏理论的最佳机会，这在很大程度上给公众号带来了大量粉丝。

11. 网络直播为什么会吸引你?

答：网络直播是指植根于互联网平台的一种直播类型，它是直播技术在网络时代的扩展与延伸。近年来，伴随直播技术的快速发展，网络直播已经克服了许多直播条件的限制，网络新闻直播、社交互动性直播等大大丰富了直播形式，吸引了一大批受众和主播参与其中。网络直播的吸引力具体表现在以下几个方面：

(1)大众需求，大众的八卦需求、空闲时间增加和互动性。

大众的八卦围观心理，即时互动需求极大。直播现场营造出的某些氛围可以对大众产生足够刺激。随着科学技术的发展，社会生产效率的提高，大众的空余时间逐渐增加。在空余时间，大众用直播来消遣时间。网络直播的真人秀将“主播”的另一方面全方位地展示给大众，满足了大众的好奇心和偷窥欲望。

(2)社会氛围，快餐文化、娱乐和多元消费。

现代性语境下的娱乐的火热、内容多元化、快餐式消费、去中心化、人格化特质凸显。目前直播行业发展最好的是游戏直播，但购物、娱乐、综艺、美食等很多其他直播也在迅速崛起，网络直播内容的多元化各自吸引着兴趣爱好不同的人群。

(3)商业驱动，直播的商业价值。

随着智能手机和移动互联网的普及，视频直播的商业价值会越来越突出。内容IP的商业价值开始凸显；其中最重要的商业价值就是流量的变现，即把直播的流量引入购物、游戏等的推广中。巨大的商机催生了秀场、演艺、电竞、教育、明星等各类直播形态，也让网络直播俨然成了当下最火的虚拟产业。

(4)表现欲望高，表演欲和炫耀的心理。

一些人没有上大舞台的机会，他们可以在直播中唱歌、跳舞、弹琴、讲故事等。直播平台给他们提供了一个展示自己的舞台，屏幕外围观的观众可以让这些主播满足自己的表演欲望。

【真题链接】结合某个传播理论谈谈对网络直播的看法。[同济大学2022年研]

3.4 考研真题与典型题详解

一、概念题

1. ISP

答：ISP一般指网络服务提供者(Internet Service Provider)，是指通过信息网络向公众提供信息或者为获取网络信息等目的提供服务的机构，包括网络上的一切提供设施、信息和中介、接入等技术服务的个人用户、网络服务商以及非营利组织。网络服务提供者是国家网络安全协同治理的中坚力量，它在国家互联网系统的正常运转、网络数据的收集与利用、网络内容的提供与转播中发挥着核心的社会功能，对于网络安全风险的防御与控制起着不可替代的作用。

2. IAP

答： IAP是指为个人和其他互联网服务公司提供互联网访问权限的公司，又称互联网接入供应者。较大的互联网接入供应者拥有自己的高速租用线路，因此它们对电信提供商的依赖程度较低，可以为客户提供更好的服务。较为著名的互联网接入供应者包括AT&T WorldNet、IBM全球网络、MCI、Netcom、UUNet和PSINet。互联网接入供应者还包括区域提供商，例如新英格兰的NEARNet和旧金山区的BARNet，还有数以千计的本地供应商。大型的互联网接入供应者大多会通过互联网服务提供商切换中心，加强彼此之间的联系；并通过签署包裹协议之类的合作意向书，交换网络上传输的数据。

3. 网络论坛

答： 网络论坛又称BBS论坛或电子论坛，是指在信息时代基于网络BBS功能建立起来的网络讨论系统和多元言论空间。BBS论坛成为大众发表言论、进行思想沟通的工具，因而被称为“网上社区的灵魂”。网络论坛不仅是受众互相交流和探讨话题的公共平台，也是网络舆论形成的最主要场所。网络论坛中的舆论是社会舆论的重要组成部分。它不仅涉及内容范围广，数量多，而且参与探讨的人数多，反馈信息不一，对社会的发展有着极其重要的影响。

4. 即时通信

答： 即时通信是伴随网络技术的发展而产生的一种新型交流互动表达形式。在当今的网络信息时代，即时通信集人际传播、组织传播、群体传播、大众传播等多种传播形态于一体，成为一种新型的网络交流互动的表达形式。即时移动通信是网络技术与移动终端革新的衍生物。其内爆式发展体现了新传播革命的结构性变迁及功能性转向，重构了以“融合”为特征的社交、信息平台，弥合了虚拟空间与现实世界相区隔的传播交往关系，整合了大众媒体与自媒体分化的信息传播结构。

5. 虚拟社区［贵州大学2022年研］

答： 虚拟社区即由网民在网络空间进行交往而形成的具有某种身份认同和互动功能的共同体，强调成员间的同质性及身份认同，往往不具有地理和面对面交往的特征，如微信群等。虚拟社区有以下特点：①以计算机、手机等高科技通信技术为媒介；②由具有共同兴趣和需要的人们组成；③成员身份相对固定，相互之间能感受到其他成员的存在；④互动具有群聚性。虚拟社区不等于虚假社区，在一定意义上虚拟社区也具有社会实在性，虚拟社区与现实社区交叉，其中有很多场景是对社区和社会的反映和重现，丰富现实生活。人在虚拟社区的互动具有虚拟性和现实性双重特征，虚拟社区的交往有某种程度的趋真性；但虚拟社区的成员身份和活动具有虚拟性，成员是自由、开放、较少约束的，匿名性和弱责任性或带来虚假的东西，产生复杂的社会影响。

6. 公共传播

答： 公共传播是多元主体基于公共性展开的沟通过程、活动与现象，旨在促进社会认同与公共之善。公共传播的确隐藏着在微观上解释传播变局，并以传播和公共性视角在宏观上透析现代社会发展的概念潜质。这种潜质包括两个方面：①在工具或功能层面，它可以解释多元主体相遇、多元话语协商之下的传播生态，甚或解决部分实践问题；②在价值或规范层面，它强调以公共性超越现代社会普遍性和差异性之间的悖论，克服二者各自的局限，缓解彼此之间的冲突。

7. 六度分隔

答：六度分隔(Six Degrees of Separation)是指一个人和任何一个陌生人之间的间隔人数不会超过六个，即最多通过六个中间人我们就能够认识世界上任何一个陌生人，该理论最早由哈佛大学心理学教授 Stanley Milgram 提出。六度分隔理论说明人和人之间的距离并没有想象中的遥远，两件不相关的事情可以通过几个关键词联系起来。虽然人们可以经过六度分隔获得连接，但是这并不意味着无论任何人之间的距离有多远，都可以对彼此有影响。六度分隔理论在现今社会中，并非真的用于找人，而是在搜索算法或社交网络中被大量运用。维基百科在每个词条下都会有根据词条特性的分类，用户可以通过细致的分类迅速找到下一个感兴趣的词条。即使是毫不相关的两个词条，在正确的搜索方向下，最短路径基本在 5 步以内。

8. 去中心化[湖南师大 2020 年研]

答：去中心化是互联网发展过程中形成的社会关系形态和内容产生形态，内容不再是由专业网站或特定人群所产生，而是权级平等的全体网民共同参与、共同创造的结果。任何人都可以在网络上表达自己的观点或创造原创的内容，共同生产信息。去中心化是由于马太效应导致头部聚集所采取的一个普世的措施，目的在于让资源不要过度地倾斜。平台会平等地给到所有内容试曝光的机会，所以源源不断地有新人可以打造出爆款，同样成为头部创作者。去中心化是平台策略，但运营策略依旧是中心化的，遵循着二八定律，毕竟人工精力是有限的，也只能更好地服务头部创作者。

9. 后博客时代

答：后博客时代是指沟通方式与传统博客、IM 区分开来，以推特、微博的崛起为标志呈现的新型传播形态。2007 年“Twitter”的出现引发了全球互联网即时内容的大爆发。与此同时，中文微博市场也迅速壮大。作为传统博客的一种衍生品，微博通过限制信息字数、即时抵达、用户自主收发的方式，实现了一种自主、互动、简洁、快速的信息传播方式。“微博”作为后博客时代的新兴传播工具，具有跨时代的意义，能够满足用户的个性化、开放性、时效性、操作性、交互性、社会性的需求。

10. 马斯洛需求层次理论

答：马斯洛需求层次理论是指由马斯洛提出的关于人类需求从低级向高级演进的理论解释。该理论强调人的动机是由人的需求决定的。而且人在每一个时期，都会有一种需求占主导地位，而其他需求处于从属地位。人的需求分成生理需求、安全需求、归属与爱、尊重需求和自我实现五个层次。需求是由低到高逐级形成并得到满足的。需求的产生由低级向高级的发展是波浪式地推进的，在低一级需求没有完全满足时，高一级需求就产生了，而当低一级需求的高峰过去了但没有完全消失时，高一级需求就逐步增强，直到占绝对优势。低层次的需求基本得到满足以后，它的激励作用就会降低，其优势地位将不再保持下去，高层次的需求会取代它成为推动行为的主要原因。有的需求一经满足，便不能成为激发人们行为的起因，于是被其他需求取而代之。

11. 微博

答：微博(Microblog)是一种非正式的迷你型博客，是一个基于用户关系的信息分享、传播以及获取的交互式平台。微博的概念最早出现于2006年，2010年被称为中国的微博元年。在微博上，用户通过网页、手机、即时通讯软件等方式发送图片和文字信息，不受任何时间地点的限制。其传播特点有：①短小精悍，信息量密集，更契合人们快节奏的生活；②实现跨平台数据交换，使用户摆脱了工具的限制；③准入门槛较博客更低，实现了话语权的平民化。

12. 微信

答：微信(We Chat)是腾讯公司在2011年推出的一款以社交功能为主的应用程序，主要支持操作系统平台发送语音短信和视频图片，还提供微信支付、朋友圈、公众平台等功能。微信不仅发布信息便捷、受众用户广泛、信息地位平等，而且可即时互动、成本低廉，因而受到大众的欢迎，使用度非常高。但是，微信在使用中也存在若干弊端，如交流的虚拟性、信息传播的误导性、信息泄露的不安全性以及过度使用导致上瘾等。

13. 用户黏性

答：用户黏性是指用户对于品牌或产品的忠诚、信任与良性体验等结合起来形成的依赖程度和再消费期望程度。用户黏性体现了网站吸引与保留访问者的能力。用户黏性可以从以下指标中看出：①用户每天平均使用时长；②用户平均使用时间间隔；③用户日均使用次数；④用户使用时长；⑤日活、周活、月活等等。在新媒体时代，同类型的产品和平台不胜枚举，如果一个平台有良好的用户黏性，就意味着它有可靠的用户群，用户代表着流量，而流量能带来曝光率和变现率，从而让平台在知名度和美誉度上都得到提升，最终赚取收益，形成品牌。

14. 订阅号

答：订阅号又称微信公众号，是公众号主持方与订阅者之间进行互动、沟通与对话的平台，同时也成为用户在移动端的一个重要信息接入口。微信公众号基于群发推送、自动回复、一对一交流等功能设定，其传播形式主要为信息推送和用户互动。在实际的运营中，不同公众号的运营机制是不同的，比如消息推送的时间与频率便存在差异。具体到每个公众号，为了防止微信公众平台信息泛滥，一般的微信公众号每天只能推送一条信息。

15. 媒介事件[厦大2022、2015年研；人大2020年研；南京大学2020年研；河南大学2020年研；浙工大2019年研；复旦大学2018年研；中传2017年研；中山大学2017年研；南京师大2017年研；兰州大学2016年研]

答：媒介事件是指经过某“组织”(政府、政党团体、企业、社团等)有计划、有目的地策划并执行，以大众媒体为媒介和渠道，向受众进行有目的的传播的事件及其过程。媒介事件这个概念包含两种理解：丹尼尔·布尔斯廷提出的“假事件”，即经过设计而刻意制造出来的新闻，经过人为策划、适合传媒报道的事件；丹尼尔·戴扬和伊莱休·卡茨在《媒介事件》中定义的“对电视的节日性收看，即关于那些令国人乃至世人屏息驻足的电视直播的历史事件”。媒介事件具有三个特点：①突破空间界限，使观众直接参与到事件的进程当中；②打破时间的限制，让受众以改变日常的生活规律为代价，投入到“表演”的收看当中；③由于媒介经过了提前的策划和电视参与，媒介事件在转播之前就产生了相当的“知名度”。

16. SNS［东北财经2021年研；湖南师大2019年研；中传2015年研］

答：SNS是Social Networking Service的缩写，译为“社会网络服务”，它是基于“六度分隔”理论的一种应用，是一种通过网络与人交流与交友的服务。SNS网站向每个用户提供建立自己的朋友圈的服务，用户也可以通过自己的朋友去认识他们的朋友。每个用户都有自己的朋友，都可以利用SNS建立自己独特的朋友圈，这些朋友圈又相互交织，这样就会扩展成一个庞大的关系网络，网站也可以为他们提供以兴趣为基础的社群服务。由于SNS建立的是实名的、熟人的网络，因此其交流的信任度更高。美国的Facebook、中国的人人网和开心网等，都属于提供SNS服务的网站。

17. 网络直播［四川大学2021年研］

相关试题：网络直播新闻［湖南师大2022年研］

答：网络直播是在移动互联网的语境下，通过互联网媒体介质，将某人、某物、某事件当下发生的即时状况展示给终端用户，以满足用户各种需求的一种新的信息传播方式。这种传播方式吸取和延续了互联网的优势，利用互联网的直观、快速、表现形式好、内容丰富、交互性强、地域不受限制、受众分化等特点，加强活动现场的推广效果。目前，我国的网络直播平台主要涉及直播带货、游戏、视频平台等。在网络直播中，每一个手机都是制造网络新闻和产出网络舆论的平台，每一个网民都可能成为信息的来源和传播的中介。

18. 弹幕［南京大学2016年研；暨大2016年研］

答：弹幕原意指用大量或少量火炮提供密集炮击，如今多指在视频播放过程中，受众即时发表相关的评论、吐槽或感想，并同步展现在视频画面中的内容。大量吐槽评论从屏幕飘过，其效果看上去像是飞行射击游戏里的弹幕，因此而得名。弹幕源自日本弹幕视频分享网Niconico，国内引进弹幕的网站有AcFun和Bilibili等。弹幕的使用人群多为年轻人，用户特点是质疑权威、怀疑规则，发弹幕时自由坦率，想说什么就发什么。发送弹幕的群体愿意与人交流，渴望得到别人的关注。在他们发送的弹幕中，多数是理性的表述，但也不乏单纯的情绪宣泄和跟风嘲讽，从而形成独特的青年亚文化。目前弹幕成为各大视频网站为用户提供的互动工具，使得单向的视频观看过程转变为双向的互动过程，满足受众的表达欲望；当然受众也可以选择关闭弹幕，这满足了受众的个性化需求。弹幕的运用和普及反映出用户在传播过程中的主体地位，也是视频网站服务意识的体现。

二、简答题

简述维基百科在网络传播中的作用。［北邮2019年研］

答：维基百科是一个巨大的、协作的、免费的、开放的在线百科全书。这个大型百科在线系统是目前最大且增长速度最快的百科知识库，其广泛的相互参考网络、数目庞大的网络入口和层次的分类(以树为主体的图结构)能提供大量有明确定义的语义知识，是一个基于维基技术的多语言百科全书协作计划。这种基于互联网 Wiki 技术的知识传播实现了对权威的去中心化，加强了知识传播的主体意识。另外，维基百科秉承客观中立的原则，每一个参与协作的用户都以求实的原则来编辑词条，从而在维基页面中可以看到多元化的观点。

维基百科在网络传播中的作用及影响主要包括：

(1)使传播手段更加便捷。

维基百科创新了传统的传播模式，它以简洁的页面罗列词条内容，来自全球的浏览者只要连接网络便可获取维基百科上的知识，且随着移动互联网的发展，维基百科推出了移动客户端，用户可以随时随地查询、获取维基百科上的知识。总之，维基百科借助多样化的传播方式，凭借自身优良的质量，通过便捷的传播手段，使得网络百科知识实现迅速传播，并取得了良好的传播效果。

(2)使传播主体具有平民化趋势。

过去的知识传播内容主要由知识精英进行筛选，受众不过是被动的接受者。而维基百科的用户协作式特性使这一现状有所改观，受众不但可以自主选择自己想要传播的内容，甚至能传播自己的原创内容。这种传播主体的平民化一方面体现在传播主体的社会阶层方面，知识传播的权限不再取决于用户的年龄、学历或职务等社会属性，而取决于用户的主观能动性。另一方面，用户可以对词条加以修订，进而实现了知识传播中的自我纠错。如此一来，用户的参与无形中强化了他们对维基百科的使用黏度，也为维基百科增添了更多平民化色彩。

(3)使传播过程呈现出跨越时空的特点。

维基百科的传播过程，不受封闭的时间段和有限的个体所限制，其传播过程呈现出跨越时空的特点。类似媒介与现代社会的关系，著名学者吉登斯提出了“脱域机制”的概念，他认为“脱域机制的发展，使社会行动得以从地域化情境中提取出来，并跨越广阔的时间、空间距离去重新组织社会关系”。维基百科的传播过程正体现了这一特点。首先，它允许来自不同国家的志愿者共同编辑词条，并且受众在浏览过程中也可以对词条进行修订，这就打破了地域的限制。其次，用户还可以通过互助客栈进行交流。另外，参与者也会举办线下的聚会活动。总之，维基百科不仅能摆脱物理场域的限制，促进知识更加高效便捷地生产和传播，同时也通过虚拟社区的协作对用户之间的关系进行了重组。

三、论述题

1．互联网时代，信息以几何式爆炸的方式不断增长，人们的注意力被拆分得支离破碎，尤其是对于形式单一的文字，集中度日益下降。当社会突发事件产生时，在场群众利用短视频的方式还原现场真实情况，方便快捷。请结合自己的体会，谈谈对这一现象的看法。[浙工大 2018 年研]

答：在移动互联网时代，短视频凭借“短平快”等传播优势，成为新的信息传播方式，不仅开创了草根创作、广泛参与、多元互动的网络传播新局面，也成为多元文化、多元价值理念传播的新载体。为此，可顺应网络传播“碎片化”的发展趋势，充分运用网络短视频传播主流价值观。短视频社交应用重新定义了视频传播与影视表达的“语言规则”，将视频的单位从分钟变为秒，开启了视频的“读秒时代”。移动短视频使用门槛低，轻量化的上传与接收、立体畅通的分享渠道以及个性创意的内容表达，将过去以文字、图片为主的网络社交转向以视频为主，更加满足了当下人们的阅读习惯和社交需求。移动短视频因其传播特征在移动互联网时代下的新闻传播、新闻事件报道中发挥着巨大的优势，也有着较好的发展前景。

(1)移动短视频的传播特征。

①信息生产和上传更加自由。

传统视频生产与上传所需技术成本、硬件成本、制作成本较高，不利于传播和分享。短视频则大大降低了使用门槛，只要在智能手机中下载安装相关应用，即可进行拍摄与制作，拍摄后可快速分享至社交媒体。时长限制使得短视频制作具备即时化特征，实现随时随地，随手拍、随手传，真正做到了随手记录生活和身边事，最大程度接近直播的现场播报。

②信息内容更具个性和创意。

手机摄像头像素的不断提高，短视频软件提供的各种滤镜效果以及添加个性化配乐及水印等功能，都可以使用户自由表达个人想法与创意，彰显用户个性；通过社交短视频软件，用户还可以实现拍摄与编辑一步到位，制作方式的便捷性促使视频信息内容更加丰富。

③信息传播更加便捷立体。

以微视为例，其短视频内容不仅可以通过微博传播，还可以分享至微信朋友圈、QQ空间，强大的信息传播渠道使得微视不仅具备微博的裂变式传播，同时也可进行熟人圈层式传播，更可以直接在软件中分享自己制作的视频和观看、评论他人视频。多方位的传播渠道和方式，使得短视频的信息内容呈现病毒式的扩散传播，信息传播力度强、范围广、交互性强。

④满足轻量化、快餐化信息消费。

短视频内容精简、重点突出、形式活泼，具备以秒计数的个位化特征，用户黏性更强，激励消费者利用碎片时间，更直观、更快捷地获取信息，这种介于即时视频和长视频之间的短视频便成为网民的最佳选择。轻量化的视频传播促使用户抓取和发布有创意、有吸引力的信息，主动删减无用和干扰信息，增加信息传播强度。

⑤信息接受度更高。

当前快节奏的生活和高压力的工作使得多数人在日常信息获取时习惯选择自由截取，追求“短平快”的消费方式。短视频以人脑形成印迹的最经济时间刻度作为起点，能使用户在轻松的心情中摄取信息，短视频信息开门见山、观点鲜明、内容集中，指向定位强，易被受众观看、理解和接受，信息送达和接受度更高。

(2)突发事件报道中短视频的优势。

①信息量大，更具现场感。

相比于静态的图片、文字，视频内容所包含的信息量更为丰富，可以将文字、图片无法直接描述的内容作出连续全景式的展现，信息传播更为直观，让突发新闻报道更具现场感。

②现场真实，粉碎虚假谣言。

突发事件面前，消息源太多，难以第一时间证实文字、图片信息的真伪。而短视频能全景反映新闻现场，同时对于突发新闻事件而言，一条及时的短视频也能够粉碎众多别有用心的网络谣言。

③操作简单，云端审核发布。

与传统电视新闻不同，现场短视频资讯的采编发只需要一部手机就能完成，全媒体记者乃至普通用户可以现场采集新闻一手视频素材，并快速在手机上进行编辑制作，直接上传同步至云端进行审核发布。

④碎片浏览，与直播互为补充。

在突发新闻现场网络无法保证的情况下，现场短视频制作可以代替移动直播快速有效地采集、整理现场视频素材，并进行短视频资讯的发布，第一时间满足受众信息获取的需求。在移动直播后，也可以及时对直播录像中的核心信息进行现场编辑制作，形成短视频资讯及时分发，与移动直播长时间、连续性的信息形成补充。

(3)移动短视频的发展前景。

①作为低成本、方便快捷的新闻传播方式，优势凸显。

a. 短视频可使视频制作摆脱专业壁垒，新闻记者乃至普通用户可以及时摄取新闻一手视频素材并快速同步分享至社交平台，新闻媒体的社交平台可以拥有海量的短视频素材来源，一定程度降低了新闻机构本身的视频发布成本，也极大增加了用户体验的乐趣和自豪感，个体创造力也随之得到更大激发。

b. 短视频应用自带的视频编辑功能，可以使多个短视频按不同的构思组接完成长期的系列报道，特别适用于体现长期而又有着细微变化的新闻报道。

②和传统媒体相依相存，互为补充。

由于短视频受时长所限，内容较传统长视频及报纸版面有着先天的不足，短视频社交应用的发展带给电视、报纸等传统媒体一种有益的补充，可以实现联动，增强现场感。短视频内容可作为传统媒体的新闻素材，未来更多的网友会因此成为活跃在最前线的“编外记者”，短视频也会越来越多出现在电视节目中。短视频社交应用可以突破新闻机构以往在社交媒体平台上主要以文字和图片作为信息载体的方式，成为一种更具动态感、更能捕捉冲突瞬间、更利于呈现事实真相的载体。

2. 现在诸多新闻传播领域的公众号的出现对于高校传媒教育的影响和冲击。［北外2019年研］

答：微信公众平台是依附于手机终端、拥有手机传播及时性等优势的网络互动平台。借助微信公众号平台发布个人信息，使用者能够以文字、语言、图片、视频等多种形式，对内容进行全新的整合，进而凸显自身的丰富性与多样性，实现自动高效的传播。

(1)新闻传播类公众号对高校传媒教育的影响。

新闻传播类公众号可以使高校学生在生活中打开客户端便可掌握实时新闻，得到一手信息，这也是新闻传播类公众号的应用价值所在。

①即时跟踪社会热点题材。

微信公众号具有即时性，它不受时间和空间的限制，随时随地都可以发布新闻。新闻工作者只要使用智能手机，并接入无线网络，就可以在微信公众平台上向用户推送文本、视频、语音等形式的新闻，从而改变传统的传播方式，实现新闻的实时传播。这不仅可以提升新闻传播的有效性和精确度，在一定程度上还可以形成具有特色化风格的订阅号，凸显新闻内容优势。对于高校传媒教育来说，这有利于帮助学生在日常生活中时刻接触到新近发生的新闻事件。

②注重交互式传播新闻。

在复杂多变的媒介环境下，微信公众号可以通过多主题、多层次、多角度的语言转变，展现新闻传播的价值点，还可以吸引学生参与其中。公众号后台中有留言区、意见区，同时还有抽奖、赠送演出票、话费等活动设置。这样不仅可以达到集思广益的目的，还可以实现优质用户的良好体验。在新闻内容生成时，结合年轻人的流行用语来编辑新闻，更符合年轻人的爱好，贴近年轻人的生活。

③学习丰富的新闻呈现形式。

课堂内外相结合，是学习新闻呈现形式的最佳途径。新闻与传播类微信公众号以音频、视频、图文并茂等形式，即时推送动态性新闻，在一定程度上提升了新闻传播的深度，保证了新闻信息的及时性与强化性，也让高校学生了解到丰富多彩的新闻形式。

(2)新闻传播类微信公众号对高校传媒教育的冲击。

新闻传播类微信公众号有相当广阔的应用前景，对于高校传媒教育具有一定的推动作用，但也产生了一定的冲击。

①碎片化内容影响系统化学习。

人们对于微信公众号推送内容的关注和阅读多以浅阅读为主，利用“碎片化”时间进行阅读，仅仅能关注到事件本身，一眼扫过，并不会有过多的停留思考。微信公众号报道和传播的深度也无法和高校的传媒教育相提并论，反而呈现出愈加严重的娱乐化倾向，内容缺乏深度，难以启发思考。

②新闻严谨性降低。

微信公众号的开放性使得人人都可有自己的发言平台，一些新闻编辑工作者为了博人眼球，出现了“标题党”“图片党”等现象，混淆受众的视线，信息同质化严重，新闻信息缺乏严谨性、公正性，从而导致用户逐渐失去独立思考能力，由此对高校传媒教育产生一定的负面影响。

③干预舆论走向。

新闻传播类公众号的信息推送功能，一定程度上会影响受众对某些事件的意见和态度。由于新闻公众号运营者存在自己对新闻事件的看法和立场，还有一些传播者为谋取私利，用一些扭曲事实的话语来误导受众，这都会影响舆论的发展方向，从而对社会产生不利影响。

3. 简述新闻众筹的含义及现状。

答：(1)新闻众筹的含义。

新闻众筹是指记者通过公开报道计划，面向全社会募集新闻报道项目启动资金，然后落实报道计划、写就新闻，其实质是众人集合起来花钱买未来的新闻产品。新闻众筹有三个特征：面向数量众多、面目不清的群体募集资金；提出详尽的新闻报道计划以及回报层级；众人通过资金捐助的形式支持项目完成并获得相应的回报。在国内，“众筹网”是第一家试水新闻众筹的网站。

(2)新闻众筹的现状。

在2008年，欧美传统媒体行业面临新媒体不断崛起的局面，众筹新闻网站因此在美国孕育而生。2013年，中国传统媒体行业遭遇到相同的景象，众筹新闻开始在中国悄然萌芽，为新媒体的发展抹上了一笔独特的色彩。国内新闻众筹还处于比较初级的阶段，不仅需要大力创新，更需要多学习国外众筹网站的先进做法。但不论是国内还是国外，新闻众筹的发展现状都存在一些明显的问题，主要包括以下几个方面：

①缺乏有效的政策扶持和规则引导。无论是在国内还是在国外，众筹新闻都算是新兴事物，其诞生至今时间不长，仍处于尝试阶段，而其中大多都是为某些小众或非主流新闻题材服务，故而无论是国内还是国外，相关政府给予的政策扶持都相当有限，相关的引导机制并未有效形成，这导致众筹新闻没能得到快速有效的发展。

②缺乏可支持发展的商业模式。商业模式对众筹新闻平台的发展非常重要。在国内外，仍能存活的众筹新闻大多都为佣金抽取模式，捐赠模式并不能长久维系平台的生存，更无法带来众筹新闻平台的大发展。如何找到有效的商业模式，才是众筹新闻获得发展空间的关键。

③新闻众筹的理念有待推广。虽然众筹模式在社会经济活动中越来越被重视，但是其影响还比较有限，而新闻众筹的影响则更加有限。在国内，公众对众筹新闻的了解还非常少，对众筹新闻的讨论往往局限于新闻行业内。在国内，成功运行并造成一定影响的众筹新闻计划，几乎都来自于一些个人意见领袖。然而一个新兴新闻模式的发展并不是靠少量的意见领袖就能实现的。要真正发展好这种基于公众筹资之上的新闻模式，就需要让更多的公众了解众筹新闻和它的理念。

4．自媒体对传媒业的影响？［清华大学2019年研］

答：(1)自媒体的定义。

自媒体是指一个普通市民或机构组织能够在任何时间、任何地点，以任何方式访问网络，通过现代数字科技与全球知识体系相联，提供并分享他们的真实看法、自身新闻的一种途径和即时传播方式。自媒体包括但不限于个人微博、个人日志、个人主页等，其中最有代表性的平台是美国的Facebook和Twitter，中国的微博和微信公众平台等。

自媒体有别于由专业媒体机构主导的信息传播，是由普通大众主导的信息传播活动，由传统的“点到面”的传播，转化为“点到点”的一种对等的传播概念。同时，它也是指为个体提供信息生产、积累、共享、传播内容兼具私密性和公开性的信息传播方式。其传播主体的多样化、平民化和普遍化使其对传统媒体产生了强大的威慑力。自媒体具有平民化、个性化、门槛低、运作简单、交互性强、传播迅速等特点，但它也有良莠不齐、可信度低、相关法律不规范等缺点。

(2)自媒体发展对传媒业的影响。

①对传播者和受众的影响。自媒体环境下，受众既是信息传播者也是信息接收者。这也是传统新闻传播方式和自媒体新闻传播方式之间的最大区别。传统的新闻在开始传播之前要进行多层的审核才能通过电视或广播传播出去，但新媒体下的新闻传播方式打破了这种规律，削弱了传统媒体对新闻的垄断权。在增加新闻传播交互性的同时也提高了新闻传

播的广度和影响力。

②对传播内容和形式的影响。自媒体打破了传统新闻传播形式的约束，提高了新闻传播的实时性，使得那些不能立刻被采访的新闻，借助民众的力量而得到及时的记录。在传统的传播形式下，受众所接触的新闻都是经过挑选和加工的，具有一定的局限性，但自媒体时代，人人都是新闻传播者，新闻的内容也更符合受众的喜好，能引起更多的关注。自媒体时代的新闻传播在新颖度、时效性和影响力等方面都对传统传媒业产生了影响。另外，自媒体时代所有受众都能对新闻进行评论或者反馈，加深了新闻的深度和广度，也拉近了媒介和受众之间的关系。

③对传播新闻的价值观判断标准的影响。传统的新闻价值包括新闻的新鲜性、即时性、重要性、真实性、趣味性以及显著性等方面。但是在自媒体的环境下，人们更加注重的是新闻的新鲜性和趣味性，对其他因素稍有忽略。在传统新闻传播过程中，受众接触到的新闻可能是带有编辑者个人观点和价值观的，但阅读者的观点无处表达，这就可能导致受众个人想法和不同见解受抑制。相反，在自媒体时代受众可以自由地进行互动和表达自己的观点，这使得新闻的传播更加多样化和丰富化了。

④对社会舆论的影响。传统的新闻传播形式缺少很好的处理舆论的方法。对于一些重大的新闻，如果媒体没有进行报道，受众就无法得到信息来源，只能单方面被动地接受信息，不能发表意见。所以，在传统的传媒环境下，当媒体沉默时，受众就丧失了舆论监督的作用，间接损害了公民的知情权。自媒体环境下，新闻的传播涉及到每个公民，有利于民众实行舆论监督。

第四章　网络媒体与新闻传播

4.1　考情分析

本章介绍了网络时代新闻业的变化、中外网络媒体的变迁以及网络媒体发展的困境和专业把关。考生需掌握虚假新闻、后真相时代、信息茧房、把关人这几个名词的定义，了解网络时代新闻生产、传播主体、传播平台的新变化。

本章的几个重点名词是高频考点，需要着重把握。论述题部分可能考查新闻专业主义的相关内容，新闻界在网络时代出现的新变化，及这些变革给用户、传播者带来的影响。国内外网络媒体的发展历程挑选典型案例记忆即可。

4.2　复习笔记

【视频导学(名师点拨)】

网络媒体与新闻传播

扫码看视频导学

【知识框架(庖丁解牛)】

- 网络媒体与新闻传播
  - 网络时代新闻生态的变化
    - 主体扩展对网络新闻生态的影响
    - 分发平台扩展对网络新闻生态的影响
    - 相关管理政策对网络新闻生态的影响
    - 未来网络新闻生产系统的重构
  - 中国网络媒体的发展历程
    - 传统媒体网站的发展
    - 非传统媒体背景的新闻网站的发展
    - 各类自媒体的兴起
    - 移动媒体的发展
  - 国外网络媒体的发展模式
    - 传统媒体网站
    - 合作型新闻网站
    - 聚合型新闻网站
    - 原生网络媒体
    - 个人媒体
    - 新型网络媒体

网络媒体与新闻传播
- 网络新闻传播中的典型陷阱与困境
  - 网络媒体中导致虚假新闻的陷阱
  - 社会化媒体传播与个性化新闻带来的困境
- 网络新闻传播中的专业主义与把关人
  - 网络新闻传播中的专业性坚持
  - 网络新闻传播中的把关人

【考点难点归纳(厚积薄发)】

考点一：网络时代新闻生态的变化 ★★★

1. 主体扩展对网络新闻生态的影响(见表4-1)

表4-1 主体扩展对网络新闻生态的影响

<table>
<tr><th>要点</th><th colspan="2">具体内容</th></tr>
<tr><td>网络新闻生产与传播主体的扩展</td><td colspan="2">传统媒体时代，具有一定资质的专业媒体机构才能从事新闻传播。因此，专业媒体就是新闻传播的主体。但是网络时代，这种局面面临挑战，主要来自于：
①非媒体背景下的专业化新闻生产力量。
②专业化的或业余的“自媒体”。
③以自媒体平台作为传播渠道的各种机构、组织和企业。
④具备技术性的信息采集和整合功能的工具或平台</td></tr>
<tr><td rowspan="2">多元参与对专业媒体的影响</td><td>专业媒体报道受到多元参与、多种力量共生的网络传播的冲击</td><td>①多元力量的参与使专业媒体的触角得到了延伸，触及社会各个角落。
②多种主体生产的“碎片”或多或少补充了专业媒体信息。
③专业媒体的“把关人”地位受到“全民投票”信息筛选机制的挑战</td></tr>
<tr><td>各种力量只能对专业媒体起到补充作用而非完全取代专业媒体，并推动专业媒体的角色向两个方向发展</td><td>①作为一种标杆，成为网络传播中的参照坐标。
②成为全民传播的组织者和协调者</td></tr>
</table>

2. 分发平台扩展对网络新闻生态的影响(见表4-2)

表4-2 分发平台扩展对网络新闻生态的影响

要点	具体内容
网络新闻平台发展总趋势	由过去传统媒体独自享有的新闻分发平台向多元平台的方向发展
实现目标	包括：①集聚和维系规模化用户；②汇聚多元化内容生产者；③匹配内容生产与消费；④营造多重新闻体验环境；⑤提高内容与其他互联网服务的关联度
应用平台的影响	①多元化的平台给用户提供更多选择；也激发了内容生产的新可能。内容生产与消费匹配度提高。 ②降低了传统媒体在新闻分发平台中的话语权。 ③新闻分发平台与新闻内容的生产机构逐渐独立

3. 相关管理政策对网络新闻生态的影响(见表4－3)

表4－3　相关管理政策对网络新闻生态的影响

要点	具体内容
相关政策法规	①2000年颁布《互联网站从事登载新闻业务管理暂行规定》。 ②2005年颁布《互联网新闻信息服务管理规定》。 ③2014年颁布《即时通信工具公众信息服务发展管理暂行规定》[又称“微信十条”]。 ④2016年颁布《关于加强网络视听节目直播服务管理有关问题的通知》。 ⑤2016年颁布《互联网直播服务管理规定》。 ⑥2017年颁布《互联网新闻信息服务管理规定》。 ⑦2019年颁布《网络信息内容生态治理规定》。 ⑧2020年颁布《网络安全审查办法》
影响	①为除专业媒体外的其他主体参与网络新闻传播提供一定的空间。 ②在各方面加以限制，网络新闻传播“戴着镣铐跳舞”，其生态直接受到影响

4. 未来网络新闻生产系统的重构(见表4－4)

表4－4　未来网络新闻生产系统的重构

要点	具体内容
从人到机器： 生产者的扩展	人、机器乃至万物未来都能参与新闻生产，成为信息的采集者，完成信息的智能化加工
用户数据、物联网数据： 新闻资源的扩张	①用户数据是一种重要的信息，能反映社会情状。 ②用户场景、需求分析的主要依据是用户生产的数据，这些数据是个性化信息生产与服务的基础
从内部到“云端”： 新闻信息处理系统的转移	①专业媒体的生产者可以摆脱内部系统的资源限制，完成报道的时空限制更小。 ②拥有数据资源、算法优势的技术公司将逐步掌握新闻生产领域的话语权

考点二：中国网络媒体的发展历程　★★★★

1. 传统媒体网站的发展(见表4－5)

表4－5　传统媒体网站的发展

要点	具体内容
从传统媒体附属品 向独立网站发展	经历阶段：①传统媒体翻版阶段(1995～1999年)；②网络化阶段(1999～2000年)；③独立、综合发展阶段(2000年以后)
从单打独斗 转向联合发展	①联合发展模式是有中国特色的媒体网站发展模式，多家媒体的联合大多是行政干预的结果。 ②联合发展的网站通常存在以下问题：能否有效整合多家媒体的资源、如何协调多家媒体的利益、能否找到有效的网站运营方式等
媒体网站完成 多层级发展布局	①国家级重点新闻网站，如人民网、新华网等。 ②地方重点新闻网站，如千龙网、东方网等。 ③其他传统媒体网站或网络版

续表

要点	具体内容
新时代的扩张与转变	①在社会化媒体及移动时代，媒体转型的标配是“两微一端”[微博、微信、新闻客户端]，如今增加了抖音、快手等短视频平台。 ②《人民日报》、新华社、中央电视台等主流媒体成功转型，在社会化媒体上具备新的影响力

2. 非传统媒体背景的新闻网站的发展(见表4-6)

表4-6 非传统媒体背景的新闻网站的发展

要点	具体内容	
商业新闻网站成功的原因	外部环境视角	因传统媒体未充分满足中国受众的需求而为商业网站留下了发展空间
	内部视角	①商业网站在新闻的选择与编辑时，能更多考虑普通网民的需求。 ②商业网站敢于探索，不受传统媒体工作惯性的约束。 ③商业网站的面貌客观中立，更容易被受众接受
商业网站与传统网站的联系	商业门户网站集中、批发了传统媒体的资源。网民获得“一站购齐”式的新闻服务，对商业网站形成牢固的依赖习惯	

3. 各类自媒体的兴起(见表4-7)

表4-7 各类自媒体的兴起

要点	具体内容	
个人化自媒体	发展趋势	①从理想主义向现实主义转变。自媒体已经进入商业模式的探索阶段。 ②从个人主义到集体主义转变。粉丝参与内容生产
	挑战	①自媒体受政策、平台因素影响大，风险大[生存环境]。 ②自媒体的经营需要高度的自我规范与自我约束，失范的行为会瞬间瓦解品牌与口碑[运营规范]。 ③自媒体的专业能力决定生存力，立身之本是合理的定位、高水准的内容和高明的传播技巧[生存根基]
政府机构、企业及其他组织的“自媒体”	逐步通过各种网络平台发布信息，最主要的“自媒体”手段是网站、微博、微信公众号	

4. 移动媒体的发展(见表4-8)

表4-8 移动媒体的发展

要点	具体内容
问题	包括：①信息过载；②信息同质化
解决路径	①创新个性化模式和技术，提供个性化服务。 ②提高媒体的专业生产水平，刺激UGC[用户生产内容]的生产，促进UGC转向PGC[专业生产内容]的生产模式

续表

要点	具体内容
移动媒体分类	包括：①内容媒体；②关系媒体；③服务媒体
发展方向	包括：①“新闻+服务”；②“新闻+社交+服务”；③垂直化

考点三：国外网络媒体的发展模式(见表4－9)　★★

表4－9　国外网络媒体的发展模式

要点	具体内容
传统媒体网站	网络媒体的主力是传统媒体独立开办的网站。其中多数也在网络中形成强大的影响力
合作型新闻网站	互联网技术发展推动着新闻网站朝跨媒体、跨行业的合作迈进，代表的新闻网站是美国的微软全国广播公司(MSNBC)
聚合型新闻网站	雅虎是聚合型新闻网站的代表，从传统媒体获取新闻，与编辑手动推荐和搜索算法自动推荐互补。2002年谷歌推出资讯频道，利用计算机程序自动选择与排列新闻
原生网络媒体	一些没有传统媒体背景的新闻网站，逐渐显现出独特的价值，如《赫芬顿邮报》
个人媒体	美国乃至全球范围内个人网络媒体的代表者“德拉吉报道”。它的理念是“每个公民都可以成为记者”。个人媒体在网络新闻传播中扮演着越来越重要的角色
新型网络媒体	BuzzFeed是美国的一个社会化新闻聚合网站，核心是聚合、优化社会化媒体中的内容，为用户提供一种再加工式的精息服务

考点四：网络新闻传播中的典型陷阱与困境　★★

1. 网络媒体中导致虚假新闻的陷阱(见表4－10)

表4－10　网络媒体中导致虚假新闻的陷阱

要点	具体内容
来源陷阱	“人人都是媒体”的背景下，难辨信息来源，多层次传播，容易掩盖真实来源
时间陷阱	包括：①同时存在各种不同时间段的内容；②时间的压力容易催生不实新闻，尤其是突发事件；③网络实时、全时传播的特点与事实全貌及真相展现的时间之间存在矛盾
专业陷阱	缺乏专业领域知识，导致报道失实或其他问题
情绪、情感或认知框架陷阱	容易造成假新闻的情况：①情绪、情感干扰因素；②急于给新闻对象贴标签；③将事件置于某种认知框架下
炒作陷阱	出于炒作目的故意制造假新闻，写企业软文夸大自身

2. 社会化媒体传播与个性化新闻带来的困境(见表4－11)

表4－11　社会化媒体传播与个性化新闻带来的困境

要点	具体内容
后真相	《牛津词典》2016年选出的年度词语，反映一种典型状态，即“客观事实的陈述，往往不如诉诸感情和煽动信仰容易影响民意”

续表

要点	具体内容
信息茧房	人们只选择自己关注或符合自己需要的信息，结果可能是“作茧自缚”，失去对环境的完整判断，社会化媒体及个性化服务会增强该现象
回声室效应	信息或想法在一个封闭的小圈子里得到加强。传统媒体时代出现该现象，并因网络而加剧

考点五：网络新闻传播中的专业主义与把关人 ★★★★

1. 网络新闻传播中的专业性坚持(见表4－12)

表4－12　网络新闻传播中的专业性坚持

要点	具体内容	
新闻专业主义 传统媒体的 自我规范	定义	指大众传媒理念、价值观和操作方法的整个体系，“客观性”是核心概念
	要素	①传媒是社会的公器，新闻工作必须服务于公众利益； ②新闻从业者用实证科学的理性标准评判事实的真伪，服从于事实的最高权威； ③新闻从业者是信息流通的“把关人”；是社会的观察者、事实的报道者；接受专业社区的自律
网络新闻传播中 专业性的目标	①坚持新闻业基本原则； ②坚持和提升新闻专业能力； ③坚持新闻传播伦理	

2. 网络新闻传播中的把关人(见表4－13)

表4－13　网络新闻传播中的把关人

要点	具体内容	
传统媒体与 “把关人”	概念	社会上存在大量新闻素材，大众传媒的新闻报道是一个取舍选择的过程。在这个过程中，媒介组织形成了一道“关口”，通过这个“关口”传达到受众那里的新闻只是众多新闻素材中的少数
	影响把关 的因素	包括：①媒介工作者个人；②媒介日常工作惯例；③媒介组织方式；④媒介机构之外的组织；⑤意识形态
	影响	媒体的把关影响新闻传播的质量、社会的“议程”和公众的环境认知
网络新闻 传播中的 把关机制	①信息生产与发布环节的把关。 ②信息扩散环节的把关。 ③信息循环环节的把关	

【考点拓展】网络新闻传播中的典型陷阱与困境——后真相

“post-truth”(后真相)是《牛津英语词典》2016年的年度词汇。2016年牛津大学定义“后真相”的权威解释为：指在一些特定状况下，客观事实对公众意见的影响远小于感性诉求产生的影响。“后真相”时代凸显了互联网(社交媒体时代)真相传播的不确定性和谣言扩散带来的挑战，以及网络舆论引发的负面影响。

(1)“后真相”时代对传统媒体产生的影响。

如今，知识爆炸，信息繁杂让人目不暇接，自媒体为引导舆论去迎合大众心理，忽视了核对事实、追求新闻真实的重要性。“后真相”时代，传统媒体受到了较大冲击。具体表现有：

①虚假新闻的泛滥，挑战着媒体的公信力。

②部分受众忽视新闻的真实性，愈发追求情感的宣泄。

(2)传统媒体应对“后真相”时代的挑战。

“后真相”时代，事实先行与情感先行相互博弈，传统媒体应当始终坚守新闻真实，具体做法有：

①重塑新闻业的公信力。

a. 充分发挥自身优势，新闻报道及时、准确、客观，重塑传统媒体权威和话语权，提高公信力；

b. 忠于公众，一切新闻工作为公众服务；

c. 新闻工作者与报道对象相独立，具备独立的精神和思维方式，监督权力，为弱势者发言，不偏不倚地呈现事实，全面均衡地报道新闻。

d. 向公众传授新的知晓方法的获取经验，分享经历和知识，不断提升能力。

②培养公民的“新闻素养”，并成为公民素养之一，全民都要掌握必要的新闻知识。公众享有充分表达观点的自由，但是不能只凭借自己既有观念，拒绝接受和原有看法不同的事实。

③加大对网络舆论环境的监管。

a. 加强对传播媒介的监管。强化媒体责任，加强新闻信息质量审查。

b. 加强对网络舆论环境和受众的监管。

c. 政府部门及时发声，有所作为。“后真相”时代，需要各方共同努力构建一个健康的网络舆论环境。

4.3　课后习题详解

1. 如何认识网络新闻传播者构成的多元性及其影响？

答：在传统媒体时代，能够从事新闻传播的只有具有一定资质的专业媒体机构。因此，专业媒体是新闻传播的主体。但是在网络中，这种局面面临挑战。

(1)网络新闻传播者构成的多元性。

随着互联网技术的发展与普及，网络新闻传播主体实现了多样化发展。尽管传统媒体通过自己的数字化转型成为网络传播的主流力量之一，但网络新闻传播者呈多元化格局。

①非媒体背景下的专业化新闻生产力量。

②专业化的或业余的“自媒体”。

③以自媒体平台作为传播渠道的各种机构、组织和企业。

④具备技术性的信息采集和整合功能的工具或平台。

(2)网络新闻传播者构成多元性的影响。

①专业媒体报道受到多元参与、多种力量共生的网络传播的冲击，主要表现具体包括以下几点：

a. 多元力量的参与使专业媒体的触角得到了延伸，触及社会各个角落。

b. 多种主体生产的“碎片”或多或少补充了专业媒体信息。

c. 专业媒体的“把关人”地位受到“全民投票”信息筛选机制的挑战。

②各种力量只能对专业媒体起到补充作用而非完全取代专业媒体，并推动专业媒体的角色向两个方向发展：

a. 作为一种标杆，成为网络传播中的参照坐标。

b. 成为全民传播的组织者和协调者。

2. 如何认识网络新闻分发平台的多元性及其影响?

答:网络新闻分发平台是指在互联网新闻传播中从事内容整合与新闻发布的机构。网络媒体发展的显著影响之一是新闻生产与新闻发布二者分离，其中，网络新闻分发平台意义重大。

(1)网络新闻分发平台的多元性。

由过去传统媒体独自享有的新闻分发平台向多元平台发展，是网络新闻分发平台发展的总体趋势，并涌现出更多新的新闻分发平台，呈多元化的发展趋势。

(2)网络新闻分发平台多元性的影响。

①为用户提供了不同的内容选择空间。

用户对不同内容有不同需求。每个平台在文字、声音、视觉等不同手段中有所侧重，因此，网络新闻分发平台多元性发展势必为用户提供更多的内容选择空间。

②激发内容生产的新的可能。

网络新闻分发平台多元性发展将使得内容生产者生产的内容通过多途径到达用户，且能产生更好的匹配效果。

③降低了传统媒体在新闻分发平台中的话语权。

新媒体时代新闻传播生态的一个显著变化是新闻分发平台与新闻内容生产机构的逐渐独立。传统媒体要建设并维护自己的平台，强化自身优势，需要通过与平台提供者合作来转化内容价值。

3. 结合实例分析传统媒体在网络中的发展状况及其影响。

答:网络技术对于新闻传播产生了革命性的影响，技术发展初期，我国传统媒体也纷纷顺应历史潮流拓展网络空间。

(1)传统媒体在网络中的发展状况。

①传统媒体开始"上网"。由于20世纪90年代，各国大力发展互联网技术，加强基础设施建设，并且WWW应用逐渐普及，许多报纸发觉互联网有巨大潜力，于是纷纷上网。中国网络媒体的发展虽然稍晚于美国，但是基本跟上了全球媒体网络化的脚步。

②媒体网站从传统媒体附属品向独立的网站发展。

a. 媒体上网从简单到复杂经历了三个阶段：传统媒体翻版阶段，网络化阶段，独立、综合发展阶段。

b. 这时的新闻网站是综合性的信息服务者，不局限于新闻业务，而是在此基础上发展商务服务、娱乐、网上社区等其他服务手段和盈利模式。

③媒体网站从单打独斗转向联合发展。早期的媒体上网各自为政，造成了资源浪费。因此，2000年前后，很多传统媒体为了整合信息资源，采取横向联合方法，集中物力、人力和财力，取得了成效。

④媒体网站完成多层级发展布局。目前传统媒体网站可以分为以下几个层级：

a. 国家级重点新闻网站，如人民网、新华网、中国网、中国日报网等；

b. 地方重点新闻网站，如千龙新闻网、东方网、红网等；

c. 其他传统媒体网站或网络版。

(2)传统媒体在网络中发展的影响。

传统媒体在互联网时代的变革积极顺应了发展潮流。

①海量信息和假新闻泛滥的互联网时代，迫切需要引导受众，而传统媒体可以提供真实可靠的信息给受众，是舆论引导的主体。

②传统媒体为促进自身的生存发展，更好地展开竞争，因而走媒介融合的道路，与新媒体融合发展。

4．结合实例分析商业新闻网站的发展状况及其影响。

答：1988 年商业新闻网站开始介入新闻传播。1998 年下半年起，中国商业新闻网站开始把“新闻”作为内容的增长点之一，发展“门户网站”。许多网站开辟了“新闻中心”或“新闻频道”，其中搜狐网非常具有代表性。

(1)发展历程。

①1995 年 8 月，张朝阳利用风险投资创办搜狐的前身“爱特信信息技术有限公司”。1998 年 2 月，爱特信推出搜狐，中国首家大型分类查询搜索引擎横空出世，搜狐品牌由此诞生。“出门靠地图，上网找搜狐”，搜狐由此打开了中国网民通往互联网世界的大门。

②1999 年，搜狐推出新闻及内容频道，奠定了综合门户网站的雏形，开启了中国互联网门户时代。2002 年第 3 季度，搜狐公司在国内互联网行业首次实现全面盈利，这是中国互联网发展进程中一个划时代的里程碑。

(2)影响。

①商业新闻网站满足了受众的新闻需求，从外部环境来看，因传统媒体未充分满足中国受众的需求而为商业网站留下了发展空间。商业新闻网站在新闻的选择与编辑上，能更多考虑普通网民的需求。

②商业新闻网站补充和督促传统媒体，有助于传统媒体在新闻领域上形成影响力。一方面，商业新闻网站是传统媒体重要的内容补充。另一方面，商业新闻网站给传统媒体造成了巨大压力，推进其变革，以适应互联网环境。

(3)困境。

①内容同质化问题。商业新闻网站通常采用“整合新闻”办法，广泛搜集和加工整理国内外网站发布的新闻。早期的商业新闻网站，往往没有征求其他网站同意就使用其稿件，容易侵犯其他网站的知识产权。

②新闻品质不高、盈利模式模糊的问题。新闻品质不高主要表现在信息同质化、过度商业化和编辑专业素养欠缺三方面。并且，尽管商业新闻网站探索出了平台和服务产品的收入渠道，但其发展不成熟，盈利模式依旧模糊。

5．分析一个自媒体的案例。

答：今日头条为用户推荐有价值、个性化的信息，提供连接人与信息的新型服务，是一款基于数据挖掘的推荐引擎产品。2016 年，今日头条宣布投资 10 亿元补贴短视频创作，加入短视频领域竞争。2017 年用 10 亿美金估值收购音乐短视频平台 Musical. ly。

(1)该自媒体的特点及成功原因。

①算法技术精准推送信息。

在信息爆炸的时代，人们面临更多选择，信息超载会使人无所适从。此情形下，推荐引擎便开始展现技术优势。“今日头条”不是传统意义上的新闻客户端，没有采编人员，不生产内容，一套由代码搭建的算法是运转核心。算法模型通过记录今日头条的用户行为，精准推送用户感兴趣的资讯内容。

②沉淀用户与聚集流量。

“头条号”——今日头条旗下开放的内容创作与分发平台，能够针对媒体、国家机构、企业以及自媒体发布专业信息的平台，致力于帮助内容生产者获得更多的网络曝光和关注。截至2016年底，已有超过39万个个人、组织开设头条号。其中约有30万自媒体头条号，以及9万个政府、媒体、公司等其他类型的头条号。截至2017年，“头条号”平台有超过110万个的账号数量。今日头条沉淀了最多数量且大流量的用户。自媒体人发布一个作品，动辄达到几十万、上百万的阅读播放量。互联网环境下，流量为资源。所以在今日头条吸粉效果最好。

(2)其特点带来的影响。

①推动新闻消费模式商品化。

个性化推荐算法技术最早应用于电子商务领域。目的是确保电商平台能够及时、准确地推送信息给相关用户，以减少用户浏览无效信息的时间，增加用户黏性，加快平台的扩张，提高整体的经营业绩。

②满足新闻用户的个性化需求。

在传统的新闻传播过程中，由“把关人”对信息进行过滤、筛选，无法满足受众的个性化需求，更没有提供其选择新闻阅读内容的自由。

③促使新闻媒介技术融合。

推荐算法技术在新闻客户端的运用推动实现了媒介融合。这不仅丰富了新闻的传播方式和途径，还逐渐改变了大众阅读新闻的习惯，使当下新闻的阅读形式更加多样化、便捷化。

6. 你认为今天的新闻客户端模式有哪些优势和不足?

答：新闻客户端(APP)，主要指智能手机、平板电脑以及智能电视等设备的第三方应用程序。目前，我国应用市场上主流的新闻客户端大多采用信息推送与受众自主阅读相结合的传播模式，如今日头条、央视新闻、人民日报等。

(1)优势。

①缩短获取信息的路径，降低获取信息的成本，更适合人们移动场景操作，更好地固化用户的习惯。

②从传播角度看，APP一定程度上继承了网站点对面传播、传播主体对内容控制等特点，同时，APP是网站传播的垂直化与移动化改造，只提供一种专业内容或服务，既适应了小屏幕移动化阅读，也深化了垂直内容。APP的界面满足了每个特定应用的功能诉求和移动终端的屏幕特性，形式可以更好地为内容服务。个性化的形式也有助于提高专业化水平。

(2)不足。

①个性化分发模式导致“信息茧房”，个性化推荐及精准推送导致信息窄化，使用户陷入信息“过滤泡”与“回音室”困境。

②链接过多导致难以深度获取信息，中国的很多手机端的新闻类APP，仍在继承电脑网站的模式，链接形成的信息迷宫会干扰用户获取信息，需要通过APP的设计帮助用户更专注地阅读。

③信息过载与信息同质化。新闻客户端承载过多信息，而缺乏对信息的精准细分，“受众本位”没有得到贯彻。此外，新闻客户端“整合新闻”的做法以及对热点问题的普遍报道，也使得其陷入信息同质化的陷阱。

④新闻客户端目前的盈利模式很单一，主要是广告收入。同时，激烈的行业竞争和移动终端屏幕的限制导致广告的数量也受到限制。

7. 试分析一个国外的网络媒体案例。

答：《赫芬顿邮报》(The Huffington Post)是一个新闻博客网站，兼具有博客自主性与媒体公共性。

(1)《赫芬顿邮报》的特点。

①通过“分布式”的新闻发掘方式和以Web2.0为基础的社会化新闻交流模式而独树一帜。

②着重于国内外时政新闻，通过过滤分类来为读者提供有价值的新闻信息。

③赫芬顿邮报主要以24小时新闻聚合发布、博客新闻评论两种方式来呈现、解读新闻。在保持博客传统风格的同时，其筛选、传播信息的方式具有鲜明的媒体特色。

(2)《赫芬顿邮报》的创新发展。

①更新采编理念。

《赫芬顿邮报》新闻采编理念开放，庞大的采编队伍能为该报带来大量的内容资源。并且，该网站强调新媒体时代的新闻产品不再是模式化、单向性的信息产品，而是一个社会化的信息分享和交流过程，是人与人之间交往的一部分。因此，该网站注重围绕用户需求打造新闻产品，为用户创造价值。

②优化内容品质。

《赫芬顿邮报》避免陷入同质化竞争，格外重视内容品质的优化提升，不断提升原创报道的比例。2012年4月，《赫芬顿邮报》凭借对美国退伍军人的系列报道首次荣获普利策国内报道奖。这是每日更新的网络新闻媒体首次获得普利策奖，被视作是网络媒体获得普利策委员会认可的一个里程碑。

③提升用户体验。

该网站将用户体验的改善着重放在吸引、方便用户积极参与新闻内容生产、评论、分享的环节，最特色的便是着力将其打造成一个大型的新闻社区，为用户构筑起新闻消费的大系统。通过满足用户的深层次需求来追求更好的用户体验，增强用户的黏性。

④注重品牌营销。

《赫芬顿邮报》以制度建设为基础，以技术开发为保障，通过发起公民新闻活动、与社交媒体开展合作、运用名人提升影响力等一系列的措施来提升品牌影响力，扩大用户群。以发起公民新闻行动为例，赫芬顿邮报发起了著名的“走下公车(Off the Bus)”“博客记录经济滑坡(Blogging The Meltdown)”等项目，吸引了大量公民记者参与其中，不仅带来了大量的内容资源，更为它带来了大量用户，提高了网站的知名度。

⑤延展商业模式。

a. 充分利用各种免费的网络资源。

《赫芬顿邮报》所利用的免费网络资源主要包括：博客资源、公民记者资源、免费公众资源和其他传统媒体的网上公开资源。《赫芬顿邮报》能通过自身的重新编辑整合，向用户提供不同面貌的新闻产品，吸引用户阅读。

b. 重视搜索引擎核心技术的掌握和利用。

据《福布斯》报道，《赫芬顿邮报》有一套核心技术，能让搜索引擎最优先搜索到其文章提供的关键词。

正是由于《赫芬顿邮报》能够进行自身的“颠覆性创造”，才能在互联网世界的激烈竞争中脱颖而出，逐渐成长为跻身美国新闻业的一个“主流媒体”。

8. 你如何看待网络时代的“后真相”？

答：“后真相”(Post-truth)反映的是“客观事实的陈述，往往不如诉诸感情和煽动信仰容易影响民意”的一种情状。今天的人们不再追求事实与真相，而是容易为各种情绪、情感所煽动。

(1)“后真相”兴起的原因。

①社交媒体成为“后真相”的推动力。

a. 社交媒体赋予人们话语权，刺激信息的传播需求。

社交媒体的属性充分刺激了人们的需求，释放了人们的欲望，满足了人们在传统媒体时代无法实现的信息传播、意见表达以及社交需求。

b. 社群化传播下，社会成员倾向于观点固化。

社交媒体聚合了相同观点、兴趣的人们，形成了网络社群。网络社群以兴趣、观点、情感、价值观等为共同规范和连接纽带，和社群化传播互为条件。社交媒体的信息生产者利用算法机制精准地生产和推送信息，这不仅满足了用户个性化、社群化的信息兴趣和需求，而且还加固了社群。社群化传播很可能使社群成员生活在信息孤岛之中，强化其各种认识甚至偏见，成为加剧“后真相”的推动力。

②信息技术塑造“后真相”的语境。

信息技术更新改变了传播形态，并塑造了后真相语境。随着互联网基础设施及其终端的多样与完善，大量信息和多元化观点被算法精确地传送到高度分众化的目标群体中间。反过来，用户通过技术赋权，同样可以在众多信息中准确地定位、抽取、吸收特定的内容。这可能引起用户在各自偏好中逐步内卷化的结果，聚集持有同质观念的用户。

(2)应对“后真相”的方式。

①加强传统媒体的引导力，查验事实。事实查验的目标是提供清晰、严格审阅的信息给用户，有助于制约和监督权力、维护民主政治体制、关照公共利益。事实查验是新闻从业者继续维护特定社会系统运转的试验。

②新闻媒体应重拾专业主义。新闻媒体仍要遵循基本事实，强调理性，应当坚守新闻专业主义，主流媒体尤其要积极引导舆论，将社会意见导向正确方向。

③增强社交媒体平台和自媒体的社会责任感。社交媒体平台应该强化事实核查，减少“信息茧房”，通过改进算法设计、加强人工监控等手段实现。另外，自媒体也要主动承担

社会责任，杜绝煽动和传递虚假事实。

④培养公众网络时代的媒介素养，增强辨识和批判能力。受众应该寻求多方信息源，不受某一方消息的遮蔽，保持怀疑且不传播不确定的信息。

【真题链接】

(1)谈谈对“后真相”的理解。[华东政法2022年研]

(2)请你谈谈“后真相”时代的新闻真实性。[同济大学2022年研]

(3)论述“后真相”时代，如何理解新闻真实。[中传2020年研]

(4)“后真相”对新闻真实性的冲击。[华东师大2020年研]

9．你认为“信息茧房”和“回声室效应”是否可能消除？

答：传统媒体时代就已经存在“信息茧房”和“回声室效应”的媒介现象，并随着互联网时代传播渠道和传播主体多元化，呈增强的趋势，但我认为可能消除。

(1)内涵。

①“信息茧房”是指人们只选择自己关注或符合自己需要的信息，结果可能是“作茧自缚”，失去对环境的完整判断，社会化媒体及个性化服务会增强该现象，此概念由哈佛大学法学院教授凯斯·桑斯坦提出。

②“回声室效应”是指信息或想法在一个封闭的小圈子里得到加强。一些意见相近的声音不断重复，并以夸张或其他扭曲形式重复，令处于相对封闭环境中的大多数人认为这些扭曲的故事就是事实的全部。

(2)可能消除的原因。

“信息茧房”和“回声室效应”成立有特定条件，即：公众的个性化选择、相对封闭的环境、重复的外在意见，以及受传者的倾向和决定(达成人群分化和观点极化的关键)。因此，我们可以大胆假设，如果全部或者部分改善或推翻以上的成立条件，便有可能消除“信息茧房”和“回声室效应”。

(3)消除举措。

①主流媒体积极推广主流价值观。在网络上彰显主流价值观，维护网络社区的稳定和秩序。主流媒体必须重视“信息茧房”对主流价值观的抵制作用，积极采取措施，合理运用宣传报道策略，情理结合，通过权威示范作用，在网络用户心中树立价值取向的标杆。

②积极建设公共领域，聚合共享信息。媒体应形成“公共论坛”，通过向用户提供“非计划”“不想要”的信息，让他们接触到不同领域、不同阶层、不同利益群体的信息和观点，并让用户参与公共领域的交流、讨论，避免孤立，减少“偏于一端的误导”。

③通过技术突破，加强公共议程设置。向用户界面推送正在发生的、引起高度关注的信息，引发用户兴趣，从而将公共议程纳入个人议程中，弥补个人因关注领域局限而无法参与公共议题的缺陷，摆脱信息茧房对个人的控制。

【真题链接】信息茧房、回音室、过滤气泡的联系和区别。[北师大2020年研]

10．网络媒体是否还需要坚持新闻专业主义？为什么？

答：新闻业，包含网络媒体在内，必须时刻遵循新闻专业主义的基本原则。

(1)新闻专业主义的内涵。

新闻专业主义是大众传媒理念、价值观和操作方法的整个体系，即新闻媒介坚持服务大众的宗旨，遵循真实、全面、客观、公正的工作原则。新闻专业主义是新闻业维持全社会稳定、发挥有效功能的保障，也是新闻业立足社会的保证。

(2)网络媒体坚持新闻专业主义的必要性。

新闻专业主义针对的是新闻生产过程。所有参与新闻传播活动的主体都应遵守新闻专业主义，这是行业准则。新闻专业主义将会内化成个体交往的基本规则。个体都能参与、阐释、监督新闻专业主义规则的制定。

(3)网络媒体坚持新闻专业主义的重要性。

①专业传媒机构的权力扩散，网络媒体坚持专业主义成为迫切要求。专业传媒机构为独立客观的新闻生产提供了机制保障，推动新闻生产迈向制度化和规范化。但在新媒体技术的支持下，网络媒体降低了新闻生产与传播的门槛，不断分化着专业媒介的权力。公民新闻的崛起、网络媒体的迅速发展突出坚持专业主义的意义。

②消弭了职业新闻人与受众之间的界限。每个人都是传播网络上的节点，人人都可以借助电子媒介传播新闻，可以借助各种社交媒体、自媒体向外传递信息和影响力。移动互联网和智能拍摄设备的覆盖面越来越广，新媒体赋予用户信息接近权和发布权，人们即使未经专业训练、技能匮乏，也能成为“泛新闻工作者”。甚至，普通公众的内容生产能够左右传统媒体的议程，这就要求网络媒体及从业者恪守专业主义。

③新闻生产的泛化。当人人都成为传播者时，新闻专业主义面临的又一大困境是新闻界限模糊，更多的服务类、身边琐事类信息被泛化为新闻。这些泛化后的新闻内容与新闻选择标准中的重要性、显著性等诸多方面存在冲突，但迎合了大众接近性的需求，新闻生产的泛化要求坚守专业主义。

11. 网络新闻传播中把关人与把关机制有哪些?

答: 传统的把关人理论强调专业媒体的把关功能。但是，复杂的网络传播使“把关人”在网络环境中得到拓展。

(1)把关人。

社会上存在大量新闻素材，大众传媒的新闻报道是一个取舍选择的过程。在这个过程中，媒介组织形成了一道“关口”，通过这个“关口”传达到受众那里的新闻只是众多新闻素材中的少数。互联网技术虽然在一定程度上弱化了传统媒体的把关机制，但把关仍然广泛存在，只是方式出现变化，主体更加多元，网络新闻传播中的把关人除了专业媒体之外，还有自媒体、平台运营者、普通用户和技术本身。

(2)网络中的把关机制主要体现在三个环节。

①信息生产与发布环节的把关。

这个环节把关的核心仍然是专业媒体。专业媒体通过下述方式把关内容的生产及发布:

a. 内容选择的把关。对来自媒体或其他来源的内容进行选择。

b. 信息发布方式的把关。发布结构具有层次性，把关者会把重要的信息放在上层，这样更易使人们注意并接收信息。

②信息扩散环节的把关。

a. 信息的流向与流量。把关信息扩散环节，有助于控制信息的流向与流量。越来越多的信息通过非媒体的新闻分发平台实现扩散，用户、技术在其中扮演愈发重要的角色。平台的运营者有义务把关新闻的扩散。在“个人门户”的传播模式下，对于用户而言，信息扩散与信息消费通常合二为一。人们在阅读的同时进行分享，分享就是一种具有把关意义的扩散。

b．真实性的再把关。扩散环节的把关还涉及真实性的再把关问题。目前多数用户缺乏把关意识，因此未来的媒介素养教育应聚焦于培养、提高用户的把关能力。

c．管理者的介入。管理者也可能通过如封杀包含某些关键词的内容、封杀某些传播节点等方式介入此环节的把关。但用户网络是信息扩散的基础，人们总会有各种方式来扩散自以为重要的内容。以“堵”的方式来进行控制，已部分失效。

③信息循环环节的把关。

网络信息大多可以贮存在数据库中，通过与其他信息链接、数据库查询、搜索引擎搜索等方式被用户循环利用。但是出于失误而发布的信息，往往会被发布者排斥在自己的数据库之外。这是信息发布主体对于自己的数据库控制。此外，利用技术手段，可以对用户提出的查询请求置之不理，或者将查询结果中的某些内容屏蔽起来。因此，在某种意义上，这也是一种把关。

【真题链接】网络中的把关人和把关机制。［湖南师大 2020 年研］

4.4　考研真题与典型题详解

一、概念题

1．多元参与

答：多元参与是指社会中不同身份、民族、职业或社会群体在一个共同文明体或共同社会的框架下，持续并自主地参与进相关事务中。在新闻传播领域强调充分调动各方积极性，传播活动不再只有专业从业者参与，普通公众也可以充分借助其社交网络、知识主动地加入到传播活动中。鼓励公众参与优化社会权力结构，强调利益相关主体依托媒介实现对话沟通和横向交流以推动发展方案的实施。

2．《即时通信工具公众信息服务发展管理暂行规定》(“微信十条”)

答：《即时通信工具公众信息服务发展管理暂行规定》是网信办于 2014 年 08 月 07 日为进一步推动即时通信工具公众信息服务健康有序发展，维护国家安全和公共利益，制定的即时通信工具公众信息服务发展管理暂行规定。本规定所称即时通信工具，是指基于互联网面向终端使用者提供即时信息交流服务的应用。即时通信工具服务提供者应当落实安全管理责任，建立健全各项制度，配备与服务规模相适应的专业人员，保护用户信息及公民个人隐私，自觉接受社会监督，及时处理公众举报的违法和不良信息。即时通信工具服务提供者应当按照“后台实名、前台自愿”的原则，要求即时通信工具服务使用者通过真实身份信息认证后注册账号。

3．自媒体［北邮 2019 年研；华中师大 2018 年研；广西大学 2018、2017 年研；北大 2016 年研；北师大 2016 年研；中传 2014 年研；上海大学 2014 年研；南京大学 2013 年研］

答：自媒体是普通大众经由数字科技强化、与全球知识体系相连之后，一种开始理解普通大众如何提供与分享他们自身的事实、新闻的途径。在中国，自媒体是单个或者数个自然人运营的类媒体机构，发端于博客，后在微博平台积蓄大批粉丝，并最终在微信平台实现大范围变现。自媒体有别于由专业媒体机构主导的信息传播，是由普通大众主导的信息传播活动，由传统的“点到面”的传播，转化为“点到点”的一种对等的传播概念。同时，它也是指为个体提供信息生产、积累、共享、传播内容兼具私密性和公开性的信息传播方式。其传播主体的多样化、平民化和普遍化使其对传统媒体产生了强大的威慑力。自媒体具有平民化、个性化、门槛低、运作简单、交互性强、传播迅速、良莠不齐、可信度低、相关法律不健全等特点。随着移动互联网的高速发展，自媒体用户不断增加，人人都是自媒体。

4. 网络新闻专题[云南大学2019年研]

相关试题：网络新闻的优势与问题。[简答题，河海大学2022年研]

答：网络新闻专题是指各个新闻网站根据新近发生的某个或某系列有重大影响的新闻事件，或自身对某个新闻事件的判断，经过周密的策划，动用互联网最新和最全的技术手段进行综合性新闻报道的集合体。它属于网络新闻报道中的一种重要表现形式，起到了报道最新动态，整合新闻资源，揭示新闻事件本质的作用。在网站采访权尚未完全放开的情况下，以编辑为主的网络新闻专题制作在网络新闻的竞争中具有重要地位。网络新闻专题编辑的基本特点有：①以多媒体为载体，借助图像、声音、文字等多种表现方式；②视觉化效果明显，可读性强；③具有极强的聚合性。

5. 门户网站

答：门户网站是指通向某类综合性互联网信息资源并提供有关信息服务的应用系统。狭义的门户网站是指提供某类综合性互联网信息资源并提供有关信息服务的应用系统，如最初的搜索引擎、目录服务。广义的门户网站则是一个Web应用框架，它将各种应用系统、数据资源和互联网资源集成到一个信息管理平台之上，并以统一的用户界面提供给用户，建立企业对客户、企业对内部员工和企业对企业的信息通道，使企业能够释放存储在企业内部和外部的各种信息。

6. “付费墙”[人大2014年研]

答：“付费墙”(Pay Walls)是传统报纸对其在线内容实行有价阅读而建立的支付模式，和报纸提供商对在线内容实行付费阅读的“准入”系统。自20世纪90年代以来，蓬勃发展的网络新媒体对美国报业带来巨大的冲击，导致报纸读者流失，市场萎缩，发行和广告收入持续下降。与此同时，继续生产高质量的新闻，和向数字化平台转型需要强大的资金支持。因此，一些报纸选择数字化转型，试图在新的数字媒介版图中探索自己的生存空间。自2009年5月12日默多克宣布对报纸网站停止“免费午餐”以来，新闻集团旗下报纸包括《泰晤士报》《华尔街日报》《星期日泰晤士报》《世界新闻》等都先后宣称将设立“付费墙”，对在线内容实行付费阅读。一般来说，付费墙的具体收费方式有硬付费(将读者与网络内容完全隔离，在线支付以前读者看不见网络中的任何内容)和软付费(允许读者阅读一部分内容后，计时付费，计量付费，或者残缺吸引、捆绑订约、微支付等)两种。

7. 聚合型新闻网站

答：聚合型新闻网站是指基于社交化的、融合了阅读新闻、分享信息、朋友圈交流和娱乐互动等当下流行的社交功能的新闻网站。随着社交化网络的普及，用户对精确化、个性化的信息需求变得越来越高，原有的信息聚合功能已无法满足人们的需要。而基于社交化的信息聚合技术一面世，就得到了用户的推崇。在运用了大数据抓取和挖掘技术，并经过智能机器人的分析后，这种技术呈现出了最大的特点，即"精确""轻量"和"病毒式传播"。

8. 原生网络媒体

答：原生网络媒体主要指诞生于互联网时代，基于数字技术、网络技术及其他现代信息技术或通信技术的具有互动性、融合性的媒介形态和平台。相较传统媒体开始关注用户体验，不仅包括交互体验，还可根据用户获取信息的偏好为其提供个性化的信息服务。

9. 病毒式内容传播

答：病毒式内容传播是指以分享类的网站为传播平台，能够在短时间内吸引受众的注意力，同时以网络用户的分享转发作为传播手段，具有快速、广泛的特点。病毒式内容传播是指以一种完全不同于传统大众媒体的新型传播方式展开的传播活动，其传播方式和传播速度很像生物病毒的感染和复制方式。病毒式内容传播往往是在短时间内迅速吸引受众的注意力，并经过受众主动地转发、点赞和评论进行蔓延。当信息发布者将信息发在网络上，网络用户在发现后自发向自己的人际关系网进行传播，新的受众发现并感兴趣后便又会进行新一轮的传播。这种模式就像细胞分裂一样一传十十传百，无数个转发、点赞和评论的个体都变成了病毒式内容传播中的受众和传播者，从而加速病毒式内容传播的传播速度。

10. 后真相时代[北邮 2021 年研；华南理工 2021 年研；中传 2019 年研；北大 2019 年研；北师大 2019 年研；湖南师大 2019 年研]

相关试题：后真相[北外 2022 年研；湖南师大 2022 年研；苏州大学 2021 年研；兰州大学 2020 年研；北师大 2020 年研；西南大学 2020 年研]

答："后真相时代"是指在这个时代，真相没有被篡改和质疑，只是变得不再重要。人们不再相信真相，只相信感觉，只愿意去听、去看想听和想看的东西。网络上广泛流传的谎话、流言、绯闻，被认为是真相。相较于主流媒体，网民们更愿意相信彼此。如果出现与自己立场相悖的证据，人们倾向于无视这些信息。在"后真相时代"，一些人为了自身利益，无视客观事实，盲目迎合受众的情绪与心理，使用断言、猜测、感觉等表达方式，强化、极化某种特定观点，攻击抹黑对手，或博取眼球效应和支持率。"后真相时代"要求新闻工作者坚持新闻的真实性原则，同时秉持新闻专业主义的职业操守，还原真相、揭露真相，发挥新闻媒体作为"意义媒体"的作用与社会责任。

11. 信息茧房[华侨大学 2022 年研；西北大学 2022 年研；上海交大 2021 年研；广西大学 2021 年研；东华大学 2021 年研；复旦大学 2020、2018 年研；兰州大学 2020 年研；河南大学 2019 年研；中传 2018 年研]

答:“信息茧房”(Information Cocoons)是指因公众自身的信息需求并非全方位的，公众只注意自己选择的东西和使自己愉悦的通讯领域，从而将自己的生活桎梏于蚕茧中的现象。这一概念由凯斯·桑斯坦在其2006年出版的著作《信息乌托邦——众人如何生产知识》中提出。长期处于“信息茧房”中，会使得个体表现出很多定制化或者程式化的特点。过度处于自主选择的格局中，“个人日报”会强化行为主体的满足感，继而在判定不同事物的时候，难以做到理性应对，失去了辨别能力。

12. 知识付费[清华大学2022年研；汕头大学2018年研]

答:知识付费是一种以开放型社区为依托，在付费的基础上由个人面向网络大众提供在线咨询、网络课程、信息共享等内容服务的传播模式。其本质就是把知识变成产品或服务，以实现商业价值。知识付费有利于人们高效筛选信息，付费的同时也激励优质内容的生产。知识付费出现的原因可以从时间成本、金钱成本和社交货币三方面来考虑：①时间成本。选择太多使用户陷入决策瘫痪，选择信息的时间成本增加。通过付费获取他人已经整理、搜寻过的信息，使得知识付费成为可能。②金钱成本。例如“得到”上出售的音频干货、商学院笔记、干货图书等价格其实也很低。学习课程时不用到现场、也不用奔波，降低学习的金钱成本。③社交货币。知识越来越成为一种社交货币，社交货币意味着有和别人交流的谈资。

13. 电子乌托邦[上财2021年研；南昌大学2020年研；中传2018年研；华中师大2018年研；北邮2015年研；厦大2015年研；南开大学2010年研]

相关试题：如何认识电子乌托邦思想?[简答题，重庆师大2022年研]

答:“电子乌托邦”(Teletopia)思想建立在对新媒介某些技术特性的期待的基础之上，即认为网络可以解决人类社会的一切问题的倾向。这种观点对媒介技术的发展寄予无条件的乐观主义期待，认为新的传播技术必将把人类带入一个高度自由、民主和平等的理想国。这种观点是片面的，对任何一种传播媒介的社会影响都不能简单地做出结论。单纯的技术上的可能性并不能保证理想的社会形态的出现。一种理想社会的到来，不仅需要技术上的条件，而且需要更为复杂的社会条件，其中包括社会结构、社会制度的合理化以及人的自身素质的提高等。

14. 回声室效应[华中师大2020年研]

答:“回声室效应”又称“同温层效应”，是指信息或想法在一个封闭的小圈子里得到加强。在一个网络空间里，如果你听到的都是对你意见的支持，你会认为自己的看法代表主流，从而扭曲你对一般共识的认识。此效应的存在常常同信息选择密切相关：个人总是倾向于接受协调性的信息而避免那些会带来不协调认知的信息。在社会化媒体中，人们以社交对象作为信息来源。他们在选择信息来源的同时，也就进行了信息的过滤。此外，社会化媒体在一定程度上强化了人群的分化。受到社交圈以及自身立场态度的影响，人们往往会固守在符合自己偏好的信息与意见的圈子里，各种圈子之间相互隔绝甚至对立。因此，在社交媒体中更容易形成“回声室效应”。

15．新闻专业主义（Professionalism）［清华大学 2019 年研；浙工大 2019 年研；四川大学 2018 年研；南京师大 2018 年研；华东师大 2018 年研；广西大学 2018 年研；中传 2017 年研；山东大学 2016 年研；上海交大 2015 年研；厦大 2014 年研；中山大学 2013 年研；复旦大学 2011 年研］

答：新闻专业主义（Professionalism）是指新闻工作的职业精神、职业原则和专业要求的总和，包括职业理想、职业标准和正当的业务手段，它以履行媒体的圣洁使命为目标。新闻专业主义是美国政党报纸解体后，大众化报纸兴起时，在新闻业中发展起来的“公共服务”信念，构成“改良时代行政理性主义和专业中立主义总趋势的一个部分”。新闻专业主义的目标是服务于全体人民，而不是某一利益团体，更不是媒体本身。它最突出的特点，是对新闻客观性的坚守，相信传播者可以摆脱党派和团体的立场准确地报道事实。

16．把关人（守门人）［北师大 2021、2014 年研；华东政法 2019 年研；南林 2019 年研；上海理工 2017 年研；上海大学 2016 年研；西南大学 2016 年研；上海交大 2015 年研；华科 2015 年研；中山大学 2014 年研；厦大 2012 年研；北邮 2010 年研］

答：把关人（Gatekeeper）又译“守门人”，是指那些在新闻媒介系统中居于决断性位置，对信息进行过滤和加工的人或组织，而这种对信息进行过滤和加工的过程就是把关。把关人的把关行为可以分为疏导与抑制。前者是指把关人准予某些新闻信息流通的行为，后者是指禁止一些新闻信息流通或将其暂时搁置的行为。传播学先驱者库尔特·卢因于 1947 年发表的《群体生活渠道》一文中最先提出了这个概念，传播学者怀特将其引入了新闻传播的研究。

17．建设性新闻［厦大 2021 年研；华东师大 2021 年研；华东政法 2021 年研；南京师大 2021 年研；东华大学 2021 年研；人大 2020 年研］

答：建设性新闻是指媒体着眼于解决社会问题而进行的新闻报道，是传统媒体在公共传播时代重塑自身社会角色的一种新闻实践或新闻理念。狭义来看，“建设性新闻”是指在互联网新媒体环境下一类积极参与解决社会问题的新闻实践。这类新闻实践强调在新闻报道中除了要坚持内容的客观真实外，也应积极主动介入社会生活，要以解决问题为报道的导向。广义来看，建设性新闻则是在近年来此类新闻实践基础上将其宗旨抽象概括而形成的一种新闻理念。建设性新闻强调的是好的新闻报道可以激发公众的对话和参与，能解决社会面临的诸多问题，推动媒体在公共传播时代社会价值的重新定位。

二、简答题

1．网络新媒体与传统媒体在新闻稿件来源的异同。［中传 2019 年研］

答：新闻来源，是指新闻事实、信息的来源，又指新闻所依据的事实来源和新闻转发来源。新闻来源分为直接来源和间接来源两种，前者是媒体记者直接采访所获，后者如通讯社采写或转发的电闻，公众、通讯员、读者投寄的稿件，政党、社会团体、企事业单位提供的稿件等。

（1）网络新媒体与传统媒体在新闻稿件来源上的相同点。

网络新媒体与传统媒体的信源具有相似性。虽然新媒体并没有独立的采编权，但是其发布的新闻基本上来源于传统媒体新闻的转载或编辑，因此无论是直接来源还是间接来源，网络新媒体与传统媒体都有相似性。

(2)网络新媒体与传统媒体在新闻稿件来源上的区别。

①传统媒体新闻稿件的来源主要是专业的记者和编辑，他们通过对新闻线索的整理和新闻事实的探究，完成相应的新闻进行发布。其中文字、图片稿件的来源主要有以下几个途径：记者采访、通讯员等投稿、新华社电稿、网络下载、报社相互间交流等。

②新媒体的新闻稿件一方面来自专业的记者和编辑，另一方面，互联网的普及使得公民新闻出现，普通网民也可发布新闻。目前来看，新媒体的新闻稿件来源主要包括以下几个方面：

a. 网站首发，如来源：中国网。

b. 转载互联网白名单网站新闻稿，如来源：北国网分享。

c. 网站有自己定义的来源，如品牌一号。

d. 直接说是来源于网络。

2. 如何看待“移动互联网时代主编已死”？[复旦大学2019年研]

答：“移动互联网时代主编已死”指的是，移动互联时代的信息分发依赖算法推荐，而非传统的编辑筛选，因此主编和编辑的地位逐渐降低，甚至缺失。但是算法推荐新闻也带来了诸多弊端，反衬出传统媒体新闻把关与事实核查的重要性，因此，新闻编辑在互联网时代需要重新定位。

(1)移动互联网时代主编地位下降的表现。

①主编把关的难度加大。新媒体时代，新闻信息呈现出海量化的特点，互联网技术的不断发展，使得信息以前所未有的速度更新。信息在爆炸式增长的同时，也变得愈加复杂，从而增加了主编判断其真伪、准确与否的工作难度。

②受众地位的提高。互动性是新媒体的特征之一，这要求主编不断提高与受众互动的能力。在某些方面，传统媒体的主编仍没有摒弃“以自我为中心，被特许的大众传播主体”的自我定位，忽视受众已然获得的主动权与选择权，从而导致自身渐渐陷入被动地位。

(2)移动互联网时代主编存在的必要性。

互联网的开放性意味着便捷，即创作便捷和传播便捷。每个人都有机会通过“自媒体”发表自己的言论，阐述自己的观点，同时也可以转发、评论他人的观点。便捷性是互联网的一个重要特征，但是互联网上也不存在绝对的自由，只有相对的自由，倘若有人以网络是一个虚拟空间为借口，否定任何形式的监管，实际上是违背了网络空间的本质，扰乱了网络空间的秩序。这时就需要借助主编的力量，他们应在维护互联网开放性的同时，练就“千里眼、顺风耳”，努力扮演好把关人的角色。

(3)移动互联网时代主编再定位的做法。

传统媒体编辑要想适应新媒体环境下的编辑工作，首先要重构自身的编辑思维，以崭新的思维方式和行事态度来应对已经变化了的编辑活动。传统媒体编辑需要在强化自身已有专业优势的基础上，对自我提出更高的要求，充分利用新媒体进行融合式发展。

①从编辑稿件向“深挖事实”转变。

新媒体的出现带来了大数据，新闻信息也呈现海量化的特点。传统媒体可以持续发挥其专业化、权威性的优势，注重对新闻事实的深度挖掘，做时效性、准确性与深度兼具的新闻。如今传统媒体的主编还需要有较强的“融合”意识，要积极地融入互联网，提高对新闻的敏感度，擅于利用新媒体的即时性捕捉新闻点，并进行跟进式报道，向广大民众提供更快速、准确的信息内容。

②新闻生产个性化与编辑能力再定位。

传统媒体在坚持专业化标准的基础上生产个性化的新闻产品。坚持专业化标准就是要继续做大做强深度报道与调查性报道，同时充分挖掘与利用新媒体中的新闻资源，以多元化的方式呈现。个性化的新闻产品内容，一方面要体现出创意性，另一方面要真正地做到为用户所喜闻乐见。

新闻产品的个性化与特色化，对传统媒体新闻编辑的专业技术提出了新的要求。新媒体中的信息呈现碎片化，因此传统媒体的新闻编辑要不断提高对有效信息的整体把握能力，并在此基础上进行进一步的搜集、整合、多角度策划，最终形成综合的、系列化的、视觉化的内容。总体而言，在媒介不断融合的当下，传统媒体新闻编辑尤其要加强自身专业技术的能力。

3. 网络新闻直播的传播特征、问题以及措施对策。［复旦大学 2019 年研］

答：网络新闻直播是指在“直播＋”模式盛行的形势下，社会各界人士开始采用网络直播这一新型传播方式，报道新近发生的事实信息的一种直播类型。

(1)网络新闻直播的传播特征。

①报道主体多元化。

与传统的电视新闻直播相比，网络新闻直播的传播者并不限于专业的新闻制作机构，报道主体逐渐宽泛化、多元化。依据不同的网络新闻直播主体，可以将其具体的直播形式划分为专业新闻机构作为直播主体的 PGC 模式直播、直播软件使用者的个人作为直播主体的 UGC 模式直播和新闻事件当事人作为直播主体的新闻事件当事人直播。

②报道内容多样化。

在传统的电视新闻直播中，由于电视频道的数量有限，同一个频道的节目时间段相对比较固定，留给节目直播的时长较短，因此在电视直播中的新闻内容一般是经过精心挑选和详细策划的，且往往是一些大型的重要会议、体育赛事和庆典活动等等。当新闻直播进入网络直播和移动直播时代，一个平台便拥有了上千个直播间可供观众进行选择，无论是对已经拥有的直播信号进行网络转播，还是对现场情况进行实时拍摄直播，受众都可以通过一个个不同的直播间进行观看。因此新闻类直播的内容也不再仅限于一些新闻性较强、受到广泛关注的新闻事件，其可供选择的报道内容更加多样化，涉及各个方面。

③新型渠道特色明显。

随着互联网技术的不断发展成熟，新型传播方式也在不断丰富，传统媒介点对面的传播方式正逐渐被打破。在新媒体去中心化浪潮的推动下，以电视为代表的传统媒体的传播方式正在遭受前所未有的冲击，网络直播作为一种新型传播方式，因其独有的渠道特色得到受众的广泛追捧和欢迎。网络直播在新闻报道直播方面的优势也有目共睹。

④受众地位进一步提升。

传受双方是传播关系中的重要一环，传播方式和渠道的改变都会使传受双方的关系发生变化。在网络新闻直播中，受众在直播中的参与感不断上升，也能有更多机会选择多元化的直播内容，这都意味着作为传播关系一方的受众的地位正不断上升。在新闻类直播中，观众作为新闻信息获取者在新闻直播过程中的地位也进一步提升。

⑤节目制作成本降低。

不同于背后有着专业组织支持的传统电视直播，网络直播大大降低了对直播活动的成本要求、设备要求和专业化技能要求。只要拥有良好的网络环境，任何人都可以通过一部智能手机开始对事件过程进行全程直播。这不仅是对新闻报道形式的改进与创新，也是在有效地减少直播或视频节目的产出成本，例如通过网络直播新闻缩减了报道人员的数量规模、降低了新闻报道所用的设备要求、减少了对专业拍摄工具的损耗和维护成本。

(2)网络新闻直播的问题。

①直播技术的缺陷问题。直播技术是网络新闻直播行业发展的基础，如果直播技术无法满足行业实际发展的需求，就可能会导致新闻直播过程中出现卡顿、掉线或者延迟等问题，从而影响用户的直播观看体验。此外，即便当前的网络直播环境已经逐步解决了直播平台、直播硬件设施、直播流量费用高和音频不同步等问题，直播技术仍旧是阻碍网络新闻直播发展的难题。

②直播内容的失范现象。由于网络自身存在包容性、开放性等特点，不少媒体为了吸引公众的注意力，选择采取夸张、煽情、猎奇、媚俗等直播手段来保证直播的观看效果。采取这样的手段，虽然一定程度上提升了直播的点击量，但是所造成的失范现象却极大制约了网络新闻直播行业的未来发展。

③直播数据的失真问题。网络新闻直播的呈现效果大多根据视频点击量和直播间的评论数量进行评估，而这些点击量和评论数量也是决定一档新闻直播节目在平台中去留的关键性因素之一。对此，一些平台和商家会想方设法地肆意篡改直播数据，从而有可能导致网络新闻直播的质量无法得到保障。

(3)网络新闻直播的应对措施。

①建立健全网络新闻直播法律法规。

网络新闻直播的不断发展进步，在巩固国家舆论宣传阵地方面发挥着不可或缺的重要作用，针对当前网络新闻直播存在的问题，相关部门应建立健全有关网络新闻直播的法律法规，在法律法规的约束下进行网络新闻直播的管理工作。例如结合网络新闻直播的特征与现实情况，合理预测网络新闻直播过程中可能出现的问题，并在此基础上明确制定相应的规范与惩治措施，促进网络新闻直播行业发展的规范化。

②转变网络新闻直播形式。

互联网技术的广泛普及，在很大程度上使得传统新闻直播行业的发展边界逐渐模糊，新旧媒体之间逐渐从以往的泾渭分明，转向“你中有我、我中有你”的局面。面对日益多样化的媒体市场和不断流失的受众，若想实现新闻直播行业的融合式发展，需要在提高对信息时代网络新闻直播认识的基础上，灵活创新网络新闻直播的形式。比如针对网络新闻直播技术缺陷的问题，可以合理规划和采取不同的发展策略，将网络直播内容作为发展导向，将用户体验与用户服务作为行业发展的基本方向，依靠先进的科学技术手段和新兴传播媒体，推动网络新闻直播行业的发展与转型。

③加强网络新闻直播品牌建设。

信息时代，在互联网高速发展的背景下，自媒体通过建立信息传播渠道的方式，将个人包装成为某个领域的名人，并借助名人效应使相关领域得到更多关注和发展。网络新闻直播作为一种全新的信息传播模式，伴随信息传播方式的不断变化和传播模式的不断更迭，博客时代、微博时代、微信时代下的意见领袖们应该主动开始转型，以求能在新的发展领域寻找新的发展，保持在受众中的影响力。而加强网络新闻直播的品牌建设，可以将建立健全网络新闻直播内容产生机制作为着力点。与传统的新闻直播相比，便捷性是网络新闻直播最大的特点，在直播内容生产机制的基础上，提升自媒体在擅长领域的影响力，尝试以对外引进场景的方式，做到直播内容的持续更新。

4．简述新媒体的影响下，媒体分类的改变。［北大2016年研］

相关试题：请结合实际论述手机媒体的商业模式。［北京工商2022年研］

答：（1）新媒体及其特征。

①新媒体是一个与传统媒体相对的概念，是报刊、广播、电视等传统媒体之后发展起来的一种新的媒体形态，包括网络媒体、手机媒体、数字电视等。严格地说，新媒体应该称为数字化新媒体。

②就传受关系而言，新媒体有交互性与即时性；就传播内容而言，新媒体有海量性与共享性；就传播符号而言，新媒体有多媒体性与超文本的特性；就传播渠道而言，新媒体有网络化和数字化的特点；就受众群体而言，新媒体有个性化与社群化的特征。

（2）传统媒体分类。

新媒体出现之前，从媒介形态而言，媒体主要分成纸质媒介和电子媒介。纸质媒介主要是指印刷媒介，包括报纸和杂志等；电子媒介是在纸质媒介之后出现的媒介，主要有广播和电视，广义而言还包括电影等。具体而言：

①印刷媒介是建立在纸张的发明和印刷术发明的基础上的，其产生和发展实现了文字信息的大量生产和大量复制。报纸和杂志（尤其是新闻杂志）在启蒙运动、革命运动等推动历史前进的活动中发挥了重要的推动作用，在传递信息、促进受众的社会化和满足受众的个性需要等方面也产生了重要的影响。但印刷媒介上的信息传播的形式主要是以文字为主，图片为辅，比较单一，不够生动。此外，印刷媒介受时间和空间的限制很强，以印刷媒介为载体的信息传播不能满足时效性的需求。

②电子媒介是在印刷媒介之后产生的，是通过电子信号的传输实现的，其产生和发展实现了信息的远距离快速传输。电子媒介可以分为有线和无线两种系统。有线系统起源于莫尔斯发明的有线电报和贝尔等人在19世纪70年代研制的电话系统，后来发展到有线广播、有线电视和今天的计算机通信以及有线互联网。无线系统的出现以意大利人马可尼1895年的无线电通信实验获得成功为标志，其后发展为无线电报、无线广播、无线电视以及今天的移动电话和无线互联网络。电子媒介不仅使信息传播突破了时空的限制，而且形成了人体外化的声音信息系统和影像信息系统；电子媒介的发展也推动了计算机的诞生；此外，电子媒介发展也促进了人类传播媒介走向大融合。

（3）媒体分类的改变。

新媒体出现之后，出现了传统媒体和新媒体之分。媒介环境学派的代表人物之一、被誉为“数字时代的麦克卢汉”的保罗·莱文森提出了媒介“三分法”，即旧媒介、新媒介和新新媒介。

①旧媒介。旧媒介是指互联网诞生之前的一切媒介形态，是空间和时间定位不变的媒介，比如书籍、报刊、广播、电视、电话、电影等。书籍里的知识被锁死在一个地方，不去翻阅就不能获取；报刊有出版周期，出版之前只能苦等。旧媒介的突出特征是自上而下的控制以及专业人士的生产。

②新媒介。新媒介是指互联网时代的第一代媒介，发端于20世纪90年代，其特征是一旦上传到互联网上，受众就可以使用、欣赏，并从中获益，而且在使用时间上具有很强的自主性。新媒介包括电子邮件、亚马逊网上书店、iTunes播放器、报刊的网络版、留言板、聊天室等。

③新新媒介。新新媒介是指互联网上的第二代媒介，滥觞于20世纪末，兴盛于21世纪，其特征是：没有自上而下的控制，信息的消费者也是其生产者，业余用户生产内容，用户在时间和内容上均具有很强的自主性等。新新媒介包括微博、Youtube、微信、Facebook、推特等。

5. 什么是“信息茧房”？“信息茧房”可能造成什么影响？［兰州大学2021年研］

相关试题：

(1)“信息茧房”的形成原因及破茧路径。［四川外国语2021年研］

(2)算法新闻下如何避免“信息茧房”？［论述题，中国政法2022年研］

答：“信息茧房”是指人们的信息领域会习惯性地被自己的兴趣引导，从而将自己的生活桎梏于像蚕茧一般的“茧房”中的现象，这一概念由凯斯·桑斯坦在其2006年出版的著作《信息乌托邦——众人如何生产知识》中提出。个性化推荐是根据用户已有的阅读偏好进行关键词匹配和推荐，因此相似性较低的内容基本上不会被推荐，使得人们减少阅读多样化内容，阅读内容变得狭隘。

(1)“信息茧房”的危害。

①网络群体的极化。网络下聚集的群体，是由分化而类聚的，表现出群体内同质、各群体异质的特性。网络“信息茧房”一旦形成，群体内成员与外部世界的交流就会大幅减少，群体成员拥有近似的观点和看法，群体内同质的特征越显著，群体经过时间的累积形成了自己独特的风格与特点，群体间异质的特征越明显。

②社会黏性的丧失。社会黏性是由经验、知识和任务的分享而来的，人们需要有一些共同的记忆和关心，需要通过经验分享构建共同联盟。伴随网络的发达，人与人之间直接接触交流的机会逐渐减少，人在网络上选择信息的自由度随之加大，很容易自制“信息茧房”，脱离整个社会的发展，这些都大大减少了经验的分享。

(2)“信息茧房”的治理对策。

①用户主动破茧而出。网络用户们必须有打破“信息茧房”的自觉意识，提升自身的媒介素养、网络素养，自觉地将这类小圈子的资讯叠加进大的社会资讯，这种资讯“混搭”将极大程度避免“信息茧房”的负面效应。

②运营商应拓展用户关注领域。互联网运营商应该改变唯用户时长的KPI评判标准，才能有效克服“信息茧房”效应。技术上克服“信息茧房”问题也有多种途径，可以使用推荐

系统获取更多输入信息以增进对用户的了解。协同过滤亦能有效帮助用户发现新的兴趣点，协同过滤算法本身的原理就是把同用户类似的其他用户阅读过但该用户未阅读的内容推荐出来。同时，推荐系统中的热门推荐算法会依据当前阅读量排序推送一些热点资讯，多与用户当前的兴趣无关，但也能帮助用户发现新的兴趣点。

三、论述题

1. 试分析论述新媒体时代“围观改变中国”的说法。［江西师大 2014 年研］

相关试题：

（1）网络媒体时代对社会舆论态势和走向的重要影响。［重庆师大 2022 年研］

（2）请用传播心理学相关理论简述突发公共卫生事件中的网络舆论传播现象。［西安交大 2022 年研］

答：（1）当前网络热点特征。

“围观改变中国”说明了在新媒体时代下网络热点对社会舆论的巨大影响力。新的传播姿态，让主流媒体面临着选择，似乎不参与到“围观”中，就会和社会热点脱节，而仅仅是参与“围观”，又会被网络舆论所左右，丧失话语权和存在的价值。但我国当前的网络热点的主要特征是：网络受众强烈关注时事，政治热情高涨，社会参与意识增强；带有强烈的社会和道德批判精神；公民权利意识增强，但理念并不清晰、缺乏理性、建设性不足，容易呈现极端化、破坏性的状态。网络围观与传统意义上的舆论表达和公民参与高度一致，只不过在“围观”形式上更有特点，网络围观之“围”的人数可以在“瞬间”达到庞大的体量。

当前中国的网络热点，之所以呈现这样的特征，与社会转型期这一历史带来的影响息息相关：人们的思想开始趋于多元、自由，只有一种声音的时代一去不复返；舆论环境，特别是网络的舆论环境趋向宽松，使受众敢于在平台上发言；经济和社会转型所累积的各种矛盾凸显，集中投射到网络热点上。由此看来，引导网络热点，必须抓住社会转型期的特征和规律、明确目标、找准路径。

（2）主流媒体面对“围观现象”的现状

①消极应对。从心态上分析，一些主流媒体的从业人员存在权力崇拜，只重视“庙堂”之声，而不重视来自受众的网络舆论。此外，受众一般围观的都会是敏感题材，一些主流媒体“怕”字当头，不敢介入。消极应对网络热点，回避公众围观的社会矛盾和问题，使得主流媒体只能搞一些貌似主流实则边缘的话题，单向传播、自娱自乐。其结果是主流媒体边缘化。

②盲目追随。有的主流媒体盲从于网络舆论，从引导者变成了接受者；也有的为了博取关注，追求阅读量、收视率，选择将极端、出位、冲突的网络言论来聚焦放大。在表面上和一段时间内，媒体会收获眼球效应，但长此以往将呈现泡沫化，被主流人群、主流价值观所摒弃，对社会进步起到阻碍和破坏作用。

（3）主流媒体对待“围观现象”的正确态度

①见微知著，由表及里，做出主流媒体深度。网络舆论的优势，在于及时、丰富、互动，而主流媒体特别是平面媒体的优势，在于报道的深度。例如，杭州某小区要新建气派的门楼，影响到门口三户业主的采光和通风。记者前往采访，物业的说法是，这个项目大

多数业主都是支持的，反对的只是少数几家。钱江晚报的报道从这里入手，提出“大多数人支持的项目，是否就可以不顾少数人的利益”，随后还发表了评论文章，引导读者共同探讨民主的真正内涵。

②避免情绪化，突出理性和建设性。热点事件发生，人们的情感会得到激发。媒体要尊重受众的情感，给他们表达和宣泄的渠道，但必须把握以情动人和情绪化的界限，将报道向理性和建设性方面提升。

③发扬媒体的专业精神，深入调查，证实真相。微博、微信等自媒体的迅猛发展，给权威的主流媒体带来了一定的冲击。但后者的调查功能，不仅无法替代，而且更显价值。近年来《钱江晚报》着力打造“独立调查”栏目，平均每周都要推出两篇调查报道。深度挖掘真相，并提供有价值的观点。

④推动政府信息公开，与网络热点抢占先机。根据调查，当前网络上大约70%的事件，话题来源于传统媒体。这说明传统媒体的原创功能还是很强大的。引导网络热点，最佳路径就是针对热点，抢占信息源，形成先发优势。网络媒体应该与主流媒体充分沟通，围绕受众希望了解的敏感问题，让有关负责人和专家主动站出来答疑。

⑤搭建平台，在交流互动中探求正道。贫富差距是当前的网络热点，仇富心理日渐突出，“劫富济贫”等似是而非的论调层出不穷。有鉴于此，《钱江晚报》连续两年举办“阳光财富观”论坛，回答一系列敏感的问题：谁埋下了仇富的种子？如何解决收入分配不公？富人的财富是个人的还是社会的？劫富济贫是否能解决贫困问题？富人如何更好地承担社会责任？通过网络问答、现场交流等形式，让各阶层的人们，从亿万富豪到升斗小民，充分发表意见，在交流互动中澄清事实，寻求共识。

2. 职业新闻人和算法构成的协同把关，对新闻传播业的影响。[人大2019年研]

相关试题：

(1)《互联网信息服务算法推荐管理规定(征求意见稿)》的出台对互联网内容产业的影响。[北邮2022年研]

(2)算法推荐[概念题，中国社科院2022年研]

(3)结合相关案例，论述算法对新闻业的影响。[北体2022年研]

答：把关理论是传播学最基本的理论之一，由库尔特·卢因最早在《群体的生活渠道》中提出，他认为在群体传播过程中存在一些“把关人”，只有符合群体规范或“把关人”价值标准的信息内容才能进入传播的渠道，后来，怀特将此概念引进新闻研究领域，明确提出新闻筛选过程中的“把关”模式。

互联网背景下，基于算法机制下的个性化新闻推送正在被各个平台及媒体机构广泛应用。算法技术在新闻生产与传播领域的应用，打破了传统的把关模式，对新闻业产生了深刻的影响。但是完全的算法个性化推荐也会带来“信息茧房”等问题。因此，职业新闻人和算法构成的协同把关是新闻传播业的发展方向。

(1)算法把关降低了运营工作量，更专注于内容。

算法把关主要是指机器算法通过挖掘到的用户数据，如用户的关系、行为、偏好、需求、社会网络关系、发布的内容等，发掘用户兴趣点，并根据用户兴趣点决定信息的流通及显示位置，可以提高新闻推送的效率。

(2)算法提高新闻分发效率，解决人工编辑难题。

个性化新闻推荐系统拥有海量的“信息库”，内容数量的庞大决定了人工编辑难以对“信息库”内的全部内容进行筛选。算法把关通过模仿编辑的把关行为，对个性化新闻推荐系统内的信息进行判断与选择，代替了编辑的重复劳动，提高了新闻把关的效率，进而使信息产业的生产效率得以提高。与此同时，算法技术使记者和编辑从海量的新闻内容中解放出来，降低了新闻工作者的劳动强度，有助于其专注于技术无法替代的抽象思维与创造性的工作，促进新闻产业向更加精深的方向发展。

(3)算法推荐过于机械，大量负面信息失控。

算法的把关标准与传统的新闻价值观念相去甚远，算法的把关过程主要依靠机器的程序对内容进行过滤，既不能对无法量化的内容进行判断，也不能把人类的价值观念融入把关的标准中。也就是说，算法本身具有机械性，不具备人的意识与情感，仅仅通过关键词和算法模型识别有害内容，无法对内容进行价值判断，更无法对新闻可能产生的社会影响作出正确的判断。另外，算法把关中新闻价值观念的缺失还体现在算法的把关标准对内容生产标准的倒逼。个性化新闻推荐系统的内容有一部分来自于平台自媒体，有些自媒体内容生产者为了使内容被算法推荐，往往会迎合算法的判断标准。由此，故事化的写作风格、靠蹭热点为主的选题依据成了自媒体内容生产的主流，标题党、涉及色情暴力的内容更加容易被算法推荐，也成为自媒体生产者的选择。

(4)职业新闻人和算法构成的协同把关有利于对新闻的价值判断。

公共价值的意见的产生，是建立在人的判断与分析能力基础上的，即使机器可以帮助媒体更好地描绘现实世界的图景，对这些图景的解读，还是依赖于人。从媒体把关到算法把关是一种进步，也符合从“传者中心”到“受者中心”的现代传受关系转移的趋势。但是在个性化新闻推送可以大规模定向地进行信息分发的同时，也需要专业的媒体人对这些信息有所判断。

3. 近期网信办集中治理“自媒体乱象”，试谈谈你的看法。[中传 2019 年研]

相关试题：谣言的产生、传播机制和应对策略。[吉林大学 2022 年研]

答：近期，国家网信办会同有关部门，针对自媒体乱象开展了集中清理整治专项行动。目前，已有 9800 多个自媒体账号被依法依规全网处置，腾讯微信、新浪微博等自媒体平台也被依法约谈。微信公众平台公布，针对内容低俗、标题党、传播谣言、抄袭侵权、刷量刷粉、恶意和重复侵权行为等乱象，共封禁各类低俗账号超过 18 万个，删除相关文章 31 万篇。

(1)“自媒体乱象”产生的原因。

①自媒体碎片化阅读导致网民人文素养的缺失。

当文化进化的机制被打破以后，传播的方式就占据了人类文化变迁发展的主流，而建立于新的传播技术之上的自媒体所能提供的个性、自由空间日益改变着人们传统的阅读方式，使个体满足于粗浅、短暂的思考，而缺乏对道德、人性、人生终极问题的叩问，其结果便是现实社会中真实的人际关系被忽略，人与人之间的疏离感加深。

②网络空间的虚拟性为网络空间表达失范行为提供了技术上的可行性。

网络传播的开放、自由、匿名、把关人缺位等特点，为网民自由表达提供了可能场域，配以上述网民素质参差不齐、网络文化建设滞后等特点，网络信息鱼龙混杂在所难免。如为迎合一些特定群体的低俗性表达，只有在这个虚拟的空间里，才有“繁衍迅速”“屡禁不止”的可能。

③相关立法的空白导致网络监管缺位。

a. 法律规定散乱。规范网络空间的法律法规目前不算少，但大都散乱于各部门法和行政法规之中，大都是政府各部委根据现实需要颁布的部门规章和规范性文件，而非立法机构意义上的法律。

b. 网络立法公众的参与度不高。我国的网络监管立法明显呈现对策性立法特征，都是为了临时适应网络某一阶段出现的某些现象而做出的规定，从宏观角度来讲其不具有适应性，这种应急性立法缺乏公众的参与。

c. 只强调政府监管，缺乏对网络监督主体权利的救济性规定。如最近几年我国针对网络行为的专项行动，政策制定者企图控制言论的入口，而忽略了自媒体传播的新特点，更忽略了规制对象的权利实现，导致规制效果不佳。

(2)“自媒体乱象”的治理之策。

①建立网民自律约束机制——第一道防线。

自媒体传播让公民人人都有麦克风，成为集信息发布者、受众、评论者乃至自我信息管理员等多种功能的集合体。同时，网民处于整个网络社会的最底层，是接受和提供网络海量信息的第一关。然而，网民的素养相对偏低是自媒体意见表达失范的原因之一，因此处于自媒体自律金字塔最底端的网民成为建立自媒体自律约束机制、构筑自媒体规制的第一道防线。

②建立网络运营者自律机制——第二道防线。

《网络安全法》规定，网络运营者是网络所有者、管理者和服务提供者，言论自由领域，主要指各种网站、论坛等社区。这些社区一般都制定了一些自己的规则，如《新浪微博社区公约》《新浪微博社区管理规定》等社区规则。这些规则在规范自媒体中起到了重要作用，一定程度上弥补了法律的空白。这些自律规则虽然还存在一些争议，但在整体上对行业自律是一种推动和有益的探索。微博、论坛等社区是部分自媒体言论的主要场域，也是言论聚散和转发的主要场域，因此引导网络运营者完善相关自律机制，建立网络空间规范的第二道防线，是网络空间自治的关键一步。

③建立行业组织管理机制——第三道防线。

虽然自媒体有不同于传统媒体的典型特点，但传统行业自律机制也是自媒体行业自律可资借鉴的经验。《网络安全法》第二十九条规定，有关行业组织建立健全本行业的网络安全保护规范和协作机制，加强对网络安全风险的分析评估，定期向会员进行风险警示，支持、协助会员应对网络安全风险。因此，应该结合法律，在借鉴传统媒体行业自律的基础上，健全和完善自媒体行业自律机制。

④健全政府间接管控机制——第四道防线。

基于对言论自由和个人权利的尊重和保护，西方国家实际上并不主张政府对媒体(或信息)进行直接监控，我国的传媒集团实际上也在逐渐走向市场化，即政府在媒体的管理上开始逐渐放手。但网络空间秩序的构建已经无可争议地成为影响一个国家政治文明发展的障碍性因素，因此完善相关立法，加强政府的间接管控，建立净化网络空间最有效的一道防线是网络空间治理的关键。

4. 后真相兴起的原因是什么？媒体与公众该如何应对？［复旦大学 2019 年研］

相关试题：

（1）后真相时代传统媒体如何把握新闻真实。［安徽大学 2019 年研］

（2）简述“后真相”与社会化媒体的关系。［北邮 2021 年研］

（3）论述后真相时代，新闻专业媒体应该如何重塑话语权。［山东大学 2022 年研］

答：“后真相”是指诉诸情感及个人信念，较客观事实更能影响民意。其本质含义是：情感战胜事实、情绪的影响力大过事实本身，人们不再关注事实为何物，是因为事实本身变得不再重要。“后真相时代”即在这个时代，真相没有被篡改，也没有被质疑，只是变得很次要了。人们不再相信真相，只相信感觉，只愿意去听、去看想听和想看的东西。

（1）后真相兴起的原因。

①社交媒体成为“后真相”的推动力。

a. 社交媒体赋予人们话语权，刺激信息的传播需求。社交媒体的属性充分刺激了人们的需求，释放了人们的欲望，满足了人们在传统媒体时代无法实现的信息传播、意见表达以及社交需求。

b. 社群化传播下，群体内部容易出现“回声室效应”。社交媒体聚合了相同观点、兴趣的人们，形成了网络社群。网络社群以兴趣、观点、情感、价值观等为共同规范和连接纽带，和社群化传播互为条件。社交媒体的信息生产者利用算法机制精准地生产和推送信息，这不仅满足了用户个性化、社群化的信息兴趣和需求，而且还加固了社群。社群化传播很可能使社群成员生活在信息孤岛之中，强化其各种认识甚至偏见，成为加剧“后真相”的推动力。

c. 媒体执着于对商业目标的追求，为了吸引流量丧失媒介伦理，一味追求眼球效应，制造冲突和耸人听闻的新闻，丧失职业操守。

②信息技术塑造“后真相”的语境。

信息技术更新带来的传播形态变化，也参与了“后真相”语境的形塑。随着互联网基础设施及其终端的多样与完善，去中心化的理念得以不断实现，人人都是传播节点的设想走入现实。信息大量生成，观点呈现多元，在算法驱动下，它们被精确地传送到高度分众化的目标群体中间。反过来，借助技术的赋权，用户同样可以在庞大的信息流和驳杂的观念丛中准确地定位、抽取、吸收特定的内容。它可能带来的后果是：用户在各自的口味和偏好中逐步内卷化，无形中促进了持有同质观念的用户集聚。有分析认为，这样的传播形态有可能构造观念的“回音室”或“过滤泡”效应，阻碍异质观念的交流。

（2）新闻媒体的应对方式。

①加强传统媒体的引导力，介入事实查验。事实查验的目标是向用户提供清晰的、严格审阅的信息，可以起到制约和监督权力、维护民主政治体制、关照公共利益的作用。在以新技术为场景的新传播形态下，事实查验是新闻从业者继续维护特定社会系统运转的试验。

②新闻媒体应重拾专业主义。虽然我们提倡新闻媒体应该着眼于从事实到价值的转换，

但基本事实是价值延伸的基础，情感赋予太多，理性就会丧失。因此新闻媒体应当坚守新闻专业主义，特别是主流媒体更要积极进行舆论引导，将社会意见引入到同一个方向上。

③社交媒体平台和自媒体增强社会责任感。社交媒体平台应该通过改进算法设计，加强人工监控等手段强化事实核查，防止过度的“信息茧房”。另外，自媒体也要主动承担社会责任，杜绝煽动和传递虚假事实。

(3)公众应该增强辨识和批判能力，培养网络时代的媒介素养。

受众应该寻求多方信息源，而不只是满足接受一方提供的消息，对不确定的消息保持怀疑的态度，不信谣、不传谣。与之前依赖新闻媒体等其他社会权威机构过滤信息不同，我们越来越需要自己从纷繁的信源中过滤信息。我们正成为自己的编辑、自己的把关人和自己的新闻聚合器。“新闻素养”应该成为公民素养的一部分，全民都要掌握必要的新闻知识。这要求我们判断碰到的新闻是什么内容，新闻的内容是否完整，以及信源是否可靠；新闻提供了哪些证据，是怎样检验或核实的，要有怀疑精神；有没有其他可能性的解释或理解以及有没有必要知道这些信息。

5. “信息茧房”对公共领域的建构有什么影响？［中传2019年研；北邮2019年研；河南大学2019年研］

相关试题：何为“信息茧房”理论？论述新媒体环境下“信息茧房”对人们信息交流和沟通的影响。［上海大学2020年研］

答：“信息茧房”是指人们的信息领域会习惯性地被自己的兴趣所引导，从而将自己的生活桎梏于像蚕茧一般的“茧房”中的现象。这个概念是由美国学者凯斯·桑斯坦提出的，他认为网络化虽能带来更多的资讯选择，整个社会看似更加民主自由，但在“个人本位”理念之下，势必蕴藏着对民主的潜在破坏。在社群内的交流更加高效的同时，社群之间的沟通并不见得一定会比信息匮乏的时代来得顺畅和有效。

(1)“信息茧房”的成因。

①互联网技术激活了个人行为。技术的发展使用户的信息接收行为更加主动，在自媒体时代，每个人都是网络社会中的一个节点，互联网用户可以轻易通过网络搜集到自己感兴趣的信息，同样在自媒体时代，每个用户在接收信息的同时也在网络平台上发布自己的信息，个人既是信息接受者，又是信息生产者，个体与个体在网络空间里相遇和交流。

②以用户体验为核心的传播模式成为主导。互联网海量的信息也造成了信息内容的繁杂与同质化，用户的注意力成为新媒体产品产生效益的关键，随着手机客户端的兴起和新媒体技术的发展，以用户体验为中心的传播模式成为主导，新媒体平台正逐步为用户提供更加精准的服务。

③以兴趣为基础的群体快速聚合。社交平台中各类意见的碰撞与聚合使以兴趣为基础的群体快速聚合，随之而来的是个人接受信息的“窄化”，自己为自己打造的信息格子逐渐形成，出现“信息茧房”的现象。

(2)“信息茧房”对公共领域建构的影响。

①“意见自由表达”受阻。

a. 网络交往的平等，不代表话语权的平等。网络交流主体理论上可以自由地发布各种信息，但是真正能进入公众视野中的往往只是少数网络精英的信息。网络媒介对海量信息的储存与传输，使公众对信息的筛选难度增加；而且网络信息的真实性也难以得到保证。因此网络精英阶层与权威信息源就成为受众的首选，他们对信息的垄断导致了多数人话语权的丧失。

b. 隐性的言论自由剥夺。网络的信息流动造成了隐性的言论自由剥夺，即互联网没有主动给浏览者提供他们应当获得的内容，使人们意识不到对这些内容的需求，这也被称为“合理化剥夺”。

②群体极化造成公众理性批判的缺失。

群体极化是社会心理学术语，最早由美国传媒学者詹姆斯·斯托纳于1961年发现群体讨论时的现象而提出。其含义为：在一个组织群体中，个人决策因为受到群体的影响，容易做出比独自一个人决策时更极端的决定。

公众以相同的立场发表自己的观点，势必造成强势意见无限膨胀，群情激愤往往会转化为一种舆论压力，但这种舆论压力缺乏理性精神的指引，对于公共领域的建构实际上起着一种消极作用。除此之外，公众在网络传播内容上也存在着“非理性因素”，如谩骂、人身攻击、造谣、色情、暴力等内容也会直接损害公共领域的建设。

③社会黏性削弱，破坏共同体维系。

桑斯坦关于社会黏性的大致逻辑如下：整个社会需要一种社会黏性，这种黏性是由共同经验得来的。但在网络时代，个人可以对信息进行选择性输入，这就减少了共同经验，不同意见群之间的冲突将会上升。当人们把不喜欢看到的信息事先过滤掉的时候，就难以理解和同情异己的观点和价值观。因此，社会黏性便会减少，共同体的维系也会出现问题。

从社会心理学角度来看，人们倾向于追求“认知平衡”。也就是说，若得到的信息与自身的认知框架不符，人们就拒绝接受，或者按照已有框架改造它。于是，互联网的出现，使人们脱离了公开的信息广场，不用理会不同的声音，只需动动手指，便能见到所有希望看到的内容。这种模式反复叠加，接收到的信息就只能是信息回声。信息回声使人们难以克服自身知识的局限，更难以在社会生活中形成有价值的基本共识。而“信息茧房”的极度深化，会破坏一个社会的基本共识。

虽然网络媒介的信息共享、公开透明、普遍参与、即时互动的特性，为网络公共领域的建构打造了一个理想的平台，但随着互联网技术的日新月异，网络世界能否成为建构公共领域的美好前景还有待进一步探讨。应该如何遏制“信息茧房”的负面影响，利用网络建立起公共领域或具有类似功能的场域，值得进行深入的研究。

6. 网络语境下新闻把关人的标准转变。[中央民大2019年研]

相关试题：结合“把关人”理论谈谈网络舆论管理过程存在的问题及对策。[北邮2019年研]

答：“把关人”是指在新闻传播的信息采集、整理、选择、处理、加工和传播环节中控制信息流通的人，这些人不仅仅包括新闻编辑，还包括传媒组织，甚至还包括其他外部力量。这个概念最早由美国社会心理学家库尔特·勒温提出，他当时研究的是家庭主妇对家庭食品的把关作用。1947年，他在《群体生活的渠道》一书中再次论述这个问题，指出群体传播中存在一些“把关人”，只有符合群体规范或“把关人”价值标准的信息内容才能进入传播的渠道。

互联网的发展改变了我们生活的方方面面，尤其在信息传播领域，互联网时代的到来，极大地改变了大众传播时代的信息传播环境。一种全新的媒体环境正日渐消解传统媒体的生存空间，信息传播的方式和过程与过去大不相同。网络媒体中"把关人"的角色、把关方式、把关过程都发生了转变。具体表现在以下几个方面：

(1)"把关人"角色趋向多元化。在传统媒体时代，"守门人"的角色多由记者、编辑承担，只有这些少数的大众媒介内部人员掌握着把关的权利，决定哪些信息能够进入大众的视野，大众媒介的外部人员基本无法参与信息的把关。而在传播渠道充分畅通、传播权利充分泛化的网络时代，传播过程越来越呈现出双向的、互动的特点，专业的传媒组织不再是传播话语权的垄断者，网络"把关人"呈现多元化态势。

(2)从"事前把关"到"事后把关"。传统媒体时代，传媒机构组织内对信息的把关主要是通过"把关人"对信息的采写、审核、决策以及发布等方面来实现的，是在内容发布前的筛选和加工，是信息发布前的"事前把关"。这种"事前把关"是通过单一的渠道把控，更看重社会的有效控制。主要体现在政府通过管控媒体，把控社会舆情，以期达到维护民众利益和社会安定的目的。而网络传播环境中，个人层次往往是"事后把关"。个人在网络传播中更注重事后对信息的过滤、转发，再以传播者的角度发表言论、观点、评论社会事务，对自己的言论进行把关。"事后把关"比"事前把关"体现出更多的个人动机以及自主性。

(3)把关程序趋于简化。传统媒体时代，信息的发布往往要经过记者、编辑、校对、责编、总编等层层把关，把关人员、程序较多，信息的筛选较为严格。而网络传播时代，传统媒体的新闻网站只是将纸媒新闻"搬"上网，一般只有少数的网络编辑直接负责；以营利为目的的商业网站更是如此，不仅挤压资金招募专业的采编团队，甚至只有少量的非专业人员直接掌握网站的信息发布权，大大缩减了把关程序。这样做虽然在某种程度上扩大了受众的知情权，但也带来了网站新闻质量差、商业娱乐新闻泛滥、受众接收面变窄等一系列问题。

网络时代纷繁复杂的传播格局对"把关人"提出更高的要求，把关人的角色和功能产生很大程度的转变。在海量信息充斥网络的时代，网络传播中的各类"把关人"都应积极地发挥把关功能。只有传统媒体、政府部门、网络编辑以及广大网民通力协作，树立"把关"意识，建立多层次、高密度的网络把关网，才能更好地应对当今复杂的网络传播环境，营造健康的网络生态环境。

第五章　网络中的用户

5.1　考情分析

本章分析了网络用户在网络中的生存特点与需求，以及扮演着信息消费者和新闻生产者角色的网络用户的行为特点，同时也介绍了用户群体聚集产生的影响。多视角的分析，能够丰富我们对于网民的认识，属于“5W”中的受众研究。

其中用户的各种生存方式，如数字化、虚拟化及表演化，以及关于用户心理的三个理论(平衡理论、调和理论、对称理论)常以概念题的形式考察。用户的社会性、主动性以及群体圈层化、群体智慧或迷失往往出现在综述类题目中。

5.2　复习笔记

【视频导学(名师点拨)】

网络中的用户

扫码看视频导学

【知识框架(庖丁解牛)】

- 网络中的用户
  - 用户在网络中的生存特点
    - 数据化生存
    - 表演化生存
    - 节点化生存
    - 并发性生存
  - 网络用户的需求
    - 关系需求：自我塑造、情绪管理、人际交流、社会互动、社会报偿
    - 内容需求：环境认知、个人发展、休闲娱乐
    - 服务需求：线上服务、线上与线下相连接的服务
  - 作为信息消费者的网络用户
    - “个性化”与“社会化”并存的用户
    - 主动性与被动性并存的网络用户
  - 作为新闻生产者的网络用户
    - 网络用户参与新闻生产的方式
    - 网络用户参与新闻生产的特点

- 网络中的用户
  - 网络群体互动中的心理机制
    - 他者产生的心理影响
    - 群体产生的心理影响
  - “群氓的智慧”与群体性迷失
    - “群氓的智慧”及其形成原因
    - “群体性迷失”及产生原因
    - 影响网络群体智慧形成的结构与机制因素

【考点难点归纳(厚积薄发)】

考点一：用户网络生存的特点 ★★★

1. 数据化生存

个体在网络时代有了新的生存方式，这就是数据化生存。数据的含义与形式，见表5－1。

表5－1　数据的含义与形式

要点		具体内容
含义		包括：①个体思考与见解的记录；②个体行为、活动的另一种形态；③个体的映射与化身
分类	个体控制数据的形式	包括：①个体被平台提取的信息；②个体主动生产的数据；③用户主动和被动交织产生的数据
	数据类型	包括：①个体有目的地生产的内容型数据；②个体无意识产生的活动型数据

2. 表演化生存

(1)社会互动的基本策略是“表演”。如头像、昵称、交流手段、自我披露程度等，都是表演的策略。

(2)网络空间表演的前提是“虚拟性”。网络用户基于数字化的虚拟空间[可以不透露真实身份，进入匿名状态]进行“表演”。

(3)网络空间表演的特点——角色自由，具体见表5－2。

表5－2　网络空间表演的特点——角色自由

要点		具体内容
角色的内涵		是一种个体在社会化过程中将社会期望系统内化为自身期望系统，从而呈现出的外在行为模式
角色丛		个体拥有的多重身份
角色的划分		依据特征可分为：①先赋性角色与获得性角色；②活跃性角色与潜隐性角色；③正式角色与非正式角色；④现实角色与虚拟角色
角色功能		包括：①互动；②规范；③自我表达
角色扮演心理过程		包括：①角色获得；②角色表演；③角色转换
网络中角色自由的体现	获得的自由	不受环境限制，完全出于个体意愿折射内心诉求的多重角色设置
	表演的自由	匿名虚拟空间中，人们可以更多地表现出“个性化的自我”
	转换的自由	主要指角色获得的轻易性、角色多重分化的可能性

(4)表演背后的心理动因：费斯汀格的认知失调理论，见表5－3。

表 5-3 费斯汀格的认知失调理论

要点	具体内容
概述	20 世纪 50 年代美国心理学家费斯汀格在《认知失调论》中提出该理论，其核心观点是：人们希望维持各种认知间的平衡状态，一旦自己的行为与态度之间出现不和谐，或接触两个冲突的观点，就会产生心理的不和谐，这种认知失调的状态会促使人们采取措施重新回到认知和谐平衡的状态
失调的原因	包括：①逻辑冲突；②文化习俗；③普遍观点；④过往经验；⑤承诺、意志、责任等因素
减少失调的方法	①将自己观点改变进而保证与他人认知一致； ②使他人观点向着与自己认知一致的方向发展； ③以贬损别人等方式，将自己提升至与他人不可比较的位置

【考点拓展】戈夫曼的拟剧理论

戈夫曼于 1959 年出版《日常生活中的自我表演》一书，采用戏剧分析的方法，从印象管理的角度来揭示社会互动的特点。书中提出的戏剧理论亦称“拟剧论”，是用表演说明日常生活中人与人之间相互作用的一种符号互动理论。该理论把社会比作舞台，把全体社会成员比作在这一舞台上扮演不同角色的演员，认为他们在社会互动中表现自己，努力把握自己给他人造成的印象，使自身的形象能最好地为自己要达到的目的服务。

3. 节点化生存

每个用户都是终端、内容、人、服务等连接起来形成的巨大的“网”上的“个体节点”，这些“个体节点”有不同的类型，见表 5-4。

表 5-4 个体节点的类型

类型	具体内容
作为社会连接单元的个体节点	①有效放大个体的网络影响力； ②使社会影响个体的程度加深
作为传播中心的个体节点	个体可以出于个人需求，构建社会关系网络来筛选信息，同时根据需要重新处理信息，在此过程中形成对社会的认知基础和认知框架
作为内容—社交—服务融合单元的个体节点	用户在内容、社交和服务上的需求和行为特征具有关联，以用户行为、习惯数据为纽带，是未来进行用户分析的重要拓展方向

4. 并发性生存(见表 5-5)

表 5-5 并发性生存

要点	具体内容
原因	“多道并发性”：移动终端的技术并发性使人们在同一时空可以做更多的事情，即“一心多用”
影响	①注意力难以集中； ②任务处理效率降低； ③记忆力衰退； ④信息过载

考点二：网络用户的需求 ★★

1. 关系需求

关系需求是用户在网络中的核心需求。获得并维系关系，见表 5-6。

表 5－6　获得并维系关系

要点	具体内容
自我塑造	通过网络信息和互动构建自我认知，并以各种方式塑造理想形象，围绕这个形象进行自我表达
情绪管理	网络的“去抑制”功能，使网络情绪释放更为激烈，但在某些强关系构成的空间更易被抑制
人际交流	网络改善人际交往质量，也可能带来现实关系的疏离
社会互动	以“分享”“交往”和“参与”等不同形式表现出来的信息、精神、行动层面的互动，发生在更为开放的公共空间
社会报偿	出于社会归属感形成的关系网络，可带来情感交流或信息层面的即时报偿或长期报偿

2. 内容需求(见表 5－7)

表 5－7　内容需求

要点	具体内容
环境认知	①多元化的网络信源，在相互补充和相互校正之间，使得人们可以更加完整地认识客观社会环境。 ②人们对于环境的认知，既来源于网络信息，也来源于人际交流和群体互动
个人发展	用户能够通过网络来获得新知识，开阔眼界，储备所需的学习或工作资源，促进自我提升
休闲娱乐	强大的用户需求驱动在线音乐、在线视频、动漫等各类内容产品的迅速发展

3. 服务需求(见表 5－8)

表 5－8　服务需求

要点	具体内容
线上服务	指各种线上平台或工具，为用户解决其在生活、工作、学习等方面的问题
线上与线下相连接的服务	用户混合需求的满足，可能是多种网络应用同时作用的结果

考点三：作为信息消费者的网络用户　★★

目前网络用户仍然以信息消费为主，但从信息消费角度看，网络用户与传统媒体受众存在很大的差异。

1. “个性化”与“社会化”并存的用户(见表 5－9)

表 5－9　“个性化”与“社会化”并存的用户

要点	具体内容
网络用户个性化的表现	网络提供个性化服务的方式有：①基于用户需求偏好和行为特点的个性化信息推送；②用户自主设定信源，通过他人筛选获得个性化信息
网络用户社会化的表现	①个体的信息消费可直接作用于信息生产的过程。 ②用户间信息引导与平台信息引导相互交融，深入整个信息引导网络。 ③个体态度和行为受到互动氛围影响，形成群体效应。 ④信息消费是人们寻求社会发展关系，融入社会群体的手段。 ⑤社会化网络环境将个体能量聚合为社会能量，产生强大影响

2. 主动性与被动性并存的网络用户(见表5-10)

表5-10 主动性与被动性并存的网络用户

要点	具体内容	
主动性的表现	①可根据需要自由选择或主动“拉出”信息并设置信息源。 ②用户可以通过信息发布、内容评价参与传播过程	
被动性的表现	惰性	包括:①依赖标题;②扫描式阅读;③依赖关键词
	惯性	包括:①打开平台相对稳定;②使用路径相对稳定;③浏览区域或对象相对稳定;④视线轨迹相对稳定

考点四:作为新闻生产者的网络用户 ★★★★

1. 网络用户参与新闻生产的方式(见表5-11)

表5-11 网络用户参与新闻生产的方式

要点	具体内容	
初级新闻生产中网络用户的参与	启动性生产	用户向媒体提供新闻报道线索
	资源性生产	用户参与可提供报道素材的调查
	原创性生产	有意识地提供完整的新闻报道或评论
	互动性生产	用户的参与讨论本身为报道一部分
新闻再生产中网络用户的参与	扩散性生产	人们基于自然评判标准通过微博、微信转发扩散新闻
	提升性生产	用户对某事件的意见反响,会提升事件或新闻的社会关注度
	整合性生产	根据自己的价值判断对新闻进行筛选、整合、重新编排,为其他用户提供有序的整合新闻资源

2. 网络用户参与新闻生产的特点(见表5-12)

表5-12 网络用户参与新闻生产的特点

要点	具体内容
用户参与的非制度性	用户参与新闻生产的方式与过程均是随机的
网络聚合效能的决定性	影响聚合效能的因素包括:①参与用户的数量积累;②群体互动规模与程度;③专业机构的“催化”
对专业机构生产的依附性	用户新闻生产并非完全独立,一般深度依附于专业机构,两者间形成相互融合的共动
再生产的“正反馈”效应	用户的再生产行为对专业机构的新闻生产来说,既可以承担效果检验的责任,又可以对效果进行放大或削减

考点五:网络群体互动中的心理机制 ★★★★

1. 他者产生的心理影响

(1)海德的平衡理论,见表5-13。

表 5-13　海德的平衡理论

<table>
<tr><th>要点</th><th colspan="2">具体内容</th></tr>
<tr><td>主要观点</td><td colspan="2">不平衡的状态导致紧张，并促进恢复平衡</td></tr>
<tr><td>理论模型</td><td colspan="2">海德研究 P-O-X 三者的关系如何，怎样保持平衡：①P 指个人即研究对象；②O 指另一个体；③X 指某一物质客体或观念、事件</td></tr>
<tr><td>保持平衡的条件</td><td colspan="2">①三者在所有方面处于正面关系。
②三者中有两种关系是反面，一种关系是正面</td></tr>
<tr><td rowspan="4">案例解析</td><td>模型指代</td><td>①P 指小丽；②O 指小明；③X 指小明想创业</td></tr>
<tr><td>平衡状态</td><td>①小丽(P)对小明(O)和创业(X)均肯定。
②小丽(P)对小明(O)和创业(X)均否定</td></tr>
<tr><td>不平衡状态</td><td>不平衡状态下，小丽(P)不认可小明的个人能力，但赞成其创业的想法(X)</td></tr>
<tr><td>恢复平衡的方法</td><td>①小丽(P)改变对小明(O)的看法，认为其能力过人。
②小丽(P)改变对创业(X)的看法，认为创业不值得一试。
③小丽(P)劝说小明(O)放弃创业</td></tr>
</table>

(2)纽科姆的对称理论(A-B-X 理论)，见表 5-14。

表 5-14　纽科姆的对称理论(A-B-X 理论)

要点	具体内容
主要观点	①平衡，主要指人的感觉系统和情绪系统处于没有压力的状态。这一理论认为，如果双方存在着友好关系，并且对同一事物也持有一致或相近的观点或看法，两者就是平衡的。 ②人处在不平衡状态时，会感到心情紧张，并产生一种力求恢复平衡的力量；当人处于平衡状态时，会感到舒适和放松。 ③平衡理论强调信息的发出者利用“相似性”的人际吸引为中介，通过沟通，与接受者产生认同，达到协调的目的
理论模型	①两个认知者 A 与 B 是情感关系。 ②事物 X 是被认知的对象
研究结论	传播只有在某些条件下才可能活跃： ①认知者 AB 之间要存在强烈的吸引力。 ②事物 X 至少要对参与者中的一方具有重要性。 ③事物 X 对传播双方来说都是恰当的
理论意义	解释了人际、群际传播中“物以类聚、人以群分”的原因

(3)奥斯古德的调和理论，见表 5-15。

表 5-15　奥斯古德的调和理论

要点	具体内容
主要观点	在海德的基础上，强调个体对“来源”的态度
理论模型	研究 P-O-S 三者间的平衡关系：①P 指个体；②O 指对象；③S 指对象的来源
研究结论	不平衡出现的条件：①三者中只有一个否定关系；②三者关系均是否定的

续表

要点	具体内容
案例解析	模型指代：①P 指小王；②O 指中国抗疫；③S 指 CNN 记者。 不平衡状态下，小王(P)欣赏这位 CNN 记者(S)，肯定中国抗疫(O)的成果，但 CNN 记者(S)对中国抗疫(O)报道不实

2. 群体产生的心理影响

(1)从众心理的含义。从众心理是指个体的知觉、态度、判断与行为由于团体压力的影响表现出与团体内大多数人所持观点一致的现象。

(2)从众心理的产生条件。“从众心理”更多地出现在个体利益被直接影响的情境中。在网络环境中，从众心理的动因在不同情境下所产生的作用不同。

考点六：“群氓的智慧”与“群体性迷失” ★★★★

1. “群氓的智慧”及产生原因(见表 5－16)

表 5－16　“群氓的智慧”及产生原因

要点	具体内容
理论缘起	凯文·凯利在《失控》中提出“群体被看作一种自适应的技巧，适应任何分布式的活系统，无论是有机的，还是人造的”
主要观点	①群体通过多元的认识视角和观点碰撞，变得更加智慧与强大。 ②社会化媒体方便了群体的协同行动
“群氓的智慧”产生的理由	①社会网络使得个体能够自由参与，为群体智慧奠定基础。 ②多数人聚集产生的意见会胜过少数最优者意见，通过个体间的互补产生群体智慧。 ③群体互动有助于激发个体的利他行为，个体在利他行为中寻求自我满足。 ④自组织机制指引群体聚合从混沌走向秩序

2. “群体性迷失”及产生原因(见表 5－17)

表 5－17　“群体性迷失”及产生原因

要点	具体内容	
理论缘起	①欧文·詹尼斯提出的“群体盲思”，指群体可能助长轻率危险的一致达成与自我审查，并因此不能综合信息、扩大讨论范围。 ②桑斯坦提出“群体极化”，指协商群体中的成员典型地选择与自身倾向相一致的更为极端的立场	
主要观点	由于网络群体心理作用，个体会丧失理智，导致集体性愚笨、疯狂或盲从现象	
“群体性迷失”产生的理由	从众心理	在团体压力下产生与大多数人一致的态度、行为、判断
	信息遮蔽	群体强调多数人信息而忽略少数人信息，在信息不完整状态下做出判断并表达态度
	匿名效应	网络中的匿名效应使得网络中的个体约束感降低，并在群体氛围推动下冲动或盲目言行

3. 影响网络群体智慧形成的结构与机制因素

(1)群体的连接模式：“多中心”的分布式网络。

(2)群体的聚合结构：开放、流动中的秩序。
(3)群体的协作机制：分工明确、有效激励、相互校正。
(4)群体的协商氛围："理想的商谈环境"。

5.3 课后习题详解

1. 你如何认识网络用户的数据化生存、表演化生存和节点化生存?

答：网络为人们提供数字化生存的空间，人们呈现出不同于现实世界的生存特点。用户在网络中的生存特点包括数据化生存、表演化生存和节点化生存。

(1)数据化生存。

数据化生存是指公众的思想见解、生活状态被网络平台有意或无意记录下来，并以数据的方式再次呈现。从个体对数据的控制关系角度来看，个体的数据可以分为：①个体被动产生数据内容，注册使用的个人信息；②个体主动产生数据内容，即用户主动制造出大量的内容；③介于主动与被动之间的数据。如可穿戴设备形成的用户数据，用户既可自由选择，但又在设备的数据使用上缺少主动性。

过去在论坛等互动空间，"数据"呈现一定的"公共性"，博客时代到来后，"数据"转向"自我"，是人们展现与塑造"自我"的重要手段。但数据化技术使个体面临更多的暴露风险，未来人们将争取个人数据不公开权及被遗忘权等。

(2)表演化生存。

用户通过主动生产数据，来与他人进行互动。从社会学的角度看，这是一种表演。理解表演化生存可以从以下四个方面来看：

①社会互动的基本策略是"表演"。如头像、昵称、交流手段、自我披露程度等，都是表演的策略。

②网络空间表演的前提是"虚拟性"。网络用户基于数字化的虚拟空间进行"表演"。在这样的空间，人们可以不透露真实身份，进入匿名状态。

③角色自由：网络空间表演的特点。网络用户的角色表演相比现实空间更具备自由性，这主要体现在角色获得自由、角色表演自由、角色转换自由这三个方面。

④表演背后的心理动因。人们在虚拟世界里的自我表达，多与他们在现实世界里的心理诉求相关。如20世纪50年代美国心理学家费斯汀格在《认知失调论》中提出的认知失调理论中提出，人们在虚拟世界里的自我表达是为了使其现实社会中失调的认知重新回到平衡状态。

(3)节点化生存。

每个用户都是在终端、内容、人、服务等连接起来形成的巨大的"网"上的"个体节点"，这些"个体节点"有不同的类型：

①作为社会连接单元的个体节点。作为网络节点的个体，能够有效地放大个体的影响，也可能对个体产生更多的社会影响。如通过微博等社会化媒体，个体在平台上直接或间接地连接在一起。

②作为传播中心的个体节点。个体作为网络的节点愈加地表现出传播中心的属性。在

Web2.0技术推动下，以“个人门户”为典型的传播模式带来基于个体意愿构建的传播中心。

③作为内容—社交—服务融合单元的个体节点。用户在内容、社交和服务上的需求和行为特征具有关联，以用户行为、习惯数据为纽带，是未来进行用户分析的重要拓展方向。

【真题链接】

(1)网络用户的生存特点。[贵州大学2022年研]

(2)简述网络用户的特征。[中传2022年研]

2. 并发性生存对人会产生什么样的影响?

答：移动互联网时代，用户在网络生存表现出了并发性的特点，即移动终端的升级发展使人们在做事的时候可以不受时间和空间限制，行为呈现“多道并发性”特点。并发性生存对人产生的影响主要有以下两个方面：

(1)短期：激发用户潜能，提高处事效率。

移动终端使得人更多适应“一心二用”“一心三用”的状态，如短期内部分用户可能会因此被进一步激发潜力，在有限的时间内，同时处理多件事情，提高自身的工作或学习效率。

(2)长期：用户注意力残留，工作效率降低。

多任务不断跳转、进行处理的行为会造成“注意力残留”，即当人从上一项任务切换到新任务时，注意力无法完全被转移，部分注意力会残留在原始的任务中。注意力的残留量越大，进行下一项任务的状态就会越糟糕。因为切换任务会消耗大量的心力和时间，不停被切断的注意力想要再次集中，就会变得很难。多任务频繁切换，涌入的新信息会占据工作记忆，注意力被分割，造成大脑对信息的处理能力下降，导致工作效率大幅度降低。

3. 你如何理解网络用户的“懒”?

答：网络用户的“懒”源于人本性中的惰性，体现为总是希望以最小的成本获取最大的报偿。参照施拉姆的选择或然率公式，网络用户在选择时会权衡付出的金钱代价、精力代价、时间代价等代价和获得的报偿。用户的“懒”体现在以下三个方面：

(1)依赖他人。依赖他人是降低成本的一种方式，网络用户间的相互影响会逐渐加深。

(2)依赖系统。依赖系统，例如使用网站本身的设置、编辑的安排或者技术的引导，来降低成本。

(3)简化式阅读。网络用户在阅读上，有时会采用偷懒的简化式阅读：

①标题依赖。如果用户没有被内容特别吸引，他们往往就只是阅读标题，而不进入正文阅读。例如，英国煽情性报纸《星期天每日星报》发表了《英国清真寺拿现金给恐怖分子》的报道，但在该报道中并未涉及任何一家清真寺，而仅仅是提到英国北部城市布拉德福德的一个团伙为恐怖分子募集资金，这篇报道也被独立新闻标准组织(IPSO，Independent Press Standards Organisation)所谴责；而《太阳报》也曾经发表过一篇题为《五分之一的英国穆斯林同情圣战者》，毫无疑问该标题也有着严重的误导性。基于用户的这一特点，“Click bait”(点击引诱)或“Click bait news”(点击引诱新闻)应运而生。

②扫描式阅读。在网络阅读环境中，人们通过快速扫描，在扫描过程中把握文章主题。根据第16次全国国民阅读调查显示，中国成年国民超过半数倾向于数字化阅读方式，娱乐化和碎片化特征明显，深度图书阅读行为的占比偏低，例如3分钟看完某电影等扫描式汲

取文本内容的新媒体产品一度以大比重占领市场。

③关键词依赖。在某些时候，网络用户的理解与思考会由段落文本下降到词语层级，只关注关键词。

4. 你如何理解网络用户“个性化”与“社会化”并存的特点?

答：与传统媒体相比，“个性化”的网络用户能够获得“个性化”服务；“社会化”是指人们受到社会环境的影响，可以从以下几个方面认识网络用户“个性化”与“社会化”并存的特点：

(1)网络用户个性化的体现。

①算法的个性化推送：网站或客户端服务的提供者基于用户需求偏好和行为特点进行个性化信息推送。

②信源筛选的个性化：用户自主设定信息来源，在社会化媒体上通过筛选来获得所需要的个性化信息。

(2)网络用户社会化的突出表现。

①个体的信息消费包括用户点击、转发、评论等信息生产行为都会对他人产生影响，个别行为的集合可能影响信息传播的大局，并由此形成一种作用于信息生产的调节机制。

②用户间的信息引导在各种社会化媒体平台上，已经同网站或搜索引擎等信息引导网络紧密交融，互相影响。

③互动氛围影响个体认知与行为，并形成群体效应。人们在网络中通常以人际传播或群体传播渠道与他人互动并形成对信息的认识与评价，其中人们的意见表达与行为方式也是与他人互动的结果。

④人们通过信息消费维系社会关系。在网络的社会环境中，通过信息消费融入社会群体是人们的本质心理需求。因此，人们自动卷入信息消费的社会过程，并主动寻找满足需求的社会化氛围。

⑤个体能量通过网络聚合成社会能量。网络可以将个体能量聚合起来，产生强大的社会影响，主要表现在对网络议程设置、网络舆论形成产生影响，例如江歌案中的舆论审判。

5. 网络用户在哪些情况下是主动的，在哪些情况下是被动的?

答：在参与互联网活动的过程中，网络用户是主动性与被动性并存的个体，既有主动参与也有被动接受。了解用户的这一特性对于互联网产品与服务的创新具有重要意义。

(1)网络用户主动性的表现。

①用户主动地选择媒介消费。网络技术使得用户根据自己的需要自由主动“拉出”信息成为可能。用户可以更加自主地选择自己青睐的网站、信息、产品或服务，而且在时间上和空间上也有了更强大的自主性。

②用户主动地参与传播过程。网络用户既可以提出自己的信息需求，对传播的内容做出评价，也可以成为信息的发布者，通过这些方式更主动地介入传播过程。

③用户主动地选择信息源。在社会化媒体里，人们可以自主设置信息源，用户的主动性进一步得到提高。

(2)网络用户被动性的表现。

①网络用户认知的惰性。人们会通过依赖他人或者系统获取选择信息。比如在网络阅读中，多数时候用户会通过阅读标题、扫描式阅读和捕捉关键词等方式进行偷懒式简化阅读。

②网络用户行为的惯性。用户往往习惯于现有的系统设计、界面操作流程，对于较大的 UI 界面更新和系统操作流程的变更往往表现出不适应。总体上，用户整个的网络行为处于相对稳定的状态。

6. 你认为网络用户的新闻生产有哪些特点？

答：网络用户既是信息的消费者，同时是信息的生产者。在新媒体环境下，专业媒体垄断新闻生产与传播的局面逐渐被打破，用户作为生产者的角色表现得愈加明显，作用也越来越大。网络用户参与新闻生产呈现出如下特点：

(1)用户参与的非制度性。

用户常常是无意参与到新闻生产的工作，是否参与新闻生产，参与新闻生产的方式选择，也是随机的。用户的意见态度表达也会随着网络情境的改变而改变。

(2)网络聚合效能的决定性。

用户参与新闻生产的作用与效果，并不由个别的用户决定。当很多用户同时参与转发某条新闻，或有大规模的互动、讨论时，才能达到提升新闻关注度与影响力的效果。

(3)对专业机构生产的依附性。

用户新闻生产并非完全独立，一般深度依附于专业机构，两者间形成相互融合的共动。但这种依附是一种不同于表层依附的深层嵌入，它促使 UGC + PGC 联动传播的新闻业态的形成。

(4)再生产的"正反馈"效应。

从某种意义上来说，用户的再生产行为像是一种增强强者，弱化弱者的正反馈。因此，网络用户的行为，对专业机构的新闻生产，既可以检验效果，又可以放大效果或削减效果。

7. 你认为网络带来"群氓的智慧"还是导致"群体性迷失"？为什么？

【参考答案 1】我认为网络带来"群氓的智慧"。群体通过多元的认识视角和观点碰撞，变得更加智慧与强大。而在社会化媒体的支持下，群体的协同行动也变得更易实现。因此，网络带来"群氓的智慧"，具体理由如下：

(1)社会网络铺垫了群体智慧的基础。

互联网上的社会网络的连接特性，如对等性、开放性，使得每个个体可以自由参与，也为信息与智慧的自由流动开放了多种途径。因此，社会网络铺垫了群体智慧这一不可或缺的重要条件。

(2)个体间的互补产生群体智慧。

多样化的群体聚集所形成的集体意见会胜过少数最优者的意见。许多人参与协商过程时，其意见不是简单相加，而是不断协商以期得到一个最优结果。协商的过程就是智慧存在差异的个体间的互补产生群体智慧的过程。

(3)群体互动有助于激发利他行为。

社会互动环境中的个体在网络环境中依然会倾向于互助。在互动过程中，人们身上利他的因素可以被一定程度激发。克莱·舍基认为，人在社会环境中的行为会有所节制，人会表现得不那么自私。在多数网络互动环境中，我们可以看到，由于各种因素的影响，利他行为得到较大程度的激发。

(4)自组织机制使群体聚合从混沌走向秩序。

网络中的自组织机制可以优化自发聚集的群体，使得其逐渐从无序状态走向具有合理分工和有序结构的状态，使个体智慧能够更好地发挥出来，从而提高群体本身的创造力，实现群氓的智慧。

【参考答案2】我认为网络带来“群体迷失”，即在网络群体心理作用下，个体会丧失理性，会导致集体性的或愚笨、或疯狂、或盲从。具体理由如下：

(1)群体心理。法国心理学家古斯塔夫·勒庞在《乌合之众》一书中指出，当个人是一个孤立的个体时，他有着自己鲜明的个性化特征，而当这个人融入了群体后，他的所有个性都会被这个群体所淹没，他的思想立刻就会被群体的思想所取代。而当一个群体存在时，他就有着情绪化、无异议、低智商等特征。勒庞对群体心理的分析，成为研究当今网络现象的参考依据。此外“沉默的螺旋”“从众心理”的理论，亦为网络群体性迷失提供了解释。

(2)信息茧房。桑斯坦在《信息乌托邦》一书中着重分析“信息茧房”和“群体迷失”问题。他认为，个体对不感兴趣或不利于自己的信息进行遮蔽。这种选择性心理会使人们依据个人偏好来进行信息选择与传播，产生“信息茧房”，使得人们在信息不完整的情况下做出判断并表达态度。这样的判断和态度，也就难免会产生偏差。个体的判断偏差，可能会得到群体的广泛传播，影响到更多的人。如果这种遮蔽发生在那些“权力中心”的身上，影响就会更大。

(3)匿名效应。网络中的匿名效应使得网络中的个体约束感降低，并在群体氛围推动下冲动或盲目言行。但是，需要注意的是网络的“匿名”实际上是一种“伪匿名”，是有限的“匿名”。

5.4 考研真题与典型题详解

一、概念题

1. 数据化生存

答：数据化生存由学者彭兰在《网络传播概论》中提出，是指网络时代个体生存的一种方式。数据既是个体思想与见解的记录，也是个体行为、活动的另一种形态，数据成了个体的映射与化身。从个体对数据的控制关系角度来看，个体的数据有三种：①个体被动产生的数据内容；②个体主动生产的数据内容；③介于主动与被动之间的数据。数据在记录个人行为的同时也记录了很多社会场景、社会活动，并传达出其背后的社会情绪，与大众媒体的记忆形成一种补充、印证关系。同时，数据化也让个体暴露在更多的风险中。

2. 认知失调理论

答：认知失调理论是美国心理学家利昂·费斯汀格(Leon Festinger)提出的一种社会心理学理论，用于阐释个体的态度变化过程。该理论的基本出发点是，人们在观点、态度、行为等之间具有一种一致或平衡的取向。而认知元素之间可能存在着“不适合”的关系，由此产生了认知失调；认知失调形成了减少失调和避免失调的压力，这种压力所产生的结果从认知的改变、行为的改变、选择性接触信息和观点上表现出来。费斯汀格认为，失调的原因包括：逻辑上的不一致，文化上习俗、观点的普遍性，过去的经验等。还有学者认为，认知失调的原因还应包括承诺、意志、责任等因素。认知失调的程度取决于认知元素的重要程度。越是重要的认知元素，所能带来的失调也就越严重。减少认知失调的方法有：①改变自己的观点，使之与他人的认知一致；②影响他人的观点，使之与自己的观点一致；③以某种方式使自己和别人不可比。

3. 议程融合

答：议程融合是议程设置的一种新形式，20 世纪末由麦库姆斯和唐纳德·肖提出。他们认为，媒体设置的议程具有一种聚集社会群体的功能，这源于人们都有一种对于"群体的归属感"。个人必须通过加入某个群体来降低认知不协调，获得安全感和舒适感。在《个人、群体和议程融合：社会分歧的理论》中，他们提出了议程融合的六个阶段：加入社群的需要、关于社群的信息量、定向的需要、对传播媒介的使用、议程设置的第一层次和议程设置的第二层次。议程融合强调：①媒介所设置的议程并不是被动的；②媒介在进行社会整合方面起到了重要的作用。

4. 群体归属感

答：群体归属感是人类的心理需求之一，从马斯洛的需求层次理论来看，它属于人类的安全需求的一个方面，也是最基本的需求之一。在网络中获得社会归属感主要有两种方式：加入一些稳定的社群；加入某些特定议题的讨论。美国学者唐纳德·肖提出的"议程融合"理论解释了议程设置起作用的机制，也帮助我们认识到了议程与社会归属感之间的关联。在网络中，能给人们带来归属感的议程不仅仅是由媒体设置的。人们对于网络的使用热情还与社会资本的需求相关。

5. 用户新闻生产

答：用户新闻生产是指在过去由专业媒体垄断的新闻生产与传播方面，用户作为生产者的角色表现得越来越明显。网络用户不但是信息的消费者，还是信息的生产者。用户参与新闻生产的方式有：初级新闻生产（启动性生产、资源性生产、原创性生产、互动性生产）和新闻再生产（扩散性生产、提升性生产、整合性生产）。用户参与新闻生产的特点有：①大多数用户参与新闻生产是非制度性的；②用户新闻生产的能量大小取决于网络聚合的效能；③用户新闻生产对专业机构生产具有依附性和嵌入性；④用户的再生产过程可以产生一种"正反馈"效应。

6. 公共意见

答：公共意见是由诺伊曼据"沉默的螺旋"推导出来的定义，指在有争议的领域中人们能够公开表达而不至于使自己陷于孤立的意见。公共意见是一种社会整合力量，有两面性：它既迫使个人，也迫使政府尊重社会的共识。对个人而言是一种"社会控制"，对政府而言则是"公共舆论"。它的形成是各种不同个体意见的汇聚与博弈过程，它既不是简单的个体意见的相加，也不一定是多数人意见的反映，甚至不是意见的优化过程。公共意见的形成本来不存在绝对的对与错，无论公共意见最终表现为什么，它都是社会现实的一种体现。

7. 意见领袖(舆论领袖、舆论权威)[中南大学2022、2020年研；郑州大学2021年研；华中师大2020年研；东北财大2020年研；中山大学2019年研；北工商2019年研；北大2018年研；北师大2018年研；浙大2017年研；汕头大学2017年研；复旦大学2016年研；上海交大2016年研；四川大学2015年研；厦大2014年研；南开大学2014年研]

答：意见领袖是拉扎斯菲尔德等人在两级传播论中提出的一个重要概念，是指活跃在人际传播网络中，经常为他人提供信息、观点或建议并对他人施加个人影响的人物。意见领袖介入传播过程，加快了信息传播进程并扩大了传播信息的影响。其特点是：①与被影响者一般处于平等关系而非上下级关系；②并不集中于特定的群体或阶层，而是均匀地分布于社会上任何群体和阶层中；③其影响力一般分为“单一型”和“综合型”，在现代都市社会中，意见领袖以“单一型”为主；④社交范围广，拥有较多的信息渠道，对大众传播的接触频度高、接触量大。

8. KOC[郑州大学2021年研]

答：KOC英文全称为“Key Opinion Consumer”，即关键意见消费者，与KOL对应。一般指能影响自己的朋友、粉丝，并使他们产生消费行为的消费者。特点有：①传播方式上：相比于KOL，KOC的粉丝更少，话语权和影响力更小。②传播内容上：KOC本身就是产品的体验者，传播内容更为真实和独立。③传播渠道上：KOC依赖私域流量池，通过自己的社交圈影响粉丝，从而产生消费势能。KOC基于其消费群体的身份表达真实感受，分享生活经验，与其他消费者相互交流，可以将曝光(公域流量)实现高转化(私域流量)。

9. 自我中心网络[中山大学2021年研]

答：自我中心网络是指以个体为中心构建起的传播网络。个体成为网络的节点，越来越具有了传播中心的属性，从而可以基于社交关系直接或者间接地连接到其他用户。网络“中心”的质量，是影响群体互动效果的关键因素之一。兰·费雪指出，社会网络总会遵循“幂律法则”，逐渐形成自己的中心节点。但是，只有一个中心的社会网络，风险是巨大的；多中心的社会网络，既可以保证网络的效率，又可以避免单一中心被破坏和它出现失误时带来的风险，还可以防止单一中心所带来的信息遮蔽或误导。人类学家Dunbar曾提出社交大脑假说理论，指出人类维系社交关系的能力，即能同时保持联系的朋友数目存在一个上限，大约是150。这一上限是由灵长类动物的生理特性所决定的，且近期有研究表明，这一上限并没有因为更高的通讯效率(如手机、社交网站)而被突破。自我中心网络在识别人们的社交圈子、研究社会网络的结构和功能方面作用重大。

10. 数字劳工[西北大学2022年研；湘潭大学2022年研；北大2021年研]

答：数字劳工，又称数字化劳动力，是指以资本主义模式进行的数字内容生产的行为，是当代传播政治经济学提出的理论概念，用于描述大众传媒、文化产业、互联网等技术高度发达的社会状况中劳动生产模式的新变化，数字劳工的思想最早可追溯到1977年加拿大传播学者斯麦兹提出的“受众商品论”。广义的“数字劳工”是指从事数字媒介技术操作和内容的生产、流通与使用过程中所涉及的脑力与体力劳动；狭义的“数字劳工”概念是数字媒体和社交媒体领域内的用户，用户每天发朋友圈、刷朋友圈、发微博、看视频、上传视频等活动都被看作在为平台从事数字劳动。数字劳工实际可以看作是受众商品论在新时代的延伸。在社交媒体时代下，用户的社交行为与信息数据都可以转化为具有增殖效应的数字资本，社交平台依托用户的数字劳动实践，成为资本产业扩大再生产与受众数字劳动的场域。目前用户在社交平台的免费劳动主要有数据商品化、社交行为商品化、个体情感商品化的特征。

二、简答题

1. 网络意见领袖的特征。［华科 2019 年研］

相关试题：简述社交媒体环境下意见领袖作用机制的新变化及其对传播效果的影响。［人大 2020 年研］

答：“意见领袖”是拉扎斯菲尔德等人在两级传播理论中提出的一个重要概念，是指活跃在人际传播网络中，经常为他人提供信息、观点或建议并对他人施加个人影响的人物。网络技术的发展使得传统的意见领袖有了新的发展，根植于互联网虚拟平台的网络意见领袖，既具有传统社会意见领袖的本质特征，即选择性地传播有利于自己观点的信息，通过提供建议和观点影响他人，又因为其不同现实社会的特殊生存环境，而具有以下一些基本特征：

（1）网络意见领袖与受其影响者在虚拟空间中集聚。

与传统社会意见领袖一样，网络意见领袖与受其影响者处于同一群体并拥有共同的兴趣爱好。不同的是，他们所属的同一群体是存在于网络社会的虚拟群体，这些群体基于共同兴趣而建立。共同兴趣是意见领袖与受其影响者之间产生联系的基础，也是意见领袖发挥个人影响力的前提。而同一群体的身份使意见领袖的意见和观点更具说服力，更易获得群体成员的信赖和尊重。

（2）网络意见领袖与受其影响者之间的关系缺乏稳定性。

网络意见领袖与受影响者之间的关系是依靠双方持续对某一共同内容的关注以及受影响者对自己所推崇的意见领袖及其言论的关注而建立的。受影响者对意见领袖的尊重和认可完全源自意见领袖在互联网平台的真知灼见，对其现实社会的身份和背景却所知甚少，缺乏对意见领袖的全方位认识和印象。交往环境的虚拟性使意见领袖与受影响者之间的关系具有某些虚拟成分，加之虚拟群体成员与现实社会群体相比往往具有更高的流动性，因此受影响者对意见领袖的认可程度和忠诚度会受到许多因素的影响，两者之间的关系缺乏稳定性。

（3）身份来源广泛、草根化趋势明显。

网络意见领袖经常活跃于微博、论坛、贴吧等网络空间，传统媒体语境下，意见领袖常常是有一定社会身份地位或者专长的人，身份地位是意见领袖的基石和准入门槛。网络虚拟世界则打破这一僵局，网络的匿名性特征使得人人都有可能超越现实生活中的条件限制，平民也可能成为英雄。在新浪微博的“加 V”用户中，很多草根由于见解独到赢得粉丝的信任。网络意见领袖身份多样化，有的是现实中的社会精英，比如娱乐明星，其影响力是现实在网络的投射和转移；还有一些是现实中的无名小辈，他们在敏感问题上敢于发声，深谙吸引舆论关注的技巧，利用自己的独特魅力吸引关注。

(4)受众的主动选择——话语权的转让。

网络具有低门槛、及时性、开放性等传播优势，人们在网络构筑的公共空间畅所欲言、进言献策，参与社会公共事务的讨论，网络成为民意宣泄的公共场所，是现代社会的“出气孔”“安全阀”，一定程度上缓和了现实矛盾。在这样一个众说纷纭、群情激荡的舆论场，各方利益都需要有人为自己代言，“人人都拥有麦克风”，但并不是每个人的声音都能被听见和引起反响。网络意见领袖实际上是产生于网民需要有人为自己代言的客观需要。意见领袖拥有大量的粉丝群，在网络舆论场一呼百应，话语权更大。人人都享有话语权利，在网络上发表和评论、转发、分享意见并不难，但是话语的权力，即影响力，却是依据传播者的传播能力来实现的。普通受众收集信息以及对信息进行处理再加工的能力有限，关注网络意见领袖就是转让自己的话语权，在让权和加权的进退中，网络舆论呈多节点的发散式网状传播。

2. 请谈一谈你对媒体“社交化”的理解。[云南大学 2019 年研]

答：随着网络时代的到来，人们开始利用智能移动设备进行社交活动，如知乎、微信等。随着人们主要社交诉求与交友方式及平台的转变，新闻媒体行业也应与时俱进，借助各社交与网络平台提升用户黏度、用户总量，扩大影响范围。新技术改变人们生活方式的同时，也对新闻领域产生了一系列显著的影响，新闻媒体的社交化发展趋势进一步明显。

(1)新闻媒体社交化的内涵。

新闻媒体社交化是指媒体通过网络社交平台以及其他通讯平台，将各类新闻、信息进行传播，其主要传播方式为通过如公众号文章、网络门户资讯、微博等具体传播渠道来影响网络另一端的个体，个体再将传播内容二次以及多次传播，以此扩大相关新闻的影响力以及传播范围。新闻在社交化传播中，主要目的有两个：一是通过多次传播提升影响力；二是与人们的社交圈紧密联系在一起，并通过留言、回复等手段进行社交互动。

(2)媒体社交化的路径。

媒体的社交化应该包括三个不同层面的运作：社交化传播、社交化生产、社交化运营。而三个层面的应用，都是用户的角色升级与潜力的再挖掘。

①社交化传播：让用户成为渠道。社交化传播的目标是利用社交平台来扩张内容的影响力，其本质是将用户激活为传播渠道，要实现这一点，需要为内容和用户注入社交动力。这包括：

a. 内容传播的社交动力——内容除了要满足用户的知晓愿望外，还要能帮助用户在社交圈中刷“存在感”，提升用户的社交形象，活跃社交热度。

b. 用户参与的社交动力——媒体设计的参与方式应能唤起用户的感同身受，易于“传染”，参与方式便捷，可以实现一键式社交分享。

②社交化生产：让用户成为新生产力。媒体的社交化，不应只停留在内容的社交化传播上。对社交平台的更深层利用，是将用户作为新生产力嵌入到媒体的生产系统中。

a. 用户的行为、情绪、态度等数据都是媒体报道的重要资源，也可以帮助媒体更好地理解社交化传播的动力，这些资源也仍是媒体需要进一步挖掘的。这些数据的深层应用，也是社交化生产的另一种表现形式。其中，数据采集能力与分析精确度的提升是重点。

b. 作为生产力的用户，还可以作为内容产品的优化者，参与内容产品的谋划、筛选、测试等。用户生产力的释放程度，取决于媒体思维的解放程度。

③社交化运营：让用户沉淀为持久资源。社交化促进了内容的传播，同时还会激发出社交媒体的用户资源，这些资源的维系与应用，需要更持续的社交化运营来实现。社交化运营的目标是发掘对媒体具有长远价值的用户及其资源并进行持续的维护，以此来拓展媒体的内容品牌影响力，开发可能的盈利模式。其中，社群这样的集群性用户资源开发，将是未来的一个重点方向。

现阶段新闻媒体的传播途径有所更改，社交化发展对整个行业的传播力度与传播范围的提升具有显著作用，无论是传统媒体还是新兴媒体都应把握社交化的发展趋势，用高质量的内容和社交化的渠道服务受众。

3. 新媒体时代，人们接收和消费信息的形式发生了什么变化？这种改变对人们知识结构有什么重构作用？试结合实例分析。［中传 2019 年研］

答：加拿大传播学者麦克卢汉曾在 20 世纪 60 年代出版的同名著作中提出“媒介即讯息”的观点，该观点被视为是对传播媒介在人类社会发展中的地位和作用的一种高度概括。其含义是：从漫长的人类社会发展过程来看，真正有意义、有价值的“讯息”不是各个时代的传播内容，而是这个时代所使用的传播工具的性质、它所开创的可能性以及带来的社会变革。麦克卢汉说：“正是传播媒介在形式上的特性——它在多种多样的物质条件下一再重现——而不是特定的讯息内容，构成了传播媒介的历史行为功效。”他认为，媒介是社会发展的基本动力，每一种新媒介的产生，都开创了人类感知和认识世界的方式，传播中的变革改变了人类的感觉，也改变了人与人之间的关系，并创造出新的社会行为类型。

（1）受众信息接收及消费形式上的变化。

①传播主体的变迁。

一方面，新媒体的发展带领人们走进了“人人可言”的时代，受众开始拥有信息消费者和信息生产者的双重属性。开放自由的信息格局打破了以往狭隘的视角和单一的叙事模式，使我们有了更多的参考和依据。骤然增多的传播主体也使信息的数量爆炸式增长，增大了受众筛选、判断信息的难度。另一方面，新媒体时代传播的主体已经不再是精英阶层，话语权掌握在每个人手中，但并不是每个传播者都有足够的知识水平、文化素养、鉴别能力来确保发布信息的真实性。新媒体匿名性的特点也使其成为虚假信息滋生的摇篮。

②传播的阻力减小。

新媒体时代把关的缺失会直接导致海量信息的复杂化。把关能力的参差不齐，导致了信息质量的优劣混杂。新媒体允许匿名发布信息，这使传播者在传播信息时可以重新搭建一个不同于现实身份的新舞台进行表演，不用受其真实身份的约束和限制。新媒体时代的信息碎片化特征也过于明显，用户可以随意添加、修改信息。信息质量良莠不齐，增大了受众辨别信息的难度。

③信息渠道的增加。

新媒体时代，信息不仅触手可及，而且可被永久保存、随时搜索。新媒体成为了信息库的即时通行证，受众拥有了互联网，便拥有了整个信息库。这为受众获取信息提供了极大的便利，实现了空间偏向和时间偏向的完美融合，受众获取信息的渠道大大增加。

(2)重构人们的知识结构。

①知识传播多元化与信息过载。

互联网信息技术推动知识传播的多元化与开放性，但也营造了信息超载的网络文化环境，受众虽然能随时随地接受知识信息，但也存在不能有效获得所需知识的困扰。在知识信息爆炸式增长且传播越来越快捷的网络时代，人们获取优质知识变得越来越困难，这种现状反映出网络信息超载环境中信息过滤失效的客观存在。互联网学者克莱·舍基认为，我们对信息不堪重负的感觉，并不是来源于信息超载，而是对信息的过滤失效。比如聚合类资讯发布平台“今日头条”，一方面，该平台设置了各种各样的板块，提供了涵盖多个领域的信息，有利于满足用户不同的需求。但是另一方面，在知识信息爆炸式增长且传播越来越快捷的网络时代，人们获取优质知识变得越来越困难。

②技术赋权和知识商业化，知识付费兴起。

技术逻辑既是网络知识付费生成的重要前提，也是其盛行的支撑力量。网络技术引发的知识变革，一是实现了对普通受众的媒介赋权，兴起基于认知盈余的知识分享浪潮。传播主体由精英化转向泛众化，既有的知识边界变得模糊，碎片化的泛知识实现了大范围的即时传播。二是互联网知识平台的建立推动知识的网络传播回归有序，通过平台连接知识创造者和知识消费者，杂乱无章的网络化知识重新回归整合式的线性传播。这使得网络知识的传播从海量、冗余和混沌的状态回归有序，以满足对优质的有价值知识的传播需求。由于基于网络载体的知识传播方式更具有灵活性和易接近性，这种简化的知识传播链条，也为读者提供了探求知识世界的多元视角。

③知识数字化与知识共享。

数字化给整个知识传播关系带来了极大的冲击与影响，影响着人、知识、世界的关系。数字时代的特点是处处是中心，无处是边缘。在这样的一种传播环境下，以往的知识生产、知识传播、知识应用都实现了全新的形构。比如知乎是一个真实的网络问答社区，它的口号是与世界分享你的知识、经验与见解。它的首页包含有热门内容、提问、回答、分享等栏目。在“发现”一栏中，还包含专栏、Live、书店、收藏夹、圆桌等几大内容。以知乎圆桌为例，知乎团队认为线下嘉宾讨论环节往往能够激发主持人与嘉宾的真知灼见，所以知乎希望打破地域的限制，通过知乎圆桌的方式，让这种线下的讨论能够在线上更好地发生，进而使知识能够自由流动并促进知识的创新。也就是说，数字媒介复活知识自由，打破了知识垄断，从而使大众都参与到知识的生产当中。此外，像维基百科、新浪爱问、豆瓣等知识传播平台都是如此，知识在交往中不断地增长并获得创新。

④知识建构和传播的“平权”化。

与传统的大众媒介相比，互联网是一种公用媒介，其受控性更低，这也使得新媒体所带来的技术权力带有较为鲜明的“公用属性”。这种以社会化个体为核心的“公用媒介”的权力也渐渐成为以机构媒介为主体的“大众媒介权力”之外的另一股越来越重要的权力形式。比如微博、微信朋友圈、知乎等平台，为大众知识建构权力的形成创造了条件，同时也逐渐消解了以往知识建构所必然要求的阶级或阶层属性。可以说，在技术层面上，新媒体在知识建构这一环节为身处社会各阶层的大众实现了“平权”。

4. 简述“信息流行病”的基本概念和表现特征。［暨大 2021 年研］

答：(1)定义：世界卫生组织指出，“信息流行病”是在传染病疫情背景下，包括谣言、小道消息在内的大量信息通过手机、社交媒体、互联网以及其他通信技术快速传播的现象，导致人们难以发现值得信任的信息来源和可以依靠的指导，并妨碍疫情防控的有效措施。

目前的“信息流行病”主要指与新冠病毒来源、传播与防治相关的信息过速与信息过载的爆发状态，将带来恐慌和混乱等系列问题。“信息流行病”最直观的后果，是引发公众非理性的恐惧心理，甚至是大规模的社会恐慌，并最终对社会稳定造成破坏性的影响。

(2)“信息流行病”的传播内容。

“信息流行病”的内容主要包括起源迷思、虚假治疗以及污名化等表达形态。

①起源迷思：主要指关于病毒起源的臆测与阴谋论。在新冠病毒疫情暴发后，关于病毒起源的阴谋论甚嚣尘上，“新冠病毒来源于武汉病毒所实验室”“冠状病毒是从加拿大偷走的生物武器”“新冠病毒是由比尔·盖茨一手制造”等相关论调在全球社交媒体中广泛传播。阴谋论信息为民众宣泄个人情绪提供了出口，继而引发对社会的不满和非理性行为。

②虚假治疗：指关于病毒预防和治疗措施的误导性谣言，包括在美国社交媒体网络中流传的“喝热的饮料可以杀死冠状病毒”“从吹风机吸入热空气可以帮助杀死冠状病毒”等。

③污名化现象：常见于公共卫生事件当中，是“信息流行病”的重要组成部分，通常指在没有充分证据的情况下将疾病风险与特定人群联系起来的行为。污名化会导致针对特定群体的偏见甚至暴力，从而使得传染病管理复杂化。

(3)“信息流行病”的表现特征。

①传播速度指数级。

在社交媒体网络的信息传播中，错误的信息往往比真实信息更有可能得到分享，假消息传播比真消息传播更远、更快、更深、更广。在危机背景下，涉及公众健康风险的“信息流行病”更容易通过社交媒体以几何级的传播速度扩散开去，使得局部的风险信息或危机信息可能由于过度快速、广泛的传播而被无限放大、扩张。

②传播对象海量级。

在全球社交媒体建构的空间中，全世界的事情几乎在同步发生，电子传播的速度超过了感官的速度，人的认知与互动通过网络相联系，而在信息无处不在的网络空间中，人难以像现实中的感染者一样被“隔离”，只能全方位地、不停息地暴露于信息的洪流之中。随着移动互联网的快速发展，社交媒体网络成为新型全球公共舆论平台，是国际思想文化信息的集散地和全球重大事件舆论的放大器。由于全球社交媒体网络的深度联结，“信息流行病”一旦发生，面向的是全球的海量用户，并迅速实现跨国界、跨区域、跨种族的传递。

③传播网络去中心化。

从中心化的大众传播转变为去中心化的群体传播是社交媒体时代的最主要的信息传播特征之一。在社交媒体时代的信息传播环境中，“人人手持麦克风”的多主体信息传播模式成为现实，这意味着每一位社交媒体用户都可以成为传播各种虚假、有害信息的渠道。同时，信息的碎片化消解了传统媒体、“元叙事”和理性意义，而虚假信息往往具备比真实信息更大的吸引眼球和引发恐慌的能力，这使得高关注度的虚假信息极易产生类似病毒的裂变式传播和指数式增长，最终不断泛滥并淹没了可靠、真实的信息。而传播网络去中心化的背后是部分自媒体、“营销号”发布的大量夹杂着情感化表达、故事性叙述和个人化体验的内容，更容易刺激公众敏感的神经，引发不理性行为。

④传播效果疫情化。

“信息流行病”与普通网络谣言的最大区别在于，信息流行病是在现实疫情的背景下产生，并与传染病疫情的发展相互交织，因而更容易利用公众焦虑、恐惧的心理引发大规模的恐慌，并对疫情防控产生负面影响。“信息疫情”不仅仅是错误的信息本身，还会误导民众根据错误信息采取实际的行动，如韩国的大规模集会、中国的“连夜抢购双黄连”、英国的人为纵火焚烧5G塔等，而这些聚集性的公众行为又进一步助推疫情的扩散。

三、论述题

1. 互联网2.0时代，新闻主体结构变化以及对新闻生产过程的影响。［人大2019年研］

答：(1)互联网2.0时代，新闻主体结构的变化。

互联网2.0时代是互联网发展的一个阶段，主要特征是在开放与门槛降低的互联网平台，用户可以方便地写入或获取信息，由用户主导生产内容，同时作为技术基础的信息技术迅猛发展。互联网2.0时代，互联网的重心正在转向社会化媒体。也可以说，互联网关键的变革之一，在于从门户时代转向社会化媒体时代。社会化媒体真正代表了网络传播对传统大众传播的冲击。

①新闻工作者角度——从专业工作者转向普通公民。

传统新闻生产过程中，发挥主导作用的是具有高水平的专业知识和精湛的业务能力的新闻工作者。UGC生产模式下，进行信息整理收集、编纂传发的是普通大众，他们利用新媒体平台自由表达意见，互动交流。当前的微博较多内容便是UGC，网民通过发博、转帖、跟评等方式引导公民意见。

②新闻内容角度——由权威发布转向贴近民众生活。

传统新闻媒体所发布的信息往往受到国家和政府的规制，媒体不能随意发布所采集到的新闻，需经过严格把关后才能刊发。UGC的新闻因其发布者是普通公民，故其发布的多是契合民众日常生活的内容。

③新闻发布角度——由繁琐高成本转向便捷廉价。

新闻生产对于传统媒体而言，是一系列复杂的过程，中间需要多个部门协同合作方可完成。相比之下UGC则较为便捷，其凭借互联网数据化、信息化、精准化等优势，使得收集素材、制作信息、传至受众的一系列过程极为简便。同时也省去财力、物力等方面的消耗，这也是现今媒介新闻生产领域的一大发展前景。

(2)互联网2.0时代对新闻生产过程的影响。

专业新闻生产是指新近变动的事实经过专业新闻媒体加工形成新闻作品的过程，业务流程主要分为采集、写作、编辑、发布等环节。互联网2.0时代新兴信息流通的主体、样态、技术、内容的引入给新闻专业生产带来了机遇的同时也带来了挑战。

①互联网2.0时代给专业新闻生产带来的机遇。

a. 大数据信息抓取助力新闻素材采集(采)。

互联网2.0时代，大数据信息技术被更广泛地运用到新闻生产，特别是新闻素材的采集环节中，先进的数据挖掘为有效信息的抓取与收集提供了坚实的技术基础。

b. 公民与机器人成为新兴新闻写作主体(写)。

互联网技术支撑下，社会化媒体的广泛应用赋予了公众话语权，社会公众开始参与到新闻内容的生产过程中去。机器人也成了相对独立的“新闻生产主体”，如腾讯网推出的Dreamwriter、新华网推出的快笔小新都是利用机器进行新闻生产的尝试。Automated Insight与Narrative Science是开发这类机器人的主要技术企业。

c. 信息技术迅猛发展丰富新闻呈现样态(编)。

信息技术的迅猛发展同时也极大程度地丰富了新闻的呈现样态，传统媒体时代原以文字辅以图片为主的单一形式已经开始转向多样化、可视化、沉浸化。

d. 互联网2.0的连通性积聚强大传播力(发)。

互联网时代，特别是走向普泛化、平民化的互联网2.0时代具有连通性的显著特征，四通八达的信息流动使得专业性新闻生产可以积聚起强大的传播力与影响力。

②互联网2.0时代给专业新闻生产带来的挑战。

a. 来源追溯困难导致信息质量参差不齐(采)。

在新闻生产空间走向开放的同时，“新闻专业主义”作为一种新闻职业人员内部的原则话语无法有效规约整个网络空间中的新闻信息生产行为，网络的连通性也使得信息来源追溯面临着极大困难，互联网2.0时代的新闻信息生产成为滋生失范的真空，虚假不实信息泛滥，质量参差不齐。

b. 新兴非职业性主体引入冲击专业主义(写)。

互联网2.0的出现让普通公众不再依托于传统媒体渠道寻求发声的平台和机会，互联网在赋予普通大众传播权的同时，也同时改变了传播的生态和模式，公民主体参与式的新闻传播、机器人新闻等生产机制对记者主体专业性的新闻报道造成了极大的冲击。

c. 传统新闻价值与伦理道德观趋于解构(编)。

互联网2.0时代将新闻生产的大门向所有人打开，让我们看到了它作为哈贝马斯意义上的“理性交往空间”，承载民主和公共利益的可能性。但时效性、重要性、显著性等传统新闻价值标准在编发新闻信息的过程中有效性趋于弱化，与此同时，非专业机构和非职业新闻人介入的新闻业也正在日渐背离那些基本的新闻伦理和职业操守。

d. 热点层出不穷致使新闻影响力沉没迅速(发)。

专业性新闻生产与其他信息相比往往需要更长、更繁杂的生产周期，然而这种媒体专业性作业与当下将时效性追求到极致的网络信息接收节奏相左。层出不穷的信息热点频出，专业性新闻内容尽管在内容深度、质量方面都更为优良，但也会迅速在后续的信息浪潮中沉没下去。

2. 互联网造就了什么样的传媒新业态？请从新闻生产与接收、新闻机构、新闻体制等四个方面进行简要概述。[安徽师大2019年研]

答：互联网应用到传媒业以后，其优势愈发明显，任何人可以在任何时间、任何地点接收、发送任何信息(包括新闻、言论)，并且这种影响是全方位的，从新闻生产与接收、新闻机构、新闻体制四个方面来说，互联网对传媒业态的影响具体表现为以下方面：

(1)新闻生产：从专业化到社会化。

传统媒体的新闻生产就是一群训练有素的专业新闻工作者面向全社会传播信息，或者说是一个机构(报纸、广播、电视)面向社会生产、传播信息。办报纸、办广播电视都要经过国家机关的批准才能被允许，所以，生产新闻的机构是受法律保护的，是垄断性的。互联网彻底打破了新闻生产的垄断格局。现在，任何人在任何时候、任何地点可以自由地接收、发送任何信息，从而把宪法赋予公民的传播权利变成了实实在在的传播权利。于是，新闻生产从少数社会精英的专业化行为变成了泛社会化的全民性行为。新闻生产从专业化走向社会化，导致新闻生产从理念到模式发生巨大变革。

(2)新闻接收：从受众到用户。

①从消费者到既是消费者也是生产者。

除了生产新闻，公众还可以通过新媒体生产知识、娱乐，新媒体极大地展示了公众的才华，公众迸发出巨大的创作热情，真正成了“大众创业，万众创新”的平台。

②从统一发布到私人定制。

三大传统媒体虽然介质不同，但具有一个共同点：所有内容都统一发布。无论在全国、全球任何一个地方，看到的《人民日报》、央视节目都是同一版本，受众只能选择看或不看，看多看少。新媒体给用户不同于以往的体验，他们不再被动地接收，而是主动寻求自己感兴趣、适合自己的内容，为自己量身定制信息，各取所需。新媒体真正实现了小众化、个性化。

③从受众反馈到用户体验。

过去受众对于报纸、电台、电视台的反馈都是被动且延缓的，而用户体验与反馈的不同就在于新媒体传播的交互性，媒体与用户形成即时的、充分的双向交流。媒体可以根据用户的点击量即时获取新闻的受关注程度，并对用户关注的热点新闻进行跟踪报道。在网上可以组织较大规模的民意调查，以较低成本在短时间内掌握用户对新闻事件的态度或对媒体的看法、要求。网络媒体可以通过多种途径让用户能够迅速、自由、充分地与媒体交换意见，提供新闻线索或投稿。由于反馈和互动得到广泛加强，网络传播可以根据用户的要求及时调整传播策略，获得最佳的传播效果。

(3)新闻机构：从单一媒体到融合媒体。

媒体融合是指各种媒体形态的边界逐渐消融，多功能复合型媒体逐渐占据优势的过程和趋势。它不只是单纯媒体形态的融合，更是一种全方位、深层次的融合。

随着对新媒体认识逐渐深化，中国传媒界开始从“＋互联网”走向“互联网＋”。“互联网＋”是指以互联网为平台来统率文字、视频、音频、图片对信息的表达，各种媒体以其不同介质来扬长避短，选择各种资源、各种手段的最佳配置。媒体各种资源的最佳配置，就要以互联网为平台进行统一整合。为此就要改造编辑部，改造生产的流水线。目前，中国有近20家媒体率先实行“中央厨房”的编辑模式，进行“新旧融合，一次采集，多元生成，多元发布”。当然，“中央厨房”模式只是一种新探索，如何发挥新媒体作为融合媒体的优势，还要继续探索下去。

(4)新闻体制：从单一国企体制到混合体制。

在很长一段时间内，我国的新闻传媒业一直是单一的国有体制，现在，互联网资本大举进入新闻传媒领域，彻底改变了过去由国有资本垄断传媒业的老格局，混合所有制的传媒新格局已经悄然形成。

①资本大鳄积极布局新闻传媒业。

近年来，在报纸、广播、电视等传统媒体纷纷拥抱互联网、寻求转型发展的同时，资本裹挟技术也积极对传统媒体进行合并、延伸，兼并收购浪潮层出不穷。目前来看，资本大鳄在新闻传媒业的布局主要表现在三个方面：

a. 财团收购、参股传统新闻媒体。如阿里巴巴收购《南华早报》、入股《第一财经》，恒大集团收购香港新传媒集团，万达集团收购瑞士盈方体育集团。

b. 媒体平台与传统新闻媒体的合作不断加深。

c. 资本集团打造自身的内容和分发平台，扶持自媒体的内容生产。如以百度、阿里巴巴、腾讯为代表的民营互联网资本在政策的支持下，以参股、合作、收购等多种方式在传统媒体和新媒体领域积极谋划布局。

②传媒业混合所有制成型，民营新媒体占据主导地位。

随着资本进入传媒业，以混合所有制为标志的传媒业新体制已经逐渐成形。具体来说，混合所有制主要包含以下四种：

a. 纯国营体制的媒体，主要以党报、广播和电视等传统主流媒体为代表。

b. 纯民营体制的媒体，主要以百度、腾讯等一批新的互联网媒体为代表。

c. 民营与国营相结合的媒体，例如阿里与四川日报报业集团合作成立的“封面传媒”就属于这一性质。

d. 纯个体经营的媒体，主要是一些自媒体。

3. 试论互联网思维下的新闻生产。

相关试题：

(1)互联网思维[概念题，湖南师大 2021 年研]

(2)社交网络对新闻生产的影响。[简答题，北体 2022 年研]

答：(1)互联网思维的含义。

互联网思维，是在(移动)互联网+、大数据、云计算等科技不断发展的背景下，对市场、用户、产品、企业价值链乃至对整个商业生态进行重新审视的思考方式。互联网时代的思考方式，不局限在互联网产品、互联网企业。这里指的互联网，不单指桌面互联网或者移动互联网，是泛互联网，因为未来的网络形态一定是跨越各种终端设备的，例如台式机、笔记本、平板、手机、手表、眼镜，等等。互联网思维是降低维度，让互联网产业以低姿态主动去融合实体产业。互联网思维的六大特征包括大数据、零距离、趋透明、慧分享、便操作、惠众生。

(2)新闻生产的含义。

新闻生产指新近变动的事实经过选择、加工形成新闻作品的过程。新闻是被生产出来的，不仅是指事实经过采访、写作、编辑最后经过报道成为新闻作品这样一个生产流程，更深的含义是指新闻生产者经过有意识的加工的产物。新闻生产者建构了新闻事件，进而建构了现实，通过新闻生产进行“议程设置”，构建“拟态环境”。

决定新闻生产的主要因素包括：专业标准、法规、形势、决策者、市场和媒体定位。前三者构成新闻语境，后三者构成新闻场域。

(3)互联网思维对新闻生产的影响。

①消息来源：微博已经成为传统媒体报道的重要信息源和新闻素材，通过微博，可以透视一个人的个性、价值观和特定情境下的思想轨迹，甚至可以捕捉到一个人瞬间的心理动态。

②文本形态：微博发布信息具有传播的碎片化、叙事节奏快、行文活泼，语言也俏皮且口语化的特点，但正是传播更加碎片化，过多注重情绪等原因，导致新闻质量降低。

③反馈与民意：现在很多深度报道记者在公共事件的调查现场直接进行微博直播，及时的网络民意可能会有非理性或民粹主义的倾向，可能会影响记者的价值立场，从而导致其报道失去客观性。

④社会影响：网络扩大了传统媒体的影响力，也提升了新闻报道的传播力度。

(4)互联网思维下，记者如何进行目前的新闻生产。

①整合利用开发资源。记者要把新闻生产的思维打开，善于运用和整合各类开放资源，如许多媒体开设“社交媒体编辑”，鼓励新闻编辑部更多地吸纳受众生产内容(UGC)和社交媒体上的网民评论，或者对其他不同媒体报道内容、消息源进行整合、评鉴和再加工。

②运用社会科学方法。互联网时代，记者应做到更加深入研究，而社会科学的方法可以给记者更多帮助，尤其在融合报道中，数据挖掘、图表制作、交互设计等为其提供平台。

③坚守专业规范。记者应跳出把新闻技术教条化或理论化规范简单“照搬”的思维模式，而应保持对本土情境的观察、思考和实践，专业性不仅包括客观记录，更多的是考虑在中国的社会环境下、在互联网的挑战下，记者的专业权威如何建构、媒体的功能如何维系。

④强化公共对话意识。记者要戒除对权力、对民意、对草根的偏见，戒除傲慢，鼓励公共协商。

总体上看，互联网对新闻生产的影响主要是让有严格把关控制、高成本、专业化、组织化的生产方式逐步转向社会化生产。

4. 如何看待非职业人员通过拍摄视频的方式进行舆论监督？UGC、PGC、PUGC对新闻生产的影响？[中传2019年研]

相关试题：

(1)UGC[概念题，西南大学2020年研]

(2)PGC[概念题，中山大学2020年研]

(3)PUGC[概念题，西安外国语2022年研]

答：非职业人员，是一种有别于专业新闻记者的称谓，指非专业新闻机构的新闻传播者。当发生突发性事件时，非职业化人员拿起相机、手机等数字媒体录制下所见所闻，把拍摄到的画面、图片，采集到的线索、了解到的信息、编写成的文字稿件向大众传播，有时能起到舆论监督的作用。

(1)非职业人员出现的原因。

①个人传播的公开化。

非职业人员的出现是个人传播公开化的表现。近年来，网络博客和播客开始成为传播新闻的一种重要形式，哈贝马斯的“公共领域”理论指出，媒体应该成为各种言论的聚集地，成为一种公共的领域，来开启或者引导民智。

②现代科技的进步。

互联网的崛起，扩展了舆论监督的范围，增大了舆论监督的影响力。笔记本电脑、手机、蓝牙适配器，数码相机和摄像机等为非职业人员提供了技术支持。由于互联网的“共享性”特征，传播效果得以最大化。

③公众知晓权意识的提升。

知晓权理论是新闻自由的新理论形态，实际上是宪法赋予公民的权力，具有充分的法理依据。随着社会的进步和现代科学技术的发展，公民的知晓权意识不断提升。因此，非职业人员可以参与新闻信息的采集，并通过一定的媒介渠道将信息传播给公众。

（2）对于非职业人员通过拍摄视频的方式进行舆论监督的看法。

①这种舆论监督方式具有一定的积极影响。

a. 一定程度上有利于进行舆论监督。非职业化人员通过拍摄视频进行记录，第一时间将信息传播给大众，可以摆脱很多过滤器的控制（例如摆脱商业的压力），发出独立的声音，逐步接近真相，进行舆论监督。

b. 有利于信息的多元化，一定程度上保障公民的知情权。新闻媒体由于制度、时间精力等各方面的限制，无法将社会方方面面的新闻都采集并传播给受众，非职业人员通过拍摄视频的方式在一定程度上弥补了这一缺陷，有利于保障信息的多元化和促进舆论监督。

②这种舆论监督的方式也有其局限性。

a. 非职业人员的片面性。非职业人员由于其自身身份的局限，不能和职业记者同样享有采访权、报道权和批评权，直接导致他们拍摄的视频有相当大的片面性，最终使舆论监督走向偏激。

b. 非职业人员的素质差异和非专业性。他们绝大多数是没有接受过新闻传播学教育和训练的人，缺乏应有的媒介素养。目前非职业人员拍摄视频往往只能做到“曝光”，但舆论监督不能不顾及导向，不是以“曝光”为唯一目的。这一做法与媒体舆论监督的方式不相符合。

c. 易走向低俗化。王小飞在《西方新闻舆论监督透析》一文中写道：“为了达到刺激、新奇的效果，原本应是严肃认真的舆论监督往往成了一场浅薄无聊的新闻炒作……本应对社会各类丑恶现象及其根源进行揭露与鞭挞，结果却将镜头对准令人触目惊心的暴力、凶杀、欺诈与色情。”我们可以看到，部分非职业人员拍摄视频来进行舆论监督的方式已经出现向这一方向转变的趋势。出于吸引眼球、提高点击率的目的，某些非职业化记者所报的内容往往流于低级，甚至明明是无聊空洞的内容但他们却用“爆炸性”的、耸人听闻的标题来吸引公众的注意力——例如所谓的“标题党”。

（3）UGC、PGC、PUGC 对新闻生产的影响。

UGC（User Generate Content），即用户生产内容，是指在互联网技术下用户自行采集、生产、发布信息的一种方式。PGC（Professionally Generated Content），即专业生产内容，用来泛指内容个性化、视角多元化、传播民主化、社会关系虚拟化，如优酷的合伙人计划、罗辑思维等。PUGC 是 UGC 和 PGC 结合的内容生产模式，如喜马拉雅 FM。

①新闻工作者角度——从专业工作者转向普通公民。

传统新闻生产过程中，发挥主导作用的是具有高水平的专业知识和精湛的业务能力的新闻工作者。UGC、PGC、PUGC下，进行信息整理收集，编纂传发的是普通大众，他们利用新媒体平台自由表达意见，互动交流。当前的微博较多内容便是UGC，网民通过写博客、转帖、跟评等方式引导公民意见。

②新闻内容角度——由权威发布转向贴近民众生活。

传统新闻媒体所发布的信息往往受到国家和政府的规制，需经过严格把关后才能刊发。UGC、PGC、PUGC的新闻因其发布者是普通公民，故其发布的多是契合民众日常生活的内容。

③新闻发布角度——由繁琐高成本转向便捷廉价。

新闻生产对于传统媒体而言，是一系列复杂的过程，中间需要多个部门协同合作方可完成。相比之下这三种形式则较为便捷，其凭借互联网数据化、信息化、精准化等特点，收集素材、制作信息、传至受众这一系列过程极为简便。同时也省去财力、物力等方面的消耗，这也是现今媒介新闻生产领域的一大发展前景。

UGC、PGC、PUGC对新闻生产无疑是有着较大的有利影响的，但是在这些优势之下，其带来的失实信息、“三俗”信息以及产生的媒介暴力等不良后果也应引起我们的关注。我们不应拒绝技术的发展，不应抵制传媒的进步，而应为创造良好的媒介生态环境作出努力。

5．现实中循规蹈矩的人却可能成为“网络暴民”，论述形成原因及其应对策略。［北京工商2019年研］

答：网络空间是用户相对能够自由表达公共意见的平台，维护其中的言论自由有利于保护公民的发言权，然而过度放纵的自由则会导致网络暴力现象愈加严重，现实中循规蹈矩的人在网络中由于其自我束缚感下降，也可能成为“网络暴民”，给他人和社会带来危害。

网络暴民是这个时代的产物。网络暴民的存在只是在虚拟世界中。网络暴民的武器是键盘，话语是利剑，也许他们没有在现实生活中做出实质性的伤害举动，但是网络暴民的行为的恶劣影响在于对事件当事人造成心理或生理上的伤害。简单来说网络暴民就是在某一网络事件爆发后自发对该事件及当事人使用网络暴力攻击的网民群体。

(1)网络暴民的形成原因。

①网络虚拟空间的匿名性使人们可以一定程度上摆脱道德约束，人们能够在网络上“表演”出与现实世界截然不同的情绪化角色。

②创造网络暴力的成本低下并且该行为一般不可追责，网络技术保护了人们的发言权，也降低了暴力发言的门槛，使网络成为人们现实情绪的宣泄口，促使网络暴民的出现。

(2)网络暴民的应对策略。

①培养网民的媒介素养，网民既是信息的传播者又是信息的生产者，提升网民素质是提高网络使用道德的基础。

②加强立法监管，使网络不再是法外之地。近年来网络暴民引起的惨剧数见不鲜，相关机构应尽快完善法律政策，及时追责网络暴行。

6．如何理解受众基于自己的兴趣，选择信息、筛选信息、理解信息，并且会进行对抗式解读？［西安交大2019年研］

答：“受众基于自己的兴趣，选择信息、筛选信息、理解信息，并且会进行对抗式解读”是指在新媒体时代，受众不再被动地接受媒体所灌输的信息，而是主动选择、主动筛选和理解自己感兴趣的内容。当一个新闻事件，特别是一个有争议的新闻事件出现后，传播者会针对新闻事件给出符合社会规范、道德和习惯的评论，引导受众对新闻事件进行“正面意义”上的解读。但是，由于新闻事件的争议性和个体认知上的差异，受众会从不同侧面和角度对同一新闻事件进行解读，从而对媒介内容产生不同的意义和结果，受众的能动性随着媒介技术的赋权和赋能而大大增强。

(1)受众的自主能动性增强的原因。

①开明的政治环境。

开明的政治环境能容纳多元化的文化、多元化的思想。在此条件下，人们不再是高压体制下的“单向度的人”，只能被动接受主流媒体的意见，而是能充分言自己所欲言的“自由人”。

②互联网技术的发展。

受众有自由的思想但无良好的公共空间也是枉然，互联网的直接性、交互性、公开性、随意性的特点为欲发言的人们提供了自由讨论的平台、展现自己的舞台，这种优点是传统媒体所不具备的。

③传播理念的转变。

随着传播理念由“传者本位”向“受众本位”的转化，媒体已放下原先高高在上的架子，越来越重视受众，越来越尊重他们的意见并希望与他们进行平等的对话交流，希望听到多元化的声音。

(2)媒体面对受众能动性增强、对抗式解读的应对措施。

①全面客观地传递新闻。

真实客观是新闻的生命。新闻传播过程中的很多问题都是由新闻的真实性和客观性引起的。新闻记者应当全面展示新闻的不同侧面，翔实地介绍新闻背景，在新闻中展现各家声音，相互印证，这样受众才能全面客观地了解一个事件。

②给受众的多维解读留有空间。

大众传播心理研究表明，受众个体具有各自独立的认知系统，他们会对媒介信息进行自我的建构，即多维性解读。因此，在传播过程中，媒介应当允许受众对媒介内容进行不同方式的解读。

③避免受众的“误读”。

传播者和接收者在社会关系、意识形态和利益关系方面的不同，导致了编码和解码规则的不完全相同，因而可以说对同一符号组合很难有绝对一致的理解。为了避免误读，传播者必须确保所传递内容的清晰、准确，保证受众对信息的客观全面公正的认识。

总之，在新媒体环境下，受众会基于自己的兴趣，选择信息、筛选信息、理解信息，媒体应该清醒地认识受众对抗式解读的困境，主动调整自身的传播理念、方式和手段，从而在新的媒体格局和舆论引导格局中切实发挥出主流、主导作用。

7．请论述用户参与分享数据所有权和收益的依据、操作性以及对产业社会的影响。[北大2021年研]

答：如果说传统媒体产业发展依赖于受众的阅听行为与受众信息的售卖，那么进入互联网时代，互联网产业对用户的依赖进一步强化，并形成了一种以用户参与为中心的新型经济发展模式。互联网产业正企图将用户的个人数据、使用行为、内容生产、信息传播甚至私人化的身体与情感都吸纳进数字资本的产业链中，持续不断地为数字资本的积累与增值提供数字资源。但随着用户媒介素养与隐私、安全意识的不断提高，越来越多的用户意识到平台技术控制、个人数据贩卖、数字劳动剥削等问题的存在，用户参与、分享数据的权益保障问题逐渐受到重视。

(1)“同侪生产”：被商品化的情感劳动。

本克勒用“同侪生产”来描述在共有本身及所有权化的商品和服务中去等级化和去中心化的生产中，由于网络化信息经济而不断膨胀的信息共享是如何被利用的。在社交媒体中，用户的生产行为是自主的，这种自主性遮蔽了“劳动”本身，用户贡献自己的内容并形成社群，“不求利润”地创造信息和服务。这些本应由资本家支付的劳动所生产的内容，却恰恰符合商业的需要，并被纳入了资本的逻辑当中。基于内容付费机制，用户对于网易云音乐的使用权需要金钱交换才能得来。但是，用户在使用过程中会出于情感自主发表评论，这些评论又成为吸引其他用户的内容，网易云音乐却不需要为此买单。随着互联网技术的发展，用户参与、分享所形成的“数据资本”越发具有商业价值，用户理应对自己“数据劳动”所获的收益拥有“掌控权”。

(2)技术赋权：区块链技术提供操作可能。

近几年兴起的区块链技术为解决用户参与、分享数据的权益保障提供了新的可能，也为未来数字劳动的发展打开了巨大的想象空间。区块链技术有三大重要特征：去中心化的分布式数据存储系统、数据内容具有可追溯性、通证机制。其中，通证能够将用户的数字资产、内容贡献、个人信用等进行量化与兑现，确保数据内容具有经济价值，并可以进行自由交易。以2020年还在初步测试运作中的区块链社交平台 Voice 为例。平台主要对三类情况进行通证奖励：其一是奖励用户登录、点赞、评论、邀请新用户等行为，从而提升平台活跃量；其二是奖励用户创作公众所喜欢的、愿意消费的内容，从而激发用户的创作潜能；其三是奖励观看网站的商业广告、协助调整指定内容，从而将广告收益部分回馈给用户。

(3)对产业社会的影响。

2018年，“通用数据保护条例”生效，这套隐私法规影响了全世界为欧盟居民提供服务，并在此过程中收集数据的组织，从根本上改变收集数据的组织之间的关系和数据所涉及群体之间的关系。以此为例，可以看到保障用户对于参与、分享数据的所有权和收益，将对产业社会产生不少影响。对数据的限制保护，受影响最大的还是平台。平台的数据收集和处理能力会受到限制，那些业务模式建立在大规模数据收集和分析上的企业，可能会更强烈地感受到技术和业务实践改革。此外，还有可能促使平台机构专注高质量的内容生产，而非仅仅依赖社交媒体算法。就社会而言，有助于相关法律体系和管理规范的逐渐完善，提高公民(尤其是大量中老年人和未成年人)的数据安全意识，共建一个健康、安全的“数字社会”。

四、应用题

如果将网络直播作为你创业的平台，你如何综合运用所学的知识和技能获得成功？（要求内容包括：平台的选择、主播的选择、直播的定位、受众分析、盈利模式，总字数1000左右）［浙工大2018年研］

答：参考示例：

（1）直播定位。

直播定位于精品游戏视频直播。通过对优质主播的招募、签约形成独特的游戏MCN。

近年来，网络游戏视频直播频繁曝光成为资本追逐的热点。在线直播给了国内直播行业一个彩蛋，国内的直播创业公司纷纷获得巨额融资。在资本市场的支持下，网络游戏视频直播市场也开始了烧钱大战，已达到快速占领市场的目的。其中对于内容上的投入更是各家投入的焦点，尤其是拥有粉丝量的优质主播，将是未来两年游戏直播行业争夺的重点。因此，直播定位于精品游戏视频直播将会获得良好收益。

（2）平台选择。

选择斗鱼作为直播平台。目前国内直播平台的选择有很多，如虎牙、斗鱼等都是头部直播平台，但通过观察和比较发现，相对而言，斗鱼的游戏直播竞争压力较小，游戏主播数量没有虎牙多，且斗鱼平台流量大、平台相应的设施及服务完善，这是主播选择平台时考虑较多的因素。

（3）主播选择。

直播定位于精品游戏视频直播，因此，主播选择倾向于年轻的男性或女性主播。此外，主播也要具备高水平的操作技术和沟通能力，能够和粉丝以及平台进行良好互动，这是对于主播的基本要求。

（4）受众分析。

直播受众多为15至30岁之间的年轻群体，这一群体有活力、善于接受新事物，对于网络游戏充满兴趣和好奇心，他们可能是资深游戏玩家，也可能是小白。总之，他们是作为深度互联网用户的年轻人。

（5）盈利模式。

①打赏收入。

观众付费充值买礼物送给主播，平台将礼物转化成虚拟币，主播对虚拟币提现，由平台抽成。根据自己的直播特色，设置平台各种礼物图片及类型。比如用辣条、羽毛等作为礼物名称，增加平台特色，区别于其他平台。

②广告收入。

直播平台负责在APP中（包括banner、直播广告图等）、直播室中或直播礼物中植入广告主广告，按展示、点击或购买情况与广告主结算费用。

③电商收入。

主播红人有自己的店铺（淘宝店、微店等等），或者有店铺需要主播进行营销推广，主播在直播时，推荐店铺商品，用户直接一键购买或者加入购物车，直播同时有优惠或参与竞拍，最终主播与直播平台按照既定比例分成。

④会员增值服务。

会员可分为主播和观众两类，可分别在付费成为会员后，收获专属特权。

a. 对于会员主播，可以提供的特权：直播室开放更多功能权限，如添加场控、提高聊天室人员上限、收入翻倍、开通私密直播室等；还有身份特权，如尊贵勋章、升级提速、首页推荐等。

b. 对于会员观众，可以提供的特权：功能特权，如个性点赞、特权礼物、视频连线、隐身入场等；身份特权，如头像美化、会员标识、入场特效等；内容特权，如观看指定(付费)内容；更多其他定制特权，可根据直播间特点进行定制。

第六章　网络信息的整合形式

6.1　考情分析

本章介绍了主要的网络信息整合形式，通过网络新闻的层次化组织、结构化整合、多媒体融合以及移动终端的 H5 形式等几个层面来分析这些信息整合形式在网络环境下的应用特点。本章内容偏业务实操，理论考查较少，重点阅读 H5 的用户体验和创新。

关于 H5 的定义、创新之处可能会以概念题或简答题的方式出现。本章重在结合案例进行思考，如何将这些理论知识应用于业务中。

6.2　复习笔记

【视频导学（名师点拨）】

网络信息的整合形式

扫码看视频导学

【知识框架（庖丁解牛）】

- 网络信息的整合形式
  - 各种信息形式在网络环境下的主要应用特点
  - 网络信息的层次化组织
    - 网络文本的基本层次
    - 标题的制作要点
    - 内容提要的写作要点
    - 正文的写作要点
    - 文中超链接的运用
    - 延伸性阅读的配置
  - 网络信息的结构化整合
    - 网络新闻的单元式整合
    - 网络新闻的专题式整合
      - 新闻专题的意义
      - 新闻专题的类型
      - 新闻专题的选题策划
      - 新闻专题的结构设计
      - 新闻专题的版面设计
      - 移动终端专题发展新动向
      - 其他专题模式

- 网络信息的整合形式
  - 网络信息的多媒体融合
    - 多媒体融合报道的主要形式
    - 融合报道中不同形式信息的作用
    - 多媒体融合报道中信息整合的原则
    - 多媒体融合报道案例分析
  - H5 页面：移动终端的新整合形式
    - H5 页面的优势及适用情景
    - H5 页面制作平台或工具
    - H5 页面中的互动创新
    - H5 页面中的用户体验

【考点难点归纳(厚积薄发)】

考点一：网络环境中各种信息形式的应用特点(见表 6-1) ★★

表 6-1 网络环境中各种信息形式的应用特点

特点	主要内容
文字：非线性化传播	①传播的技术基础是超链接[滥用或误用超链接会引起负面后果]。 ②信息之间存在多样化的网状关系。 ③网络中文本的呈现方式层次化
图像："可编辑性"	互联网时代，图像可以加工并反复修改，威胁到新闻照片的真实性，因此： ①传播者要审慎加工图片，不可歪曲事实。 ②受众要提高媒介素养，不可轻信图片，要学会辨识谣言
图表：可视化	信息图表以可视化方式更直观地呈现数据、知识等内容，促进了复杂信息的易读性
视频：碎片化	网络视频开始趋向"短视频"化，视频时长短，信息碎片化，同时还打破了传统电视的完整叙事逻辑，通过剪辑后的一两分钟的短视频更快速地吸引更多的受众
移动视频直播：现场化	网络视频更强调现场的参与和现场感的传达。移动视频直播则深化了这种现场感，并增加了实时化的特点
音频：多场景化	①承载基于声音的特定表现形式，如音乐、相声等。 ②满足"听觉化动物"[偏好声音的用户]的偏好。 ③增加单位时间内的信息获取量，例如当人们在阅读文本时，可伴随性地获取音频内容
动画：普及化	技术的发展普及了动画，逐渐成为互联网中的主流传播形式之一，不但生动地展现信息，还能突破图像、视频等固有的限制[如素材采集]，实现其自由的表达，如 Flash 动画、HTML 动画等

考点二：网络信息的层次化组织 ★★

1. 网络文本的基本层次(见表 6-2)

表 6-2 网络文本的基本层次

要点	具体内容
基本层次	包括：①标题；②内容提要；③正文；④文中链接；⑤延伸性阅读
适用范围	包括：①改写长篇文章；②整合多篇稿件

2. 标题的制作要点（见表 6－3）

表 6－3　标题的制作要点

类型	具体内容		
基本规律	突出新闻亮点		突出新闻价值，如时效性、趣味性、接近性等
	精准简练		①内容提炼上，防止以偏概全。 ②形式上，要注意措辞，表达合理
	符合规范	单一型	只有主题，没有辅题。往往运用在网络中
		复合型	在主题之外还包含辅题，辅题分为引题和副题两种
特定平台的特殊规律	准确有吸引力		涵盖主要要素，吸引读者注意力
	强化关键词		标题制作要便于新闻检索和超链接
	简化精准		尽量采用单一型标题，缩短阅读时间
	格式规范		遵循平台对新闻标题发布的格式要求
	突出辅助信息		强调信息的辅助形式，如图片、视频、H5
社交媒体标题的趋势	①标题制作的细节化。 ②标题的“内容提要化”。 ③标题的夹叙夹议化。 ④标点符号使用的重度化。 ⑤观点的倾向化		

3. 内容提要的写作要点（见表 6－4）

表 6－4　内容提要的写作要点

要点	具体内容
适用位置	包括：①导读页紧接标题处；②正文页标题后；③正文中
作用	包括：①吸引读者；②揭示文章要点；③调节受众的阅读节奏
写作方式	包括：①全面概括；②提炼精华
目标	应以简洁、凝练的语言概括文章中的主要信息或观点，使读者可以更快速把握文章的主要内容

4. 正文的写作要点（见表 6－5）

表 6－5　正文的写作要点

要点	具体内容
简短明快	文章、段落、句子都应简短，适应人们“快餐式”的阅读方式
可扫描：易抓重点	①可以让读者一眼就能获取重要信息。 ②可以将重要内容加粗或用不同颜色标注等方式突出，也可以采用“列表”的方式列明要点

5. 文中超链接的运用(见表6-6)

表6-6 文中超链接的运用

要点	具体内容
需要加入超链接的对象	包括：①重要或关键人物；②过往事件；③重要历史、地理背景等；④重要组织、团体、机构等；⑤重要概念、科学名词等；⑥政策、法规、文件等；⑦需进一步解释的其他对象
通常链接到的对象	包括：①相关信息；②相关报道；③相关网站；④相关搜索
注意的问题	包括：①超链接的量与度；②超链接的打开方式

6. 延伸性阅读的配置(见表6-7)

表6-7 延伸性阅读的配置

要点	具体内容
作用	①可设置“相关文章”“跟帖”“发表评论”等延伸性阅读，深化阅读。 ②可以作为互动的一个入口
相关新闻	相关新闻通常是在正文之外加入的与当前新闻有关的新闻链接

考点三：网络信息的结构化整合 ★★★

1. 网络新闻的单元式整合(见表6-8)

表6-8 网络新闻的单元式整合

要点	具体内容
特点	①以某一稿件为骨干和中心，其他稿件服务于它，报道线索明确。 ②容量相对较小，通常不可再延展
构成	包括：①纯文字稿件，常见于一些深度报道稿件；②多媒体稿件
逻辑结构	包括：①报道单元的信息构成多层次化；②从不同角度来组织报道单元；③以时间为线索整合报道单元

2. 网络新闻的专题式整合(见表6-9)

表6-9 网络新闻的专题式整合

要点		主要内容
定义		指以网站、客户端、社会化媒体等为载体，运用各种媒体手段对重要的新闻事件或新闻话题进行集纳性报道的形式，既有新闻的时效性，又有专题的详实与深度
意义		①可以将碎片化的信息组织起来。 ②利用网络优势向人们提供更全面的内容。 ③对网络媒体而言，做好原创选题是吸引观众的关键。 ④体现了网络媒体新闻理念的转变
类型	采访型	指针对某个选题，网站以采访的形式获得资料来进行报道和制作，如两会专题报道中对参会代表的采访
	编辑型	指组织与整合与专题相关的现成的一些材料，是目前大多数网络新闻专题采取的形式

续表

要点	主要内容	
类型	事件型	针对某个新闻事件来展开报道，通常具有很强的时效性，如针对5·25美国警察暴力执法事件开展的系列报道
	话题型	往往只有一个话题方向，不特别强调时效性，如有关“内卷”“车厘子自由”的报道
	全面集纳型	稿件之间只是用简单分类的方式加以组织，内容较粗略，通常以“滚动消息”“最新消息”等来命名栏目
	结构化解读型	往往不追求全面，强调在某个特定的角度报道一个事件或话题。在内容结构上，重视稿件之间逻辑的严密性。由于在结构组织中体现了一定的主观性和倾向性，又称评论型专题
	动态型	专题始终处于一个开放的过程中，内容呈动态更新，在更大程度上保证报道的时效性
	静态型	一次性完成，一旦推出后，便不再更新

3. 新闻专题的选题策划(见表6-10)

表6-10 新闻专题的选题策划

类型	具体内容		
事件型专题	突发事件	报道思路包括：①后果式；②前因式；③影响式	
	可预知事件	时机	包括：①先发式；②同步式
		规模	包括：①全景式；②特写式
话题型专题	①对新闻高度敏感，能判断内容的价值； ②从已有的新闻选题中整理线索，从而推演出新的新闻选题； ③从论坛、博客、微博、微信等渠道发现网民关心和热议的话题		
活动型专题	策划此类专题时需考虑活动本身与专题组织，并结合报道空间、社会效益、投入产出等考量		

4. 新闻专题的结构设计(见表6-11)

表6-11 新闻专题的结构设计

要点	具体内容
平行聚合式	由多个栏目来完整呈现某个主题或是特定的角度，每一个栏目反映主题的一个侧面，各栏目具有相对平等的地位，如《人民日报》推出的有关解读民法典的聚合报道
层层递进式	各个栏目之间在逻辑上有先后顺序，后一栏目在前一栏目的基础上进行了发展与深化，如对新闻事件发展的追踪报道
观点争鸣式	把观点冲突作为依据，根据不同观点建立不同栏目，同时呈现多个观点，如对“扶不扶老人”等有争议的话题的报道

5. 新闻专题的版面设计(见表6-12)

表6-12 新闻专题的版面设计

新闻要件	具体内容
栏头	用来点明专题的主题。需要做到醒目抢眼、文字表述准确、情绪传达到位

续表

新闻要件	具体内容
版式	需要专门设计首页，因为内容相对繁杂，是专题内的各种内容的集合点
色彩	引导视觉、分割版面、营造美感
线条	主要作用是分隔空间以及突出重点内容，在网页中多使用细黑线条
字符	文字的外在表现形式如字体、字号、色彩等，会直接对专题的传播效果造成影响，要考虑到易读性
模板	①可以提高专题制作的效率。 ②可以统一专题版式的风格，便于读者的阅读

6. 网络新闻专题中的互动(见表6-13)

表6-13　网络新闻专题中的互动

要点	具体内容
受众调查	用于收集受众的意见与看法，针对新闻事件或社会问题开设的调查在一定程度上揭示了新闻事件与现象的社会影响
受众评论	是受众表达自己的意见与态度的途径，从评论的数量可以看出人们对相应事件的关注程度，也可以扩大专题的影响力
受众参与	报道可通过互动的方式如游戏等，使受众成为直接参与者

7. 移动终端专题发展新动向(见表6-14)

表6-14　移动终端专题发展新动向

要点	具体内容	
极简风	内容规模	精简化
	呈现形式	版面栏式化、方向垂直化
H5化	整合不同类型的素材，便于用户分享	
社交化传播	借助社会化媒体，专题也可以得到更好的扩散与传播	

8. 其他专题模式(见表6-15)

表6-15　其他专题模式

要点	具体内容	
微专题	定义	指一种典型的整合了UGC的专题，是整合微博内容的一种模式
	组成	包括：①要点提示；②相关新闻；③微博评论；④相关链接；⑤微博发布
维基词条	①让网民参与新闻整合变得可行。 ②针对新闻事件，对新闻要素传达的完整性、准确性要求更高，这可以通过内容的结构设计来引导	

考点四：网络信息的多媒体融合 ★★★

1. 多媒体融合报道的主要形式

(1)Flash整合的融合报道。

(2)电子杂志整合的融合报道。
(3)以图片或视频为主线索的专题式融合报道。
(4)以文字为主线索的特稿式融合报道。
(5)多媒体混合流式的融合报道。
(6)信息图表整合的融合报道。
(7)移动终端基于H5 的融合专题。

2. 融合报道中不同形式信息的作用(见表6－16)

表6－16 融合报道中不同形式信息的作用

要点	具体内容
文字	包括：①及时、全面传递信息；②进行深度分析；③承载评论；④衔接各种素材；⑤提供背景与知识
图片	包括：①传达现场感；②定位报道基调；③烘托气氛；④补充、解释新闻信息；⑤提供旁证；⑥调节视觉感受；⑦消除距离感；⑧设置导航
音频	包括：①补充信息；②渲染现场感；③增强真实性；④传达报道基调
视频	①兼具图片、音频、动画等的作用。 ②为获得更好的传播效果，通常采用短视频
动画	①将某些素材整合成大报道中的一个小单元。 ②作为替代性材料，补充报道所需影响材料。 ③活跃气氛，实现更生动的报道。 ④提高报道的互动程度。 ⑤不足在于文件大，过度使用将导致网页难以承载
互动	包括：①加强受众在阅读过程中的控制能力；②丰富受众体验或增强其个性化体验；③收集受众反馈

3. 多媒体融合报道中信息整合的原则(见表6－17)

表6－17 多媒体融合报道中信息整合的原则

要点	具体内容
物尽其用	将不同信息手段放在合适的位置，使其发挥最大的优势
取长补短	不同形式的信息组合起来要大于其独立使用的效果
有机融合	各种手段要有机结合、相互配合，成为一个整体
注重用户体验	考虑信息在用户端的呈现，重视用户体验

【考点拓展】媒介融合

麻省理工学院的普尔教授1983年在《自由的科技》一书中首先提出了“媒介融合”这一概念，指各种媒介形式呈现出多功能一体化的发展趋势。随着社会的发展和研究的深入，有关媒介融合的概念不断丰富和变革。但学界所共识的是，媒介融合是政治因素、市场因素、技术因素和文化因素共同催生的产品，因此，媒介融合的内涵不仅是指技术层面的融合，还有组织活动、资本流通、传播手段等方方面面的融合。

考点五：移动终端的新整合形式——H5 页面(见表 6－18) ★★

表 6－18 移动终端的新整合形式——H5 页面

要点	具体内容
优势	包括：①多媒体效果呈现更丰富，展现了灵活的动画特效，实现强大的交互应用和数据分析功能；②跟踪和分析页面传播效果
适用情景	包括：①新闻专题；②微杂志；③营销与广告；④活动邀请；⑤研究报告；⑥游戏
互动创新	包括：①贴近用户生活，增加熟悉感；②使用户有代入感
用户体验	包括：①动画效果的必要性；②多媒体手段的适度性；③互动过程的便利性

6.3 课后习题详解

1. 网络信息层次化处理有何优缺点?

答：网络信息层次化是指以层次树的结构方式整合网站或客户端中的内容。网络信息层次化处理有以下优点和缺点：

(1)网络信息层次化处理的优点。

①内容结构清晰明朗，易于受众阅读和理解。网络信息经过层次化处理后，呈现得更有逻辑性，减轻了读者阅读的阻碍，使其对于信息的获取变得更加轻松便捷。

②增加信息承载量。多篇文章的内容提要通过一定框架组织在一起，形成一篇新的稿件，这可以从更多角度来反映一个较为复杂的新闻主题，这样的组织使得网络信息承载量大大增加。

(2)网络信息层次化处理的缺点。

①可能使受众偏离原来的信息寻求路径。稿件中加入的超链接应该注意量与度的问题，因为过多的层次结构易将用户注意力吸引到其他内容上，偏离原来的信息寻求路径，从而影响传播效果。

②可能给受众造成阅读障碍。对于有着传统阅读习惯的受众，他们更习惯于平面化的阅读方式。由于层次化的处理方式不能一次性完整地呈现信息，反而给这类受众造成了阅读障碍。

2. 在移动时代，网络信息的单元式整合是否有必要存在？为什么?

答：在移动时代，网络信息的单元式整合仍有必要存在，具体原因如下：

(1)线索明确，易于为受众所理解和接受。

单元式整合以某一稿件为骨干，其他稿件都以它为中心，服务于它。在移动互联网时代，网络信息浩如烟海，信息垃圾与有价值的信息并存，网络信息的单元式整合将重要信息突出，形成以其为核心的稿群，因而报道线索明确，易于为受众所理解和接受。

(2)小规模集聚的特点适合在移动终端进行传播。

单元式整合有着小容量、不可延展的特点，即不会像某些新闻专题那样处于不断更新之中，它往往是被动利用现有新闻素材，其新闻稿件可以有不同的来源，整合不同的稿件内容，因此整合更为稳定，能够达到更好的传播效果。

(3)多角度整合弥补移动时代阅读的碎片化缺陷，满足受众需要。

移动时代由时间上的点状报道带来的线索的断裂感是新闻传播的一个问题，以时间为线索进行单元式整合可以有效克服这样的碎片化问题，使稿件成为一个有序的整体。此外，单元式整合可以实现多角度报道，便于读者从不同方面了解新闻事件。

3. 网络新闻专题的原创空间在哪里?

答：网络新闻专题的原创空间可以从以下几个方面进行探索：

(1)抢首发，实现新闻专题传播价值最大化。

独家新闻是媒体的生存之本。在重大事件报道中，网络媒体具有抢占“第一落点”的天然优势，因此，网络新闻媒体在平时要注重锻炼网络编辑对社会热点的洞察力和思考力，要强化网络编辑作为职业新闻人的抢新闻意识，使网络媒体相对于传统媒体的天然优势得到最大程度的发挥，拓宽网络新闻专题的原创空间。

(2)重滚动，注重新闻专题内容开掘深化。

任何一个新闻事件都不是孤立的，要更全面展示新闻事件的关联因素以及演进过程，就得发挥网络媒体的独特优势。网络新闻专题要充分发挥好网络媒体信息海量化和可回溯、可追踪的传播优势，就必须要随着新闻事件向纵深发展，不断向新闻专题充实最新最快的新闻信息，争取尽快跟进事件的演化过程，将和新闻事件有关的报道都容纳在新闻专题中。

(3)促互动，突出新闻专题内容空间开放性。

互联网的根本特征在于互动传受，网络受众对于网络新闻的需求不仅仅表现在阅读上，更强烈地表现在表达和参与上。这一特性就要求网络新闻专题在设计和制作的过程中，要求实时为受众提供评论和参与的空间，网络媒体不仅是作为发布者与受众进行互动，更是作为一个开放互动平台为受众提供充分展示自我的机会。

(4)巧设计，追求新闻专题表现手段新颖性。

网络新闻表现手法的多样性是网络媒体区别于传统媒体的重要标志之一，在网络新闻专题的设计和制作中，这种多样化既是一种优势，也是一大难题。优势在于通过对表现手段的合理组合实现更佳的传播效果；难题在于常见组合的滥用会让受众产生审美疲劳，限制了创新空间。这对网站编辑和设计人员的原创能力提出了更高要求。

4. 对比分析不同新闻网站针对同一主题或事件的新闻专题。

答：关于神舟九号的升空及返回，人民网和新浪网皆采用专题的形式报道此事，以下从版面设计、报道内容、互动性设置等方面对人民网与新浪的神九专题报道进行剖析：

(1)版面设计。

版面要符合观众审美，起着承载信息、引导阅读的作用。网络新闻专题内专属网页的版面设计可分为两部分，分别是网页感官和栏目设置，网页感官重形式，栏目设置偏重内容。

①网页感官。

a. 专题标题。同样是神九新闻专题，人民网将其命名为“神舟九号全景报道”；新浪专题则是“神舟九号：首次载人交会对接天宫一号”。二者相较，通过“全景”两字可看出人民网报道更全面、深入。

b. 首页色彩。人民网以白色做底，蓝色为主色；新浪网则是蓝紫色夹杂着闪烁的星辰，且都运用了星球图作为背景。两者的色彩都与专题内容契合紧密。

②栏目设置。

人民网神九专题的栏目设置简洁分明，注重新闻及新闻报道的专业性与全面性；新浪网则设置更为繁杂，存在一定重复，更重趣味性。

(2)报道内容。

①新闻来源。神九升空专题中，人民网的自采比例显著高于新浪，这是因为新闻报道的第一前提资格不同。人民网依托于《人民日报》，享有传统媒体采访权；新浪为门户网站，除娱乐体育新闻外，按规定不享有其他新闻采访权。因此在新闻来源上两者有明显差异。

②报道类型。人民网与新浪对神九专题的报道都是既包括文字新闻，也包括图片新闻和视频新闻，但两者都是以文字新闻为主。

(3)报道的延续性。

在对神九背景的介绍下，人民网比新浪做得要好，较多采用了往期新闻；而新浪的神九专题报道延续性比较到位，因为其新闻多转载自各大媒体，这也间接说明门户网站已基本掌握新闻规律，其新闻报道正逐渐成熟。人民网除对专题进行时间上的延续外，还用新途径对其进行空间上的延续——手机看新闻。在神九升空专题中，人民网绝大多数报道支持“手机看新闻”，网友通过手机就能阅读到其报道神九的相关新闻。而新浪的神九新闻专题报道中尚不支持移动终端。

(4)互动性设置。

就神九新闻专题的报道而言，在互动性设置方面新浪做得比人民网好。新浪的评论和分享设置紧跟新闻末尾，网友评论更方便；人民网一条新闻结束后紧随大量“相关新闻”，留言区靠后，因而易被忽视。根据艾瑞咨询数据显示在神九专题下新浪拥有的网友评论数远超人民网。

5. 试分析移动端的专题与PC端的专题的差异。

答：移动用户获取新闻的渠道主要包括客户端、微信等社交媒体。过去在PC端新闻网站随处可见的专题在移动端越来越少见。移动端的专题与PC端的专题的差异体现在以下几个方面：

(1)从内容规模上看，移动端的专题比PC端专题更精简。由于移动端需要适应小屏、快速阅读的读者需求，在内容设置方面，其承载的内容量不能过大，否则受众可能会因为时间、屏幕呈现等问题放弃或中断阅读，达不到良好的传播效果。

(2)从形式上看，移动端专题基本上采用一栏式的版面，整个专题在垂直方向上延伸。一些专题较为简化，似乎回到了网络专题发展处于萌芽状态时的那种简洁状态。这与PC端专题分栏、多版面的处理方式存在较大差异。

(3)从表现方式上看，移动端的专题，越来越多采用H5的形式。H5形式可以将多种不同类型的素材组合在一起，产生戏剧性的效果，便于在社交媒体上传播。而在PC端则很少看到H5的应用。另外，以往PC话题只能在网站上查看，不能“移”到其他平台；手机H5话题则可以嵌入微信等社交平台，供用户分享，借助社交媒体，话题可以达到更好的传播效果。

6. 试分析一则网络多媒体融合报道。

答：网络多媒体融合报道是指在互联网上融合了文字、图片、视频等多种表现手段的融合报道形式，它是信息化、数字化发展的产物。2019 年 9 月至 11 月，通过挖掘运用遥感卫星技术最新成果，新华社推出《60 万米高空看中国》系列报道，系列报道总浏览量超 40 亿次、总互动量超 1.36 亿次，被媒体采用转发 4800 多家次，被中宣部有关刊物评价为“堪称守正创新，运用新技术壮大主流舆论声音的标杆之作”。

（1）主要内容。

《60 万米高空看中国》系列报道主要播发包括预告篇、省份篇、阅兵篇等 33 个篇章，立体化、全方位展示全国各地沧海桑田的变迁，开创卫星新闻全新报道样式，让海内外观众从前所未有的角度领略大美中国。

（2）表现方式。

①在素材采集上，项目团队除汇集、挖掘、处理卫星影像素材，还联动新华社各地分社，一面整合优质实景视频，一面对标志性、关键性点位进行补充拍摄。同时，联系近百家“现场云”用户，实地拍摄焕发着浓浓烟火气的民生类镜头，将天、地、人、和的理念根植于系列报道中。

②在叙事主线上，采用“一省一脉络，一地一经纬”的方式。例如，北京从一张地图入手，以太空可见的“口”“中”二字的象形呈现，解锁北京新韵，探寻“龙凤呈祥”的首都密码；安徽以“山水人文”为纲，凭借从太空到黄山迎客松、从太空到宏村“一镜到底”的镜头，尽显徽风皖韵；重庆紧扣“一边地下穿一边天上跑的 8D 山城”特点，通过超高空视角，独有的自然景观魅力和城市人文风情得以进一步彰显；深圳则通过铺叙近 40 年来卫星变化图，展现了从小渔村到建设中国特色社会主义先行示范区的发展历程……

③在视觉呈现上，结合卫星视角、航拍视角、地面视角，对视频素材进行甄选、拼接、编组、特效。“60 万米高空看中国”最具特色的就是从太空贯穿至地面的“一镜到底”，大气磅礴，唯美震撼，为广大受众献上一场视觉盛宴。由于整体运用俯瞰视角，视频中更多选择了对称图案、重复图案、有鲜明分割线的地标，如新疆的特克斯八卦城（对称）、吉林黄金水稻带（重复）、港珠澳大桥（鲜明分割线），使得整体视觉效果更加直观。同时，每篇都选用节奏感强、代入感足的背景音乐，配以富有科技感的音效，在不同桥段叠加不同的特效声，如贵州西江千户苗寨的天籁人声，“天眼”捕捉到的宇宙“心跳”等，给人视觉听觉全方位冲击，引发情感共鸣。

④在文案写作上，摒弃既往成就报道惯用的全景铺陈式写法，尝试运用影视叙事手法片段化呈现。如《60 万米高空看安徽》，一开篇就直叙“凌空俯瞰江淮大地，地形地貌多姿多彩，山水风光秀甲天下”，点题明意，而后转换场景，片段闪回接叙“安徽是人文中国的精辟之地，古老文明精妙传承、艺术创造熠熠生辉，安徽是创新中国的先行之地……”，点明全文主旨，描述线条完整流畅，场景展示直观立体。每个省份短视频都设计了一个高度浓缩地区形象特质的“主题词”，作为吻合贴切的“地方名片”。例如，《60 万米高空看陕西》主题词“一岭分南北，一城通古今”，短短十字，简洁有力承载了巍峨秦岭山脉作为中国南北地理分界线的特质和西安作为十三朝古都的底蕴；《60 万米高空看贵州》主题词“天

地对视一眼万年”，凝练展现了贵州打造大数据之都、勇立产业发展潮头的气魄，“一眼万年”用拟人化表达增添了几分浪漫色彩。江苏的“山水钟灵秀最忆是江南”、天津的“一条河的过往一座城的开放”、重庆的“两江奔流处山水魔幻城”等主题词，都对地方发展特质与形象符号进行了深度挖掘与提升，这些主题词在视频结尾镜头收回太空背景时出现，成为点睛之笔。寥寥数语，将源远流长的中华文明融入其间，串联起各地波澜壮阔的奋斗发展历程。

⑤在互动传播上，项目团队统筹开设“我从卫星看家乡”“60 万米高空看中国”两个微博主话题，从不同维度进行话题式推送和互动化传播。一方面，通过卫星新闻勾连起每个人对自己家乡的热爱与思念，激发强烈情感共鸣；另一方面，邀请一批青年艺人担任“卫星新闻特约主播”，转发、评论各自家乡的视频，激发“爱豆”力量，吸引青少年观看、评论、转发，汇聚起浓浓的爱家乡、爱国家的舆论氛围。国庆前后两个月里，相关话题数十次登上微博热搜榜、总阅读量超 27 亿次，网友留言 200 多万条。

(3)评价。

这是新华社推进系统化创新的一个成果，也是媒体融合向纵深发展的缩影，更让中国新闻传播史和卫星应用史产生了有趣的交集。我们得以跨越时间，在更大的空间尺度上，看到自己的家乡一路走来的模样。这其中，每一处变化都凝聚着一代代人不懈的拼搏与奋斗，每一张影像背后都隐藏着一段段动人的故事。通过这一系列报道，可以从北到南、由东往西，重新认识每一个省份和地区的自然地理区位，了解每一个省份和地区发生的突破性变迁，看清每一个省份和地区现在的模样，以及正在迈向未来的身影；循着时间的轨迹，可以探寻新中国诞生的艰苦历程、改革开放以及十八大以来的伟大变迁；循着不同的主题，则可以利用大空间、大时间，以独特的视角重新认识中国，认识家乡，认识我们脚下的每一片土地。

7. H5 给网络的专题化整合和多媒体融合带来了哪些新可能?

答：H5 是指 HTML5.0 版标准。其有着强大的交互应用和数据分析功能，在生成灵活的动画特效的同时，可以实现丰富的多媒体效果、能生成灵活的动画特效，可以形成强大的交互应用和数据分析功能，对页面传播效果进行跟踪分析。这种技术为专题中的创新和多媒体融合提供了可能，尤其是用户与内容的交互方面。

(1)借用用户熟悉的场景或人物作为多媒体内容整合的“容器”。

由于 H5 页面更多是在移动端的社交媒体上传播，因此 H5 页面需要参考用户熟悉的场景，从而贴近用户的社交平台环境，以社交场景为基础载体是可行的方式之一。H5 广告可以贴近用户的社交平台环境，用户亲切感增加，为多媒体内容整合提供了“容器”。

(2)创造用户的代入感，促进“硬新闻”的“软着陆”。

在 H5 页面中，用户的代入感意味着他们不仅能阅读内容，还能参与到内容中来。代入感促使他们更愿意在社交平台上分享内容。例如，2017 年两会期间，《人民日报》新媒体部推出了 H5 专题《两会喊你加入群聊》，整个专题以微信朋友圈为依托场景，专题开头模仿“面对面建群”的页面，将普通公众也拉入两会的氛围，为过于“坚硬”的时政新闻提供了一种软性包装方式。这样一来，对时事新闻不感兴趣的年轻用户也可能在一定程度上被吸引，对一些信息点有一定的印象。

6.4　考研真题与典型题详解

一、概念题

1. 受众的“碎化”［人大2013年研］

答： 受众的“碎化”是指受众获取资讯不再全程依赖某个媒体，而是在不同方面、不同的环节上使用不同的媒体。碎片化与碎片化倾向伴随的是传播领域的分众化，但这并没有改变社会进步的趋势和潮流，它不过是除旧布新的一个必要的中介阶段。碎片化之下的真正含义，是在“分众”的背后新的“聚众”需求。先细分，再归聚。这样媒体拥有的将是特征明确的目标传播对象群体，从而以最小的传播代价获取最大化的传播效果，将浪费掉的传播资源的传播效能重新找回来。受众碎化对传媒产业的影响主要包括：①受众碎化是降低媒介受众与广告主目标消费者之间的重合度的重要力量；②受众碎化使消费需求变得丰富，从而有利于促进节目产量的增加；③受众碎化是大势所趋，使数据库营销广受青睐，同时也使广告媒体策划变得更为重要；④在政策的允许下，承载信息的渠道将需求各异的受众分割成一个个专门市场。

2. 短视频［贵州大学2022年研］

相关试题：短视频的叙事特点。［简答题，重庆大学2020年研］

答： 短视频是一种以移动互联网技术为支撑，由用户自己制作、时长较短的视频形式。短视频时长不拘，短则数秒钟，长则十几分钟，但一般不超过30分钟。短视频在较短的时间内展示必要的内容，主旨明确、针对性强；短视频平台丰富，除抖音、快手等专门短视频APP及哔哩哔哩等视频门户网站之外，微博、微信等社交媒体也开拓了短视频功能；短视频形式灵活，时长不一而足，特效花样百出；短视频内容多样，包括但不限于美食、旅拍、手艺、搞笑、生活、游戏、影视、美妆等。短视频的兴起，从根本上来说是因为短视频契合了当下人们的多种需求。从依附对象来看，短视频适应智能手机和移动网络普及下碎片化传播的特点，能够满足人们随时随地休闲娱乐、获取信息的需求；从制作过程来看，短视频的录制、剪辑与发布都需要一定的构思与设计，能够满足人们自我创造的需求；从发布效果来看，短视频的观看营造出一种“面对面”、身临其境的体验，能够满足人们自我展示、分享生活与社会交往的需求。

3. 网络新闻专题

答： 网络新闻专题是以网络为平台，运用各种媒体手段对特定主题或事件进行组合或连续报道的形式，是网络新闻的重要整合方式。网络新闻专题不受存贮空间的限制，因此，它可以以特定的主题或事件为中心，将各方面的相关信息高度集成化，形成一个整体性的信息传播单位。由于网络的超文本特性，网络新闻专题又并非封闭的、孤立的，它以专题的主题为中心，向外辐射形成一个更广阔的信息空间，从而具有可延展性。在突发事件发生时，网络新闻专题可以在很短的时间内启动，并随时跟踪事件进展，具有显著的实时性。

4. 融合报道[南京师大2022年研；西南交大2020年研]

答：融合报道是指利用数字移动通信技术和互联网信息平台，并综合运用不同介质的传播形式、技术方法、报道体裁和叙事方式开展的整合式新闻传播的新方式。融合报道具有以下特征：①以数字移动通信技术的应用为基础。数字移动通信技术作为融合报道的基础技术，使"融合报道"具有"移动传播"的基本特征。②以互联网信息平台为依托。互联网平台提供的大数据、云计算等技术，为"融合报道"所需要的广泛、深入和精确的新闻背景资料的超链接，为"融合报道"的精确性和传播的精准性提供了有力的技术支持。③以不同媒体传播方式方法的融合为标志。"融合报道"整合不同媒体的传播方式和方法，将文字、音视频、图片、动漫、H5、动图、数字地形模型、VR、AI等融为一体，交替或整合运用。④以社交媒体和自媒体为优选。"融合报道"在生产、传播、接收、反馈、互动的过程中，始终是以社交媒体和自媒体为优选，这反映了在融媒体时代信息传播逐渐由大众传播向人际传播转移和回归的趋势。

5. HTML5[复旦大学2018年研]

答：HTML5是指第5代HTML(简称H5)，是电脑技术以及图文处理技术不断发展后出现的信息处理技术，也指用该语言制作的一切数字产品。HTML是指"超文本标记语言"，是万维网的核心语言、标准通用标记语言下的一个应用。H5是其第五次重大修改。2014年10月29日，万维网联盟正式宣布，经过接近8年的艰苦努力，HTML5标准规范制定完成。该技术的使用，能够使图片、文字、音频、超链接等信息形式的网络页面在终端显示屏上以动态、综合的形式出现并传播，实现了更广程度上的兼容并包性与开发便利性，为移动端新闻页面多样化呈现提供了技术支持。H5通过信息多形式的制作和整合，提供免插件的音视频、图像动画、本地储存、双向通信、语义化等多种功能应用标准化和开放化，从而使互联网也能实现类似桌面的应用体验。H5的优势在于跨平台性，它可以兼容PC端与移动端，并适用于多种操作系统，这种强大的兼容性可以显著地降低开发与运营成本，且适合移动媒体的使用，并贴合受众轻阅读、浅阅读的阅读习惯。H5在新闻传播领域的应用如《人民日报》客户端独家定制的2017两会H5等。

6. 融媒体[南昌大学2020年研；北大2019年研；中传2019年研]

相关试题：融媒体新闻[华科2022年研]

答：融媒体是指充分利用媒介载体，把广播、电视、报纸等既有共同点，又存在互补性的不同媒体，在人力、内容、宣传等方面进行全面整合，实现"资源通融、内容兼融、宣传互融、利益共融"的新型媒体，是建立在现代网络技术之上、融合了多种媒体形态的新型媒体的总称。融媒体是一种信息共享，依据媒介属性进行信息传播的新型媒体，能够打破新旧媒体的壁垒和"界限"，实现信息的社会效益和经济效益的最大化。融媒体平台倡导的是信息源中心化，把传统媒体与新媒体的优势进行有效结合，实现资源通融、传播互融共享、利益共融。融媒体中心的伟大之处就在于设计了"中央厨房"(或称指挥中心)的地方，同一传播信息源经过传播技术处理后，会分发到不同的新旧媒体平台，供该平台属性用户群进行阅读与传播。

7. 全媒体[川大 2020 年研；安徽大学 2019 年研]

答：全媒体是指一种新闻业务运作的整体模式与策略，即运用所有媒体手段和平台来构建大的报道体系。媒介信息传播采用文字、声音、影像、动画、网页等多种媒体表现手段(多媒体)，利用广播、电视、音像、电影、出版、报纸、杂志、网站等不同媒介形态(业务融合)，通过融合的广电网络、电信网络以及互联网络进行传播(三网融合)，最终实现用户以电视、电脑、手机等多种终端均可完成信息的融合接收(三屏合一)，实现任何人、任何时间、任何地点、以任何终端获得任何想要的信息(5W)。全媒体具有以下几个特点：①全媒体是人类现在掌握的信息流手段最大化的集成者；②全媒体并不排斥传统媒体的单一表现形式；③全媒体体现的是全方位融合——网络媒体与传统媒体乃至通讯的全面互动、网络媒体之间的全面互补、网络媒体自身的全面互融；④全媒体在传媒市场领域里的整体表现为大而全，而针对受众个体则表现为超细分服务。

8. 信息流广告[暨大 2022 年研；北大 2020 年研；汕头大学 2018 年研]

答：信息流广告是在社交媒体平台上针对不同用户群体属性对用户喜好和特点进行智能推广的广告形式，其最为直观的展现形式是镶嵌在社交媒体的信息流之中。传统展示广告是从平面媒体时代直接“移植”过来的，是一种“空间广告”，是“静态广告”，只能够进行平面化展示，因此位置是一种稀缺性资源；而信息流广告则是一种“时间广告”，是一种“流动广告”，是随着信息流逐步展示的，只要信息流不断，其就有无限的广告位，因此时间是一种稀缺性资源，其广告容量理论上是无限的。广告会标注“推广”二字，以便用户区分，用户也可选择“我不感兴趣”不再接收其消息。

二、简答题

1. 如何运用融媒体平台与新媒体手段报道重大主题事件？[中传 2019 年研]

答：在融媒体时代，大众传播正在发生着革命性的变革，媒体的传播方式在不断演变，新媒体的形式也在不断创新。融媒体是指以媒介为载体，把广播、电视、报纸、互联网等传统媒体和新媒体进行全面整合，实现“资源通融、内容兼融、宣传互融、利益共融”，形成一种以“多媒体”形态存在的媒体。新媒体是指以数字技术为基础，以网络为载体进行信息传播的媒介，在新的技术支撑体系下出现的媒体形态，包括如数字杂志、数字报纸、数字广播、手机短信、移动电视、网络、桌面视窗、数字电视、数字电影、触摸媒体、手机网络等。

(1)新媒体环境下重大主题报道发生的变化。

随着全媒体时代的到来，在纸媒和新媒体深度融合的背景下，越来越多的时政类、民生类等报道成为新媒体报道的重要内容，尤其是党媒下的各类融媒体和新媒体平台。技术引领传播变革，舆论结构和舆论生态正在发生快速变化，重大主题报道的策划原理、报道形态、传播路径等全面调整升级。对于主流媒体来说，挑战与机遇并存。

(2)运用融媒体平台与新媒体手段报道重大主题事件的方式。

①改变呈现方式。

a. 新闻可视化。新媒体环境下的重大主题报道，不应当再是以往传统的新闻样式如会议、消息、时政类等报道方式，而应该采用数据新闻、动新闻、无人机、H5、VR 等眼下流行的新媒体传播手段，让新闻可视化。

b. 内容移动化。随着全媒体的不断发展，各种移动化产品层出不穷，要全方位做好重大主题的宣传报道，必然要让“两微一端”并行发展成为常态，实现全网移动化转型。

c. 传播碎片化。碎片化阅读已经成为当下一种盛行的阅读方式，传播碎片化不等于内容碎片化，内容提炼、角度选择、意图植入、标题制作，都成为影响传播效果的重要因素，成为考验采编人员能力水平的重要方面。

②拓宽传播渠道。

互联网技术的演进改变了渠道格局，细分了生产和传播功能。就当前的传播渠道来看，新媒体一般泛指微信、微博、新闻客户端、新闻网站等。微信是最具传播力的舆论渠道，微博是最具公共性的舆论空间，新闻客户端是竞争最激烈的用户终端，新闻网站则是 PC 端的综合发布端。

新媒体环境下的重大主题报道，应结合报道内容，充分整合各种融媒体平台特点，通过一次采集、多元发布，最大化满足各种用户的阅读口味。发布形式上也可大胆创新，融入各种新媒体传播手段，用技术手段让发布的内容和形式完美结合，从而达到最佳的宣传效果。

2. 简述网络中“标题党”的危害。[黑龙江大学 2014 年研]

答：(1)网络中的“标题党”及其表现。

“标题党”是对在以互联网为代表的新媒体上通过制作幽默、新奇、耸人听闻或者媚俗、低俗、庸俗等标题来吸引网友注意力，以达到增加点击量、知名度或者牟取经济利益等各种目的的网站编辑、记者、管理者和网民的总称。在互联网新媒体上，“标题党”的主要表现包括：

①标题与正文内容不对应，所表达的信息与文章主体内容的基本事实不一致。

②套用模式化的网络流行语和暴力色情语言。一些网络标题常以“性”的暗示作噱头，在标题的语境下引入“性”的暗示信息，而文体本身则与性毫无关系，借此写作手法来刺激受众，引诱受众点击链接继续读下去。

③标题以点概面，不能够准确、全面地反映文体本身。某些网络娱乐新闻标题为了吸引受众的眼球，刻意抓住新闻内容中一些无关紧要的话不放并故意夸大、渲染而把其提炼成新闻标题，这种以偏概全的写作手法也是“标题党”的惯用形式。

④将未经核实、甚至被否认和被证伪的“传闻”当作标题。

(2)网络中“标题党”的危害。

①“标题党”的出现违背了新闻的真实客观公正原则，违背了马克思列宁主义新闻观的原则，使新闻报道脱离实际，失去了新闻的价值，是对新闻事业的破坏。

②“标题党”误导事实、扭曲真相，严重损害新闻媒体的公信力和社会形象。

③“标题党”对新闻当事者的声誉造成极大的伤害，损害了新闻当事人的合法权益，甚至可能在国内国际造成恶劣的政治影响。

④“标题党”对社会造成不利影响。“标题党”刻意突出新闻事件中的不和谐音符，从新闻事件本身或新闻当事人的言论中挖掘敏感话题大肆渲染，以掀起社会舆论的浪潮。由于“标题党”涉及的报道领域往往与当下最敏感的政治改革、社会矛盾冲突、关系群众切身利

益的民生新闻等有关，与新闻事实不相符的标题很容易激化社会矛盾，挑起公众情绪，甚至诱导错误行为，带来难以估量的后果，对于化解矛盾、保持社会稳定发展极为不利。

3. 什么是网络侵权行为，其构成要件包括哪些？［江西师大2015年研］

答：(1)网络侵权行为定义。

网络侵权行为是指在网络环境下发生的侵犯他人人格权、著作权、网络传播权等权利的行为。网络侵权是知识侵权的一种形式，而网络侵权行为与传统侵权行为在本质上是相同的，即行为人由于过错侵害他人的财产和人身权利，依法应当承担民事责任的行为，以及依法律特别规定应当承担民事责任的其他致人损害行为。

(2)网络侵权行为的构成要件。

①个人。

个人是网络侵权案的主要侵权主体。互联网个人用户在网络上从事的行为，根据其行为目的，可能侵害他人的隐私权、名誉权，也可能侵害他人依法受保护的著作权。由于网络的开放性和虚拟性，个人网络用户一般是流动的，他们留下的通信地址、电子邮件地址，甚至姓名、单位都可能是虚构的，即便是真实的资料，也可能将上网账号借给他人使用。网络空间中信息的删除是轻而易举的，侵权人很容易将侵权言论或文章在短时间内删除，从而给确定、判断侵权行为人带来了难度，侵权证据的获取也很困难。权利人的合法权益被侵犯之后，因为不知道侵权者是谁，没有足够的证据，想通过法律手段维护自己的权利，就可能陷入困境。

②网络内容服务提供商。

因为行业的特性，网络公司、网站的IP地址是不可能随时变化的，而他们被认为是通过用户提供网络服务的直接获利者，于是，被侵权的用户将矛头纷纷指向网络服务提供商，追究其为他人行使网络侵犯提供便利的责任。而事实上，确实存在有些网络内容服务商为了丰富网站内容，未经许可使用他人作品，或转载作品后不支付使用费的情况，所以，网络服务商也是网络侵权的主体之一。

③网络中介服务者。

网络中介服务提供者是指提供内容服务以外的其他种类服务的网络服务提供者。他们的作用在于为信息的传输提供基础设施和基础的通信服务等，以维持网络的正常运作，支持网上的信息传输。但网络中介服务提供者并不是侵权材料的发送人，对于侵权材料的存储和传输是由其技术特征所决定的，是对侵权人的要求做出的自动反应。因此，在某些侵权事件上，让中介服务者承担责任是不明智的行为，不利于整个互联网的发展。

4. 分析电台和电视台主持人与受众的关系和网络直播中主播与受众关系的异同。［北外2019年研］

答：(1)电台和电视台主持人与受众的关系和网络直播中主播与受众关系的相同点：

①传受关系。

a. 受众拥有选择和拒绝节目的权利，节目是由传播者制作的，但节目一经播出，主动权就转移到受众手中了，受众锁定某个频道(率)就是选择了这个节目，同时也意味着拒绝了其他节目。

b. 受众具有对节目理解和评价的主动权，节目的社会意义和审美价值只有在受众的接受过程中才能体现出来。

c. 受众具有对节目的参与权，受众不只是被动的接受者，他们对于促进节目发展具有推动作用。作为节目与受众的中介人物，主持人或主播必须对受众及其影响力有深刻的认识，要认识受众、热爱受众、服务受众，具备一定的“受众意识”。

②服务关系。

主持人、主播与受众的关系，都是一种服务关系，应该重视受众的收听、收视需求，并提供与之相对应的信息服务。

③伙伴关系。

受众往往在主持人、主播身上寄托了理想化的审美期望，他们认为主持人、主播都应当尽量“完美”，因此，主持人、主播等应以“平常心”面对“捧”和“骂”，将受众当作自己的良师益友。

(2)电台和电视台主持人与受众的关系和网络直播中主播与受众关系的不同点：

①门槛不同。

电视台主持人门槛更高，他们为受众提供的是高格调、高水平的信息服务，因此对于受众的要求也比较高；而许多“网红主播”是在社会底层打拼的普通人，相较于明星、精英群体，他们会更了解普通受众想要在直播中看什么样的内容。网络直播更接地气、简单明了，不仅能满足受众的娱乐需求，更能让受众在观看中产生共鸣，因此获得许多人的追捧。

②互动性不同。

即时、迅速的互动是网络直播和电视、电台直播的最大区别。后者与受众的互动性差，往往需要电话连线或者网络反馈，不能即时获取受众的反馈；网络直播则可以实现双向交流互动。在网络直播中，主播可以马上回复观众的问题，而且这种回应的形式丰富多样，不仅可以语言回应，还可以用眼神、肢体动作进行回应，丰富的互动形式、直接的画面感能给观众带来独特的交流体验。

三、论述题

1. 中央厨房作为有争议的新生事物，分析它的成就与存在的问题。［复旦大学2019年研］

相关试题：媒体中央厨房的组织架构的特点，带来的变化，以及提升内容质量的手段。［河北大学2022年研］

答：“中央厨房”是全媒体新闻生产平台的指称，指采集同一个内容素材进入全媒体数据库，媒体内各类传播渠道、子媒体根据需要对这些素材进行二次加工，生产出各种形态的新闻产品；最后，按照介质特点、传播速度、传播需要，通过多种媒介逐级发布、传播。

“中央厨房”的特点是“新旧融合，一次采集，多元生成，多元发布”，即记者把采集到的所有数据都放在内部网络平台上，各家媒体依据总编室的调度，依据各自特点和需要生成不同形态新闻作品来发布。这样可以避免各家媒体到现场一哄而上抢新闻，大大节省了人力成本，同时，各家媒体可以依照各家特点分工协作来报道。

(1)“中央厨房”的成就。

①再造新闻生产流程。

媒介融合带来的最重要结果之一是媒介之间的边界变得模糊，因此打通各个单一介质媒体之间的联系渠道，再造融合媒体时代的新闻生产流程也是媒介融合的应有之义。“中央厨房”式的内容生产和分发机制便是再造新闻生产流程的一种实践。“中央厨房”对新闻生产流程进行再造，流程更快捷，一个新闻事件发生后，指挥系统、记者编辑能够快速反应，可以减少采编人员的重复性劳动，丰富素材的共享和利用，提高媒体内容的制作水平，增强媒体内容采集和传播的时效性，加强传播信息的内容控制，满足用户信息需求的多样化，利用实时性、互动性的用户反馈提高内容调整的及时性。

②解决传统媒体的数据空心化问题。

传统媒体大数据平台构建中的数据结构存在天然缺陷：一方面，其内容数据库比较丰富，但由于不同媒体的内容资源彼此封闭，所以素材和内容库的“孤岛效应”也在全国范围内大量存在；另一方面，由于缺乏规模化的流量入口和数据平台，即使拥有了大数据的挖掘、分析能力，多数传统媒体也不能对用户行为数据和电子痕迹进行直接采集和持续分析。而“中央厨房”模式有望改善内容资源的“孤岛效应”。媒体用户在使用“中央厨房”的同时也不断丰富平台内容资源的总体规模；通过新闻素材共享和新闻产品的平台化存储，“中央厨房”未来有可能形成一个跨媒体、跨地域的内容资源库，从而解决传统媒体各自为阵、内容资源彼此封闭、难以应对聚合类新闻网站冲击的市场难题。

(2)“中央厨房”的局限性。

①没有形成一种统一的新闻生产方式，也没有克服新旧媒体新闻生产上的文化差异。

在“中央厨房”的规划中，从业者要服务的媒体包括母报、子报、微信公众号和新闻客户端，产品形式包括文字、图片、音频和视频。因此以往新闻生产的模式面临全面崩盘：就标准化文本而言，新的惯例远未形成；就内部关系而言，编辑与记者之间的有机联系被全面切断；就对外呈现而言，“多而杂”成为生产品质的标准和基石；就出版周期而言，时间完全被消灭，记者的专业优势无法得到发挥。

②新闻生产方式从工作原理上鼓励记者去“采购”而非“创作”。

传媒组织对各种信息采录设备进行大量补充升级，“采”成为第一位的、首要的、最关键的活动，而“写”是后续的、可被分担的、甚至变得不再必要的环节。过于看重技术在传媒转型中的重要作用，而忽视内容质量的提升，容易陷入“炫耀锄头而忘记了种地”的窘境。在某种程度上，这瓦解了记者群体的职业认同，甚至在解构记者这一职业的意义。

③对编辑团队的倚重，大大封锁了记者实现自我价值的道路。

这种生产模式一方面给予编辑更大的权力去删改记者提供的新闻文本，另一方面还允许编辑通过实时抓取、推送新闻消息来消解记者独家报道的优势。这种彻底的“分享”和极低的“新闻准入门槛”，让记者群体几乎完全丧失成为知名记者的可能。

在这个意义上，推行“中央厨房”本质上是在推行大工业生产逻辑的新闻生产方式，让新闻生产进一步被纳入标准化流水线的生产方式中去。“采”与“写”的生产环节被打通甚至部分重叠，极大地缩减人力成本和时间成本，对新闻产品的快速抓取推送、海量更新迭代的生产方式将替代相对而言不经济的新闻稿件采访写作。这种改变强化了新闻的工业化属性，但弱化了新闻的文化属性。与传统的编辑部新闻生产相比，“中央厨房”更适合资本运作，但似乎并不利于作为社会公共产品的新闻业。

2. 移动传播背景下如何做好融媒体产品生产?

答:“移动优先、内容为本”的理念，反映了媒体融合发展的两大关键点，也是我们推进媒体融合创新需要遵循的重要原则。在典型的信息传播过程中，在传播者与受传者之间，影响传播效果最重要的因素有两种：一是传播媒介，即信息赖以传递的载体或工具；二是要传递的信息，即需要传递的内容或意义。传播方式是渠道、是手段，传播内容是目的、是根本。抓住这两者，可以说就抓住了媒体融合创新和融媒体产品生产的“牛鼻子”。

(1)移动优先、重在融合，服务人们更自然更高效的信息传播体验。

①利用先进技术创新移动传播载体，满足用户需求。

面对移动媒体加速发展的大趋势和人们对信息传播回归本原的需求，一方面，要充分利用好已有的各类移动传播载体；另一方面，还要利用先进技术创新形态丰富的新的移动传播载体，这是更好进行融媒体产品生产的重要内容。

②以移动优先战略推进传统媒体与新媒体的深度融合发展。

对媒体来说，融媒体产品生产，不是简单做一个或几个新媒体渠道的融合以及产品分发，它背后应连接着强大的具有科学高效体制机制的采编资源，连接着强大的新闻信息生产能力，包括能提升用户黏度的信息服务能力。移动优先战略是推进媒体特别是传统媒体深度融合的“催化剂”，媒体只有加快推进理念、内容、体裁、形式、方法、手段、业态、体制、机制等方面的创新，重构采编发网络、再造采编发流程，结合市场导向和用户导向才能生产出真正具有良好传播效果的融媒体产品。

(2)内容为本、优质为上，不断创新适合移动传播的融媒体产品。

内容生产要顺应传播大势。移动传播时代，优质内容仍是媒体立身之本。不论传统媒体还是新兴媒体，当渠道、平台以及经营等方面的差距逐步缩小以后，内容的价值将愈发凸显，所谓“融到深处回归内容”。但面对信息传播新态势，内容的来源及优质标准都有许多新变化。就产品而言，以往媒体所追求的“准确”“快速”等，都没有过时，仍是主流媒体核心竞争力的重要组成部分。与此同时，由于移动传播更适合“泛阅读、浅阅读、轻阅读、易阅读”，许多深度、大篇幅报道却未必适合移动传播。同时在“一部手机就是一个媒体”的自媒体时代，主流媒体要与自媒体平台抢占第一时间、第一落点，是近乎不可能完成的任务，因此讲“内容为本”，就要认真研究探索移动传播时代的优质内容新标准，拥有“坚守但不保守”的开放心态，使融媒体内容生产顺应移动传播的新态势。

(3)明确定位、相互促进，秉持“移动优先”与“内容为本”理念。

“移动优先”消除障碍，“内容为本”融通隔阂。总体上看，目前传统媒体在传播渠道上仍是短板，优先解决与移动传播有关的问题，畅通渠道，消除传播障碍，是推进“移动优先”战略的当务之急。但从长远看，优质内容才是根本，不可舍本逐末。如果没有引导力、影响力很强的内容，传播渠道再通畅，噱头再多，传播效果也未必好。一般媒体提供给用户的产品，包括信息、知识、思想、趣味等。在信息泛滥、认知混乱的舆论环境中，准确、权威的内容产品，尤其是主流媒体提供的相对专业的知识、富有洞察力的思想，才能消除传播隔阂。媒体传播的重要功能之一，就是要扩大传播双方共同的意义空间，加深双方的相互理解，这一功能的实现主要靠内容。要努力畅通传播渠道，更重要的是要用优质内容，而不仅仅流于表面的形式融合创新、渠道融合创新、市场融合等等，媒体融合的最终目的仍是让产品中的主流价值观为更多不同群体、不同背景的人们所接受。

3. 在媒体融合时代主流媒体如何增强引导力？［复旦大学2019年研；湖南大学2019年研］

相关试题：论述我国媒体深度融合发展的意义和要点。［中传2022年研］

答：媒体融合包括一切媒介及其有关要素的结合、汇聚甚至融合，不仅包括媒介形态的融合，还包括媒介功能、传播手段、所有权、组织结构等要素的融合。也就是说，媒体融合是信息传输通道的多元化下的新作业模式，是把报纸、电视台、电台等传统媒体，与互联网、手机、手持智能终端等新兴媒体传播通道有效结合起来，资源共享，集中处理，衍生出不同形式的信息产品，然后通过不同的平台传播给受众。

媒体融合时代，随着新兴媒体快速发展，资讯传播渠道多元化，越来越多的年轻人习惯在新兴媒体上获取资讯和观点，传统媒体未能及时调整新闻传播观点，创新传播方式，导致对新闻舆论的引导力呈下降趋势。因此，主流媒体应该顺应新趋势，增强引导力。

(1)贴近现代传播，实现理念创新。

由以传播者为中心变成以受众为中心。大数据背景下，电视等传统媒体发展的关键，在于强化互联网思维，加大运用新技术手段，平等交流、互动传播、注重用户体验，满足多样化信息需求。广播、电视等主流媒体要发挥在信息采集核实、解读等方面的优势。要坚持以用户为中心，依托强大的采编力量、权威的信息渠道，打造互动性好、体验感强、呈现多元的优质新闻产品。

(2)贴近受众需求，推动内容创新。

面对移动互联网时代媒体生态的变化，要坚定内容为王的意识，以优质节目带动主流媒体引导力的全面提升。

①遵从传播低姿态——坚持主动接地气。在多元媒体竞争的背景下，主流媒体要想赢得受众的喜爱，必须放低身段，坚持以用户为中心策划报道。主流媒体在媒体融合过程中要讲究方法，既要注意音准的“上调”，也要注意触点的“下沉”。要以服务群众为重点，贴近发现群众生活中的需求和亮点，同时针对互联网生态环境，认真研究网民的特点和需求，了解网民的心态和接收方式，特别是抓住与他们的生活息息相关的内容，调动公众的参与热情。

②不断改进话语形态——呈现方式更灵活。纵观我国整个舆论生态，“官方无个性”的时代已悄然结束，换句话说，靠单向信息输出而引领舆论的方式，正逐步被平等交流所取代。在新的传媒格局下，主流媒体应摆脱“板起脸说话”的形式束缚，以平等、开放等赢得观众好感。

③坚持核心价值观——旗帜鲜明弘扬正能量。在一个报纸、广播、电视、互联网共生的媒体系统中，真实信息与虚假信息并存，有效信息与无效信息混杂，能否通过比较，为普通受众筛选出真实有效的新闻，帮助他们准确了解信息，处理各种问题是衡量新闻工作者职业素养和水平的标准，也是获取受众信任感、认可度的重要途径。负面新闻过多，正好迎合了审丑心理，容易导致人们产生偏颇观念，不利于良好社会氛围的营造。

(3)尊重融合传播规律，打造多元化传播新机制。

传统媒体与新兴媒体融合，优势内容必不可少，同时也需要先进传播技术作为支撑。

随着媒体融合新技术的不断应用，发布、传播效率大幅提升，渠道、场景碎片化，多平台到达成为必然趋势，融合+直播、在线互动等成为新的信息传播方式，最后形成用户聚集和传播延伸，重塑了媒体运作流程，带来了更高效的内容生产，更精准的用户接触、到达、互动。

总而言之，新时代传媒格局下，新技术、新术语、新模式扑面而来，让人应接不暇。作为主流媒体，要认清新型传播发展形势，进一步增强危机感；同时，进一步认识和把握新的传媒规律，以新的理念、新的产品、新的传播手段，努力创新业态，在新时代新征程上发扬传统媒体的固有优势，切实提高主流媒体的引导力，夯实舆论阵地，为国家发展大局、民族伟大复兴提供良好的舆论氛围。

第七章　网络环境下的数据新闻与可视化传播

7.1　考情分析

本章主要介绍了数据新闻和信息图表，要掌握数据新闻、信息可视化、数据可视化、信息图表这四个名词的定义，数据新闻的特点、优势、生产流程以及对新闻生产的影响，信息图表的应用方向及在新闻报道中的作用等。

其中数据新闻、可视化新闻主要以名词解释与简答题的形式进行考查，需要重点把握。一些院校将人工智能、大数据和新闻专业主义等知识综合起来以论述题的方式对数据新闻进行了考查。考生对于信息图表的相关考点要有基本的把握，考试频率不高。

7.2　复习笔记

【视频导学（名师点拨）】

网络环境下的数据新闻与可视化传播

扫码看视频导学

【知识框架（庖丁解牛）】

网络环境下的数据新闻与可视化传播
- 数据新闻及相关概念区分
  - 数据新闻的概念和优势
  - 数据新闻与其他概念的区分
- 数据新闻及可视化中的数据收集与处理
  - 数据新闻的处理流程
  - 数据的来源
  - 数据的预处理
  - 数据的分析
- 信息图表在新闻报道中的应用及作用
- 信息图表的制作要点
  - 信息图表的逻辑结构
  - 信息图表的构成要素
  - 视觉设计与用户体验
  - 信息图表制作与传播中的常见误区

【考点难点归纳(厚积薄发)】

考点一：数据新闻及相关概念区分 ★★★

1. 数据新闻(见表7－1)

表7－1　数据新闻

要点	具体内容
概念	又称数据驱动新闻，即对大规模数据进行结构化分析、过滤与加工，并以可视化方式呈现的新闻报道方式。它建立在互联网资源免费共享的基础上，以数据贯穿新闻生产叙事的一整套流程
优势 [与传统新闻报道方式相比]	①为论证或观点提供直接的相关证据。 ②既可刻画事物的静态特征，又能展现事物的动态变化，便于相关事物横纵对比。 ③预测某些事物的趋势与走向，这是数据具有的独特力量。 ④建立全局观，更好地了解事物的整体面貌或深层表现。 ⑤建立联系观，揭示事物之间的内在联系，如事件发生的原因或影响。 ⑥揭示内在模式或规律，透过现象看本质，这是数据新闻对传统新闻报道方式的突破之处

2. 数据新闻与其他概念的区分

(1)数据新闻、计算机辅助报道与精确新闻(见表7－2)

表7－2　数据新闻、计算机辅助报道与精确新闻

要点	具体内容
数据新闻VS计算机辅助报道	①数据新闻将数据作为新闻报道的资源，数据是一种核心要素而非一种附加手段[数据即新闻本身]。 ②计算机辅助报道中，数据的收集与分析是提高报道能力的一种手段，例如从数据中发现新闻线索，揭示事实[数据为新闻报道服务]
数据新闻VS精确新闻	①精确新闻由菲利普·梅耶提出，强调将调查、实验和内容分析等社会科学与行为科学的研究方法引入新闻采访报道中，研究社会问题和查证事实，它以严肃的数据为依据，力求保证新闻的客观性和真实性。 ②数据新闻强调数据和可视化，精确新闻强调实证调查方法和客观公正，两者有一定的联系，但精确新闻不等于数据新闻

(2)信息可视化、数据可视化与信息图表(见表7－3)

表7－3　信息可视化、数据可视化与信息图表

要点	具体要求
信息可视化	指用图形、图像等视觉符号方式来进行数据、知识或其他抽象信息的传达[化抽象为具体，看不见为看得见]
数据可视化	①是信息可视化的一种。 ②需具备两个要素：可被用于分析的数据[数值型、文本型、“关系”]；形象化的呈现[可视化、可听化]

续表

要点	具体要求
信息图表	①是信息可视化的结果。 ②是将数据与设计结合起来的图片，是可视化的数据或概念。 ③提高传播效率。对传播者而言是更加简短有效地传播信息；对受众而言是快速消化和理解复杂信息。 ④包括：a. 图表；b. 图解；c. 图形；d. 表格；e. 地图；f. 列表等

考点二：数据新闻及可视化中的数据收集与处理 ★★★

1. 数据新闻的处理流程(见表7－4)

表7－4 数据新闻的处理流程

要点	具体内容
收集	通过各种途径收集相关数据
预处理	包括：①数据“可用性”的鉴别；②数据的清洗
了解背景	包括：①相关术语和意思；②了解背景知识
分析	将多个不同系列的数据结合，发现深层问题
传播	用可视化手段进行传播

2. 数据的来源(见表7－5)

表7－5 数据的来源

要点	具体内容
新闻或媒体数据	包括：①媒体已有的报道；②具有媒体属性的网站
政府机构、组织或企业公开信息	官方网站
数据库数据	各类报纸、期刊的数据库等
用户数据	包括：①用户主动生产的内容；②各种行为记录数据
物联网数据	物联网传感器采集或发出的数据，如GPS系统
网页数据	①获取网页表格数据，如Excel软件中“数据”功能下的“自网站”操作。 ②抓取PDF数据，如OCR软件。 ③批量下载网页文件，如Firefox浏览器提供的DownThemAll！插件。 ④抓取网页中数据，如Java Script，Python中的Beautiful Soup，八爪鱼等
众包化数据	建立一个平台刺激网民参与，使其成为数据的生产者或贡献者

3. 数据的预处理(见表7－6)

表7－6 数据的预处理

要点	具体内容
数据“可用性”的鉴别	①鉴别数据的真实性、权威性。 ②了解数据的适用性、时效性。

续表

要点	具体内容
数据“可用性”的鉴别	③分析数据的质量[完整度、一致性]。 ④判断数据在特定主题下的价值和观点说服力。 ⑤判断数据的充分性和全面性
数据清洗	①去除数据中的杂质和人为错误，包括：a. 重复的数据；b. 错误的数据；c. 不完整的数据；d. 相互冲突的数据。 ②规范格式，转换数据格式以便处理

4. 数据分析(见表7-7)

表7-7 数据分析

要点	具体内容
类型	包括：①对比分析；②交叉分析；③相关分析；④回归分析；⑤聚类分析等
在数据分析中探究背景及原因	①因果关系的挖掘十分重要，新闻报道不仅要告诉人们发生了什么，还要告诉人们为什么发生。 ②相关性分析在某些时候是揭示因果关系的基础
在数据分析中梳理特征、共性或内在模式	①数据分析帮助我们认识事物的特征，挖掘与呈现分散的个体、孤立的现象间的共性或共同规律。 ②当共同规律变得明晰时，不断重复的行为或变化可以上升到模式或模型的高度，这不仅可以解释当下，也可以预测未来

考点三：信息图表在新闻报道中的应用及作用(见表7-8) ★★

表7-8 信息图表在新闻报道中的应用及作用

要点	具体内容	
信息图表在新闻报道中的应用	“量值”或“关系”的形象再现	包括：①针对数值型数据的可视化；②针对文本型数据的可视化；③针对关系类数据的可视化
	信息提炼、萃取精华	①信息过载与受众变懒的产物。 ②受众可以用更小的代价更快地获得信息精华
	以图整合：多元信息在图形上的集成	承载各类不同信息，进行整合，引导受众至原始素材
信息图表的作用/效果	提示关键要点	突出重点，提高记忆力
	揭示利益关系	梳理各种对象间复杂的关系
	概述事件全貌	①图解时间进程：将一个事件的发展过程图示出来，如时间线。 ②展现空间情状：地图是很好的展现事物状态的结构方式，可以直接呈现空间联系
	引导思考、阐释隐含观点	①信息图表常常引导着解读与思考信息意义的方向与路径。 ②某些信息图表包含内在的论证思路，表达或隐含了媒体或编辑的某种态度与意见，是媒体“借图说话”的手段

续表

要点	具体内容	
信息图表的作用/效果	揭示规律	数据的优势之一是揭示规律和预测
	实时交互	作为数据“采集器”实时收集受众意见，将其转化为新闻内容，使其成为新闻的延伸与深化
	个性化服务	每一个用户都可以将个人相关数据输入，获得个性化的数据处理结果

考点四：信息图表的制作要点 ★★

1. 信息图表的逻辑结构(见表7－9)

表7－9　信息图表的逻辑结构

要点	具体内容
基于“叙事”的逻辑结构	运用叙事的逻辑对一个主题或事物进行介绍、描述或解释，包括并列式、递进式等
基于“论证”的逻辑结构	基于对某一观点的阐释、分析过程来组织内容，其思路与文字评论的论证思路类似
基于“对比”的逻辑结构	①简单的饼图、柱状图本身就是对比的手段，甚至还将对比放在更大的时间跨度和空间跨度上。 ②直陈差异，了解矛盾和冲突，很多时候具有评论的力量
基于“演变”的逻辑结构	通过折线图、堆栈图、时间线等展现时间维度的变化
基于“关联”的逻辑结构	用线条或空间关系将事物之间的联系或数据之间的相关性直观呈现出来

2. 信息图表的构成要素(见表7－10)

表7－10　信息图表的构成要素

要点	具体内容	
视觉符号	数据可视化后的图形	包括：①饼图；②圆环图；③条形图；④柱状图；⑤折线图；⑥堆栈图；⑦散点图；⑧树图；⑨雷达图；⑩地图；⑪网络图；⑫词云图
	不依赖数据的图形符号	相对自由，总体原则直观、简洁即可
标题	注意事项包括：①角度要小以免过于宽泛；②提炼与表达应准确避免误导	
文字	作用包括：①补充说明；②起承转合	
图例	注意事项包括：①文字说明应该简洁、明了；②色彩应呈现出更好的美工效果以及用户体验；③应对坐标轴的意义及单位进行明确标示	
注释	用来说明资料和数据来源，可放在图表标题区域、图表最后或重要数据出现的位置	

3. 信息图表的视觉设计与用户体验(见表7－11)

表7－11 信息图表的视觉设计与用户体验

要点	具体内容
美观	①忌单调，产生审美疲劳；忌繁杂，让人难以抓住重点。 ②色彩要和谐，可结合图表主题来设置颜色，采用对比色搭配、邻近色搭配、同色系搭配等。 ③背景图片有利于提示信息属性或特征，加深印象，但不可妨碍主要信息的呈现。 ④排版清爽的同时又能展开细节
内在逻辑	逻辑明晰且一致，意义明确，让人一目了然
用户体验	包括：①审美的好看；②传播的高效；③意义的明晰

4. 信息图表制作与传播中的常见误区(见表7－12)

表7－12 信息图表制作与传播中的常见误区

要点	具体内容
数据分析中的误区	①不注意数据的代表性，用局部数据代表整体。 ②只提数据的绝对值，不将其放在大背景或动态发展过程中比较。 ③平均数误用，需根据对象情况选择适宜的描述统计量。 ④错将相关关系理解为因果关系、过度解读
表现形式上的误区	包括：①图形选择失当；②单位选择失当
应用传播中的误区	包括：①滥用信息图表；②传播平台选择失当

7.3 课后习题详解

1. 你如何认识信息图表、数据可视化、数据新闻之间的关系?

答: 信息图表、数据可视化、数据新闻之间既有着密切的联系，也有一定的区别。

(1)区别。

①信息图表是一种将数据与设计结合起来的图片，它有利于个人或组织简短有效地向受众传播信息，有利于受众快速消化和理解复杂的信息。

②数据可视化是信息可视化的一种，是数据处理、分析和呈现的手段，需要具备两个要素：可被用于分析的数据和形象化的呈现。

③数据新闻，又称数据驱动新闻，指对大规模数据进行分析、过滤与加工，并以可视化形式呈现的新闻报道。

(2)联系。

①都以数据为基础，都包含数值、文字、关系、图表等数据类型。

②都具备可视化、直观化的特征，强调真实准确。

③数据可视化是制作信息图表和数据新闻的必备手段和必要途径，只有完成数据可视化处理后，才能进行后续操作。数据可视化既可产生信息图表，也可产生其他多媒体视听作品。信息图表是数据可视化的结果，又是构成数据新闻的基本要素。数据新闻表现形式

丰富，既包括信息图表，又包括其他的可视化产品。

【真题链接】

(1)数据驱动新闻[概念题，华中师大2022年研]

(2)信息图表[概念题，东北财经2020年研]

2. 试分析一个数据新闻的案例。

答：数据新闻产生于开放、共享、海量的大数据时代，是数据技术对新闻业全面渗透的必然结果。其中，央视“一带一路”的特别报道《数说命运共同体》就是数据新闻的典型案例，其数据新闻可视化表现为以下几点：

(1)充分借力强大的数据技术支持。

为了全面构建观众对“一带一路”的新知体系，央视新闻中心跨行业、跨领域整合多方信息数据源，依托国家“一带一路”数据中心、国家统计局、海关总署、世界银行、世界贸易组织等众多权威数据库，动用两台超级计算机，搭建百人原创团队，历时6个月，挖掘和提炼出隐藏在海量数据中的本质联系。仅仅为了计算“全球30万艘大型货船轨迹”这一数据，研究人员就分析比对了超过120亿行的GPS航运路径数据。

(2)微博正文的可视化文本挖掘。

央视利用R语言的词云程序包，对官方微博的微博正文进行词云绘制。从词云可以很明显地看出官方微博的微博话题词主要集中在“中国”“一带一路”“夏丹在穿越”“丝绸之路”“国家”“答案”“数据”“世界”“数说命运共同体”等话语以及“哈萨克斯坦”“巴基斯坦”等“一带一路”沿线国名。在能源方面，受到关注的重点依次为电、天然气、石油、煤炭等。显然，“一带一路”带动了周边国家的经济发展，加强了沿线国家的经济联系。数据显示这些经济联系常常搭载在文化、食物、技术交流中，数据的背后是“一带一路”带来的发展和巨变。

(3)视听语言生动丰富。

该片充分发挥调动了多种镜头语言，视觉听觉效果丰富。

①全片以全景、远景、中近景居多，使内涵更丰富，同时注意光影的变化，选取一天中不同时间的光影效果来表现不同的内容。

②镜头场景切换十分自然，经常在主持人甩丝巾或衣服时，完成主持人在各个工地工厂等拍摄地点镜头的切换，在这期间主持人并没有更换衣服、改变步履和语速，显得镜头的切换更为流畅自然。

③拍摄角度非常丰富，在《通向世界的路》中，为了使观众更直观地看到中国公司承建的最大的国际桥梁项目帕德玛大桥建设的全貌，新闻采用了航拍。

④色彩上，根据地域发生变化，如沙漠的黄、海域的蓝，展现大自然的美貌和钟灵毓秀。

⑤声音上，主持人欧阳夏丹的风格类似于邻家小妹，似流水般娓娓道来，解说词在其中起着推动全片发展的作用，使这部政策解读类专题片变得生动好看，不枯燥，使观众在不知不觉中跟随主持人欧阳夏丹的步伐踏上新的“丝绸之路”，切身感受“一带一路”给我们的生活带来的变化。

3. 自己设定一个选题，收集可以用于此选题报道的相关数据，并用可视化方式呈现。

答： 以十九大报道为选题，对主流媒体的相关报道进行可视化操作，有助于分析主流媒体的报道重点。

(1)数据收集。

选定《人民日报》、新华社、《光明日报》三家主流媒体为研究典例，选取2017年10月18日至10月24日三家媒体在官方网站上发表的相关文章及报道链接作为研究样本。

(2)可视化分析。

采用定性分析中的内容分析法作为研究方法，对每家媒体所有新闻报道的中心内容进行关键词提炼，按照出现频数的多少制作词云，最终分别制作出三家主流媒体各自关于十九大报道的词云分布图，人工排除一些存在明显错误的词汇后即可得到最终数据。

(3)文本解读。

通过词云中词语的大小，可以简明清晰地看出三家媒体报道最频繁的话题，经对比筛选出的相同关键词，即是各家媒体共同关注的重点，可以帮助受众直观地发现主流媒体十九大报道的重点。

4. 数据可用性的鉴别包括哪些方面?

答： 在采用任何数据之前，都需要对数据的可用性作出鉴别。可用性的鉴别主要包括以下几个方面：

(1)确认数据真实性。

数据新闻的来源多是互联网上的免费资源，获取难度低，其安全性需明确鉴别。来自权威部门的数据相对可靠，尽量使用这类数据。来自商业化机构的数据由于商业利益的干扰，可能出现偏差。同一类别中，可以对不同来源的数据进行对比。

(2)了解与分析数据产生背景。

对数据的可用性的鉴别，需了解数据产生的时间、地点、其适用性等，有助于我们判断数据是否仍有价值。

(3)分析数据质量。

可根据数据的一致性、准确性、完整性、时效性、同一性等方面进行判断。

(4)判断在特定主题下的数据价值。

特定主题下，是否有足够多的数据作为支撑，数据是否完备。

5. 数据分析中常见的误区有哪些?

答： 数据分析的核心目标是找到数据间的联系，方便数据可视化的进行。数据分析中常见的误区包括在应用时的误区和分析过程中的误区，具体有以下几个方面：

(1)局部数据误区。简单地用局部的数据表达整体。

(2)绝对值误区。不将数据进行比较，只关注其绝对数值。

(3)平均数误用。一个群体的状态不能简单用平均数描述。

(4)误将“相关关系”等同为“因果关系”。事物之间存在相关性不代表两者互为因果。

6. 结合具体案例分析信息图表在新闻报道中的作用。

答： 信息图表已经是融合新闻报道的一个常用呈现形式。作为视觉化工具的信息图表的形式有：图标、图解、图形、表格、列表和地图。信息图表的主要功能有：提供基本信息、解释关系、追踪事件发生的动态进程等。以马航事件为例，信息图表在新闻报道中的作用表现为以下几点：

(1)概述事件全貌。

事件发生后，让读者快速清晰地了解马航事件的大致经过成为制作融合新闻的最基本、最紧急的要求。在这个方面，地图和时间轴成为普遍使用的工具。如《贝尔法斯特邮报》制作的信息图表，一方面通过地图展示航班路径、雷达覆盖范围，另一方面通过时间轴展现重要时间节点的事件，满足网民对事件来龙去脉、发展历程的信息需求，较长的时间跨度也有了更大的编辑发展空间。

(2)揭示事件关系。

在了解事件发生的时间、地点后，读者对事件主体的信息有了进一步要求：为什么飞机会坠毁？什么是黑盒子？黑盒子是如何运作的？这就需要解析事件主体的结构图表。如路透社的《马来西亚航空公司航班 MH370》就制作了一系列结构图，从各方面剖析可能与失事相关的飞机构造。

(3)通过开放互动的形式，集群体智慧。

Tomnod 是由卫星运营商数字地球公司推出的众包平台，旨在通过众包的力量分析卫星图像，解决现实中的问题。它类似于人人可参与编辑的维基技术，在地图上形成了一种面向社群的协作式探索。在马航事件中，成千上万的志愿者们在每天由卫星生成的地球图片中寻找可疑地点，标记重要的地理位置，当一个点被标记次数够多，就会被送给专家进行细致分析，Tomnod 系统为愿意参与寻找失联航班的普通民众提供了简单的交流工具，达到共享信息的目的。

7. 试分析一个信息图表的传播效果。

答：信息图表“贫富因素与骚乱”是信息图表的经典之作，下面以此为例分析其传播效果。

(1)揭示事件关联，为阐释因果关系提供基础。

英国《卫报》制作了一张显示各个地区贫富等级的地图，通过在地图点上标识两千多个骚乱参与者的家庭住址，再与展现贫富等级的数据相关联，使人清晰发现绝大多数骚乱参与者居住在英国的贫困地区，从而展现出贫富因素与骚乱之间存在一定的相关性，为进一步剖析因果关系提供了基础。

(2)梳理事件进程，满足用户多样化需要。

“解读骚乱”项目中的一个信息图表是以时间为线索集成相关报道，以天为单位形成的横向时间轴与以小时为单位形成的纵向时间轴互相交织，展现骚乱相关报道的时间轨迹，让用户更快了解该主题事件的全貌，满足了用户的信息获取需求。

(3)满足用户审美体验，提高了传播效率。

信息图表的传播必须以高效为前提。英国《卫报》制作的信息图表“贫富因素与骚乱”在版面有限的情况下保证用户能看清楚每一个细节，色彩搭配合理，逻辑清晰，意义明确，使受众一目了然，既满足大众审美，又大大提升了传播效率，相比简单的文本描述，更能加深受众记忆力。

(4)增加互动体验，提升动感。

用户在拖动时间轴时，可以点击相应图标了解报道的主要内容、相关图片，甚至有超链接互动对应相关网页，满足了用户自主探索和个性化操作的快感，并让报道“活”了起来，富有动态美。这种互动体验更能激发用户好奇心和兴趣，进一步方便了人们去寻找自己感兴趣的内容。

8. 信息图表的用户体验需要遵循哪些原则?

答: 用户体验是信息图表传播效果的重要评价指标。信息图表的用户体验，需要遵循以下几个原则:

(1)意义的明晰。

信息图表的用户体验，首先应该达到意义明晰的标准。图表应讲求内在逻辑的一致性，不可前后矛盾，图形的意义也需一目了然，不能把信息图表变成一个猜谜游戏。同时应抓住图表传达的内容要点，使用户产生深刻印象。做到版面布局与细节扩充的平衡，在有限的页面中突显最充分的细节。如果信息图表中有互动，则应明确指出它们的存在，否则可能不能被用户发现，影响信息的传达。

(2)审美的好看。

信息图表好坏的另一个重要衡量标准是“好看”。审美上的“好看”，一忌单调，产生审美疲劳；二忌繁杂，让人难以抓住重点。排版要清爽，图表色彩要和谐，可结合图表主题来设置颜色，采用对比色搭配、邻近色搭配、同色系搭配等。设计背景图片时应有利于提示信息属性或特征，但不可喧宾夺主，妨碍主要信息的呈现。

(3)传播的高效。

信息图表的传播必须以“高效”为前提。在如今信息过载、受众快餐文化盛行的网络平台上，人们对时间的容忍度降低到史无前例的低谷，漫长等待已不再允许，如果信息图表的文件体积过大，那么受众多数不愿意打开。同时如果图表繁琐，让人眼花缭乱，也会大大增加用户阅读和理解的难度。让用户以最小的代价获取最有用的信息精华，是每个数据新闻制作者的重要目标。

9. 信息图表制作中常见的误区有哪些?

答: 信息图表制作中常见的误区有以下几个方面:

(1)数据应用与分析中的误区。

①局部数据误区。简单地用局部的数据表达整体。

②绝对值误区。不将数据进行比较，只关注其绝对数值。

③平均数误用。一个群体的状态不能简单用平均数描述。

④误将“相关关系”等同为“因果关系”。事物之间存在相关性不代表两者互为因果。

(2)表现形式选择中的误区。

①图形选择失当。相似图形的功能并不相同，甚至相差很大。

②单位选择失当。横纵轴上的单位选取不当，会造成视觉上的较大差别，误导受众。

(3)应用中的误区。

①滥用信息图表。不能毫无逻辑、节制地乱用图表。

②传播平台选择失当。不同传播平台，对图表的传播效果影响不同。

7.4　考研真题与典型题详解

一、概念题

1．数据新闻［复旦大学 2022 年研；中南大学 2022 年研；四川外国语 2022 年研；上海交大 2021 年研；上海大学 2021 年研；浙大 2020 年研；海南大学 2020 年研；东华大学 2020 年研；贵州大学 2020 年研；北师大 2019 年研；北邮 2019 年研；河南大学 2019 年研；中山大学 2015 年研］

答：数据新闻，又称数据驱动新闻（Data Driven News），是指基于数据的抓取、挖掘、统计、分析和可视化呈现的新型新闻报道方式。数据新闻是在大数据的技术背景下产生的，是随着数据时代的到来出现的一种新型报道形态，是数据技术对新闻业全面渗透的必然结果。数据新闻具有描述、判断、预测、信息定制等功能，其特征有：①以服务公众利益为目的；②以公开的数据为基础；③依靠特殊的软件程序对数据进行处理，挖掘隐藏在宏观、抽象数据背后的新闻故事；④以形象生动的可视化的方式呈现新闻。数据新闻的出现在一定程度上改变了传统新闻生产流程，在新媒体时代被广泛应用。新华网的数据新闻、腾讯数据新闻模块以及中央电视台的“数说命运共同体”都是运用数据做新闻的实践。

2．互动式信息图表［云南大学 2019 年研］

答：互动式信息图表是指发布在网络上，综合了文字、图像、音频、视频等符号，以动态为表现特征，具备了和受众及时互动、实现双向交流等功能的信息图表。这种传播方式的诞生，是在媒介融合大趋势下的一种主动而积极的应对。根据受众的参与情况和图表设计制作的复杂程度，互动式信息图表大致可以归纳为四种类型：①Flash 动画型，在图表展示过程中受众仅需用鼠标点击某个图标，不同图表将接二连三地展示相关信息；②信息查询型，通过受众的点击、移动等操作来获取信息；③问卷调查型，以调查问卷的样式表现出来；④综合集纳型，将信息集纳汇编后呈现出来。

3．脏数据［南开大学 2020 年研］

答：脏数据一般指从目标中取出的数据已经过期、错误或者没有意义的数据。脏数据有以下几种类型：①重复的数据，指在数据表中多次出现的数据。②错误的数据，包括逻辑上错误或不合理，数据值超出正常范围或录入过程中发生错误的数据。③不完整的数据，指一个数据记录的若干字段中缺失一个或几个字段。④相互冲突的数据，指数据间存在相互矛盾之处。脏数据带来的危害存在不可预测性，脏数据的分类能够帮助人们更好地理解和发现数据质量问题，通过“数据清洗”“质量检查”等手段消除脏数据，同时向用户提供丰富的元数据信息，帮助其判断数据质量。

4．物联网数据

答：物联网数据是指数以百亿计的物联网终端设备在 5G、低功耗广域网等网络基础设施服务下接入网络产生的海量数据。物联网数据的充分利用可以有力地驱动科技创新和经济增长，改善国计民生。由于数据是非独占性资源，具有协同作用，因此数据共享、融合应用能够极大地提升数据利用率。积极监管物联网数据隐私的方式，主要是要求企业采取措施保护消费者数据，包括限制公司利用消费者的数据，要求企业获得用户使用其数据的同意，并限制公司收集来自消费者的数据的类型。

5. 众包

相关试题：众包新闻[复旦大学2022年研；山西大学2020年研]

答：众包(Crowdsourcing)是指一个公司或机构把过去由员工执行的工作任务，以自由自愿的形式外包给非特定的(而且通常是大型的)大众网络的做法。众包的任务通常由个人来承担，但如果涉及到需要多人协作完成的任务，也有可能以依靠开源的个体生产的形式出现。“众包”这一概念实际上是源于对企业创新模式的反思。传统的产品创新方法是，首先由生产商对市场进行调查，然后根据调查结果找出消费品的需求，最后再根据需求设计出新产品，但这种创新的投资回报率通常很低，甚至血本无归。如今随着互联网的愈发普及，消费者的创新热情和创新能力愈发彰显出更大的能力和商业价值，以“用户创造内容”为代表的创新民主化正在成为一种趋势。目前，“众包”从创新设计领域切入，已经成为华尔街青睐的最新商业模式，被视为将掀起下一轮互联网高潮，并且有可能颠覆传统企业的创新模式。

6. 新闻个性化服务

答：新闻个性化服务(Personalized Service)是指新闻机构、资讯平台向用户提供个性化的新闻资讯订阅服务；并通过数据挖掘和机器学习分析用户浏览、收藏、转发、评论新闻资讯的行为，同时结合用户地理位置信息、阅读时间和使用习惯、所订阅的栏目和兴趣点、用户关联的社交媒体数据，实现精准的信息推送。就网络新闻而言，其越来越多地为受众提供个性化服务，受众从最开始被动接收信息变成了主动获取，信息传播从单渠道发展为多元化，新闻内容从千篇一律转变为各具特色，受众与媒介的关系从单纯的信息接收变为信息反馈、信息传播和好友互动的结合。

7. 视觉符号

答：视觉符号是以线条、光线、色彩、强力、表现、平衡、形式等符号要素所构成的用以传达各种信息的媒介载体。视觉符号可以分为静态的表现形式(绘画、雕塑等)和动态的表现形式(摄影、电影、电视、动画等)。与文字符号相比，视觉符号更具感知的直观形象化，其直观性、易读性、生动性等特点使它更具视觉冲击力，更易为不同年龄段、不同文化水平以及不同语言的人所接受和使用。

8. 个性化新闻[清华大学2019年研]

答：个性化新闻是指基于“用户洞察”的个性化信息的智能匹配，即通过人工智能分析和过滤机制，根据个性化需求聚合相关的信息和应用，并以此对信息进行深度智能分析，以实现用户个性化、动态的需求。个性化新闻推送会对用户关系以及用户行为进行分析，挖掘用户的内容偏好和潜在需求，通过信息聚合，自动推荐符合其内在需求的信息。如用户注册信息、浏览记录、地理位置、历史聊天记录、微博微信足迹、用户兴趣图谱都将作为分析的依据。

9．信息图新闻［南京大学 2016 年研］

答：信息图新闻是指在新闻可读性和新闻可视化的大背景下，合理运用图表进行新闻解读、数据展示、情景再现的新闻表现形式。信息图新闻对于提升新闻报道的传播力和亲和力有重要的作用，尤其在版面无新闻照片可用，或者单独用新闻照片无法充分表达报道主题的情况下，图表具有显著优势。信息图新闻依据大数据及大数据挖掘技术基础制作图表，对相关新闻进行解读，既能起到美化版面的作用，又能起到对相关报道主题进行解读和深化的功能，是“后新闻业时代”新闻类型变化的最新表现方式。互联网、移动互联网及各种移动互联终端的出现，促进了信息图新闻这一新的信息生产及使用方式的产生。信息图新闻是媒体内容生产转型的有益尝试，它更符合移动互联网时代受众的信息接受方式，提高了信息接收的效率，对新闻生产者的能力提出新的要求。

10．交互新闻（清华大学 2018 年研）

答：交互新闻具体来说就是使受众与新闻产品本身甚至是新闻产品生产者之间产生互动的新闻，它是有别于传统新闻的新形式，强调了数据新闻的“功能性意义”。交互新闻的互动性主要体现在可视化与游戏化。可视化主要指通过数据库与算法对数据进行可视化呈现（如新闻图表等），使新闻更加直观、可感知；游戏化主要指借鉴游戏的思维增强用户的体验，包括游戏的叙事方式与场景代入感。

11．可视化新闻［海南大学 2022 年研；厦大 2021 年研；陕西师大 2021 年研；华中师大 2020 年研；北外 2019 年研；复旦大学 2017 年研］

相关试题：

（1）可视化［复旦大学 2016 年研］

（2）News visualization［北外 2019 年研］**、新闻可视化**［浙江大学 2016 年研；暨大 2016 年研］

（3）数据可视化［暨大 2021 年研］

答：可视化新闻是指以数据为核心、以信息为支撑、以可视化为载体的跨媒体新闻报道形式。它综合了现代信息技术、数据化制作和可视化生产等多种应用。简而言之，新闻可视化是基于数据挖掘、以可视化为呈现形态的报道形式。新闻可视化具有二维可视化新闻、二加 N 维可视化新闻和网络可视化新闻等表现形式。相对于传统新闻报道形式，新闻可视化具有简洁性、数据化、高效传播效果等突出特点。可视化新闻产生的原因有：①传播技术的进步和普及；②文字、图片的形式难以满足深度呈现新闻的需求。可视化新闻将新闻转化成图像与图形相结合的形式，即使是复杂枯燥的新闻，也能激发读者阅读的兴趣，且媒体可以实现纸媒端、电脑端、移动端同时发布。

12．数据挖掘［中央民大 2021 年研；南京师大 2017 年研］

答：数据挖掘，又译为资料探勘、数据采矿，一般是指从大量的数据中通过算法搜索隐藏于其中信息的过程。它是数据库知识发现中的一个步骤。数据挖掘通常与计算机科学有关，并通过统计、在线分析处理、情报检索、机器学习、专家系统（依靠过去的经验法则）和模式识别等诸多方法来实现上述目标。数据挖掘利用了来自如下一些领域的思想：①来自统计学的抽样、估计和假设检验；②人工智能、模式识别和机器学习的搜索算法、建模技术和学习理论。数据挖掘也接纳了来自其他领域的思想，包括最优化、进化计算、信息论、信号处理、可视化和信息检索等。同时数据库系统提供的存储、索引和查询处理也起到了重要的支撑作用。在处理海量数据集且数据不集中时，可以采用分布式技术。

二、简答题

1. 什么是数据可视化新闻？其优缺点是什么？［北大2016年研］

相关试题：

(1)数据可视化的优缺点。［清华大学2019年研］

(2)简述数据新闻的优势。［北京工商2022年研］

(3)数据新闻的特征。［河海大学2022年研］

答：(1)数据新闻与数据可视化新闻。

①数据新闻，又称数据驱动新闻，是指在大数据的技术背景下产生的基于数据的抓取、挖掘、统计、分析和可视化呈现的新型新闻报道方式，是随着数据时代的到来而出现的一种新型报道形式，是数据技术对新闻业全面渗透的必然结果，其出现在一定程度上改变了传统新闻生产流程。

②数据可视化是利用计算机图形学和图像处理技术，将大数据整理转换成图形或者图片，以通过屏幕显示并能够交流交互的一种手段。数据可视化新闻就是用可视化的方式生产和呈现数据新闻的一种新闻报道方式。在可视化数据生产平台上，操作者可以看到表示某个或者多个变量的数据表格，并可以通过可视化处理的结果对数据进行交互式的管理和开发，最终形成多种形态的数据可视化产品，包括数据可视化新闻。

(2)数据可视化新闻的优点。

①从形式上看，目前常见的基于可视化技术的数据新闻主要有以下几类：数据图表、数据地图、交互关系图、时间轴与步骤图等。每种数据新闻都有其各自的优点，具体如下：

a. 数据图表是最简单直白也是各大媒体最常用的可视化表达方式，多用于表现变化趋势，其最大的优点是简单快捷。

b. 数据地图是指借助专业性地区，将数据整合并通过图钉、颜色等形式对地图上的区域进行标注，从而使人们对整个地区的数量高低差、变化度有清晰简明的认识。

c. 交互关系图近年来适用广泛，北京大学微博可视化分析工具就是方便简洁的交互关系图，其后台操作结果可以将微博的转发和评论层级通过关系图的形式表现出来。其中每个节点代表一条微博，连线代表转发关系，节点越大其转发次数越多。这种数据形式对于解释复杂数据关系效果良好。

d. 时间轴与步骤图是表现事物变化或者构成的常用方式，两者皆可进行分步图解，以直观的方式予以呈现，通俗易懂，生动有趣。

②数据可视化新闻的优势：

a. 数据可视化让信息获取更加简易。数据的可视化让数据变得通俗易懂，更加直接地传递所要表达的信息。单纯的数字往往很难理解，人们在生活中遇到的数据一般都是具有方向性或文字性的标识系统的，这可以说是最初步的可视化，不仅能让受众更加直观地获取信息，而且能满足其解决实际问题的需要。

b. 数据可视化让数据分析更加便捷。数据的可视化能够让有进一步加工数据的需求的受众更加方便、快捷与精准地对数据进行处理。此外，在进行数据可视化分析的过程中还可以采用合适的标志进行处理以减少数据分析及传递过程中的误差。

c. 数据可视化催生出嗅觉敏锐的新闻数据团队。在数据可视化的生产实践中，媒体工作者辨识数据、处理数据、呈现数据的能力日益提高。一些媒体的数据团队已经能够在第一时间通过互联网平台把握新闻动向，进行初级新闻筛选，利用搜索引擎的附带功能或专业的数据搜索工具进行数据的初步处理，然后通过数据可视化工具进行可视化处理，最终形成可交互的数据表现形式。

d. 数据可视化使新闻报道更美更多样。在大数据时代，数据新闻是新闻从业者在信息爆炸的空间中捕获和整理"有意义"的新闻的重要手段，它与生俱来的技术理性以及对美感的专注，都对新闻报道的多样化和纵深化发展起到了至关重要的作用。

(3)数据可视化新闻的缺点。

①主要围绕表层数据挖掘，结论难以服人。国内媒体的可视化新闻报道的数据来源主要是有关部门直接公布的资料，媒体在收集数据时并不清楚数据产生的过程，因而受众对于媒体采集的数据往往会抱有一种怀疑态度，认为由这些数据得出的结论有失偏颇、难以信服。

②技术要求高，生产过程复杂，容易错过报道时机。与文字稿、摄影图片相比，数据可视化产品的生产过程更为复杂，生产周期也相应变长。在互联网时代，社会热点的转换异常迅捷，所以许多精心准备的新闻产品生不逢时，容易为人忽略。

③专业积累不足，技术数据错误。新闻的数据化开发仍处于初级阶段，在缺乏准确的官方数据时，一些媒体自行做统计，缺乏严谨性与专业性，导致数据错误，结论失真。

④深度性不够，创新效果性不足。图表的表达由于直观简单，所以难以挖掘更深层次的信息。数据化可视化新闻内容缺乏深度，需要文字、摄影、视频等多种形式的配合。国内媒体对于动态交互的设计主要以时间轴、幻灯片的形式展现，相较于外国，形式较为单一，效果不够创新。

⑤制图流于形式，目标定位不清。很多报纸在做新闻时，经常借助可视化工具，追求直观、生动，但不少版面仅仅追求新奇、美观，并未充分展示数据间的逻辑关系。有些制图展示数据过多，缺乏取舍，且彼此关系不清，让人难以理解。

数据可视化新闻作为一种新的报道形式，有着诸多的优点，但由于其历史太短，还未经完善，存在不少不足和问题。在以后的数据新闻报道中，要注意趋利避害，更好地发挥数据可视化新闻的报道价值。

2. 数据可视化是什么？列举五种常见的可视化工具。［四川大学 2018 年研］

答：信息可视化是指把非图形化的文字、数据、抽象数字等用图像等视觉符号表现，数据可视化是其中一种方式。数据可视化既强调表现方式，同时也强调是以数据为基础。常见的数据可视化工具主要有 Excel、Tableau（它的免费版本是 Tableau Public）、水晶易表（Crystal Xcelsius）、Visual. lyCreate、GoogleChart、百度的 Echarts 等。

3. 可视化新闻是什么？主要类型有哪些？［复旦大学 2019 年研］

相关试题：随着短视频的兴起，调查显示最受欢迎的短视频类型前两位为“搞笑类”和“新闻类”。根据此探讨可视化新闻的未来发展前景。［论述题，南开大学 2022 年研］

答：可视化新闻是以数据为核心，以信息为支撑、以可视化为载体的跨媒体新闻报道形式。它综合了现代信息技术、数据化制作和可视化生产等多种应用。简而言之，可视化新闻是基于数据挖掘、以可视化为呈现形态的报道形式。

可视化新闻主要有数据地图、时间线、信息图表三大主要类型：

(1)数据地图是指利用经纬度展现多维或单一数据之间的关系，适用于涉及地理空间分布的新闻，以小圆点或者“热力图”的形式直观展现某个指标或者不同新闻事件的地理分布，将所有的信息排列起来，以增加新闻作品的表现力。

(2)时间线适用于时间跨度长、信息类型多，事件发展变化多的新闻事件。

(3)相比于数据地图和时间轴，信息图表可供选择的图形样式更多样化，主要分为静态信息图表和动态信息图表。

4. 对比量化研究在科学研究和数据新闻应用方面的特点。［同济大学 2019 年研］

答：量化研究即定量研究，是与质化研究(定性研究)相对的概念，是社会科学领域的一种基本范式研究，也是科学研究的重要步骤和方法之一。

(1)相同点：

①研究过程都注重强调真实与客观。研究者要“真实”“客观”地反映被研究者的生活方式和社会结构。新闻生产者在数据新闻的生产流程中也要保持中立与客观性。

②研究对象的可统计性。科学研究与数据新闻的量化研究都注重研究对象的可统计性，研究的对象可以转化为具体的数据，从而进行进一步的分析与研究。

(2)不同点：

①数据的来源不同。科学研究中的量化研究数据主要来源于研究者的调查研究和实验研究。而数据新闻中的量化研究的数据可以依赖不同的渠道，主要有新闻或媒体的数据，政府机构、组织或企业的数据、数据库的数据以及用户的数据等。

②研究结论的表现方式不同。科学研究中的量化研究的结论主要以研究报告的方式呈现，而数据新闻中量化研究的结论主要以可视化的新闻报道形式进行传播。

5. 简析数据新闻带来的变革。

答：数据新闻在新闻业界所带来的变革是多方面的，并由此构建了新的生产方式，也冲击了传统的新闻生产方式。

(1)新闻生产方式的变革。

①传统新闻生产流程：选题策划，确定选题后，由专业的采编人员采写新闻，再经过校正修改、编辑排版，最后印制发行。

②数据新闻的生产主要依托于数据的收集、分析处理和可视化呈现，最后形成完整的数据新闻报道。

(2)新闻呈现方式的变革。

①数据新闻的呈现以动态、可视化为特点。

②数据新闻的表现方式主要有三种：数据可视化、图解新闻和数据地图。数据可视化侧重于数字信息的统计与呈现，图解新闻是传统新闻报道的精华浓缩和事物间关系的揭示，数据地图则通常以电子地图为背景，将多种信息整合其中。

(3)新闻阅读方式的变革。

①数据新闻阅读方式的变革是数据新闻带来的一个受众层面的变革。受众在阅读传统新闻时，单纯的文字和图片是阅读的主要内容，而数据新闻的阅读，静态的文字和图片只是它的辅助性内容，它的阅读主要倾向于具有交互性的动态信息，受众需要通过点击或者滑动某个图表进行数据新闻的阅读。

②传统的文字或图片新闻的阅读载体可以是报纸，也可以是移动互联网设备，而数据新闻的载体必须要以互联网或者具备能够传输音、视频以及画面的设备为支撑。

6. 简述网络数据挖掘的方法。[复旦大学 2016 年研]

答：数据挖掘又称数据库中的知识发现，是目前人工智能和数据库领域研究的热点问题，是指从大量数据中揭示出隐含的、先前未知的并有潜在价值的信息的非平凡过程。目前，在很多领域尤其是在商业领域如银行、电信、电商等，数据挖掘可以解决很多问题，包括市场营销策略制定、背景分析、企业管理危机等。大数据的挖掘常用的方法有分类、回归分析、聚类、关联规则、神经网络方法、Web 数据挖掘等。这些方法从不同的角度对数据进行挖掘。

(1)分类。

分类是找出数据库中的一组数据对象的共同特点并按照分类模式将其划分为不同的类，其目的是通过分类模型，将数据库中的数据项映射到某个给定的类别中，可以应用到分类、趋势预测中，如淘宝商铺将用户在一段时间内的购买情况划分成不同的类，根据情况向用户推荐关联商品，从而增加商铺的销售量。

(2)回归分析。

回归分析反映了数据库中数据的属性值的特性，通过函数表达数据映射的关系来发现属性值之间的依赖关系。它可以应用到对数据序列的预测及相关关系的研究中去。在市场营销中，回归分析可以被应用到各个方面。如通过对本季度销售的回归分析，对下一季度的销售趋势做出预测并做出针对性的营销改变。

(3)聚类。

聚类类似于分类，但与分类的目的不同，是针对数据的相似性和差异性将一组数据分为几个类别。属于同一类别的数据间的相似性很大，但不同类别之间数据的相似性很小，跨类的数据关联性很低。

(4)关联规则。

关联规则是隐藏在数据项之间的关联或相互关系，即可以根据一个数据项的出现推导出其他数据项的出现。关联规则的挖掘过程主要包括两个阶段：第一阶段为从海量原始数据中找出所有的高频项目组；第二阶段为从这些高频项目组产生关联规则。关联规则挖掘技术已经被广泛应用于金融行业企业中用以预测客户的需求，各银行在自己的 ATM 机上通过捆绑客户可能感兴趣的信息供用户了解并获取相应信息来改善自身的营销。

(5)神经网络方法。

神经网络作为一种先进的人工智能技术，因其自身自行处理、分布存储和高度容错等特性非常适合处理非线性的以及那些以模糊、不完整、不严密的知识或数据为特征的问题，它的这一特点十分适合解决数据挖掘的问题。

典型的神经网络模型主要分为三大类：第一类是用于分类预测和模式识别的前馈式神经网络模型，其主要代表为函数型网络、感知机。第二类是用于联想记忆和优化算法的反馈式神经网络模型，以 Hopfield 的离散模型和连续模型为代表。第三类是用于聚类的自组织映射方法，以 ART 模型为代表。虽然神经网络有多种模型及算法，但在特定领域的数据挖掘中使用何种模型及算法并没有统一的规则，而且人们很难理解网络的学习及决策过程。

(6)Web 数据挖掘。

Web 数据挖掘是一项综合性技术，指 Web 从文档结构和使用的集合中发现隐含的模式，Web 挖掘过程可以看作从输入到输出的一个映射过程。

当前越来越多的 Web 数据都是以数据流的形式出现的，因此对 Web 数据流挖掘就具有很重要的意义。目前常用的 Web 数据挖掘算法有：PageRank 算法，HITS 算法以及 LOGSOM 算法。这三种算法提到的用户都是笼统的用户，并没有区分用户的个体。目前 Web 数据挖掘面临着一些问题，包括用户的分类问题、网站内容时效性问题、用户在页面停留时间问题、页面的链入与链出数问题等。在 Web 技术高速发展的今天，这些问题仍旧值得研究并加以解决。

三、论述题

1. 相对于传统的新闻报道和呈现方式，“数据新闻”更客观、中立吗？[南京大学 2018 年研]

【参考答案 1】相对于传统的新闻报道和呈现方式，“数据新闻”并没有更客观、中立。数据新闻又称数据驱动新闻，是指基于数据的抓取、挖掘、统计、分析和可视化呈现的新型新闻报道方式。与传统的新闻报道相比，数据新闻最大的特征是利用数据和可视化呈现。但是这样的特征并不更加客观，理由如下：

(1)数据是否具有代表性值得商榷。

大样本并不是全样本，甚至在绝大部分领域，它都不可能是全样本。来自于物理世界的科学数据和来自于人类社会活动的行为与关系数据，二者的产生和收集都存在很大的局限性，特别是社会生活中存在的“沉默的大多数”会大大影响到相关数据的全面。

(2)数据强调伴随性指标的相关关系，与用户进行因果关系的解读相悖。

大数据的核心特色是强调伴随性指标的相关关系，但是新闻的传统解读却是具有强烈的因果逻辑的。数据新闻如果不把因果关系考虑进去，很容易使得解读产生歧义，造成新闻不客观独立。

(3)数据的可视化呈现一定程度上表露了数据拥有者的意图。

数据新闻可视化呈现以直观的叙事方式表达创作者的意图，容易渲染读者的情绪，并且让读者产生误解。若是掌握着数据的公司或政府将数据源封闭在自己的圈子里，只是呈现于己有利的内容，那么数据新闻将更加不客观。

正如乔姆斯基所言：除非媒介掌握在大众的手里，否则只能成为少数人谋利的工具。

数据新闻与传统新闻相比，呈现出了很多优点，但若对于现存的问题不加以重视，数据新闻的进步只能是量的而非是质的飞跃。

【参考答案 2】在一定程度上，数据新闻表现为在形式上的客观，内容上的不客观。

(1)以数据为中心的报道在呈现方式上更客观。

传统新闻往往以文字、图片为主要载体，将新闻事实尽量按照现实报道，然而记者作为背后的操作者，却很难不带上主观偏向，甚至只是描述性和叙述性的语言，都会打上个人的烙印。正如同“昆山反杀案”中，大量的媒体记者用“宝马车主”这样的词代指死者，在不知不觉中加深了读者对富人群体的负面刻板印象。

而数据新闻以数据为依托，呈现出更多直观的事实，使读者在阅读新闻时更能根据自身的经验、认知等对新闻作出判断。如央视财经于中非合作论坛之际发布的《数说丨中非经贸合作的前世今生》，便通过将中非贸易合作的项目数据分类制图，以供读者了解。在这层意义上，数据新闻能更加客观地表达出新闻本身而不掺入记者的主观态度。

(2)客观数据背后隐藏的主观倾向。

新闻报道很难做到绝对的客观性，呈现方式上的不客观如记者的用语不当、个人不自觉的情感倾向等只是影响新闻客观性的众多因素之一。而数据新闻在采集、整理、加工到发布的过程中，也会被各种无形的因素削弱其客观性。

首先，不少事实本身就体现了一定的立场观点，如对党的十九大的数据新闻报道，尽管客观地报道大会的政治报告中的内容，却也无形中将报告本身的观点传播出去。此外媒体还会受到广告商等的资本影响，选取对其有利的数据进行选择性报道，从而呈现出来的数据也并非客观中立的。其次，相同的数据根据记者不同的选取标准和方式进行整理，呈现的结果可能也不一样。而在信息过载的时代，读者面对大量的数据无法做到一一衡量，更多的是听从记者为他们总结好的结论，从而形成对客观数据的不客观理解。

2．分析数据新闻采制流程。[安徽大学 2019 年研]

答：数据新闻又称数据驱动新闻，是指基于数据的抓取、挖掘、统计、分析和可视化呈现的新型新闻报道方式。数据新闻是在大数据的技术背景下产生的，是随着数据时代的到来出现的一种新型报道形态，也是数据技术对新闻业全面渗透的必然结果，它的出现在一定程度上改变了传统新闻生产流程。

(1)原始数据的采集。

数据新闻的采制首先要从数据采集开始，数据新闻所采集的数据量不只是几个数据库或者若干个图表那么简单，而是基于社交网络和移动互联网终端的海量信息采集，比如，2018 年两会中，新华社的媒体大脑生成的 MGC 视频新闻，就是从 5 亿网页中采集筛选出的。基于这种海量的数据采集需求，新闻信息的采集者也在逐步实现从人向机器转变。

(2)数据的分析和过滤。

一方面，数据新闻背后庞大的数据并非全部有用，需要对这些繁杂的数据进行进一步的清洗、过滤；另一方面，大量数据的堆砌不能反映事物背后的本质，需要对数据进行进一步的分析，找到数据间的联系。如 2014 年春节期间，央视的《据说春运》通过对手机用户的 GPS 定位数据的收集和整理，将分散的个体用户迁徙轨迹聚合起来，呈现出春运期间中国人口流动的整体面貌。

(3)数据可视化。

数据新闻这种新闻样态脱离了过去文字为主、数字和图表为辅的表达形式，以数据和可视化图表作为新闻的主要内容和呈现方式。《华盛顿邮报》的《战争与饥荒》就通过可视化地图，展现了四个国家的冲突热度、粮食供应以及移民情况。此外，虚拟现实和增强现实技术也在数据新闻领域得到广泛应用，给用户带来了沉浸式的受阅体验。

数据新闻作为一种新的新闻样态，与传统的新闻相比，呈现出了许多的优点，但我们仍然需对数据的代表性、数据处理的公开性等保持警惕，倘若不对现存的问题加以重视，数据新闻的进步只能是量的而非是质的飞跃。

3. 论述数据新闻存在的问题与局限。

答：数据新闻存在的问题与局限主要包括：

(1)数据来源的压力。

政策、行业壁垒等因素导致的数据的开放性不足制约数据新闻的发展；散布于互联网上的免费、公开资源，影响数据新闻结果的准确性和可靠性。

(2)数据新闻报道题材受限。

数据新闻的制作时间较长，同时对数据的依赖性大，因此题材选择方面受限。同时数据信息的可获取程度、价值及意义会对数据新闻选题范围、报道深度有着直接影响。

(3)数据可视化的手段单一。

几乎都依赖于静态图表，本身可以包含的信息量和层次有限，并不能立体地反映新闻事实，难以吸引用户。在《卫报》和《纽约时报》的数据新闻频道中，近年来静态信息图表的使用率已经有了明显的降低，互动式动态图表比例大大增加，且更具有层次感、信息量更大。

(4)新闻从业者数据素养偏低，数据处理能力有限，对数据的挖掘流于表面。

数据新闻需要跨学科、跨领域的知识储备，传统的新闻学教育培育的重点依然是采写编评等基础实务。学科壁垒还没有进一步打通。

(5)数据新闻报道可能存在侵权问题。

①侵犯公众的隐私；大数据时代大量的在线个人数据都属于个人隐私，很多人不愿意其被收集，更不愿意被公开。然而新闻制作者则可以通过对数据的挖掘、交换或购买等手段收集这些数据，或将其制成公开的新闻，或将其作为推送“符合私人口味”的新闻的依据。这种违背个人意愿，对个人隐私信息进行收集、分析和公布的行为，存在侵犯个人隐私的风险。

②侵犯新闻作品版权。如一些网络新闻聚合平台，其制作数据新闻的主要方式是：采集海量的新闻作品，通过机器对这些作品进行重新编辑组合和分解优化，然后定向推送给公众，在这个过程中，这些平台时常会直接窃取，或通过跳转链接，或通过刻意模糊出处等方式，侵犯原新闻作品的版权。

4. 论述新闻可视化的常见策略。[暨大2016年研]

答：新闻可视化是指以数据为核心、以信息为支撑、以可视化为载体的跨媒体新闻报道形式。它综合了现代信息技术、数据化制作和可视化生产等多种应用。简而言之，新闻可视化是基于数据挖掘、以可视化为呈现形态的报道形式。

新闻可视化的常见策略包括：

（1）图像与图形并举策略。

报道中出现的科普类、历史类、政治时评、经济数字、自然灾害等一些模糊的数字或大量繁冗的文字，由美编制作成图形或图像，可使新闻既抓“眼球”又清晰明了。总结起来大致有三类：

①交互地图。可查询的交互地图使用空间地理数据，如城市空间发展的变化、污染事件波及的范围、地震余震的发生情况等，在特定的新闻报道中，它们本身就是新闻的主体，非常具有新闻价值。

②动态图表。动态图表多应用于财经新闻报道，财经新闻关心各种经济情况中涉及的数据，并关心这个数据发展的趋势。另外，财经新闻涉及的很多数据对一般用户来说有一定的理解困难和障碍。动态图表让数据的现状和趋势变得清晰可见，也使得财经数据更加可知可感。

③信息图。信息图是数据新闻报道最常用到的一种可视化表现形式。报道者希望借助此类包含数据、信息的图像来阐释较为复杂的信息，目前国内门户网站的数据新闻报道也大多采用这种形式。

（2）主动策划主题策略。

当新闻以可视化的手段被“主动策划”了，新闻就变得轻松可读了，读者还会主动传播。新闻媒体可以设置一个栏目或一个专版，在固定的时间，“主动策划”百姓关注的相关主题，并通过可视化的方式向读者呈现。例如《钱江晚报》网上有个栏目《话图侠》，曾经策划过一期关于暑期气温的数据新闻报道《这 10 年，浙江到底有多“火”?》，把 10 年来浙江气温的有关数据放到 4 张表上，清楚展现了浙江地区暑期气温变化的一般性特点。

（3）美感策略。

当新闻发生时，有时摄影记者没有在现场拍到所需照片。在这样的情况下，新闻编辑可以对具体情况了解、分析后，通过创作插图等方式还原现场，让读者通过看图了解发生了什么。这也是新闻可视化的一部分。

而一张令人印象深刻的信息图有多个层次的要求，最基本的是客观、准确、充分地提炼重要信息，而对信息简明扼要、确凿罗列的同时强化设计美感，则是更高的要求。如果能做到具有视觉的美感，读者就会牢牢地记住这篇新闻。哈佛大学工程与应用科学学院博士生米歇尔·博尔金等人曾经进行了大规模的可视化研究，发现含有人类可识别的物体一般都能让图像令人容易记住，元素多样能更易使图片扎根在受众的脑海里。

（4）电视新闻的可视化策略。

①技术促使可视化变革。随着全媒体时代的到来，演播室作为综合性、多角度、多景区的一体化综合播报中心也经历着重大的变革。当前除了有较先进、使用相对较多的高清交互式全媒体演播室和 3D 虚拟演播系统，还有图片系统、文字系统、数字化手段也共同从技术上帮助电视新闻实现可视化改革。

②数据新闻可视化。2017 年中央广播电视总台的《两会新视角》节目全新升级，充分发挥央视网视频报道的传统优势，以微视频为主打，融合移动直播、VR、H5 等多种形式，

突出可视化报道形态，从多个视角立体式地报道两会盛况。以数据可视化的表现手段，取代以往抽象枯燥数字的简单罗列，当数据通过可视化形成新闻内容和故事之后，传播效果更会产生累加的放大效应。这既契合了大数据的核心，又重构了电视新闻生产的语境和流程。数据可视化这种新型的传播方式不仅挖掘了数据新闻的价值，为电视新闻工作者打开了一个全新的播报格局，也为受众提供了一种通俗易懂、生动有趣的电视新闻样式。

5．请论述网络大数据对传播学研究中量化研究和质化研究方法的挑战有哪些。[北师大2021年研]

答：量化研究指的是采用统计、数学或计算技术等方法来对社会现象进行系统性的经验考察。这种研究的目标是发展及运用与社会现象有关的数学模型、理论或假设。质化研究，是社会科学领域的一种基本研究范式，也是科学研究的重要步骤和方法之一。它是指通过发掘问题、理解事件现象、分析人类的行为与观点以及回答提问来获取敏锐的洞察力。

相对于以量化研究和质化研究为主要方法的传统传播学研究，利用大数据进行传播学研究在方法上发生了革命性的变化。

(1)网络大数据对量化研究方法的挑战。

①大数据的全体数据代替了抽样调查的随机样本，数据量大幅增加。

利用大数据进行传播学研究和传统的传播学研究最大的区别是，利用大数据进行传播学研究可通过对海量数据的"普查"代替传统的"窥一斑见全豹"式的抽样。传统的传播学研究在测量受众态度、认知和行为时，多采取随机抽样或固定样本，以问卷调查、内容分析、实验法等定量研究或深度访谈等定性研究方法为主，但传统调查成本越来越高，难度越来越大。

互联网和社交媒体的广泛使用使人的行为和信息取向通过网络反映出来，在技术支持下，研究者通过对人们"电子踪迹"的识别、发掘和利用，直接将网民心理和行为转化为可识别的海量数据。在社会多元化、受众个性化、传播渠道多样化等背景下，样本量有限的抽样研究难以捕捉到受众的细分信息，数据量的大幅增加进一步加大了抽样难度，需要通过相关软件才有助于完善抽样信息，这实际上也进一步加大了研究难度。

②量化研究方法的精确性遭到解构。

从传统的传播研究所依赖的"小数据"到大数据的一大变化就是后者放弃对精确性的追求。由于传统抽样调查样本量有限，调查人员需尽力保证收集到的每个样本数据都是精确的，抽样调查的核心就是如何减少(但不可避免)错误的发生，在收集数据的时候，抽样调查专家会采用种种策略来减少错误发生的概率，在数据分析之前，也要对收集到的数据进行清理补充，这样会耗费大量的人力；当采用大数据技术收集海量数据时，这种防错和纠错方法就行不通了，不仅因为这样耗费巨大，也由于保持大规模数据收集标准的一致基本不太可能，而拥有更大数据量所能带来的商业价值远远超过耗费巨大才能增加的一点精确性。

(2)网络大数据对质化研究方法的挑战。

①技术困境为质化研究方法提出挑战。

传统的传播学研究采用文本分析法、案例分析法等进行质化研究，研究所依据的数据量有限，因而数据库相对比较简单，但基于大数据进行传播学研究所依据的数据资料多来自互联网、新兴社交媒体等所产生的大量非结构化数据，如文本、图片、HTML、音频/视频等，有价值的信息隐藏于这些非结构化数据中，则需要专门软件进行分析。与结构化数据相比，非结构化数据不方便用结构化数据的二维数据库来表现(即每一列表示一个变量、每一行表示一个记录)，不利于检索、查询和存储，增加了数据丢失的可能性，因此，数据多样化和急速膨胀所带来的数据体量的巨大和数量格式的复杂对传统分析软件和存储提出了很大挑战，大数据分析要求作出的实时或在线处理需求也是传统数据仓库技术面临的挑战。与数据处理需求相伴随的是对海量数据跟踪分析软件的研发，既需要高额成本，也需要专门人才，这些都是极度匮乏的。

②大数据技术会导致质化研究方法的可信度降低。

目前，数据源的开放性不足，权威大数据源常常掌握在政府及大公司手中，国家必须从制度和机制上给予保障。与此同时，文本的质量也至关重要，如果不注意甄别，文本内容也会欺骗。可信度问题首先表现在伪造和刻意编造的虚假信息，如网上个人信息的质量和准确性较低且多未经验证；其次为编造数据，如各类点评网站的虚假评论等等；再次是数据失真，这既包括数据采集中出现的人工干预导致数据失真，也包括数据更新后早期数据不能反映真实情况。传统传播学研究中质化研究方法注重可信度问题，大数据技术本身的诟病则导致该研究方法的可信度下降。

(3)结语。

大数据技术给整个新闻传播领域带来了革命性的变化，尤其是深刻地改变了传统的传播学研究方法和理念。但如同任何新事物一样，基于大数据的传播研究并非一帆风顺，在实际中是一把双刃剑，基于大数据的传播研究面临新的技术、伦理、理论等挑战，同传统的传播学研究一样，基于大数据的传播研究只是一种工具和手段，只有趋利避害，充分利用新技术拓展研究的领域和问题，发展新媒体环境下的传播研究理论，才能充分发挥大数据在传播学研究中的价值。

第八章　社会化媒体应用

8.1　考情分析

本章结合丰富的案例详细解读了社会化媒体平台的基本思维、传播策略，以及在政府机构、企业和其他机构中的应用。考生需掌握社会化媒体中的各项概念，熟悉社会化媒体传播的策略、不同的社会化媒体平台的差异。

本章涵盖了考试的高频考点。其中社会化媒体、把关人、意见领袖、社群经济这几个名词常以概念题进行考查。各个主体在利用社会化媒体平台存在的差异和显著特征也偶尔以简答题的形式出现。

8.2　复习笔记

【视频导学(名师点拨)】

社会化媒体应用

扫码看视频导学

【知识框架(庖丁解牛)】

- 社会化媒体应用
  - 社会化媒体的运营思维
  - 社会化媒体的传播策略
  - 社会化媒体带来的变化或影响
    - 社会化媒体引发整个传媒业的变革
    - 社会化媒体推动专业性媒体的变革
    - 社会化媒体对公共传播环境的影响
    - 社会化媒体对政府机构的影响
  - 公共领域的要素及特征
  - 企业对社会化媒体的应用
    - 社会化媒体时代的营销变革
    - 企业运用社会化媒体的方式

【考点难点归纳(厚积薄发)】

考点一：社会化媒体的运营思维(见表 8－1)　★★

表 8－1　社会化媒体的运营思维

<table>
<tr><th>要点</th><th colspan="2">具体内容</th></tr>
<tr><td>洞悉人性</td><td colspan="2">了解人性并满足其需求是社会化媒体应用的出发点。媒体需要洞悉受众的喜好、类型，提高对“人性”这一核心变量的认识能力与驾驭能力。例如微信的“抢红包”，拼多多的“砍一刀”</td></tr>
<tr><td>赢得认同</td><td colspan="2">包括价值认同和情感认同，促进用户对内容或产品、传播者与生产者产生情感的认可</td></tr>
<tr><td>激活社交</td><td colspan="2">以社交圈子互动或者分享内容提高用户黏性，让用户彰显存在感和成就感，进而依赖社会化媒体</td></tr>
<tr><td rowspan="3">强化社群经济</td><td>内涵</td><td>社群经济是基于社群而形成的一种经济思维与模式，它依靠社群成员对社群的归属感和认同感而建立，建立以平等协作为目标的群体文化，去中心性更强。它更多的是为社群中的个体创造自我价值，通过服务个体需求而获得相应的增值，进一步优化社群内部的生态系统，最大限度地激发生产力</td></tr>
<tr><td>基础</td><td>包括：①共同的目标；②社群情感认同与信任；③技术基础——高效的实时沟通工具；④一致的行动</td></tr>
<tr><td>意义</td><td>①社群使消费呈现闭环互动状态，信息夺取和利益分配在内部得以重建。
②交易成本下降，消费者得以用更低的价格购入；相比之下，优质内容往往有更高的溢价。
③内容共享。打破内容提供者和消费者的单向关系，实现产销合一</td></tr>
</table>

考点二：社会化媒体的传播策略(见表 8－2)　★★★

表 8－2　社会化媒体的传播策略

<table>
<tr><th>要点</th><th colspan="2">具体内容</th></tr>
<tr><td rowspan="6">制造话题“引爆点”</td><td>敏感性</td><td>直击人心或痛点，例如涉及国家民族利益、腐败民生、贫富阶级、弱势群体等公众利益的重大内容；人情味浓、故事性强的话题；公益性或引起共鸣的话题等</td></tr>
<tr><td>争议性</td><td>戏剧冲突、矛盾对立、各种立场和价值观的争辩，都更容易得到传播，例如微博上的常见争论：性别对立、社会公平等</td></tr>
<tr><td>八卦性</td><td>八卦是人的基本心理之一，娱乐明星、当红名人等公众人物的戏剧性故事或言行动态更易受到人们关注，可满足其好奇心。同时应把握好吸引眼球和承担社会责任之间的平衡</td></tr>
<tr><td>实用性</td><td>解决一些实际问题，通过个性化服务和垂直传播，帮助人们更便捷地获取实用信息，实现信息的精准匹配</td></tr>
<tr><td>解压性</td><td>以娱乐、轻松、搞笑的内容缓解受众焦虑，释放社会压力</td></tr>
<tr><td>观点性</td><td>传递价值观和生活方式，为人们了解社会多元价值观、寻找志同道合之人、勇敢表达自我、追求新的生活方式提供了机会</td></tr>
</table>

续表

要点	具体内容	
为用户做信息的“代加工”		①在信息过载的时代，人们既想获取信息知识，又不愿浪费时间精力等成本，因此希望有人替他们进行信息的加工，这也成为知识付费的源头。如“罗辑思维”的爆火。 ②加工方式包括：a. 拼图式加工；b. 盘点式加工；c. 萃取式加工；d. 翻译式加工
选择恰当的叙事方式与传播语态	高浓缩	现如今讲究快餐化学习、碎片式阅读，传播应当简洁明晰准确，符合用户的阅读习惯和生活需要
	接地气	不可在文字表达上呈现出教导主任的命令口吻，应当体现接近性、平民性，以平等的姿态和网民交流。话题要接近民众日常生活，要顺应和打动人心，而不是搞宣传口号
	讲故事	以讲故事的口吻展现事实，烘托情感，注重细节的刻画，增强读者代入感和共鸣，使人为之动容
	流行语	合理运用网络流行语，与公众形成共鸣，构建文化认同，或者表明媒体立场，但不可滥用网络语言，否则易使人们产生审美疲劳
运用多媒体手段融合传播	图片	①图片既可对文字起到补充作用，也是独立的叙事手段。如微信朋友圈的九宫格。 ②优势包括：a. 强调故事性、戏剧性和现场感；b. 具有实证作用；c. 趣味性；d. 观赏性，一些自然风光等景色带来视觉的愉悦感。 ③注意问题包括：a. 图片版权问题；b. 图片的真实性，防止因图片 PS 过度造成的误导
	音视频	作用包括：①增强现场感和实证效果；②微视频简洁明快，不适宜宏大题材的传播；③重新组织内容，赋予视频片段新的能量；④接近用户，听者有近距离交流的感觉
	幻灯片	作用包括：①突出关键词和核心信息，使读者快速捕捉要点；②注重逻辑与节奏，把握每张幻灯片的转折和承接关系；③掌握运用技巧，如添加图表标题
	H5	指以图片为主组织起来的动态延续的信息单元，能丰富视觉体验，提升信息的动态展示和互动动画效果
做好新闻“把关人”	多角度核对	包括：①比对多个信息源；②查看来源出处；③核对时间；④核查知识性内容；⑤核实名人名言真伪
	逻辑判断	注意逻辑矛盾或者与现实不符
	技术分析	有一定的图片处理经验才能更好判断照片真伪
	数据推理	对相应数据应敏感，做出计算核实
	直接验证	做些实验直接验证，提高可信度
借用意见领袖之力	含义	“意见领袖”由传播学者拉扎斯菲尔德于20世纪40年代在做伊里调查时提出，是指在人际传播网络中经常为他人提供信息、意见、评论，并对他人施加影响的活跃分子或关键人物，广泛存在于各个领域
	方法	①努力成为意见领袖，保持稳定影响力。 ②借用其他意见领袖的影响力推动传播，与其积极互动、维护关系，同时也要注意发布内容的相关性

考点三：社会化媒体带来的变化或影响 ★★★★

1. 社会化媒体引发整个传媒业的变革(见表8－3)

表8－3 社会化媒体引发整个传媒业的变革

要点	具体内容
成为媒介融合的催化剂	①媒介融合是各种内容的自由流动、各种服务的有机关联，并非不同平台的简单重复。而社会化媒体由于其社交的特性，可以充当媒介融合的催化剂与黏合剂，促进各个平台中内容与服务的有机统一。 ②某种意义上，媒介融合也是以人为核心的融合，而社交关系是人们在新媒体平台活动与需求的核心，该过程是传者与受者的融合，促进受众角色的转换。 ③社会化媒体还能促进传统媒体的转型，以互动促进新旧媒体的融合
呼唤媒体传播语态变革	①契合网络文化的基调。但也应遵守职业操守和职业追求，不可煽情夸张，需拿捏话语分寸。 ②符合用户的移动阅读场景，即碎片化、快速切换，因此需提炼文字中的精华
改写传媒业市场	①冲击传统媒体的垄断地位。 ②促使人们信息消费入口由原来的公共化传统媒体变成私人化、个性化的社会化媒体。 ③像社交化媒体这样的关系产品成为传媒市场的支柱，聚集大规模用户，增强其黏性；与服务产品链接，为内容产品带来价值增长和新的盈利模式

2. 社会化媒体推动专业性媒体的变革(见表8－4)

表8－4 社会化媒体推动专业性媒体的变革

要点	具体内容
延伸新闻业务	应用包括：①发现新闻线索；②核实新闻；③进行实时报道；④拓展报道内容，如背景延伸、评论解读等，提供立体信息；⑤利用再传播，扩大报道影响
促进融合性传播	包括：①多种媒体手段的融合；②PGC与UGC内容的融合；③台前与幕后的融合，适当呈现新闻背后的内容，使媒体更富人情味；④社会化媒体与媒体网站融合，媒体的社交账号不仅是直接的信息发布渠道，也是媒体网站的导引者
促进信息资源的整合、管理	记者担当过剩信息的管理者，信息的检索、验证、核实、加工和发布需要与活跃的社会化媒体合作
激发创新思维的试验田	社会化媒体是一个全新的传播空间，应有全新的传播思维与之适配，这种传播思维是专业媒体普遍缺乏的，传统媒体需要打破常规，革新思维，与网络社会接轨
改变传播效果评估的指标	社会化媒体提供了传播效果评估的新可能，一些媒体传播效果的评估体系，已经开始将微信、微博等社会化媒体的传播、转发量、讨论热度等相关指标作为一个标准
媒体品牌有了重塑的空间	新的平台提供新的机会，重塑媒介形象和品牌效应，应建立在运用好社会化媒体的延伸功能、融合功能、探索功能的基础上

3. 社会化媒体对公共传播环境的影响（见表8－5）

表8－5　社会化媒体对公共传播环境的影响

要点	具体内容	
对意见环境的影响	网络舆论形成的主渠道	有学者把舆论称为社会合意（Social Consensus），指在一定社会范围内反映社会知觉和集合意识的具有相对一致性的公众意见。它是一个“问题出现—社会讨论—合意达成”的过程，网络舆论在以互联网为依托的社会化媒体平台上完成
	网络舆情的承载空间	①舆情不等于舆论。舆情，即社情民意，是一定时期里、一定范围内社会公众对社会现实的主观反映，综合反映了群体性的思想、心理、情绪和要求。社会化媒体具有社交功能，很多网络受众在此发表自身的意见、情绪等。 ②舆情不是敌情，是社会的风向标。舆情、舆论不等于整个社会的意见走向，但也是反映民意的重要风向，政府机构不可把舆论简单当作“坏话”“险情”，不可一味防堵，要尊重和保障网民的表达权利
	打通两个意见场	社会化媒体促进了官方意见场与民间舆论场的信息交换，双方在此形成沟通与良性互动，谋求并创造共识
新的话语权力格局	意见领袖：个体权力的强化	①社会化媒体时代，“人人都有麦克风”，在这种全新的信息传播方式中，网民不仅能各取所需地得到信息，还能随时随地自由地发表言论以及对公共事件的看法。话语权表现为两个侧面：a. 话语权利，指表达个人意见的权利；b. 话语权力，指凭借控制对话语渠道或话语本身影响他人或社会的能力。网络用户的话语权利是平等的，但在话语权力上，明显存在着权力差序格局。 ②意见领袖不仅充当大众传播与受众之间的信息中转站，更会直接影响社会化媒体平台的意见走向，以个体形式存在的意见领袖的权力被大大加强。 ③意见领袖产生影响的方式，包括：a. 作为强势内容源向他人灌输信息；b. 作为调节阀，影响信息的流量与流向；c. 营造意见气候，影响舆论的形成
	草根话语权力转化的机会增多	草根用户也是网络中的一个节点，某个具有传播价值的信息在此处引爆，便迅速扩散产生滚雪球效应。在常态下，草根网民的微弱权力更多集聚在意见领袖身上
	主流话语权力优势被削弱	主流媒体不再垄断话语权

4. 社会化媒体对政府机构的影响（见表8－6）

表8－6　社会化媒体对政府机构的影响

要点	具体内容
政府机构的“自媒体”	①方便政府机构发布信息。 ②减少信息中转过程中的误传
民意“瞭望台”	社会化媒体中的意见可作为民意“风向标”，政府机构可以倾听民意
持续的“对话”渠道	通过持续的对话，获得公众的情感认同和价值认同，建立与受众的友好关系
新思维下的“服务”平台	政府机构应用社会化媒体的核心是“政务”，最终要切实为人民服务
塑造形象的“舞台”	社会化媒体中的对话、交流，也在无形地塑造着政府机构形象

续表

要点	具体内容
特殊时刻的社会动员与协调	①社会动员分为两种：冲突性社会运动[表达不满与抗争，受到有组织的反对]和共意性社会运动[得到多数人的普遍支持，很少遭受反对]。 ②中国传统的社会动员主要是共意性的，动员体制和模式较单一，政府主导、自上而下、耗时较多，遵守相应的社会规范，效果取决于政府治理和领导能力。 ③社会化媒体上的社会动员由民间发起，社会动员网络呈现扁平性、基于人情、过程隐蔽、高效率

考点四：公共领域的要素及特征（见表8-7） ★★★

表8-7 公共领域的要素及特征

要点	具体内容
要素	包括：①开放的表达平台；②各种意见都可以自由、理性讨论；③传媒提供宽广的解释框架；④批判性地检验政府政策是首要任务
特征	①公共领域具有公开性、开放性、广泛性、平等性。 ②参与其中的公众能够对公民普遍关心的问题进行理性的思考和讨论。 ③关注普遍利益的议题才可能形成公众舆论。 ④公共领域需要媒介参与，客观呈现信息并将其告知大众

考点五：企业对社会化媒体的应用 ★★

1. 社会化媒体时代的营销变革（见表8-8）

表8-8 社会化媒体时代的营销变革

要点	具体内容	
从依靠媒体到依靠关系平台	关系平台的价值	可以利用自身的社会关系，进行营销活动。理想的社会化媒体营销，是让网民的自发感受成为口碑传播的基础
	AIDMA 营销法则	是以“媒体”为核心，大概经历五个阶段：引起注意（Attention）—产生兴趣（Interest）—培养欲望（Desire）—形成记忆（Memory）—购买行动（Action）
	AISAS 法则	注意（Attention）—兴趣（Interest）—搜集（Search）—行动（Action）—分享（Share）
从“隔空喊话”到“零距离对话”	零距离对话	是对用户的近距离的洞察，交流关系是活的，主要是为了赢得用户的支持
	优势	企业与用户之间的隔阂减小，两者可以直接开展对话
	缺陷	对话距离缩短，企业缺点更容易被用户看见，因此还需要长期形象经营
从大众化广告到个性化营销	①每个人都有不同的信息源，从而在社会化媒体中能够接收到的是更个性化的信息。 ②大数据收集用户信息，实现更精准推送，为用户量身定做	
从促进消费到提升体验	社会化媒体平台更容易实现娱乐性、互动参与性的体验。体验经济是服务经济的延伸，是农业经济、工业经济和服务经济之后的第四类经济类型，强调顾客的感受性满足，重视消费行为发生时的顾客的心理体验。所谓体验，就是企业以服务为舞台、以商品为道具，环绕着消费者，创造出值得消费者回忆的活动	

续表

要点	具体内容		
从“二八定律”到“长尾营销”	二八定律		又称帕累托定律，认为社会上20%的人占有80%的社会财富。在企业生产与销售领域，指20%的高忠诚度用户可以带来80%的销售业绩
	长尾营销	理论内涵	商业和文化的未来不在热门产品，而是需求曲线中那条无穷长的尾巴，非主流的、个性化的产品的销售额累积起来，同样能带来较大收益
		产生原因	包括：①生产工具的普及；②传播工具降低消费的成本；③连接供给与需求，推动个性化消费需求
从部门营销到全员营销	传统营销		以企业的营销部门为主
	社会化媒体营销		①连接企业各个部门。 ②立体组合，包括官方营销账号、部门账号、管理者账号以及普通员工账号。 ③成员领导者的言行直接代表、影响企业形象
从明星代言到信任代理	明星代言		投入成本巨大，但可以很快提升知名度
	信任代理		克里斯·布洛根和朱利恩·史密斯在《信任代理》一书中提出，信任代理是一些不以销售为目的、不施展高压手段的市场营销人员，他们是网络王国的土著居民，利用网络来真诚而人性化地做生意。不急于求得当下销售业绩，而是进行长远商业价值的培养与发掘。擅长与人联系、基于真实的产品体验，用人际交流的方式来影响他人，为企业赢得口碑
	信任度的影响因素公式		T(Trust：信任度)＝C(Credibility：可信度)×R(Reliability：可靠度)×I(Intimacy：亲密度)÷S(Self－orientation：自我意识导向)
从卖“我的产品”到创造“我们的文化”	“我们的文化”是新型的“粉丝文化”，凝结与传达的是企业与用户之间的共识，包括产品理念、价值追求、文化基调等各方面。赋予粉丝用户参与到产品创造与推广过程中的权利，使他们成为产品的开发者与推动者。用户凭借共同爱好加强参与感，从而对企业产品产生情感认同		

2. 企业运用社会化媒体的方式(见表8－9)

表8－9 企业运用社会化媒体的方式

要点	具体内容	
“以我为主”的营销	包括：①硬性广告推送；②品牌或企业账号进行持续营销；③让广告自然融入信息流；④利用网民分享内容生成广告；⑤利用调查拉动人气；⑥将广告嵌入游戏；⑦与电子商务实现连通	
用户聆听和社群聆听	用户聆听	指通过了解用户的需求来了解企业的生存环境
	社群聆听	不仅是了解用户本身，同时还有自己的竞争对手以及整个市场环境
	聆听目标	改善产品与服务
基于用户的口碑营销	用户体验	好的消费体验，有利于形成正面口碑
	方便的入口	让用户用“不费力”的方式去加以传播，用户的点评专区、分享等操作

续表

<table>
<tr><th>要点</th><th colspan="2">具体内容</th></tr>
<tr><td>基于用户的口碑营销</td><td>参与热情</td><td>①创造能形成公共价值的营销卖点，吸引来自于直接体验者和非直接体验者两方面的传播。
②人为制造一些体验。
③提高用户参与积极性，需要注意真实的利益或价值传达；从用户的视角撰写文案；做故事化表达。
④病毒式营销是利用公众的积极性，通过人际网络让营销信息像病毒一样传播和扩散，快速覆盖大规模人群。需要具备六个要素：提供有价值的产品或服务；提供无须努力就能向他人传递信息的方式；信息传递范围很容易从小规模向大规模扩散；调动公众的积极性和公共行为；利用现有的通信网络；利用别人的资源</td></tr>
<tr><td rowspan="2">企业公关</td><td>日常公关</td><td>社会化媒体为企业与用户之间长期、持续的沟通提供了充分的空间，企业或者领导者、员工在社会化媒体的表现都可能成为企业正面口碑形成的基础，但应拿捏分寸</td></tr>
<tr><td>危机公关</td><td>原则包括：①分秒必争；②不打太极；③善始善终</td></tr>
<tr><td>社会化媒体的创意活动</td><td colspan="2">①基于用户间的泛关系。
②促进用户的社交关系扩展</td></tr>
<tr><td>企业招聘</td><td colspan="2">包括：①发现可用人才；②了解应聘对象；③发布招聘信息；④在招聘者和应聘者之间建立匹配关系</td></tr>
<tr><td>文化共同体建设</td><td colspan="2">①通过社区识别与聚集粉丝群体。
②在社区土壤中培养粉丝社群文化。
③企业文化与粉丝社群文化的互动。
④形成新的文化共同体</td></tr>
</table>

8.3　课后习题详解

1. 你认为社会化媒体应用需要哪些新思维？

答：社会化媒体应用需要培养互联网思维，其核心就是挖掘用户的力量，将用户变为参与者、贡献者，这种新思维主要包括以下几个方面：

(1)洞悉人性。

了解人性并满足其需求是社会化媒体应用的出发点。媒体需要洞悉受众的喜好、类型，提高对“人性”这一核心变量的认识能力与驾驭能力。例如微信的抢红包，便是利用了人们好奇、竞争的成就感和投机心理，从而引起网络热潮。

(2)赢得认同。

媒体需要获取用户的价值认同和情感认同，促使用户对内容或产品产生信赖，对传播者与生产者产生情感的认可。例如苹果公司依靠自身的企业文化吸引了一大波果粉，且用户有很强的黏性。

(3)激活社交网络。

让用户主动参与传播，凭借人际关系圈子，形成完整的社交网络。例如网易云音乐的年度听歌报告，就是通过用户的互动转发，在各自的朋友圈形成霸屏传播。

(4)强化社群关系。

社会化媒体通过建立社群，使得信息传播呈现闭环状态，提供了一个便捷的互动空间，人们获取信息的交易成本下降，同时信息得到共享，打破了生产者和消费者的界限，用户成为产销一体者，例如微信二手交易群，代购群。

2．试分析一个热门的微博账号，说明其走红原因。

答：以微博账号“古城钟楼”为例。2013 年，微博账号“古城钟楼”迅速走红，一夜之间粉丝数增加了 10 多万，截止到 2021 年 6 月中旬，该微博的粉丝数已经达到 104 万。这是一个普通的微博账号，既不是官方微博，也不是名人“大 V”，却因连续八年日复一日地发布“铛”字进行报时，被誉为“史上最无聊又最有毅力的微博”，引起大批网民的围观和热议。其走红的原因如下：

(1)内容独特：多年坚持以“铛”报时，独具个性。

“古城钟楼”是关于西安古钟楼的一个非官方微博。自 2011 年 10 月起，每天坚持定时发布报时信息，以干支计时的方式，配合拟声词“铛”，每个时辰发布一次，“铛”字的数量随着时辰的推进而增加，句式整齐，页面整洁，内容纯粹。现如今越来越多的微博在内容上呈现出综合化、多样化的特点，而“古城钟楼”反其道而行之，日复一日地发布相同的内容，定位清晰准确，形象鲜明生动，从而能在众多微博之中凸显个性，给人留下深刻的印象。

(2)名人转发：“意见领袖”捧红“古城钟楼”。

“古城钟楼”进驻微博以来，一直默默无闻地敲钟报时，吸引的粉丝人数不到两万，单篇微博的网友评论量不过一两位数。真正把古城钟楼全面敲“响”的，是网络名人的转发与评论，“意见领袖”的影响力在“古城钟楼”的走红过程中可见一斑。“大 V”的关注和转发带来了层级传播效应，因为每一个“意见领袖”拥有大量的粉丝群体，而每一位粉丝又有着属于自己的若干粉丝，如此将产生相当强大的辐射传播影响力，促使“古城钟楼”在短期之内受到了较多的关注。

(3)议程设置：媒体的推波助澜。

名人的参与是促成“古城钟楼”走红的重要动因，另外，各类媒体的引导也在其中发挥了很大作用。新浪微博在网页页眉显著位置发布热点推荐：“史上最无聊微博@古城钟楼走红，老创意仍好玩”，在微博搜索中，系统也将“古城钟楼”作为热点搜索词自动出现在提示栏里。在这种情况下，媒体将信息推广的力度、信息传播的覆盖面进行了强化，通过媒体的提示、推荐和设置话题引起网民对“古城钟楼”的关注，让更多的微博用户知道这个微博账号，并参与话题的评论、转发，大大提高了“古城钟楼”的知名度。同时，其他网络及传统媒体也纷纷对“古城钟楼”进行了报道，进一步扩大了受众覆盖面。

(4)受众心理：求新求异围观心态。

实际上，网民对于“古城钟楼”的围观更多是出于求新求异的心态，也有盲目从众的心态。名人和社群的关注很容易激起网友们的好奇心理，虽然“古城钟楼”能提供的实质性信息实在是微乎其微，但从众、跟风的心理和纯粹的娱乐性心理还是使人们去关注它，谈论它。

3. 试分析一个热门的微信公众号，说明其走红原因。

答：以微信公众号“罗辑思维”为例。

2012年底，“罗辑思维”微信公众号正式运营。该公众号致力于“为身处互联网时代的我们提供一种全新的思维”，每天推送一段60秒语音，一篇新角度看世界的文章。罗振宇秉承“死磕自己来愉悦大家”的理念，将有种、有趣、有料的各种段子融入话题内，迅速走红网络。其走红的原因主要包括：

(1)对目标受众的把握十分精准。

罗振宇非常重视微信公众平台的受众维护，始终奉行“用户才是上帝”的理念，不断取悦顾客。该公众号目标受众为都市青年、白领群体等，因此专门量身打造出符合这群精英人士喜好和兴趣的信息文章，故而吸粉无数，流量可观，可见，明确的目标受众定位是其走红的重要原因。

(2)坚持推送特色、原创的内容。

“罗辑思维”每日推送罗振宇的书评音频，罗振宇的脱口秀更是粉丝们追逐的内容。不管采用什么方式，平台推送给目标受众一定是他们最关心的、独特的内容。在此基础上创建一个忠实于原创的编辑班子，尽可能提供贴近受众需求的内容是“罗辑思维”成功的重要原因。

(3)恰到好处地运用音频素材。

许多运营者一味地推送图文，却忽略了音频工具。如果运营者能够推送一些个性化的音频素材，如粉丝留言、现场录音、编辑感言等等，势必会收到不一样的效果。“罗辑思维”每日一条的音频推送成为了很多粉丝每日早起的必读课，可见多种媒体手段综合运用对内容营销有明显的效果。

(4)和粉丝的有效互动。

“罗辑思维”举办了多样化的线下活动，各种沙龙、论坛成了罗氏理论最好的宣传机会，这在很大程度上为公众号吸引了大量粉丝。

4. 试分析一家媒体对社会化媒体的应用方式及效果。

答：以《人民日报》运用新浪微博为例。

《人民日报》官方微博自2012年上线以来，始终以“权威声音、主流价值、清新表达”为目标定位，以“参与、沟通、记录时代”为责任使命，内容设计以传播《人民日报》观点和信息为主，兼顾国内外重大事件和服务类信息，并将适时组织开展微访谈、微直播、微调查等活动，关注社会热点，回应公众关切。

(1)《人民日报》对微博的应用方式。

作为中共中央第一党报的《人民日报》，在微博占有十分重要的地位，其权威性和公信力处于绝对的优势。

①新闻业务的再延伸。

从整体上看，《人民日报》官方微博以发布新闻信息为主，信息来源主要有《人民日报》刊载文章、新华社消息、央视新闻视频、官方信息、其他主流媒体刊载文章等，这些信息经过整合加工发布出来，标题言简意赅，内容充实，配以新闻图片或视频，时效性强，具有权威性。

②多种方式的融合。

《人民日报》综合运用了多种媒体手段的融合、PGC 内容与 UGC 内容的融合等。其中，“微议录”就是一个 UGC 的典型，《人民日报》在特定主题下，从网友评论中精选若干条，最后汇总成一条微博，这不仅反映意见的多元性，也使网民成为内容的生产者，赋予了参与互动的网民以成就感。

③重塑媒体品牌。

《人民日报》非常注重发挥微博的贴近性优势，积极发布生活服务类信息，天气预报、健康养生、交通安全、文化教育等各方面都涵盖其中，以平民化的形象真正地走到群众中去，使得人们逐渐摒弃了中央党报高高在上的印象。

(2)《人民日报》对微博的应用效果。

①微博为母媒体内容生产提供来源。

以《人民日报》政治版为例，政治版编辑将微博上网友的留言利用起来，即给当天的新闻配发微博跟帖，配发的微博跟帖加框处理，设计刊头“微博之言”，作为《人民日报》政治版的一个栏目推出，该栏目摘录了政治版微博上“粉丝”的言论，使得公众对某些新闻事件的观点看法及时反映在报道中，形成了报纸与读者的良性互动。

②微博为母媒体开拓信息源和选题源。

《人民日报》的编辑表示，通过新浪微博这一平台，确实得到了众多网友的反馈，版面编辑获取很多新闻线索、采访对象等信息。社会化媒体日益成为重要的新闻线索来源。

③微博扩大母媒体的受众人群。

微博出现之前，除了电子版，报纸唯一展现自己的平台是门户网站。《人民日报》的传统读者大多数是党政干部，一些受众接触不到报纸，《人民日报》借助新浪微博，通过转发或发布报纸上的新闻，对于报纸内容进行推荐，使得接触到《人民日报》内容的人群扩大，为读者提供了获取信息的渠道。

④微博成为母媒体品牌传播平台。

《人民日报》各版面发布的新浪微博可以分为两大类：新闻资讯的发布、转发和非新闻类信息的发布(包括非新闻类信息、与网友互动、个性化表达、社会版编辑介绍)。社会版编辑对版面微博的定位是半官方性质的，为了和《人民日报》的整体形象有所区别，除了发布严肃类新闻报道，还转发很多心灵鸡汤、搞笑娱乐信息、与网友进行亲切互动，旨在打造一个更具贴近性和亲和力的品牌形象。

5. 观察一个政务微博或政务微信案例，试分析其成功或失败之处。

答：以政务微博“江宁公安在线”为例。

江宁公安在线是南京市公安局江宁分局的官方微博，于 2011 年 2 月份开通。作为一个区级公安机关的官方微博，截至 2022 年 6 月已拥有 250 多万粉丝，在全国政务微博中影响力位居前列，受到众多网民追捧及粉丝喜爱。其成功之处主要在于：

(1)信息公开和高时效性。

微博作为一个新兴的网络媒体，具有时效性强、受众面广、传播速度快等特点。江宁公安微博建立以来，始终将警务公开作为首要目的，将群众广泛关心、关注的案件在第一时间进行公开发布，既保证了权威性，也具备时效性。

(2)注重关系营造，接地气。

江宁公安通过公安微博与网友互动，让群众通过了解来信赖警察，通过信赖来理解警察，通过理解来支持警察。在微博的发布过程中，通过网络流行语，家常式的语言来与网友互动，是“江宁公安在线”取得成功的一个关键。

(3)主动说话，坦诚交流。

江宁公安在微博建立运营过程中不断摸索，将其从一个信息发布窗口扩建成一扇门，不但把安全知识传播出去，也打开门请网民进来坐坐，像朋友一样聊天，了解网民的需求，这也是江宁微博能够广泛传播的一个重要原因。与网友的真诚互动，使江宁公安的形象在网友中更为亲切，微博使江宁公安第一次站在和普通网友完全平等的平台上互动，改变了原来官气十足的新闻模式，尽可能用“草根式”的朴实语言来更好地缩短警民之间的距离。

(4)切实做好网络问政工作。

将微博应用于网络问政和网管进社区工作是“江宁公安在线”运营中的一个成功探索。通过网络问政机制，成功地将微博的虚拟社会和现实社会紧密联系，使基层单位能够高效务实地开展有针对性的工作，同时，网络问政的限时回复、限时办理、限定专人的三限工作，使微博网络问政得以在江宁公安官方微博中真正贯彻落实，深得群众的好评。

(5)保证信息质量，教育性强。

政府的形象可以通过其政务微博、微信来表现。平台信息传达得是否准确，也关系到政府机构在民众中的受信任程度。“江宁公安在线”的影响力遍及全国，原因之一还在于它经常给网民们辟谣、科普以及提供一些简单的法律咨询，这些内容贴近网友的生活，往往具有很强的教育意义，最终得到了全国范围内网友的信任和依赖。

6. 社会化媒体营销有何特点？

答：社会化媒体营销是指企业利用社会化媒体平台进行的营销活动，具有以下几个方面的特点：

(1)从依靠主流媒体到依靠关系平台。

随着新媒体的出现，企业的营销可以不再借助主流媒体进行广告投放，转而可以利用自身的社会关系，进行营销活动，让网民的口碑成为最有说服力的宣传力量，例如，企业领导人和员工可以在自己的社交媒体账号展现自我，与公众进行互动，从而塑造良好的企业形象，赢得好感。

(2)从“隔空喊话”到“零距离对话”。

以前，企业的宣传无异于隔空喊话，不仅目标不明确，而且广告很难落到实处。现在，社会化媒体自带的社交属性，使得企业与用户之间的距离缩小，两者可以直接开展对话，企业以对用户近距离的观察，获得用户支持。例如，在社交平台与用户的评论、发言互动，及时获得反馈。

(3)从大众化广告到个性化营销。

每个人都有不同的信息源，从而在社会化媒体中能够接收到的是更个性化的信息。大数据收集用户信息，实现更精准推送。例如现在盛行的算法推荐和协同过滤推荐机制，就有利于实现广告的精准投放。

(4)从促进消费到提升体验。

企业的营销由卖消费产品转为了卖服务、卖体验，社会化媒体平台更容易实现娱乐性、互动参与性的体验，用户在这种亲身经历中感受到了优质服务或者生活质量的提升，便会产生愉悦和依赖。

(5)从“二八定律”到“长尾营销”。

在传统的“二八定律”商业思维中，认为20%的高忠诚度用户可以带来80%的销售业绩。但是随着互联网用户规模的日益庞大，主流的消费已不再具有优势，进而转变为“长尾营销”，即认为非主流的、个性化的产品的销售额累积起来，同样能带来较大收益。最典型的例子就是亚马逊公司经营大量的小众阅读书籍带来的巨大成功。

(6)从明星代言到信任代理。

以往明星代言有较大风险，企业便引入一些新的营销模式，如“信任代理”。信任代理是一些不以当下商业效益为目标的市场营销人员，他们对潜在顾客、雇员、同事等感兴趣，擅长与人联系，他们对他人的购买意愿和行为施加一定的影响力，化身为意见领袖，从而进行长远利益的发掘，最典型的例子是李佳琦直播。

(7)从卖“我的产品”到创造“我们的文化”。

企业不单单是商品销售，还有文化理念的传递，当用户对企业的产品产生情感认同，就会联结其他共同爱好者来加强归属感，形成与企业的共同纽带，这是用户与企业共同缔造的结晶，是属于“我们的文化”。

7. 试分析一个企业的社会化媒体营销案例。

答：社会化媒体营销是指企业利用社会化媒体平台进行的营销活动。小米公司的发展历程，充分体现了其对社会化媒体的熟练运用。该企业运用社会化媒体营销表现在以下几个方面：

(1)借助社交网络影响受众。

互联网时代，用户更关注社交功能，微信、微博等社交APP盛行，导致人与产品之间的关系发生变化。小米公司打破了传统公司与用户间简单的买和卖关系，与用户建立了深厚的情感联系。同时，还关注社交联系，50万核心用户构成了用户圈，他们都购买过小米的产品，并通过各类社会化媒体与小米公司进行互动。

(2)加强粉丝归属感与参与感。

小米公司在微博上和粉丝积极互动，粉丝可以参与小米手机的主题设计，这都让小米的粉丝拥有主人的感觉，在一定程度上加强了粉丝的归属感与参与感。

(3)利用高强度的粉丝关系。

今天社会化媒体的价值，不仅是产生人与人之间的强弱关系链，还可以带来高参与度的粉丝关系。若聚集与激发这些粉丝的力量，就会给媒体或企业带来更多可能。小米公司将企业文化深深贯彻至产品服务中，促使用户对企业产生情感认同，拥有一种这是“我们的文化”的自觉，这有利于凝结和传达企业与用户的共识，打造文化共同体。

8.4　考研真题与典型题详解

一、概念题

1. 互联网思维

答：互联网思维是指在(移动)互联网+、大数据、云计算等科技不断发展的背景下，对事物进行重新审视的思考方式。通常来看，互联网思维的内涵主要包括用户思维、简约思维、极致思维、迭代思维、流量思维、社会化思维、大数据思维、平台思维、跨界思维。当下，我国的媒介融合应该利用互联网思维重塑媒体内容定位和生产流程、构建新的传播平台、创新商业模式、重组组织结构和管理机制，以适应互联网时代的媒介环境。

2. 粉丝经济[华侨大学2022年研；湖南师大2020年研]

答：粉丝经济是基于粉丝参与的品牌社群，在其信任关系之上的社会资本平台和商业经营行为。粉丝经济本质上是一种精神消费。粉丝可泛指狂热与忠实的追随者、坚定的支持者与拥护者。粉丝经济通过影响用户情绪，达到用户主动参与并主导营销的效果，以最终实现增值的目的。所谓粉丝效应，就是利用粉丝对品牌的信任、信赖、信仰获得传播效果与经济效益。总体而言，粉丝经济是一种由精神需要引发的经济类型，其产业属性应为文化产业，其经济类型则属于注意力经济，它满足的不是人们的基本物质需要，而是由心理需要、精神需要引起的消费需要。

3. 社群经济

答：社群经济是指围绕着拥有共同兴趣、认知、价值观的用户共同体，提供给他们所需产品或服务，并通过社群内部的互动、交流、协作和相互影响，对产品和品牌产生价值反哺，从而实现盈利。社群经济依靠社群成员对社群的归属感和认同感而建立，借由社群内部的横向沟通，发现社群及成员的需求，其重点在于通过服务这些需求而获得相应的增值，并进一步建立社群内部的生态系统。

4. 社交电视

相关试题：社交媒体[中国政法2020年研]

答：社交电视是指传统有线运营商以及内容提供商推出的手机或iPad的社交电视应用，以应对传统电视的生存困境、观众收视习惯的变化以及用户对社交网络的依赖。社交电视将社交媒体与电视进行无缝结合，让电视成为社交媒体的重要终端，即身处不同地方的电视观众能够方便地共享和讨论他们正在观看的电视节目。在本质上，社交电视是一种观看电视的方式，让人们看电视的行为更加社会化，通过社交网络为用户观看电视节目提供更多的信息支持和交流体验。社交电视给了用户一种全新的观看和参与电视的方式，从而为传统电视行业或是互联网行业提供了一种新的商业机会。

5. 社会合意

答：社会合意是指全体社会成员因维护共同利益经相互协商而达成的对社会事务及其相互关系相近或者相同的看法。社会合意不是所有社会成员个人意志的简单相加，不是社会成员个人利益最大化的总和，也不是单纯的少数服从多数，而是社会成员遵循特定程序经过协商而对公共利益所达成的合力意志，是一种公共利益的需求均衡。从一定意义上说，社会合意不是个体理性的最大化，而是集体理性的最大化。

6. 风向标

答：风向标本意为一种测定风来向的设备，后来引申为某种事物的发展趋势和方向。在新闻行业中，主流媒体、奖项各方面的改变和革新都有可能成为整个新闻行业的风向标。第30届中国新闻奖就凸现了风向标意义。这次评选项目的调整，最具风向标意义的就是涉及网络和新媒体部分的内容——以文字消息、文字评论为试点，向网络媒体和移动媒体放开参评。本届评选首次将新媒体品牌栏目并入新闻名专栏，这使得新闻名专栏评选由过去覆盖报纸、广播、电视、网络，变为覆盖报纸、广播、电视、网络和移动端。

7. 社会动员

答：社会动员是指人们在某些经常、持久的社会因素影响下，其态度、价值观与期望值变化发展的过程。网络社会动员是网民或以网民身份为掩护的政治利益集团，通过互联网引发广大网民参与对某些事件的关注、评价，使网民价值取向、思想和行为发生变化的网络交互过程。网络动员就是以网络作为工具而进行的社会动员，是依靠网络、手机等现代科技手段，互相沟通、串联，在无组织、无领袖的状态下，集体开展的特定群体活动，并采取实际行动的组织过程。相对于传统的动员模式而言，网络动员模式的根本特征在于动员工具的网络化。

8. AIDMA 营销法则

相关试题：比较 AIDMA、AISAS 两种广告营销法则的异同。[简答题，西北大学2022年研]

答：AIDMA 营销法则是指消费者从接触到营销信息，到发生购买行为之间，大致要经历五个心理阶段：引起注意(Attention)、产生兴趣(Interest)、培养欲望(Desire)、形成记忆(Memory)、购买行动(Action)。AIDMA 营销法则很好地反映了传统媒体环境下的营销关系。电视、广播、报纸、杂志这些大众媒体声色并茂地为人们提供大量的新闻、娱乐、消费信息，这些信息经过统一编辑后，被迅速地传递到千家万户；而作为信息的接受者，人们并没有便捷、畅通的反馈渠道，这使得人们一方面需要从这里获得自己需要的消费信息；另一方面，丰富的个性化意见和需求被简化成了“看与不看”“听与不听”。

9. AISAS 模型

答：AISAS 模型是一个全新的消费者行为模型，即注意(Attention)、兴趣(Interest)、搜集(Search)、行动(Action)和分享(Share)，由国际4A 广告公司日本电通广告集团在2005年提出。AISAS 模型中添加了两个来自互联网的典型行为模式——搜集(Search)、分享(Share)。这正是 Web2.0 时代造成消费者行为变化的主要因素：首先，搜索引擎技术赋予人们使用信息的权利，人们可以通过网络主动、精准地获取自己想要的信息。于是，消费者在进行购买决策的过程中，常常会通过互联网搜索产品信息，并与相关产品进行对比，再决定其购买行为。

10. 帕累托效率

答：帕累托效率（媒介经济学上的效率）是指一种分配状态，在这种状态下，不可能增加某一个媒介市场参与者的效用而同时不减少其他参与者的效用，即不存在所有媒介市场参与者同时提高效用水平的机会。满足帕累托最优状态就是最具有经济效率的，达到帕累托最优时，会同时满足以下 3 个条件：①交换的最优条件；②生产的最优条件；③交换和生产的最优条件。

11. 长尾营销

答：长尾营销是指对当前需求量小或是产品销售前景不好的小众市场的产品进行营销，通过把创造价值较小的市场份额聚集起来形成的市场依然能够为企业带来巨大的经济价值。理想状态下的长尾理论应该包括畅销品向利基市场转变、富足经济以及众多小型市场聚集在一起的大市场。简单说，传统企业运营模式下的二八定律被互联网经济下的“长尾营销”理论所打破。通过互联网技术，在传统市场上被忽略不被重视的市场需求在“长尾营销”理论下都可以被重视。在互联网经济时代下，企业为了赢得更大的市场空间不得不更加注重市场细分，通过市场细分来挖掘新的市场机会，找准自己的目标市场。

12. 信任代理

答：信任代理（Trust Agents）是一些不以销售为目的、不施展高压手段的市场营销人员，他们是网络王国的土著居民，利用网络来真诚而人性化地做生意。他们对“人”，如潜在顾客、雇员、同事等感兴趣，他们已经意识到这些交流更独特、更有效的新工具同时也为每个人带来了方便。信任代理建立起以信任为基础的人际网络，构筑人际网络的核心要素在于乐于助人，构建不以交换原则为基础的新型人际关系；社交媒体平台为信任代理提供了“分享”的机会，在杠杆原理的作用下，信任代理播下的种子开花结果。

13. 口碑营销

答：口碑营销是由生产者、销售者以外的个人，通过明示或暗示的方式，不经过第三方处理加工，传递关于某一特定产品、品牌、厂商、销售者以及能够使人联想到上述对象的任何组织或个人信息，从而使被推荐人获得信息、改变态度，甚至影响购买行为的一种双向互动的传播行为。口碑营销是以满足顾客需求、赢得顾客满意和顾客忠诚、获得正向口碑、与顾客建立起良好的关系以及提高企业和品牌形象等为目标。为实现上述目标，企业在开展口碑营销之前，就应该要有一个全面清晰的战略部署。即在制定口碑营销战略目标和定位时，需要事先考虑到顾客的异质性和风险性的影响，考虑到正向口碑和负向口碑引起的顾客价值的差异性，考虑到将长期、中期和短期口碑营销策略搭配组合，考虑到渠道成员、意见领袖、媒体、竞争对手、顾客等因素的影响。

14. 危机传播［中山大学 2012 年研］**、危机公关**［厦大 2020 年研］

答：危机传播（Crisis Communication）是指对一个社会系统的基本价值和行为准则架构产生严重威胁，并且在时间压力和不确定性极高的情况下必须对其作出关键决策的事件。危机通常是由组织内部或组织外部的特殊事件所引发的、对组织形象甚至生存带来严重威胁的事件，分为自然灾害、人为危机、在自然灾害基础上的人为危机，具有意外性、聚焦性、破坏性、紧迫性等特征。在公共关系中，危机传播被认为是一项非常重要的工作，它指企业、组织或政府为避免和减轻危机所带来的损害，面对危机事件所采取的旨在降低危机损坏程度的一系列沟通信息、树立形象的公关策略。危机公关包括前期的危机预测和规避、危机产生后的控制与处理、危机解决后的恢复与重建等方面。

15．文化共同体

答：文化共同体是基于共同或者相似的价值观念和文化心理定式而形成的社会群体，是一种特定文化观念和精神追求反映在组织层面上的有机统一体。文化共同体以文化价值的同质性为纽带，引导和规范个体采取、实施相同或者相似的行为规范。文化共同体属于人类社会共同体中的高级形式，本质上是一种精神共同体。

16．社会化媒体[北邮2019年研]

答：社会化媒体又称社交媒体，是指允许人们撰写、分享、评价、讨论、相互沟通的网站和技术的总称。它是人们彼此之间用来分享意见、见解、经验和观点的工具和平台，现阶段主要包括社交网站、微博、微信、博客、论坛、播客等。社会化媒体是一种给予用户极大参与空间的新型在线媒体，它具有以下特征：①参与。社会化媒体可以激发感兴趣的人主动地贡献和反馈，它模糊了媒体和受众之间的界限。②公开。大部分的社会化媒体服务都可以免费参与，它们鼓励人们评论、反馈和分享信息。③交流。传统的媒体是一种“广播”的形式，内容传输或散发到用户那里，是一种单向的流动。而社会化媒体的优势在于，信息的传播是双向的，是一种交流。④社区化。在社会化媒体中，人们可以很快地形成一个社区，并就共同感兴趣的内容进行有效的沟通——摄影、政治话题或者电视剧等。⑤连通性。大部分的社会化媒体都具有强大的连通性，通过链接和整合，将多种媒体融合到一起。

17．网络广播

答：网络广播又称网络电台，是传统广播的网络化。网络广播是新媒体和传统媒体融合的产物，是广播在网络时代发展的新探索。它把传统意义上的空中电台搬到了网上，由专业的网络电台主持人通过互联网进行实时广播，用户通过登陆电台网站即可进行收听。网络电台不需要占用卫星轨道和频率资源，其播出效果受网络带宽的影响。网络广播有两种主要的播放形式：①“点播”，即按听众需要提供点击收听服务；②“直播”，即在网上同步播出电台正在播出的节目。广播以因特网为平台进行播放的现象已相当普遍；近年还出现充分发挥网络媒体互动功能、听众可点播并下载所需节目的网上广播电台。

18．病毒式营销传播[上海大学2016年研]

答：病毒式营销传播是一种信息传递战略，通过利用公众的积极性和人际网络，让营销信息像病毒一样传播和扩散，营销信息被快速复制传向数以万计、百万计的受众，能够像病毒一样深入人脑、快速复制、广泛传播，将信息短时间内传向更多的受众。病毒式营销传播是自发的、扩张性的信息推广，它并非均衡、同时、无分别地传给社会上每一个人，而是通过类似于人际传播和群体传播的渠道，产品和品牌信息被消费者传递给那些与他们有着某种联系的个体。

19. 新闻客户端［清华大学 2019 年研］

答：新闻客户端又称新闻 APP，是基于谷歌 Android、苹果 IOS、移动互联网等手机系统平台运行的一种软件，能够为用户提供新闻服务、新闻资讯，并会实时推送相关的应用程序。其以移动互联网为核心技术，将新闻内容呈现在智能手机上，用户在客户端进行接收和浏览。现可根据新闻内容产生方式的不同将手机新闻客户端分为三类：①ACC，是指新闻内容通过算法而产生，例如我们经常见到的“今日头条”等；②UGC，是指新闻内容由用户产生；③PGC，是指新闻内容由专业人士所产生，我国大型的门户网站如网易、新浪、搜狐以及传统新闻媒体客户端都是采用这一形式。

20. 今日头条［湖南师大 2018 年研］

答：“今日头条”是一款基于数据挖掘技术的个性化推荐引擎产品，于 2012 年 8 月上线，它为用户推荐有价值的、个性化的信息，提供连接人与信息的新型服务。今日头条不同于传统意义上的新闻客户端，没有采编人员，不生产内容，运转核心是一套由代码搭建而成的算法。算法模型会记录用户在今日头条上的每一次行为，在海量的资讯里知道用户感兴趣的内容，并将其精准推送。今日头条推出的开放的内容创作与分发平台“头条号”，是针对媒体、国家机构、企业以及自媒体推出的专业信息发布平台，致力于帮助内容生产者在移动互联网上高效率地获得更多的曝光和关注。

21. 天天快报［汕头大学 2018 年研］

答：天天快报是腾讯网旗下的资讯浏览网站，是腾讯公司推出的第一个基于用户个人信息，人工智能推荐个性化资讯的网站。产品通过智能计算用户的兴趣，为用户推荐喜欢的内容。它的主要特点有三个：①快，网罗全网热点，有最快的资讯、最热的话题、朋友圈/微博疯转，一切尽收眼底。②准，通过微信或 QQ 登录，可立刻识别用户的阅读兴趣，为用户推荐喜欢的内容。③酷，世界在这里看到用户。颠覆性的内容互动模式，用户除可对文章进行评论吐槽，转发微信/QQ，还可在文中直接对图片批注吐槽，并将用户的观点截图分享朋友圈。

22. 手机 APP［湖南师大 2016 年研］

答：手机 APP 通常指手机软件，主要指安装在智能手机上的软件，完善原始系统的不足与个性化，是手机完善其功能，为用户提供更丰富的使用体验的主要手段。手机软件的运行需要有相应的手机系统，目前主要的手机系统是苹果公司的 IOS 系统和谷歌公司的 Android（安卓）系统。苹果跟安卓两款系统凭着强大的优势，迅速占领手机市场大部分份额。

23. Tiktok［北邮 2021 年研］

相关试题：从 Tiktok 事件出发，谈谈中国互联网公司“出海”的挑战和机遇。［论述题，厦大 2021 年研］

答：Tiktok（抖音短视频国际版本）是一款音乐创意短视频社交软件，为抖音全球化战略的产物。Tiktok 为全球用户提供统一的产品体验，针对不同市场采取符合当地需求的本土化运营策略，在多个国家成为当地最受欢迎的短视频 APP。第三方市场数据机构 APP Annie 的统计显示，不仅在越南，Tiktok 在日本、泰国、菲律宾、马来西亚、柬埔寨等国家都处于市场领先地位，均多次登顶当地APP Store或Google Play总榜。Tiktok在海外接连获得佳绩，被视为中国移动产品出海的新模式。Tiktok在国际化过程中的特征有以下几个方面：①以成熟的产品作为国际化战略的支点。2017年8月Tiktok海外上线之前，其原型“抖音”已在国内市场上线运行多年，并经历了多次升级优化，形成了相对领先的技术架构和精细化的运营体系。②以资本运作作为海外市场的杠杆。一方面，字节跳动通过融资的方式为企业的日常运作、产品研发和快速扩张赢得了充裕的资金支持；另一方面，字节跳动又将投资作为打开海外市场大门的钥匙。③以本土化运营作为深耕海外市场的助推器。在领先的底层技术支撑下，Tiktok还得以借助机器学习能力，更好地把握不同国家公众习惯的故事叙述逻辑和表达方法，更好地营造能够产生共情式叙事的体验场景。

二、简答题

1. 小程序等轻应用的价值特点。［北师大2019年研］

答：微信小程序是微信APP内一种不需要下载安装即可使用的应用，它实现了应用“触手可及”的梦想。小程序自上线以来，吸引的用户流量一直未曾间断，虽然经历过冷遇，但是凭借着微信的影响力以及后期功能的不断开放和完善，小程序似乎已成为了互联网时代的一股新潮流、新趋势。

小程序等轻应用的价值特点有：

（1）轻快便捷的使用方式。

“轻”通“亲”，即亲近用户的意思，更是轻便、更便捷的意思。用户不需要下载、安装、注册，使用更便捷。相对于需要下载、安装的APP，小程序可以解决人们使用频率低，不愿意下载、注册的困局。小程序等轻应用更容易得到人们的青睐。

（2）巨大的流量入口。

依附于移动互联网最大的流量入口，人们已经养成了使用微信的习惯。小程序正是依附微信这个拥有最大流量的社交软件出生的，共享着微信超过十亿的用户流量，让推广不再是一件可望而不可即的事情。中小企业通过小程序，可以获取大量的潜在用户，无需再担心推广费用的问题。

（3）降低开发、推广、运营成本。

传统的PC互联网时代需要企业有自己的网站开发、推广费用、运营团队。其中推广费用和运营团队的费用是很高的，每月在十几万到几十万不等。而微信小程序功能最大的特点是可以媲美原生APP，它既满足了中小微企业基本的互联网需求，而且开发成本比APP低，开发周期比APP短，推广费用也较低。可以帮助中小微企业的发展节省更多的资金。

（4）数据互通，联动线上线下，提高用户体验，促进消费。

小程序连接用户和商家，用户可以通过附近的小程序功能就可以找到商家，或是搜索小程序名称、朋友推荐、扫二维码、历史记录、公众平台关联都能找到商家的小程序应用。用户不用下载APP，大大提高了用户体验，再加上用户在微信里面的新玩法，社交+优惠+分享+体验消费。社交是与朋友连接，优惠是活动促销，分享是可以送礼物给好友，消费是一种新的体验。全新的玩法帮助企业获得更多的客户和订单。

2. 分析抖音、快手等短视频平台的特点及其对新媒体产业的影响。[北大2019年研；暨大2019年研]

相关试题：从辩证角度论述移动短视频发展的趋势和规范。[综合题，南京师大2022年研]

答：短视频即短片视频，是一种互联网内容传播方式，一般是指在互联网新媒体上传播的时长在5分钟以内的视频内容。近年来，随着移动终端的普及和网络的提速，抖音、快手等短视频平台以短平快的大流量传播内容逐渐获得各大平台、粉丝和资本的青睐。

(1)抖音、快手等短视频平台的特点。

①题材挖掘：话题引领的强大力量。

以抖音为例，该平台所做出的新尝试是通过对视频进行分类以及由APP内部官方账号进行话题引领等方式将用户的创造力量集中起来，实现一种更精准有序的短视频内容和题材的挖掘，并将其创作活动置于整个应用的活动框架之内。这种话题引领的题材挖掘模式不仅实现了对用户创造力的集中，更通过话题参与模仿的便利性实现了对更多新用户的吸引。

②生产机制：音乐背景下的模仿与创新。

抖音、快手等短视频平台资源生产大都来自话题引领模式下的模仿活动，在每一个话题单元下都有一个话题发起者的短视频以及诸多热门的模仿视频，这些模仿者通过对话题发起人的视频内容进行模仿，或就该主题进行发挥和再创造，完成参与过程。此外，短视频平台还借助网络综艺资源吸引了大批用户，其主要方式是通过让节目中的选手入驻短视频平台，从而带来大量的流量和用户。

③互动方式：内外联动的多维立体互动圈。

自短视频应用产生起，其主要的互动方式就是与当下的主要社交媒体密不可分的，短视频应用兴起的历程中，社交媒体互动也是不可忽视的重要动力。例如，抖音APP主要采取的仍然是与传统直播和短视频应用平台相似的两种互动模式，一种是通过视频下方评论、点赞等方式在APP内进行互动，另一种则是通过向微博、微信、QQ、美拍等其他社交媒体进行引流实现与其他社交媒体互动圈的对接。

(2)抖音、快手等短视频平台对新媒体产业的影响。

①积极影响。

a. 使新媒体产业内容向多元化发展。互联网是一个开放性和包容性的平台，短视频作为一种网络现象也是一种传播现象，其本身反映了时下人们普遍关注的热点问题。每一位网民都可以借着网络平台表达自己，这大大丰富了新媒体产业的内容，使之朝着多元化的方向发展。

b. 带来了资本和受众注意力。抖音、快手等短视频平台以其短平快的特点首先吸引了大量用户，用户的积累必然带来资本的投入，资本大量涌入新媒体行业为其进一步发展提供了重要动力。

②消极影响。

a. 大量低俗内容降低新媒体产业内容整体水平。短视频在内容上，日趋同质化。无新意的跟风拍摄，一时之间能博眼球，蹭热度，但是长此以往，人们会产生审美疲劳。短视频的“审丑”倾向容易偏离正常的表演秩序，加速恶俗内容的传播，使得大众的“求虐心理”膨胀，严重损害表演的艺术性与神圣性，这在一定程度上降低了新媒体产业内容整体水平。

b. 加大了新媒体产业治理难度。例如，活跃网络中的青少年由于心智尚未成熟，因此很容易被网络歪风影响，对其人生观、价值观的形成带来不良影响，然而这一顽疾却很难被规范，因此，短视频在一定程度上加大了新媒体产业治理难度。

3. 从“+互联网”到“互联网+”，分析网络认知观念的变化。[南京大学2016年研]

相关试题：论述“互联网+”和“+互联网”的异同，并就媒体的“互联网+”转型发展提出建议。[论述题，复旦大学2016年研]

答：(1)从“+互联网”到“互联网+”。

传统的“+互联网”是将互联网看作传播工具、手段、平台，将互联网当作延伸传媒影响力、价值和功能的工具和手段。而“互联网+”则代表一种新的社会形态，即充分发挥互联网在社会资源配置中的优化集成作用，将互联网的创新成果深度融合于经济、社会各领域中，提高全社会的创新力和生产力，形成更广泛的以互联网为基础设施和实现工具的经济发展新形态。

“+互联网”与“互联网+”本质上相通，但两者的具体含义存在差异：

①创新理念的差异。“+互联网”更多强调“顺势创新”，如工业互联网、金融互联网等，主要是传统行业以既有业务为基础，利用互联网技术和理念，提高为用户服务的效率和质量。而“互联网+”则更多强调“逆袭创新”，如电子商务是互联网向商业的逆袭，互联网金融是互联网向金融业的逆袭，互联网传媒是互联网向传媒业的逆袭。

②技术优势不同。“+互联网”拥有的是存量优势、行业标准优势和公信力优势。一方面迫于外部特别是互联网企业的压力，另一方面迫于内部问题导向的压力，传统企业正热情利用互联网技术提高自身服务客户的能力。而“互联网+”拥有新技术优势、体制机制优势和更广泛的社会支持，容易产生爆发性增长。互联网技术是基础，再加上其优惠的价格、便捷的操作、舒适的体验，足以赢得巨量消费者。如果再在体制机制上做一点突破，其爆发力往往令互联网企业自己也始料未及。

③主导者差异。“+互联网”主要是传统企业在主导着融合进程，简言之，就是传统行业借助互联网手段把线下的生意做到线上去。而“互联网+”则涉及生产流程和商业模式的重塑，其主导者往往是互联网企业，从技术、商业模式、资金、人才等方面看，都是互联网企业主导着融合进程。

(2)网络认知观念的变化。

由“+互联网”模式转变为“互联网+”模式，并不简单是次序的颠倒，而是互联网价值逻辑、发展逻辑、应用逻辑的深刻转型和改变。“+互联网”是指企业在原有运营模式不变的情况下，通过互联网的渠道和平台实现销售增长，在这个过程中，互联网起到的只是工具的作用。而“互联网+”的真正核心是企业思维模式的转变而非各种工具的利用，是在“+互联网”的基础上通过思维和心态的变革，进而经营模式和用户关系发生变革的新经济模式。因此，从“+互联网”到“互联网+”，更为重要的是人们网络认知观念的变化，具体表现为以下几个方面：

①对用户关系的认知转变。以往企业和消费者的关系是企业提供产品和服务，消费者

付费购买，这种模式下消费者和企业的互动仅仅停留在交易本身，企业能掌握的数据只有经营额以及消费者的基本构成来源。而今天，一些企业转变思路，通过互联网平台的利用，消费者转变为消费者＋参与者，企业开始将用户视为能够促进产品改进甚至参与生产过程的重要角色。

②对企业盈利模式的认知转变。传统企业固有的盈利模式是通过出售产品或者服务盈利，而在“互联网＋”模式下，企业不再固守传统的对盈利模式的认知，其产品或者服务可以是不盈利甚至亏损的业务，而通过其他增值服务对用户收费。

③跨界融合的开放心态转变。“互联网＋”超出传统的“＋互联网”模式的工具性思维，而将互联网真正视为一种生态，由此产生许多跨界融合的新尝试，开启了更多的可能性。因此，加号位置的转变还体现了企业互联网思维的转变，通过合理使用一些互联网工具和平台，最终实现将企业与社会、其他企业甚至每一个个人进行对接的目的。

三、论述题

1. 大数据、移动设备、社交媒体、传感器和定位系统被认为是场景时代的五种技术力量。请结合相关的营销理论或批评理论，阐述你对“场景时代”的认识。［暨大2019年研］

答：进入Web3.0阶段，移动互联网与物联网深度交融，信息传播方式和交互方式逐步改变。2014年，《即将到来的场景时代》一书中讲到，未来场景时代有五个要素：大数据、移动设备、社交媒体、传感器、定位系统，描绘了一幅生动真实可感的场景时代。从传播学角度分析，场景时代到来的原因包括以下几个方面：

(1)个性差异凸显，多元需求增大。

从美国心理学家霍夫兰提出的个人差异论来看，受众成员心理或认识结构上存在一定的个人差异，这些差异会影响他们对媒介的注意力以及对媒介所讨论的问题和事物所采取的行为。一直以来，个体之间都存在着不同程度的差异性和独特性，在当今场景时代，由于技术的突破，这种或显著或潜在的异质性被极大地扩展和延伸，表现为更加个性化、多元化的信息需求，用户期待媒体能够变“广播”为“窄播”，化“统一”为“多元”，实现信息的精准传播。

(2)受众议题增多，用户地位上升。

随着场景技术的发展，如今的受众已不再是被动的乌合之众，而是有差异的个性用户，传播关系已从“传者中心”变为“受者中心”，传播模式也由媒体议程设置转向受众议程设置，并呈现双向互动、全景直播的特点。在场景时代，社会角色发生转换，权利关系出现变革，受众凭借技术的赋权逐渐上升到传播链条中的主体地位，进而在信息传播中拥有更多的自主权和选择权。从网络全景世界来看，如今的传播议题逐渐从大众化议题转变为分众化议题，其特点也趋于多样化、差异化、个性化，面对多元的受众议题，精准传播成为当今媒体传播模式的新方向。

(3)社交需求分化，呼唤精准传播。

基于美国社会心理学家马斯洛提出的需求层次理论，需求可以分为生理需求、安全需求、社交需求、尊重需求和自我实现需求五个层次。如今，由于技术的支持，受众的社交需求明显增多并呈现分化趋势。根据“使用与满足”理论，受众在使用社交媒介时拥有不同的心理预期和个性化的情感归属需求，他们希望通过媒体获得符合自身情况的情感认同。因此，媒体以往全覆盖式的传播模式已经无法满足受众多样化的社交需求，现代受众需要的是能够针对不同情感提供个性化精准传播和场景服务的媒体。

2. 如何理解移动终端成为传播主渠道?

答: 移动互联网飞速发展，“两微一端”的用户不断增加，移动传播逐渐成为新型主流媒体融合发展的战略重点。据第48次《中国互联网络发展状况统计报告》显示，截至2021年6月，我国网民规模达10.11亿，较2020年12月增长2175万，互联网普及率达71.6%，超过全球平均水平6个百分点。我国手机网民规模达10.07亿，较2020年12月增长2092万，网民使用手机上网的比例为99.6%，与2020年12月基本持平。移动设备不断普及，媒介化社会不断展开，移动媒体成为传播的主渠道和舆论的主阵地。移动优先也成为国家推动媒体融合的核心战略。

(1)移动终端的传播特点。

伴随移动互联网发展起来的移动媒体终端具有随时、随地、即兴的特性，具备生产多元化、传播即时化、互动性高等主要特征。而其移动化、碎片化、个人化的传播特征正好契合了人们生活空间的场景化、快节奏化和生活化趋势。移动终端的信息传播往往处在不同的空间之中。人处在某个特定的场景之中，激发了兴趣，在当时的场景之中就发生了传播行为，移动终端符合人们利用越来越碎片化的时间获取越来越碎片化的信息需求。

(2)对移动终端成为传播主渠道的理解。

目前，我国传统媒体大都处于数字化改造阶段，新闻信息的采集、存储、传输都已基本实现数字化，媒体发展逐步向数字化转型。移动终端成为传播主渠道的重要内涵包括以下几点:

①搭建权威的数字化传播平台。

报纸、广播、电视等传统媒体作为一种信息发布平台，具有权威、专业、口碑良好的显著特点。将传统媒体与互联网嫁接，实现数字化转型，兼顾新媒体高参与度、大影响力的优势，便可为传统媒体谋求新时代的发展开辟一条可持续道路，为大众搭建一个权威的数字化平台。

②形成可持续发展的盈利模式。

内容为王已经成为媒体争夺受众关注的一个方法，优质的内容往往能够为其带来丰厚的利润。互联网平台的盈利模式以先进的互联网技术为依托，搭建资源共享平台，采取全民参与，实现优势资源的多方交换，获得高关注度，最终实现盈利。

③打通移动数字化平台的融合渠道。

传统媒体与移动互联网平台优劣同在，在寻求可持续发展模式的道路上，将二者优势结合，打通移动数字化平台的融合渠道，才是顺应时代发展的必然要求。关键在于能否将传统信息平台上的优势、权威顺利转移，延伸到数字化平台上，并且将数字化平台广互动、重参与、多分享的优势为己所用，发扬媒体优势之长，补技术不足之短，依靠职业化、专业化采编队伍发评论、采写深度报道，打权威牌。同时依靠用户产生信息，以快捷、海量、包罗万象赢得广泛受众。

3. 今日头条是一个以数据挖掘和智能计算为核心的个性化新闻推送 APP，装机量已超 3 亿。分析并评价今日头条的媒介运营策略。［南京大学 2016 年研］

答：（1）“今日头条”概述。

今日头条是一款伴随移动互联网悄然兴起的资讯类阅读应用，包含新闻资讯、图片以及各类短文，自 2012 年 8 月上线以来，因“投用户所好”迅速成为移动终端上最受欢迎的新闻资讯产品之一。

（2）今日头条的媒介运营策略。

“不做内容生产者，只做内容分发者”“不做新闻生产者，只做新闻搬运工”。形象而生动的比喻，恰当地说明了今日头条的运作模式。今日头条宣称自己是“新闻搬运工”，原因就在于这一客户端是通过抓取其他媒体的原创新闻，然后进行整理、归类、排行，最终推出“二次加工”新闻，并将这个“二次加工”的新闻作为自己的产品。

①掌控移动互联网时代资讯的传播入口。今日头条的“聪明”之处在于，它首先会采集海量的信息，然后通过数据挖掘，智能分析出每时每刻最热门、最值得用户关注的资讯；其次，推荐引擎会根据用户浏览、收藏、转发、评论新闻资讯的行为不断进行分析，再结合其阅读习惯、阅读时间、阅读位置等多个维度，建立起个人用户模型，两者结合后，智能地为用户推荐越来越精准的个性化信息。“今日头条”能够掌控移动互联网时代资讯的入口，自然媒体价值不低。

②以强大技术推荐引擎为传播基础。与其他新闻客户端相比，今日头条有一个明显的区别——当用户打开今日头条看新闻的时候，今日头条也在看用户。用户浏览了哪些标题、点击了哪些新闻、有没有看完、有没有写评论以及用户分享和收藏的情况，都会作为今日头条进行用户兴趣分析的数据依据。此外，采用新浪微博等合作伙伴的账户体系，也使今日头条掌握了更多的用户关系，从而能够更加精准地为用户推荐提供参考。这与当下大数据和精准营销等的潮流概念非常吻合。

③建立一个媒体、用户以及广告主共赢的媒体生态系统。在 PC 端，今日头条官方网站“头条网(toutiao. com)”里的文章，用户点击后均会默认跳转到原网页，为内容提供方导流。在移动端，今日头条抓取内容提供方的内容全文，在今日头条 APP 中显示，并标明出处以及在文章结尾给出原文地址。今日头条除了向内容提供方导入流量，今后还会推出针对内容提供方的利益分配计划，通过广告分成回馈内容生产者。“今日头条”希望建立一个媒体、用户以及广告主共赢的媒体生态系统。

④开设特卖商城，创新盈利模式。在传统的页面广告收入基础之上，今日头条开设特卖商城，使其不单单是新闻客户端，更逐渐向电商平台转变，寻找新的盈利途径。

⑤增加好友动态功能，增强用户黏性。“好友动态”功能使得用户在阅读新闻时了解到好友的关注点，增进好友之间的了解，方便寻找共同话题，为客户端增加社交属性，增加用户黏性。

（3）评价：今日头条媒介运营策略的优势和局限。

①今日头条媒介运营策略的优势。

a. 遵从用户思维，洞见受众需求。今日头条的成功之处在于，它体现了“用户至上”的互联网思维。它以超前的战略眼光提前布局并专注于移动互联，打造满足用户需要的阅读利器。传统媒体传播方式只强调新闻的质量和高度，一股脑儿将自己生产的新闻产品打包销售出去，忽略了信息传递的渠道以及受众兴趣点和接受程度。但新闻产品再好，用户如果没有兴趣阅读，也很难体现其价值。而今日头条既满足了读者挑选信息的权利，又能让读者实现被动的懒人式阅读。

b. 技术手段创新，强化营销意识。传播需要借助技术手段和数据分析解决传播过程中存在的问题，并确定采取何种传播渠道及方法，保障全渠道覆盖，便于受众接收信息。今日头条通过推荐引擎积极探索如何使报道更加有效地抵达读者，它把内容的生产环节交给媒体和自媒体来做，而自身只扮演渠道的角色，帮助优秀的内容触达用户以及变现。同时今日头条综合运用多种市场推介和营销手段，拓宽销售渠道，主动吸引用户，建立长期、稳定、良好的关系。

c. 整合信息渠道，打造媒体平台。平台思维是指开放与共享的思维，互联网时代信息生产模式已经从机构垄断变成社会协同。平台模式的精髓，在于打造一个多主体互利共赢的生态圈。今日头条的核心价值不在于创造内容，而在于成为用户获取信息的渠道。在移动互联网带来信息介质的变化时，今日头条不断创新信息内容的搜索和分发渠道，成为信息聚合分发平台，它帮助全球用户更快搜索有价值的信息，并提高移动互联网分发信息的效率，拥有超强的聚合能力。

d. 运用市场思维，激活内在机制。互联网时代下的市场思维是适应现代化生产和市场经济发展模式的思维形式，它要求媒体在坚守社会责任的同时，尊重市场规律，运用市场化手段、市场机制来增强媒体发展的活力和竞争力。今日头条作为一家新媒体公司有着灵活的体制机制，并多次借助资本市场融资实现企业扩张，以较高薪水留住优秀人才，通过期权股票让优秀员工分享公司的成长成果，通过扁平的管理结构让人人都有机会参与产品的开发和决策等，这些都极大地激发了企业活力。

②今日头条媒介运营策略的局限。

a. 只做内容聚合平台，这不仅大大降低今日头条产品的运营成本，还给它带来一系列的版权纠纷。随着知名度的提高，版权纠纷也与日俱增，鼓励原创也许正是其摆脱目前尴尬局面的努力。

b. 为了迎合大众的需求，今日头条推荐的内容层次普遍较低，相同内容的重复率特别高。

c. 用于鼓励原创的赞赏功能起步就是1元，相比其他媒体较高，不符合普通用户的使用习惯，还有待进一步优化。

d. 创新的盈利模式——特卖商城由于与今日头条不在同一款APP中，用户引流效果并不好，这一盈利模式是否真正奏效依然有待观察。

今日头条的成功验证了“内容为王，渠道制胜”这一“法则”，虽然今日头条本身并不生产内容，但是它高效的内容推荐机制可以帮助用户以最快的方式聚合自身关注的内容，因此能够吸引用户。总而言之，今日头条虽然尚且存在不足之处，但其成功依然值得处于转型期的媒体思考借鉴。

第九章　网络传播的效果

9.1　考情分析

本章探讨了网络传播效果的含义，从“议程设置”和“沉默的螺旋”两个传播学理论出发来分析网络传播效果的形成机制。考生需掌握传播学中经典理论的产生背景、内涵、影响等内容，以及这些经典理论在网络时代的变化，对其在网络传播环境中的适用性进行检验。

“议程设置”理论与“沉默的螺旋”理论既可以单独以概念题的形式出现，也可以与网络环境相结合进行考查。传播学经典理论的嬗变不少学校都考查过，而且都是高分值的论述题。社会化媒体中经典传播学理论的发展变化，其舆论特点，如何治理等等，一定要着重把握。

9.2　复习笔记

【视频导学(名师点拨)】

网络传播的效果

扫码看视频导学

【知识框架(庖丁解牛)】

- 网络传播的效果
  - 网络传播效果的含义
    - 网络传播效果的表现方式
      - 传播效应与作用效果
      - 微观效果与宏观效果
      - 短期效果与长期效果
    - 网络传播效果形成的复杂性
      - 传播结构的复杂
      - 传播过程的失真
      - 传播情境的多样
  - 网络传播与“议程设置”
    - “议程设置”与“议程融合”理论
    - 网络中的“议程设置”
    - 网络“议程设置”的特点
    - 网络“议程设置”的基础作用机制
  - 网络传播与“沉默的螺旋”
    - “沉默的螺旋”假说简介
    - 网络中的“沉默的螺旋”
    - 网络中“沉默的螺旋”的形成机制

【考点难点归纳(厚积薄发)】

考点一：网络传播效果的含义 ★★★★

1. 网络传播效果的表现方式

(1)传播效应与作用效果，见表9-1。

表9-1 传播效应与作用效果

要点	含义	具体内容
传播效应	特定对象的传播范围与影响面 [衡量指标：转发量、点击量]	①对某一特定的传播对象，网络传播效应表现为放大、削弱、催化和裂变等。 ②针对多个传播对象，网络传播的效应则体现为聚变效应[即弱小声音聚合成强大声音]、正反馈效应[即强者更强，弱者更弱，劣势对象边缘化]
作用效果	传播行为在受众端产生的反应包括：①引起受众注意程度；②受众获取信息程度；③影响受众态度程度；④影响受众行为程度	

(2)微观效果与宏观效果，见表9-2。

表9-2 微观效果与宏观效果

要点	具体内容
微观效果	①主要从操作层面来考察影响网络传播效果的实际因素。 ②可以运用拉斯韦尔5W传播模式来分析，如传播者、传媒等因素对效果的影响
宏观效果	借鉴“议程设置”理论、“框架”理论等效果研究经典理论来分析
意义	①深入认识网络传播的社会意义。 ②深入认识网络舆论形成的过程，社会舆论与它的互动作用

(3)短期效果与长期效果，见表9-3。

表9-3 短期效果与长期效果

要点	具体内容
短期效果	①传播活动短时间内带来的效果。 ②传播对象当时所受的影响、社会的即时反馈。 ③表现为人们的认知、态度、行为等方面
长期效果	①各种传播活动以及网络日积月累的影响所带来的效应。 ②表现为人们价值观、思维方式、行为方式的变化以及社会文化的变化

2. 网络传播效果形成的复杂性(见表9-4)

表9-4 网络传播效果形成的复杂性

要点	具体内容
与传统大众传播的不同	网络传播主体多元化，效果形成过程复杂化，作用因素多样化

续表

要点	具体内容
复杂性的表现	①多种传播形态和途径相交织，传播结构复杂化，构建了更复杂的传播效果形成机制。 ②再传播过程中的信息失真加强了传播效果的控制和预估困难。 ③多样的传播情境引发较大差异的传播效果

考点二：网络传播与“议程设置” ★★★★★

1. “议程设置”与“议程融合”理论

(1)“议程设置”理论，见表9-5。

表9-5 “议程设置”理论

要点	具体内容
提出者	麦库姆斯和唐纳德·肖[美国传播学家]
主要观点	①大众传播能够为公众设置“议事日程”，即通过赋予“议题”不同重要程度的方式，影响人们对关注对象的判断，即何种议题重要。 ②典型议程设置案例：“全国两会”“十九大”
层次思想	①媒介影响人们对于议题的重要性的认知。 ②媒介突出或减弱这些对象的某些属性
理论意义	①议程设置是长期的过程，其考察的是大众传播作为一个整体在较长时间内产生的长期、综合和宏观的社会效果，而非某次报道产生的短期效果。 ②“议程设置”暗示着传媒对外界的报道不是“镜子”式的反映，而是有目的的取舍活动

(2)“议程融合”理论，见表9-6。

表9-6 “议程融合”理论

要点	具体内容
提出者	麦库姆斯和唐纳德·肖
主要观点	个体有“群体归属感”的需要，为融入某个群体，会主动接触和该群体相关的媒介，使自身和群体议程保持一致，从而降低认知不协调，获得安全感和确定性
意义	①人们面对议程并非完全被动，而会根据归属感的需要来积极选择融入的议程。 ②它把人际传播等其他媒介纳入议程设置的主体，并非视大众传媒为设置议程的唯一主体。 ③媒介有助于整合社会

2. 网络中的“议程设置”

(1)网络具有议程设置的功能。

①网络的传播结构，使某些信息可以病毒式地扩散传播。

②在网络传播中，大众传播与各种传播模式共同起作用，而群体传播和人际传播等在议程设置上成为大众传播的有力补充。

③网络信息传播夹杂着意见传播，意见传播扩散信息并提高信息的受瞩目度。

④传播者、报道对象与受众可以通过互动技术直接建立联系，有助于提高事件的受关

注程度。

(2)网络的议程设置表现。

①由网络发起。

②放大或削减了传统媒体的议程设置功能。

3. 网络"议程设置"的特点(见表9-7)

表9-7 网络"议程设置"的特点

<table>
<tr><th>要点</th><th colspan="2">具体内容</th></tr>
<tr><td>议程设置主体多元化</td><td colspan="2">①传统议程设置依靠主流媒体，网络议程设置主体更加多元，最主要的两类主体是媒体和网民。网络议程形成的渠道多样化，需要多种传播渠道的交叉与共同作用。
②从单一议程设置过程看，受众在形成议题、传播信息和意见方面的作用愈加重要。
③从议程形成的机制看，"自下而上"的网民自我设置与选择作用逐步强化，而由网站进行的"自上而下"的议程设置作用逐步弱化</td></tr>
<tr><td rowspan="3">网络的能动作用</td><td>放大传统媒体议题</td><td>网络在很大程度上发挥着"放大器"的作用，病毒式传播议题，扩大传统媒体设置议程的影响，使议题传播范围更广</td></tr>
<tr><td>削弱传统媒体议题</td><td>受网民的选择影响，某些传统媒体设置的议题，在网络传播中遭受冷落</td></tr>
<tr><td>重构传统媒体议题</td><td>网民对议程设置发挥能动作用，网络可能会颠覆传统媒体议程设置的初衷，重构议题</td></tr>
<tr><td>网络中"纵""横"议程的交织</td><td colspan="2">①网络中的议程设置主体更加多元，异质社区由不同文化需求驱动而成，它充当着水平媒体的作用，即小众对象，在这些社区内设定特定的议程。
②网络中存在大量公共议程，是各种社区受众关注的中心，此时网络扮演着垂直媒体的角色，能有效整合社会</td></tr>
<tr><td>网络议程设置的有限性</td><td colspan="2">网络议程设置与网络之外的现实社会存在着偏差</td></tr>
<tr><td>网络议程设置的全球化趋向</td><td colspan="2">网络能够在全球传播某国家的"议程"，并成为网络中的公共议程</td></tr>
</table>

4. 网络"议程设置"的基础作用机制

(1)网络议程设置的基点：议题的形成，见表9-8。

表9-8 网络议程设置的基点：议题的形成

要点	具体内容
议题的类型	①"私人议题"(个人私下重要的议题)。 ②"谈话议题"(与别人交谈时重视的议题)。 ③"公众议题"(社会大众会重视的议题)
网络情境下的变化	①媒体议题和公众议题是双向影响关系。 ②媒体议题与公众议题在网络平台中的界限模糊。 ③"私人议题"和"谈话议题"有时被放大成"公众议题"

续表

要点	具体内容
网络议题影响增大的原因	①网络公众议题具有强大的“聚合”网民的力量。 ②网络交流手段的便利性，增强了公众议题对人际传播或其他媒介的依赖性，而降低其对大众传媒的依赖性

（2）网络议程设置的实施：信息与意见的传播，见表9－9。

表9－9　网络议程设置的实施：信息与意见的传播

要点	具体内容
信息传播层面	①网络特性使信息快速传播。 ②网络信息检索方便，获取成本低，为反复传播提供了基础
意见传播层面	①网络媒体为意见直达受众提供了重要渠道。 ②网民的意见表达是及时反馈，有助于提高议程设置的效果。 ③意见气候影响人们对事件的关注度，凸显出公众意见
评价	①网络本身的特性使得网络在议程设置方面具有了更为强大的潜能。 ②受众在网络议程设置的实施过程中具备选择议程、增强或削弱议程的作用

（3）网络议程设置发挥作用的内在动因：议程融合，见表9－10。

表9－10　网络议程设置发挥作用的内在动因：议程融合

要点	具体内容
议题	议题的选择是议程设置的基点，具有“融合”人群能力的议题才能影响公众议题
社群	人们对社群的选择性影响受众在信息扩散、意见传播中的选择
跨时空的交流	跨时空交流增加网民自主选择归属社区的可能性，人们能获得更多议程的归属感，从而削弱大众传媒的议程对人们的“融合”作用

考点三：网络传播与“沉默的螺旋”　★★★★★

1.“沉默的螺旋”假说（见表9－11）

表9－11　“沉默的螺旋”假说

要点		具体内容
提出者		由德国学者伊丽莎白·诺尔·依曼在20世纪70年代提出。通过分析1965年德国大选中的选票差距和公众意见发展趋势，形成对该模型的研究
观点	受众角度	人们为避免社会孤立，寻求周围环境支持。因此，个人在发表意见之前会对意见环境进行准感官统计，当认为自己是优势意见的时候更倾向于大胆表达；反之则转向沉默
	过程角度	沉默的扩散是螺旋式的社会传播过程。“强者越强，弱者越弱”，一方“沉默”造成另一方意见增势，使“优势意见”更加强大，反过来迫使意见相左者转向沉默
	媒介角度	大众传媒通过意见环境影响和制约舆论，舆论形成是“意见环境”作用于人们惧怕孤立的心理，造成人们对优势意见的趋同行为，并非理性讨论的结果

续表

要点		具体内容
大众传播的特点	共鸣效果	报道内容高度类似性
	累积效果	同类信息传播的连续性和重复性
	遍在效果	信息到达范围的广泛性
意义	积极意义	①创新地从社会心理角度分析舆论形成过程。 ②强调大众传播对舆论的强大影响。 ③分析大众传播的公开性、“选择性接触”困难等对重新评价大众传播的影响和效果具有意义
	理论缺陷	①假说中“对社会孤立的恐惧”应是变量，受观点确信度的影响。 ②“多数意见”产生的压力依问题性质发生变化。 ③社会传统、文化、社会发展阶段等制约“多数意见”社会压力的强弱。 ④忽略舆论变化行程中“少数派”的作用

2. 网络中的“沉默的螺旋”(见表9－12)

表9－12　网络中的“沉默的螺旋”

要点	具体内容
依然存在	①惧怕孤立的心理机制依然存在。 ②意见环境仍能被感知
效果减弱	①网络匿名性消解恐惧。 ②中坚分子的作用

3. 网络中“沉默的螺旋”的形成机制

(1)网络中意见气候的形成，见表9－13。

表9－13　网络中意见气候的形成

要点	具体内容
局部性优势意见的形成	条件包括：①极端意见或简单强烈的价值判断；②具有共鸣性的优势意见；③蓄积或折射着往事累积的公众态度
局部性优势意见的扩散	动力包括：①欣赏及认同[最主要动力]；②相互利用；③树靶批判；④大众媒体的推波助澜
总体意见气候的形成	具体情况包括：①同向意见互相融合；②一方占据绝对优势地位；③各种优势意见始终旗鼓相当

(2)网络中环境压力对个体发挥作用的条件，见表9－14。

表9－14　网络中环境压力对个体发挥作用的条件

要点	具体内容
个人因素与环境压力的关系	包括：①个体判断感；②个体既有态度倾向的强弱；③相关行动的风险高低及成本大小

续表

要点	具体内容
交流情境因素与环境压力的关系	包括：①个体对交流情境的依赖归属感；②交流情境的特质[人群构成]；③交流情境的意见发布结构；④交流情境中的权力结构

【考点拓展】网络环境中“把关人”理论的变化(见表9-15)

表9-15　网络环境中“把关人”理论的变化

要点	具体内容
主体	①传统媒体时代，媒体垄断，把关易实现。 ②网络时代，门槛降低。传播双向性、能动性增强导致传播权力泛化。 ③全民传播使得把关人大众化，部分把关人角色由机器取代
把关方式	①信息爆炸和传播即时交互使得事前把关困难。 ②媒体根据反馈效果对已发布信息进行修正，把关方式从即时把关向延后把关转变
把关标准	①传统媒体时期把关标准一元化，具有较高社会公共色彩，漠视个人利益诉求。 ②网络时代把关标准多元化，多元观点传播

9.3　课后习题详解

1. 网络传播效果可以从哪些层面来认识？

答：网络传播效果可以从效应与效果辨析、微观与宏观效果、短期与长期这三个方面来认识。

(1)传播效应与作用效果。

广泛的传播是传播效果产生影响的前提，因此需从传播效应与作用效果两个层面去考察传播影响。

①传播效应，是指特定对象的传播范围与影响面(衡量指标：转发量、点击量)。包括：a. 针对单一传播对象，网络传播效应表现为放大、削弱、催化和裂变等；b. 针对多个传播对象，网络传播的效应体现为聚变效应(即弱小声音聚合成强大声音)；c. 正反馈效应(即强者更强，弱者更弱，劣势对象边缘化)。

②作用效果，是指所传播的事物在受众端引起的反应。包括：a. 引起受众注意程度；b. 受众获取信息程度；c. 影响受众态度程度；d. 影响受众行为程度。

(2)微观效果与宏观效果。

①微观效果是从受众反应层面来反映传播活动的具体影响。主要从操作层面来考察影响网络传播效果的实际因素。可以运用拉斯韦尔5W传播模式来分析，如传播者、传媒等因素对效果的影响，特别是考察网络媒介和网络传播的特性与传播效果生成过程的作用关系。

②研究网络传播的宏观效果，可借鉴“议程设置”理论、“框架”理论等效果研究经典理论来分析。有助于整体感知网络与社会活动的各种因素之间的互动作用。

(3)短期效果与长期效果。

①短期效果是指传播活动短时间内带来的效果，即传播对象当时所受的影响、社会的即时反馈。表现为人们的认知、态度、行为等方面。

②长期效果是指各种传播活动以及网络日积月累的影响所带来的效应。表现为人们价值观、思维方式、行为方式的变化以及社会文化的变化。

2. 试结合一个具体案例来分析网络中的“议程设置”。

答：大众传播能够为公众设置“议事日程”，通过赋予议题不同重要程度的方式来影响人们对周围“大事”的判断，即公众关注什么议题，什么议题重要。以“全国两会”为例，我国对外传播的议程设置体现在以下几个方面：

(1)社交平台：扩大议程的空间影响力。

社交平台互动性强、信息扩散速度快、不受文化及社会阶层的局限，具有传统媒体不可比拟的优势。因而全球社交媒体是国际传播的另一个重要“战场”，几乎所有的主流媒体都积极有效地拓展社交平台。新华社、中国国际电视台、《人民日报》等我国主流媒体在全球最大的社交平台 Facebook 上，搭建了较为完善的信息发布机制。这些长期布局的社交新闻发布与互动机制在两会上发挥了十分重要的作用。

(2)主流媒体：设置议题显著性。

两会期间，我国主流媒体搭建了强覆盖力的传播矩阵，是两会信息全球传导的中流砥柱。主流媒体将两会内容整合成专题的形式进行报道，凸显两会议题的重要性。同时媒体间扳机效应导致的信息传播累积、遍在、共鸣效应进一步增加了人们对议题重要性的认知。

(3)民间力量：增强亲民性与可信度。

民间传播是网络“议程设置”的另一大力量。两会期间，网红记者王冰冰在 bilibili 平台上发布 vlog《走街串巷看两会》，从中收集人们关心的两会议题，其新颖性和亲民性为年轻人喜闻乐见，获得了很好的传播效果。

【真题链接】

(1)简述新媒体环境下“议程设置”理论的嬗变与发展。[西安交大 2022 年研]

(2)网络“议程设置”理论的主要观点。[中国政法 2022 年研]

(3)网络环境中议程设置的变化。[湖南师大 2020 年研]

3. 如何认识网民在网络“议程设置”中的作用？

答：网络环境中，议程设置的主体仍然是传媒机构，同时网民在议程设置过程中也起着不可忽视的作用。关于网民在网络“议程设置”中的作用，可以从以下几个方面来认识：

(1)议程形成阶段：网民影响力上升。

①公众是网络议题来源之一。公众议题在本质上受到媒体议题的影响，但公众议题的类型多样，例如，“私人议题”“谈话议题”“公众议题”。不同的媒体对不同类型的议题的影响能力有所不同。放到网络情境下便出现了以下变化：

a. 媒体议题与公众议题是双向影响关系。

b. 媒体议题与公众议题界限模糊。

c. “私人议题”和“谈话议题”有时也被放大成了“公众议题”。

②媒体和公众多提供网络媒体议题。包括两方面：a. 网络议题具有强大的“聚合”网民的力量。b. 网络使用成本降低，受众主动性增加，增强了公众议题对人际传播或其他媒介的依赖性，而降低其对大众传媒的依赖性。

(2)议程设置效果产生阶段：网民参与度增加。

①信息传播。网民在网络中发布的内容会影响网络中的议题。网络传播中多种传播模式相互结合，信息的大量复制辅以人际传播，一条信息可遍及网络。与此同时，高能动性的受众对不感兴趣的内容保持“沉默”，也会有效地限制扩散某些内容，从而削弱媒体议程设置的能力。

②意见传播。网络中媒介的使用门槛降低，受众对议程的影响能力变大。受众在网络中的意见表达是对议程设置的直接回应。

(3)议程设置效果内在动因：网民的高度选择性。

由于人们群体归属感需要、社群选择、信息接触成本降低，受众在信息扩散、意见传播中发挥着高能动性。

4. 如何认识网络与传统媒体在“议程设置”中的共同作用？

答：在议程设置中，网络与传统媒体往往共同产生作用。网络需要传统媒体的推动才能实现更好的议程设置效果，当然，网络对于传统媒体的议程设置也有较强的能动作用。

(1)提供议题

议题往往来源于传媒的新闻报道和信息传达活动，因此在网络与传统媒体的共同作用下，议题更加多元，它们可以来自于传统媒体的新闻报道，也可以来自于网络上传播的某条消息或者某个话题。传统媒体的新闻在网络的强有力传播下，能获得更多受众关注，而网络上的热点话题想要成为社会焦点，仍需要经过传统媒体的报道。

(2)放大议题

网络通过各类平台(如网站、微博、微信、抖音等)扩大传统媒体议程设置的影响范围，起到类似“放大器”的效果，形成“病毒式”传播。近年来出现的大量与网络相关的热点事件或人物，也是网络媒体对于传统媒体议题放大的证明。

(3)重构议题

网络对于传统媒体设置的议题进行传播，形成热点话题，但受众未必会按照传统媒体的意图进行“解码”，而是会根据自己的价值判断得出不同的结论。在此情形下，网络重构了议题。

从另一层面来讲，当网络议题的传播失控时，传统媒体可以通过强有力的权威报道和表达意见的新闻评论来对舆论进行引导，进而对议题进行重构。因此在传统媒体和网络的共同作用下，议题会经常进行变化。

5. 试结合一个具体案例来分析网络中的“沉默的螺旋”现象。

答：1974 年德国学者诺依曼最先提出“沉默的螺旋”假说。该理论认为舆论形成作用于人们惧怕社会孤立，希望获得周围环境支持的心理。个人在发表意见之前会对意见环境进行准感官统计，当认为自己是优势意见的时候更倾向于大胆表达；反之则转向沉默。同时，沉默的扩散是螺旋式的社会传播过程，即“强者越强，弱者越弱”。以小学生被“体罚致吐血”案为例，其中的“沉默的螺旋”现象表现在以下几点：

(1)局部性优势意见的形成。

网络中，某种意见环境主导形成了意见气候，该意见环境是由局部优势网民意见以“自下而上”的方式形成的。案例里，由于帖子刚曝光时血迹斑斑的校服引起网友的愤怒，一时间对于老师的指责、声讨形成了优势意见；而持怀疑态度、相反观点的声音则保持沉默。满足形成局部性优势意见的三个条件是：①极端意见或简单强烈的价值判断；②具有共鸣性的优势意见；③蓄积或折射着往事累积的公众态度。

(2)局部性优势意见在网络中的扩散。

对于优势意见的扩散来说，主要的动力包括欣赏与认同(最主要动力)、相互利用、树靶批判等。在某些情况下，优势意见在传播过程中会衍生出某种直接的行动。在局部性优势意见的扩散中，大众传播或出于引导舆论的需要，或出于吸引眼球的需要，发挥着推波助澜的作用。比如在小学生被“体罚致吐血”案中，各媒体间相互设置议题的扳机效应，持续性的报道和跟踪使得“声讨、谩骂、人肉教师”的舆论呼声越发高涨。

(3)网络总体意见气候的形成。

网络总体意见气候的形成存在几种情况，包括：①同向意见互相融合；②一方占据绝对优势地位；③各种优势意见始终旗鼓相当。虽然存在几种不同向的意见，但是，在传播过程中，最终将有一种意见成为主导，逐渐战胜其他意见。在小学生被“体罚致吐血”案中，微博上有少数网友发表反对意见，遭受了其他网友的质疑和谩骂，致使持此类观念的一方保持沉默，于是对教师的声讨逐渐战胜了对事件持怀疑态度的观念。

6. 为什么网上还有可能形成“沉默的螺旋”?

答：沉默的扩散是螺旋式的社会过程。网上还有可能形成“沉默的螺旋”的原因有以下几个方面：

(1)风险社会自我保护，恐惧心理仍然存在。“沉默的螺旋”作用于“个人惧怕孤立的心理”，而在互联网环境中，仍然存在该心理机制。由于互联网具有匿名性，缺少了产生社会孤立感的条件，因此个人在网络中表现更为大胆，有充分的理由认为自己的所作所为不会被孤立，但并未摆脱对社会孤立本能的恐惧。

(2)声音的沉默走向沉没。与传统大众传播相比，网络传播具有多元化主体。信息获取成本和媒介使用门槛降低赋予受众更多的权利。但受众发声音量有高低之分。微博可以关闭或删除相反意见，还有大量水军控评。占主导的仍然是拥有宰制性力量精英群体的优势意见。

(3)意见领袖再中心化，网络话语趋向单级。社会精英群体能够将自身意见包装成优势意见，重塑话语中心。在信息累积、遍在、共鸣效果中强化主流意识，使得话语中心重归优势意见。例如各平台优先支持网红、大V等头部力量，算法推荐又使得优势意见更容易被感知。

因此网络中的“沉默的螺旋”不仅存在，而且某些时候力量强大。

【真题链接】“沉默的螺旋”在社交媒体时代是否具有解释力？为什么？[北师大2022年研]

9.4 考研真题与典型题详解

一、概念题

1. 网络传播效果

答：网络传播效果是传播学研究中最重要的领域之一，指网络传播活动所能引起的一切客观效果，包括受众态度的改变、社会舆论的生成、文化价值观的扭转等。传播效果常常被用来检验传播活动是否到达传播者的主观意图。网络传播效果的表现方式有三种：①传播效应与作用效果，包括针对单一传播对象的放大效应、削弱效应、催化效应、裂变效应；针对多种传播对象的聚变效应和正反馈效应。②微观效果与宏观效果。③短期效果与长期效果。

2. 正反馈效应

答：正反馈效应原本是一个心理学术语，指的是一件事情的发生、发展受到了另一件事情的刺激，促进了其正向发展。某人做了符合他人价值观，让他人感到高兴的、兴奋的事情，并受到夸奖、鼓励，进而他就会继续努力地把这件事情做好，而且会越做越好。后来在传播学领域中得到发展，成了网络传播效应之一。几个对象同时被传播时网络传播产生一种使强者更强、弱者更弱的正反馈，使原来引人注目的更加醒目，使原来处于劣势的传播对象更加边缘化。

3. 放大效应

答：放大效应原本是物理学中的一个概念，指的是三极管具有放大器的功能。在新闻传播学领域，新闻信息的传播也存在着放大效应。网络传播可以使一件小事或一个小话题的影响不断放大，最后在整个网络甚至是整个社会产生强烈影响。当某一新闻信息进入记者视野并且成为媒体报道的议题后，其传播的广度和深度会扩大。但是在多级传播过程中，信息容易出现裂变，导致原有的信息失真或变异，从而产生放大效应。具体层面有促进社会交际、引导社会舆情两个方面。

4. 催化效应

答：催化效应本来是指在催化剂参与下的化学反应，它导致事物的性质发生了变化，后来引申到社会学领域。在"新媒体语境"中，群体情绪的生成、涌动、相互感应，其情况非传统语境可比。难以阻遏的群体情绪，可使真实事实和正确观念的力量得以强化、叠加，也可使正面的理性影响力受到挑战、阻遏和贬损。不实信息、错误观念和不良情绪糅合在一起，共同构成了威力不可小觑的"发酵剂""催化剂"。网络传播中的"催化剂"是指网络空间和复杂的传播过程，不仅意味着广泛的传播面，还意味着事物属性发生变化。

5. "议程设置"理论［北外2022年研；中山大学2021年研；湖南大学2021年研；中传2019年研；复旦大学2018、2013年研；北师大2018年研；四川大学2018年研；厦大2016年研；南京大学2016年；中央民大2015年研；华南理工2009年研］

答："议程设置"理论是一个重要的传播学宏观效果理论，最早由美国传播学家麦库姆斯和唐纳德·肖于1972年在《舆论季刊》上发表的一篇论文中提出，即《大众传媒的议程设置功能》。他们认为大众传播具有一种为公众设置“议事日程”的功能，传媒的新闻报道和信息传达活动以赋予各种“议题”不同程度的显著性的方式，影响着人们对周围世界的“大事”及其重要性的判断。“议程设置”理论从考察大众传播在人们的环境认知过程中的作用入手，重新揭示大众传媒的有利影响，为效果研究摆脱“有限论”的束缚起了重要的作用。“议程设置”理论中所包含的传播媒介是“从事环境再构成作业的机构”的观点，把西方主流传播学长期以来力图回避的一个重要问题——大众传播过程背后的控制问题重新摆在人们面前。

6. 水平媒体

答：水平媒体由唐纳德·肖提出，是指针对特定受众的某些小众的媒体，意在接触特定的人群，强调横向的人际间协商。在唐纳德·肖看来，水平媒体和垂直媒体的交织，可以创造一个稳定的“纸草社会”，从另一个角度说明了保持个性化信息满足与公共整合之间平衡的意义。

7. 垂直媒体

答：垂直媒体是指专注于特定领域，运用新兴传播方式、传播渠道，为用户提供专业资讯和服务的媒体。与传统媒体(包括门户网站)的大而全不同，垂直媒体聚焦专注，具有与传统媒体不同的特点：①产品和服务精细化、专业化。②受众定位精准，用户黏性高。③业务开展多元化、创新化。垂直媒体在“做精”上具有门户网站、大型电商平台难以比拟的优势，但同时由于受到客户数量和行业的限制，它们往往也面临难以“做大”的苦恼。

8. “沉默的螺旋”理论[厦大2021年研；复旦大学2019、2011年研；上海理工2019年研；清华大学2018年研；北师大2018、2010年研；南京大学2018年研；华中师大2018年研；中传2016年研；重庆大学2016年研；华东师大2016年研；人大2012年研]

答：“沉默的螺旋”理论是传播效果理论重新回归到强大效果论的代表理论之一，最早是由诺依曼于1974年提出的，在其1980年出版的《沉默的螺旋：舆论——我们的社会皮肤》一书中作了全面的概括。诺依曼通过“沉默的螺旋”理论，重新提示了一种“强有力”的大众传播观。这个假说包括以下几个要点：①舆论的形成是大众传播、人际传播和人们对“意见环境”的认知心理三者相互作用的结果；②经大众传媒强调提示的意见由于具有公开性和传播的广泛性，容易被当作“多数”或“优势”意见；③这种环境认知所带来的压力或安全感，会引起人际接触中的“劣势意见的沉默”和“优势意见的大声疾呼”的螺旋式扩展过程，并导致社会生活中占压倒优势的“多数意见”——舆论的诞生。

9. 从众心理

答：从众心理是一种很常见的心理学现象，指个人受到外界人群行为的影响，而在自己的知觉、判断、认识上表现出符合公众舆论或多数人的行为方式，一般人都会倾向于跟从大多数人的意见和态度，很少有人能够保持独立。与多数人的意见保持一致，能够有效地避免脱离于组织之外，同时也能够轻松地做出判断，不必自己花精力去思考研究，但如果没有自己的分析，不作独立的思考，盲目地随大流，久而久之会丧失独立自主的人格。

10. “信息过载”(信息超载)［厦大 2021 年研；南京理工 2011 年研；人大 2004 年研］

答：“信息过载”是指在一个具体的信息传播活动中，当一个人或一个系统接收到太多的信息数据，需要进行意义确定处理时，发生的信息饱和甚至于过载的现象。信息的意义确定是一个过滤、把关过程。当信息被传播、被表现时，受者需要对他所接收到的信息流进行判断和评价，确定与自己有关、有用的信息，而抛弃与自己无关无意义的信息。无意义的信息表现容易造成传播过程中的噪声，影响读者对信息的组织处理。

二、简答题

网络环境下的受众特点。

相关试题：在互联网时代，如何理解从受众到用户是大势所趋。［北印 2022 年研］

答：受众是传播过程中的信息接受者，是信息的终点和归宿，它包括报纸的读者、广播的听众、电视的观众、网络的网民等等。在网络传播情境下，“受众”这个词的合理性已受到挑战。一方面，传播者与受众的界限模糊了，受众不再是信息的被动接受者与消费者，他们也可以用各种方式参与到网络内容的生产与传播中。另一方面，网络传播中过去表现为“不定量”的“多数”的“群体”，开始演变为个性化需求凸显的“个体”。与传统媒体的受众不同，网络受众具有自己的鲜明特点。这些特点的产生，一方面依赖于网络技术，另一方面则依赖于网络所提供的环境。具体而言，网络环境下的受众特点有以下几个方面：

(1)个体性。网络使“点对点”传播成为可能，即网络能够为个体“量身定做”，提供他所需要的有关信息，实现“个性化”服务。当然，这种个体性更多地只体现在服务的理念与手段方面，而不是体现在网民的行为与观念方面。但是，过分个性化的服务也可能削弱网络作为大众媒体进行社会整合的功能，使人们沉浸在个人的世界里，降低他们对于环境的感知与判断能力。

(2)社会性。互联网的信息受众，其信息消费行为往往不是基于个体的自主判断与选择，而是个体与社会之间的双向互动。这种社会性突出表现为：

①网民个体的信息消费作为一种社会行为直接作用于信息生产。

②受众间信息引导的线索越来越深地编织到整个网络信息引导网络中。

③网络的互动氛围在很大程度上影响着个体态度与行为并形成群体效应。

④网络成为个体能量聚合为社会能量的一个重要方式。

(3)虚拟性。虚拟性意味着受众是用符号的方式来进入网络世界，这个符号可以是他的本名，也可以是昵称，即使他不用任何名称，他的 IP 地址也是与其对应的一个符号。虚拟性也意味着网络受众对自己的角色可以进行多重设定，自由分解。

(4)自主性。网络技术使得受众根据自己的需要“拉出”信息成为可能，受众可以更加自由地选择自己喜欢的网站、信息或服务。更重要的是，受众的媒介消费行为，在时间上和空间上有更多的自主性。不必再根据电视台、电台的时间表来安排自己的行动，也不一定要在某个固定的空间里来看电视。

(5)参与性。与传统媒体的受众不同，网络受众不仅仅是接收者与旁观者。网络受众更多地加入传播过程中，他们可以提出自己对信息的需求，可以对传播的内容提出看法，也可以将自己认为有价值的信息放到网上传播，因为网络受众不仅是新闻的消费者，也是新闻的一种生产力量。参与性不仅仅意味着传播者与受众之间界限的模糊和受众地位的提高，还意味着网上信息内容的多样性、传播过程的复杂化以及网络意见的多元化。

三、论述题

1. 联系实际，论述新媒体对人际传播的影响。[北京工商2019年研]

答：人际传播是指个人与个人之间的信息传递活动，由两个个体系统的相互连结所形成的新信息系统，是生活中最丰富、最直观、最常见的传播现象。传统的人际传播方式有面对面交谈、书信和打电话等。随着信息技术的飞速发展，以微信、QQ、电子邮件等为代表的新媒体逐渐成为人际传播的重要方式，对人际传播产生了深刻的影响。

(1)新媒体对人际传播的积极影响。

①在传播地位上，传者的多元化在一定程度上弱化了受者的被动特征，二者角色的互换经常成为现实，出现了“控制权的潜在平等”。在传统人际传播中，由于受时空及传者目的限制，人际交往依赖于传者的强势地位和受者的惯性，传者一味说教渲染，受者全盘吸纳接收，缺少交互式的对话现场。而在新媒体的人际传播中，传播的参与者都享有发起传播活动(即发送讯息)、控制传播内容和终止传播(即停止传递讯息或拒绝作出反应)的能力。

②在传播环境上，传统的人际传播大多受到特定的时间、地点和参与者的限制。在新媒体人际传播中，具体的时间、地点等场景制约作用基本消失，使参与者的言语行为更加自由。同时，人们还可以暂时逃避现实社会人际交往中的诸多伦理规范约束。

③在传播手段上，新媒体使人际传播能够更加有效地利用新媒体数字化、多渠道的传播路径，打破时空限制，使得传播速度和反馈能力迅速提高。讯息交流可以迅捷到只有几秒钟，也可以迟缓至几天、几周。新媒体人际传播中的异步性特征得到了充分体现。

④在传播效果上，新媒体中的人际传播打破了传统人际传播中地理空间、身份地位的隔阂与界限，展示了一种立体网络化的人际对话模式。新媒体中，不同社会背景的人联结在一起，人与人之间的交流深度得到扩展。在非面对面的交流中，人们的种种顾虑容易消除，自我揭露的勇气提高，因而表露的量和深度比现实生活中大大提高。新媒体的即时反馈、充分交流使人际传播中的信息交换需求得到了更好的满足。

(2)新媒体对人际传播的消极影响。

①传播符号中非语言符号的缺失。

在新媒体的人际传播中，往往忽视了现实中的非语言符号，比如面部表情、目光接触、肢体语言、语音语调、两人间距、环境作用等。非语言符号对语言信息具有重要的补充、替代、强调和重复作用。当下的人际传播双方不再共处同一情境，而仅仅针对某一话题进行对话，这使得对话环境、人物神态等信息与话题相割裂，可能会带来误解。因此，新媒体使人际传播的效果受到削弱，会导致信息传达的不准确。

②突破时空限制而引发的信息过载。

这种对时空的突破也带来了一些问题，信息不分时间场合涌入人们的生活，容易引起信息过载带来的焦虑、疲惫。并且一些垃圾信息、骚扰信息也更加自由地进入人际传播渠道，打扰了日常生活。比如各种推销电话、信息的骚扰；休息时间工作信息的传入等。

③社交能力减弱，形成“容器人”。

长期使用网络新媒体进行线上人际传播者可能会对现实中人际传播的即时反应性、当面性产生不适、焦虑与恐惧。现实人际交往能力减弱，人们容易变得冷漠、无情和自私，既不关心集体，也不关心他人，新媒体时代的快餐文化也使人缺乏耐心。久而久之会进一步加剧现代人的孤立心理，产生情感需求缺失下所谓的“容器人”。

2. 简述网络传播中出现的主要问题及其管理对策。

答：(1)网络传播的含义。

网络传播是以网络为基础，进行信息传递、交流和利用，从而达到其社会文化传播目的的传播形式。网络传播融合了大众传播单向和双向的特征，在总体上形成一种散布型网状传播结构，在这种传播结构中，任何一个网络都能够生产、发布信息，所有网络生产、发布的信息都能够以非线性方式流入网络之中。

(2)网络传播中出现的主要问题。

①虚假新闻泛滥，大量低俗、媚俗的信息在网络上流传。网上的信息良莠不齐，许多媒体或者网民用户为了博取关注、制造舆论，经常对信息不加检查便予以报道，甚至为了引起关注制造假新闻，或者运用标题党、低俗图片等博取眼球，这些都严重地危害了网络环境与新闻传播行业的正常发展。

②网络暴力大量出现，破坏网络传播的环境与风气。在网络传播中，由于网民的匿名性，网络上缺乏制度和道德约束，以及网民的信息素养普遍不高等因素，出现了许多网络暴力的恶性事件，网民打着“正义”的旗号对某些网民进行人肉搜索、曝光家人、人身攻击等，严重侵犯了他人的人格权，并打破了道德底线，形成了非常恶劣的影响。

③网络安全尤其是公民信息安全受到挑战。网络信息技术的快速发展使得一些犯罪分子找到了可乘之机。网络固有的缺陷——互联网运行协议并未充分考虑安全性问题，导致整个网络信息系统存在三大致命问题：开放性、脆弱性和易受攻击性。因此，小到个人用户，大到金融机构、政府机关等，只要其电脑连上了互联网，就会有受到网络入侵或感染病毒的风险。不法分子利用这些缺陷，组织发动网络入侵及制造计算机病毒四处传播，严重危害了网络信息安全。

④网络传播的个性化定制内容容易造成“信息茧房”。越来越多的网民被网络环境本身的互联性、共享性、开放性、复杂性和动态性等鲜明特点所吸引。网络信息给广大网民的生活带来便利的同时，也带来很多困扰，使其在浩如烟海的网络信息面前感到无所适从。网络媒体为了吸引用户的关注，会针对用户的兴趣和特点来提供相应的信息，这样无疑进一步强化了用户原本固有的喜好。更多地关注自己感兴趣的网络信息和网络论坛，和更多与自己有相似兴趣爱好的人交流互动，逐渐给自己制造了一个“信息茧房”，使得个人和群体变得更加极化，疏远了与其他思想碰撞的机会。

⑤网络传播容易造成用户使用上瘾，使其被封闭在网络世界之中。网络传播在向人们展示外面的五彩世界时，却将人们封锁在电脑的旁边。一些人沉迷于电脑的虚幻世界，甚至对于现实世界产生了一种厌恶感，这样对于一个人的发展是极为不利的。这种封闭化发展到一定程度，会对社会造成危害。

⑥网络传播的碎片化特性造成传播效率低下。利用传播学理论分析，网络传播属于“全

通道”型的传播方式，这种传播方式最大的缺点就是传播效率低下，造成时间的浪费。

(3)针对网络传播中问题的管理对策。

①对网站登载新闻设置较高门槛，其审查条件应包括经营实力、人员配备、组织结构、资金来源等诸多方面。

②对网络新闻源进行严格控制。非新闻单位设立的互联网新闻信息服务单位不得登载自行采编的新闻信息，非媒体网站在转载新闻时，必须与中央新闻单位或者省、自治区、直辖市直属新闻单位签订书面协议。在新闻发布的时候，要求必须注明新闻信息来源，不得歪曲原新闻的内容。

③加强网络管理法规建设。目前我国与网络管理相关的法规基本是各机构制定的部门规章及规范性文件，立法层次较低。各规章之间缺乏协调，呈现出“各管一块”的格局，不利于网络整体性、协调性和宏观性管理。目前出台的与网络管理相关的法律法规条文大多只有原则性的、抽象性的、暂时性的规定，声明性的内容比较多而操作性的内容比较少，且一些内容界定较为模糊，缺乏具体的执行与判断标准，有些条目随着互联网的快速发展已经过时。另外，网络立法存在滞后，随着互联网技术的进步，网络新闻的形式、传播方式等不断更新，这导致网络立法难以适应网络的发展取向和管理需要。因此，加强网络立法尤为重要。

④逐步实行网络实名制。网络实名制的推行，其实是强制性地使网民对自己发布的信息进行把关，网民会更加注重自己的一言一行，这样网络信息的真实性会提高，媒介素养提高，网络传播环境会得到相应的净化，网络暴力和“流言满天飞”的现象会有所缓解。

3. 网络传播的主要类型有哪些？［电子科大 2015 年研］

答：网络传播的主要类型包括四种：网络人际传播、网络群体传播、网络组织传播、网络大众传播。

(1)网络人际传播。

人际传播又称人际交流，是指个人与个人之间的信息传播活动，是社会生活中最直观、最常见、最丰富的传播现象。从网络的功能上看，网络中实现人际传播的方式有电子邮件、网上聊天等，其中最具代表性的是即时通信传播。

即时通信传播是电脑及其他终端之间的一种点对点的实时的交流方式，是网民广泛使用的互联网服务。即时通信传播以个人为节点形成复杂的交流网络，人们通过使用即时通讯工具可以方便地、随时随地地进行个人交流，在交流的过程中实现信息共享、人脉资源积累、情绪披露等功能。

(2)网络群体传播。

群体传播是为了连接和实现共同目标和协作意愿而进行的传播活动，在传播过程中能够形成群体意识和群体结构，对个人成员的态度、行为产生制约。相应地，网络群体传播是指网络上因具有共同的利益、观念、目标等因素而联结在一起的个体进行群体内部与外部的信息传播活动。网络群体传播的方式主要包括微博、微信、各类短视频、直播类平台、弹幕、各种网络亚文化等。

以 B 站弹幕为例，“弹幕”成为年轻网民热衷的网络互动方式之一。随着互联网的逐渐普及，新媒体和自媒体铺天盖地，“人人都有麦克风”的时代早已到来。“弹幕”成为网络群体传播的一个典型形态。弹幕的发布是一种非制度化、非集中化、缺乏管理的传播行为主体，其传播特征具有自发性、平等性和互动性。弹幕已成为目前年轻网民热衷的网络互动方式之一。

（3）网络组织传播。

组织是通过协调活动来达到个人和集体目标的一个社会集合体。网络组织传播是指通过计算机网络进行的组织与组织之间的信息传播活动，既有水平传播也有垂直传播，既有组织内的也有组织外的，都是以辅助网络来进行的传播方式。

组织内传播主要通过内联网来实现。通过内联网，一个组织可以实现信息公告、内部协作、营销管理、客户服务等功能，可以便捷地实现组织内部的信息传递与共享，提高工作效率。组织外传播则多借助于互联网，实现组织与组织之间的沟通、协作、交易等。

（4）网络大众传播。

大众传播是专业化的媒介组织运用先进的传播技术和产业化手段，以社会大众为对象而进行的大规模的信息生产和传播活动。互联网在某种程度上可以视为一种新兴的大众传播媒介，包括传统媒体网站、商业门户网站、机构官方网站、个人网站等传播方式。

以新浪网为例，网站面向社会大众，提供新闻报道、信息搜索、论坛、博客等多种功能，各地的网民都可以从网站获知信息并跟帖评论、反馈意见，也可以撰写微博、博客发表自由言论。网络大众传播使得受众地位上升，打破了传者单向传播格局。

4. 试述“沉默的螺旋”理论的核心思想，并以当下社会环境中的某些信息传播现象为例进行阐述。

相关试题：

（1）新媒体时代，“意见气候”与“沉默的螺旋”的产生具备哪些新的特征？［南开大学2022年研］

（2）互联网时代“沉默的螺旋”的新变化。［中央民大2022年研］

答：“沉默的螺旋”理论是德国传播学者诺依曼于1974年首次提出的传播效果理论，1980年在德文版《沉默的螺旋：舆论——我们社会的皮肤》中给予全面的概括。该理论认为，大众传播媒介在影响公众意见方面有强大的效果，并把舆论生成中起重要作用的因素称为“沉默的螺旋”。此后，“沉默的螺旋”效果多次得到实证。在当下的信息社会中，人们的意见表达是否依然存在“沉默的螺旋”，也是备受关注的问题。在某些情况下，当下社会环境中的信息传播现象仍然存在“沉默的螺旋”效应。

（1）“沉默的螺旋”理论的核心思想。

①个人意见的表明是一个社会心理过程。个人在表明观点前要对周围的意见环境进行观察，当发现自己属于“多数”或“优势”意见时，便倾向于积极大胆地表明自己的观点；当发现自己属于“少数”或“劣势”意见时，一般就会屈于环境压力而转向“沉默”或者附和。

②意见的表明和“沉默”的扩散是一个螺旋式的社会传播过程。一方的“沉默”造成另一方的意见增势，受群体压力而改变态度的人越来越多，使得“优势”意见越来越强，迫使更多持不同意见的人继续保持沉默或转变态度追随支配意见。

③大众传播通过营造“意见环境”来影响制约舆论。根据诺依曼的观点，舆论的形成不是社会公众“理性讨论”的结果，而是“意见环境”的压力作用于人们惧怕孤立的心理，强制

人们对“优势意见”采取趋同行动这一非合理过程的产物。舆论的形成是大众传播、人际传播和人们对“意见环境”的认知心理三者相互作用的结果。在现代社会，人们判断周围意见分布状况(意见环境)的主要信息源有两个，一是所处的社会群体，二是大众传播。经大众传媒强调提示的意见由于具有公开性和传播的广泛性，容易被当作“多数”或“优势”意见所认知，在超出人们直接感知范围的问题上，大众传播的影响尤其强大。这种环境认知所带来的压力或安全感，会引起人际接触中的“劣势意见的沉默”和“优势意见的大声疾呼”的螺旋式扩展过程，并导致社会生活中占压倒优势的“多数意见”——舆论的诞生。

(2)“沉默的螺旋”效果的现实表现。

“沉默的螺旋”现象在现实生活中广泛存在，并随着时代的发展发生相应的变化。即使在信息社会，网络传播在信息的传播方式上引起了重大的变革，也没有彻底消除“沉默的螺旋”效应。

①个体从众心理的个性使然，形成“沉默的螺旋”。个人意见的表明是一个社会心理过程，个体在表达之前首先会审视自己的观点是否符合主流的声音，易于“从众”而慎于“特立独行”。例如，2015 年 6 月 17 日，微信朋友圈突然被一条建议“贩卖儿童一律死刑”的号召帖刷屏，一时间大量网民纷纷转发表示支持，此类社交热点的病毒式传播，很大程度上便是源于从众心理。

②群体压力迫使个体沉默或附和。“沉默的螺旋”也是一个舆论变化的过程，有时个体即使发出了自己的声音，但当发现自己属于“少数”或“劣势”意见时，往往会屈于环境压力而转向“沉默”或者附和。例如，2015 年 9 月 3 日阅兵日，台湾女星范玮琪在微博上晒出自己的双胞胎儿子照片，许多网友抨击其不爱国，迫于压力，范玮琪发微博向舆论道歉。其实网友的抨击是一种道德绑架行为，但是由于主流意见造成了强大的舆论压力，因此身为明星的范玮琪为了维护自己的公众形象，不得不屈服于主流意见，不再坚持自己的想法、做法，成为“沉默的螺旋”中的沉默一方。

③“沉默”的扩散过程是螺旋式的。在一些公共议题上，舆论变化的过程非常明显地表现出螺旋扩散的特征，多数方日益强大而少数方日益沉默。例如德阳女医生自杀案中，“澎湃视频”发布泳池视频，配文“疑因妻子被撞，水务局人员泳池内打男童”。随之，一石激起千层浪，舆论在网络上产生，仅澎湃视频便达到了 3.5 万次的观看量。网络评论大多一边倒，对安女士及其家人进行谴责。而新闻配文的“男子”和“小孩”“公务人员”“医生”“男童”等字眼增加了网络舆论效应。再加上近年来“公务人员”“医生”等名词的污名化，使得网民的情绪更加激动。如此一来，舆论引导着人们的意向，控制了大多数人的行为。

④网络中个体受主流媒体舆论压力，形成沉默的螺旋。正如诺依曼认为，人们对于“意见环境”的感知受到大众媒体的强烈影响，这种影响在当下的新媒体时代仍然没有发生根本改变。例如瑞典中国游客事件初期，人民日报、环球网等权威官媒引述了中国外交部对瑞典警方的严正交涉，随后头条新闻、澎湃新闻等超大流量媒体纷纷跟进事件报道，在其官方微博首页及 APP 客户端内，用极其醒目的粗体字和生动的代表愤怒的表情符号，辅之以带有强烈感情色彩的新闻内容，如“中国游客在瑞典遭受极粗暴的对待”“中国外交部提出强烈抗议，你能忍吗?”，成功地调动了广大网友的情绪，引起了空前热度的社会关注。

5．试分析全国广泛设立县级融媒体中心的背景和意义，并为县级融媒体中心的未来发展提出战略建议。［人大 2019 年研］

相关试题：

(1) 县级融媒体中心的地位和作用。［中南大学 2022 年研］

(2) 县级融媒体［概念题，西安外国语 2022 年研］

(3) 县级融媒体对基层治理的意义是什么？我国县级融媒体中心建设的难点和挑战是什么？［中山大学 2022 年研］

(4) 简述县级融媒体的现状和发展趋势。［华东师大 2020 年研］

答：2018 年 8 月 21 日至 22 日，习近平总书记在全国宣传思想工作会议上指出："要扎实抓好县级融媒体中心建设，更好引导群众、服务群众。"这一指示从战略上指明我国县级融媒体的发展方向，具有重要的现实指导意义。中宣部部长黄坤明此前也强调，打通继承宣传思想文化工作"最后一公里"，要大力推进媒体融合发展，创新建设县级融媒体中心。这使得改革开放以来一度淡出传媒行业视野的县级媒体再次成为行业关注的焦点。本文基于全国广泛设立县级融媒体中心的背景和意义，总结目前我国县级融媒体建设的基本情况、发展困境，并提出相应的对策与建议。

(1) 县级融媒体建设背景及意义。

以"县级融媒体中心"建设的提出为标志，我国以行政力量主导的自上而下的媒介融合行动进入第二阶段，和第一阶段以大传媒集团"中央厨房"模式为主要特征相比，长期处于行业边缘地带的县级媒体终于有机会进入政策关注的焦点区域，获得政策扶持的发展机遇。目前我国媒体融合发展转型逐步由以中央媒体机构、地方传媒集团为主体的"规模型"融合，转向县级媒体机构为单位的"精准型"融合，这要求深耕基层群众内容需求，自下而上夯实我国媒体融合发展的基础构建。

县级媒体建设最初实践于广播电视领域，1983 年在"四级办台"政策指导下县级广播电视台开始搭建；伴随互联网技术快速发展，县级媒体紧跟主流媒体数字化的脚步，2003 年响应中央倡导建设县级新闻网站，进一步搭建与扩张县级媒体机构对外传播渠道。2012 年县级"两微一端一号"媒体平台建设全面铺开，实现从单一平台向多元平台的转变。30 余年间，县级媒体不断学习新技术、调整体制结构，在内容生产、传播环节丰富媒体功能，在经营环节自主、多元化运作，逐步向县级融媒体形态转变。

县级融媒体中心的建设将成为媒体融合国家战略的重要着力点。以县为单位的融媒体建设是我国媒体融合发展设计中的重要一环，目前相关工作已在全国相继铺开，但各县级单位媒体资源受到经济发展水平等社会因素影响，在技术创新、平台建设、人才管理等方面存在困难，如何基于县级单位现实情况，更好地整合县域媒体资源、推进县级融媒体建设成为亟待解决的问题。

(2) 县级融媒体未来发展趋势及建议。

县级融媒体的建设尚处于起步阶段，走出符合自身特色，符合县级单位实际情况的媒体融合道路是县级融媒体发展的必然要求。

①加强顶层设计，以政策扶持确立建设县级融媒体战略导向。

中央及省市管理部门要加强县级融媒体建设的顶层设计，有针对性地出台加快县级融媒体建设发展的扶持政策或指导方案。要从具体工作内容、牵头负责部门、机构编制、人员配置、建设标准、资金扶持等各个层面为县级融媒体的发展提供支撑，明确专人专岗专责，防止“加挂牌子不加人”，探索将新媒体发展情况纳入县级政府及相关单位的绩效考核项目。此外，要确立县级融媒体建设“两步走”路线。建设以县级为单位的融媒体机构需要巨大的人力、财力、物力投入，并不适宜在全国范围内无条件铺开。应当首先建立具有代表性的县级融媒体工作试点，形成可行性经验后再依据县级单位具体发展状况，有重点地向全国推广，并充分发挥试点对周边区县的辐射带动作用。

②结合实际，匹配群众需求，丰富县级融媒体中心服务功能。

县级融媒体中心建设必须结合当地社会发展实际状况，量力而行，以群众内容需求为定位标准，充分考虑可支配资金、技术水平、人才数量等条件，根据群众的新媒体使用行为习惯确定开发方向，制定相应的内容生产与分发策略，强化精准营销和靶向推广，以传播清朗内容为目的填补基层价值“洼地”。确定服务本地群众的核心任务，做好信息宣传工作外，县级融媒体中心还应丰富自身功能：利用新技术收集基层一手数据，建设数据集成平台，更好地协助县级单位电子政务的开展；依据基层群众需求拓展便民服务，引入电子商务等垂直服务领域，最终建立连接基层群众与政府间的公共服务一体化平台，让县级融媒体中心真正“用”起来。

③打破机制藩篱，统一规划融媒体工作流程。

在县级融媒体机构统一指挥调度之下，下属各类平台在实践中要打破工作壁垒，再造新闻生产流程。具体来说，就是要在效益最大化的前提下，摈弃传统生产、传播模式，提倡传统媒体和新兴媒体互为流量导入口，各种新闻要素深度融合、各种报道资源充分共享、各种媒体互联互通，形成资源的正向流动。按照不同新闻产品的目标受众特征，向各平台分发和推送，实现一次采写、多次编辑、多平台运用。

打破媒体藩篱不仅指横向上破除媒体机构间的壁垒，纵向上也可参考开放式、扁平化的管理模式。参与县级融媒体工作的人员可以在任何一个位置成为阶段性、局部性的中心，彼此自由连接，根据具体的工作组成临时性的新闻小组，实现多元互动、灵活组合、协同运作。

④选用育留全过程发力，加强县级融媒体人才队伍建设。

人才是制约县级融媒体发展的重要因素，要从新媒体人才的选用育留全过程发力，从人才引进、交流与人才培训激励两大方面加强县级融媒体人才队伍建设。

县级媒体机构应拓宽引才渠道，与周边区县加强人才引进合作，以兼职、特聘、特邀等多种方式引进并使用好各类外部人才。同时要探索人才双向交流，县级新媒体平台运营管理人员到市级或省级平台锻炼学习，让上级优秀新媒体人才下沉至县级平台开展“传帮带”。

除此之外，媒体机构要强化新媒体人才培训，平台运营人员和主管领导均需通过参访、座谈、培训班等多元方式“补钙加油”。在上述基础上，重视效果管理，健全新媒体人才激励保障机制，创新绩效考核指标，完善鼓励创新、成果导向的正向激励机制，适当增加融媒体中心编制，改变事业单位“机关化”倾向，解决“干好干坏一个样”的问题。

县级融媒体在国家媒体融合战略中发挥着不可忽视的基础作用，基层群众的声音需由县级媒体传播出去。因此，只有紧密联系群众，构建高效的内容生产与分发平台，将传统媒体的新闻属性转换为信息与服务属性，扩大传播规模与效果，培养高素质的专项人才，树立媒体融合的决心与信心，才能真正体现县级融媒体的重要性。

6. 新时代，如何调动媒体资源发展我国对外传播的国家形象。［北大 2019 年研；暨大 2019 年研］

答：对外传播是指某一国家与其他国家及地区之间的信息流动过程；国家形象存在于对外传播或国际传播中外部社会公众对某一国家的认识和把握，是外部公众作为主体感受某一国家客体而形成的复合体，也即某一国家行为表现、性状特征、精神面貌等在外部公众心目中的抽象反映和外部公众对某一国家的总体评价和解读。既然是主观反映客观，这种反映就有可能与客体本来的面貌有所出入或相去甚远，所以，国家形象绝非国家状况的简单客观再现。

中国正处在全面发展阶段，从国家利益出发，我们需要一个健康正面的国家形象，需要以一个经济持续发展、社会全面进步、充满活力的国家形象示人。具体来讲，调动媒体资源发展我国对外传播的国家形象可以从以下几个方面着手：

（1）传播语言的本土化。

从接收信息的角度来说，人们对本民族的母语有着一种天然的亲切感和感知力，更容易也更乐于去接触用母语传递的信息。所以，在对外信息传播中，特别是对外广播、电视、网络的传播中，首先应该实现本土化的语言传播。目前，中国国际广播电台每天都在以 38 种外语以及汉语普通话和 4 种方言，向世界传递信息，这就大大增强了信息的对外传播效果。

（2）加强广播网络的建设。

广播在对外传播上拥有许多优势，它技术成本低，覆盖面广，传播灵活迅速，使用经济方便。我国在广播网络的建设中，在不断增强传统的短波广播发射功率的同时，重点针对欧美国家听众使用中波、调频收音机的习惯，加入对象国大中城市中波调频广播网络，逐渐增强我国在西方主流社会的声音。

（3）加快卫星电视网络建设。

卫星电视是近年来对外传播领域的新宠。现在，全世界的卫星电视节目共有 300 多套，其中有一半以上来自美国。1992 年 4 月德国之声电视台成立，开播后的几年中，不论是节目时数、内容构成，还是使用语言和覆盖地区，都得到了迅速发展。在我国，关于卫星电视网络的建设，中央电视台已有了总体的构想，特别是在发展国际卫星电视方面提出了要在 21 世纪之初覆盖全球的目标，将中国的对外电视节目，通过英语、法语、西班牙语、俄语等语言，进入各国的主流社会。尽管我国的对外传播在此方面已经做了这些工作，但我国对外电视如何进入外国电视网络、如何更方便境外受众收视，仍是一个亟待解决的问题。

（4）充分利用互联网的对外传播优势。

我国网站较多，要突出重点，办出特色，使网站成为对外传播的新阵地。互联网是一个低成本、高效率、直接进入西方主流社会的信息渠道。善用互联网，充分开发，提高网上新闻宣传质量和网上新闻的吸引力，让中国的信息逐渐渗透，渐进赢得国外受众，渐进注入主流舆论，是我国对外传播赶超西方国家的一个有力途径。

大数据打通移动传播优势，移动互联网成为当前传播的主要阵地，移动互联网大大加快了传播速度，拓展了传播空间，多元复杂的主体纷纷参与到传播活动中。对外传播主要是大众传播，但实际更多的是人际传播、群体传播。因此，针对国际受众精确推出符合其口味的内容，准确把握其认知心理成为掌握这部分受众的关键。当下传播技术不断更新，在传播议题设置上可以利用大数据进行词频统计，设置受众关心的议程，进行精准推送。在舆情关注方面，利用大数据进行监测，及时反馈、澄清事实，有助于避免被动的局面出现。

对外传播应充分利用互联网数字技术，积极高效地整合媒介优势资源，推进媒介体系的现代化转型，从而构建适应新时代发展要求的对外传播体系。对外传播不仅要把握好信息技术高度发达的时代坐标，也要把握好中国特色社会主义进入新时代的历史方位。既要善于用中国话语解释中国实践，传播好中国新时代声音，讲述好中国新征程故事，也要不断推进国际传播能力建设，将中国故事有效地编织进历史和国际故事版图，打造成历史的、世界的文化版图的有机组成部分，展现真实、立体、全面的中国。其次，要抓住最佳时机。最佳时机的把握要具体问题具体分析，区别对待。

新时代，随着数字技术、互联网技术的进步，对外传播可以借助的手段越来越丰富，调动更加丰富的媒体资源塑造我国对外传播的国家形象需要媒体、政府乃至每一位公民的努力。

7．李子柒在海外视频网站爆红，分析网红出海现象。［复旦大学 2021 年研］

相关试题：

（1）Briefly analyze the significances of Li Ziqi′s phenomenon to the enhancement of Chinese culture softpower.［清华大学 2021 年研］

（2）谈谈对李子柒现象的看法。［华侨大学 2022 年研］

答：（1）李子柒走红的海外背景。

2021 年 2 月 2 日，吉尼斯世界纪录官方微博发文宣布，2021 年 1 月 25 日，短视频博主李子柒以 1410 万的 YouTube 订阅量刷新了由她创下的“最多订阅量的 YouTube 中文频道”的吉尼斯世界纪录称号。

在这之前，李子柒在 2020 年 7 月 16 日获得 1140 万的 YouTube 订阅，并被列入《吉尼斯世界纪录大全 2021》。

李子柒作为中国传统美食博主，刚刚入驻 YouTube 3 个月，就摘夺银牌奖，且几乎每个视频，播放量都在 500 万以上。在李子柒的视频里，她自己种花种菜种庄稼，用古老炊具按照古法工序，烹饪美食；她还会钻研蜀绣，尝试活字印刷，手作传统文房四宝……前段时间，她还受邀访问马来西亚，与其皇室成员会面，将文房四宝赠予老国王，被当地网络媒体《当今大马》和中文媒体《中国报》报道。

李子柒独特的东方气质和古色古香的生活在不断地吸引着热爱中国文化的全球粉丝。

（2）网红出海的原因。

在短视频平台和网络红人们白热化竞争的现阶段，越来越多的网络红人被快速推上热榜，又快速被人遗忘。这个行业里，流量和变现是从业者焦虑的焦点。随着近两年国内短视频内容的崛起，MCN 逐步进入大众视野。在国家政策和媒介技术的支持下，一些中国网红选择出海，进行了自己的国际化转型。

①收益增量。

网红出海，是优质人设化 IP 内容输送到国际，通过内容及运营，在国际上占据一席之地。海外的 YouTube 等内容平台体量较大，也建立了用户、广告商、内容创作者之间完整的闭环营收模式。创作者只要有足够好的观看量就会获取相应广告收益，获得了自由创作空间。与此同时，MCN 基于自身特点，选择长板发力，拓展了业务边界，有了 MCN + MCN，或者 MCN 的 MCN 组合。通过 MCN 的辅助运营推广，增加网红自身的收益。

②海外布局。

网红在海外积累一定量的粉丝，也把国内的商品推销到国外，带来了未来商业合作的可能性。

③出口转内销。

通过在海外的影响力打造，在国内可获得更大知名度，提升国内市场所带来的收益，出口转内销有很好的势能。

(3)内容特点、优势。

①充实的声画内容弥补语言差异。

从形态上看，目前成功的中国网红都是通过没有旁白的视频进行传播。在李子柒的短视频中，除标题外，其余文字并无翻译，但却不影响海外受众的观看，这其中的一部分原因是短视频中的文字占比较少，另外一个更重要的原因则是画面叙事的表现力。其短视频主题大体上都是围绕某一事物的制作过程展开，通过时间顺序，利用蒙太奇手法，大大提升了视听语言传递的有效性和真实性。

②个体视角的微观叙事、生活视角叙事。

有别于国内其他对外宣传视频中常见的宏大叙事，大多数中国网红都是从个体视角，简单地对中国式的衣食住行进行描绘，使人们感受到生活的美好和中国传统文化的魅力，不经意间把中国文化传向世界，讲好了中国故事。

比如李子柒的视频中均以其自身为唯一主角，采用了个体视角、微纪录片的形式讲述了关于食物与手作艺术的故事，契合西方个人主义文化所偏好的平民视角叙事，对于海外受众来说，也更具有文化亲近性和真实性。

③注重文化通约性的最大公约数。

每个国家和民族都有自己独特的文化，在进行跨文化传播时，不可避免地会出现文化折扣现象。为了最大限度地消除这种文化折扣，要包容异国文化的差异性。

大部分成功出海的网红始终遵循“文化通约性”和“文化接近性”，以寻求缩小文化冲突时的最大公约数，找到各个国家和民族共通的人性之美，激起广泛而深刻的情感共鸣。

比如李子柒大部分短视频里有和奶奶一起坐在院子里吃饭的画面，还有几个视频专门为奶奶制作，这样的视频能够触动受众心中最柔软的部分，引起人们情感的共鸣。有外国网友表示，看到李子柒和她奶奶就想到了自己的奶奶。

④异域文化符号赋魅。

很多成功的海外短视频都是一次典型的基于中国传统文化符号表征的视觉修辞实践，比如李子柒的文本中就整合了异域风情的中国美食文化、手工艺和古典的服饰、音乐等符号进行隐喻性编码。遥远的带有古典色彩的东方文化符号赋予了文本神秘的光晕，也为来自异质文化图式的国际公众构建了脱离其本土现实日常的美好乡野想象。

(4)网红出海的意义。

①提升和扩大国家文化软实力。讲好中国故事是提高文化软实力，扩大中华文化影响力的基本途径。每个人都肩负着讲解中国故事的使命，李子柒在其视频中对中华文明成果的再现，强调了中华文明的源远流长，充满浓浓的中国风，是对中国传统文化的全角度、全过程展现，一定程度上缓解了西方国家对中国人的负面刻板印象，让中国文化备受关注。

②增强文化自信和推进文化多元发展。文化是国家和民族的灵魂，一个强大的国家不仅要有强大的物质基础，同时也要有深厚的精神根基。中华民族有5000多年的悠久历史，中华文化丰富多样且博大精深。中华文明不仅是中国的宝贵财富，更是人类文明的瑰宝。更多的网红出海有利于实现文化走出去，建立强大的文化自信。

③提高中国国际文化竞争力。李子柒以一己之力描摹出了一个理想的东方田园生活，在YouTube上有1410万粉丝，媒体通过一系列的数据得出：李子柒的文化输出，超过500个孔子学院。李子柒所展现的田园生活、乡村美学在文化的碰撞中展现出中国姿态。

(5)对网红出海的建议。

①顺应社交媒体视频化发展趋势，积极利用YouTube平台开展国际传播工作。

伴随着多媒体技术与5G网络技术快速发展，视频逐渐成为互联网流量的中流砥柱，国际传播要顺应社交媒体视频化的发展趋势，通过声音、画面、符号等更为丰富的载体进行跨文化传播，规避文字载体的语言障碍，降低传播中的“文化门槛”。同时，积极拓展在YouTube这一全球最大的视频类社交平台的传播渠道，借助平台已有的用户规模、国际布局、技术优势，准确把握社交媒体传播规律，有效延伸对外传播能力，提升国际传播效果。

②大力发展中国出海社交平台，应对欧美社交平台“信息过滤机制”。

以YouTube为代表的海外社交平台在为中国国际传播带来新机遇的同时，其“信息过滤机制”等算法围堵存在隐蔽性，对中国国际传播“借船出海”的有效性带来挑战和风险。

目前，社交平台已经成为各国开展舆论斗争的“新武器”，2019年12月，中国国际电视台推出的新疆反恐纪录片被YouTube以涉嫌违规为由下架停播，显示了西方媒体的“双标式新闻自由”。

海外社交平台通过“信息过滤机制”等手段，在不关闭中国媒体账号、不发生正面冲突的情况下，降低涉华主题的内容曝光率，这是一种算法层面的舆论控制。

因此，在借用YouTube等海外社交平台加强中国国际传播的同时，更需要加强对中国社交平台海外市场拓展的支持力度，巩固既有海外发展优势，进而将国际传播工作向TikTok等中国出海社交平台延展、倾斜，提高应对欧美社交平台“信息过滤机制”的能力。

③多元传播，培育国际传播网红群体，提升“人格化”传播感染力。

长期以来，中国的国际传播工作以国际机构和传统主流媒体为主，李子柒等民间传播主体的海外走红，显示出公共外交时代多元传播主体在国际传播中大有可为，为开展跨文化传播提供了新思路。建议进一步培育国际传播网红群体，践行“人格化”传播策略，借助独立个体的民间身份，弱化西方国家的抵制、对抗心态，提升“人格化”传播感染力，在自发的民间交流中传播中国文化。

④产业扶植，打造国际传播网红经济产业，提高市场化运营能力。

社交媒体市场已经自发形成了中国网红出海的产业链条，网红运作公司 MCN 的市场规模日趋壮大，李子柒等账号的海外推广背后均有专业运作公司的身影。建议加大对网红运作产业的扶植力度，打造国际传播网红经济产业，提高在社交媒体平台上的市场化运营能力。

⑤统筹布局，丰富“文化出海”赛道，摆脱海外走红偶然性。

面对国际传播工作中的种种壁垒，光靠一个李子柒是远远不够的。当前中国文化海外传播已显示出巨大潜力，民族风俗、美食、太极等优秀传统文化在海外发展起大批拥趸，短视频、游戏、影视剧网络文学等现代流行文化也广受海外欢迎。建议加强统筹布局，丰富“文化出海”赛道，让更多的“李子柒式”网红成为展示中华文化的窗口，扩大垂直细分领域覆盖范围，摆脱传播产品海外走红的偶然性。

第十章　网络传播与社会发展的互动

10.1　考情分析

本章主要介绍了网络舆情、网络文化、数字鸿沟和媒介素养四个部分的内容。考生需掌握网络舆论、舆情的概念及彼此区别，网络文化中粉丝文化与大众文化的概念及区别，数字鸿沟的定义及各种类型，网络时代中如何提升媒介素养等内容。

本章的内容较为宽泛，但都是重点。网络舆论、网络亚文化、粉丝文化、数字鸿沟、媒介素养经常以概念题的形式考查。简答题的热门考点有数字鸿沟的类型、如何弥合数字鸿沟、如何提升网络时代的媒介素养等。

10.2　复习笔记

【视频导学(名师点拨)】

网络传播与社会
发展的互动

扫码看视频导学

【知识框架(庖丁解牛)】

- 网络传播与社会发展的互动
  - 网络与舆情、舆论
    - 舆情与舆论的关系
    - 网络中舆情、舆论的表现与传播途径
    - 网络舆论的产生及发展规律
    - 中国网络舆论发展中的几组关系
  - 网络文化及其影响
    - 内涵
    - 特质
      - 开放性
      - 多元性
      - 分权性
      - 集群性
      - 参与性
    - 构成层面

- 网络传播与社会发展的互动
  - 网络文化及其影响
    - 发展动因
      - 个人诉求
      - 用户互动
      - 主流文化
      - 技术—经济—政治
    - 网络文化与大众文化
    - 网络背景下的亚文化
  - 网络技术与“数字鸿沟”
    - “数字鸿沟”的含义
    - 个体间的“数字鸿沟”
    - 国家或地区间的“数字鸿沟”
  - 网络时代的媒介素养
    - 网络时代公众媒介素养的重定义
    - 网络时代传媒从业者媒介素养的新拓展
    - 网络时代政府机构与官员媒介素养的再认识
    - 三种媒介素养的关系

【考点难点归纳(厚积薄发)】

考点一：网络中的舆情、舆论 ★★★★

1. 舆情与舆论(见表 10－1)

表 10－1 舆情与舆论

要点	具体内容	
舆情	含义	一般是指公众在一定时期和范围内的集体情感、愿望、态度、意见和要求，以及他们在与其相关的公共事务或其关注的特定事件中的表现
	特点	包括：①常态性；②爆发性
	作用	公众关注焦点的呈现，社会民智的集中体现
舆论	含义	在特定的时间和空间，公众对特定社会公共事务公开表达的基本共识或态度
	特点	包括：①公共性；②倾向性；③现实性；④公开性；⑤自主性
	作用	①对个人而言，它能使个人快速感知周围环境变化从而调整自身行为。 ②对社会而言，它有利于维持社会整合，避免意见两极化
二者关系	①舆情可以表达个人的情绪、态度或意见；而舆论表达的是多数人的意见。 ②舆情表达的是不同的情绪、意愿、态度和意见互相交错的总和；而舆论强调的意见是共同的、一致的。 ③舆情所表达的意见态度既可以是公开的，也可以是内隐的；而舆论必须是公开发表的意见。 ④舆情不一定都上升成舆论；舆论不一定要靠舆情做支撑。 ⑤舆情可以被监测和调控；舆论监督是舆情监控的重要组成部分，舆论引导是规范舆情的重要手段	

2. 网络中舆情、舆论的表现与传播途径(见表10-2)

表10-2 网络中舆情、舆论的表现与传播途径

要点	具体内容	
含义	网络舆情主要以网络为载体、以事件为核心，它是广大网民表达情感、态度、意见和看法，进行沟通和互动，以及后续影响力的集合。舆情和舆论是网民网络心理情绪的综合体现	
表现	事实性信息	将意见和态度隐含在信息中，包括报道频率、版面位置等
	意见性信息	直接在平台公开表达自身意见
传播途径	既要关注在各种社交平台、新闻报道中公开表达的意见性信息，也不能忽视隐含在事实性信息中的情绪	

3. 网络舆论的产生及发展规律

(1)网络舆论的产生过程，见表10-3。

表10-3 网络舆论的产生过程

要点	具体内容
热点事件引关注	议题事件的出现，即在网络中某一话题的出现，是网络舆论形成的伊始
讨论的扩散	热点问题引起网民的广泛关注与热烈讨论，并通过网络中的人际传播、群体传播、组织传播、大众传播各种途径扩散开来
意见的整合	分散开的网络舆论，在舆论领袖的权威意见下加速凝聚，从而产生多数人的共同意见

(2)网络舆论与外界的互动，见表10-4。

表10-4 网络舆论与外界的互动

要点	具体内容
与传统媒体互动	①传统媒体对网络舆论焦点进行大篇幅、高频率的报道。 ②频繁的报道也会扩大焦点的传播范围，吸引更多关注
与现实空间舆论互动	线上与线下意见相互交织，彼此影响

4. 中国网络舆论发展中的几组关系

(1)网络舆论与现实民意，见表10-5。

表10-5 网络舆论与现实民意

要点	具体内容
关系	网络舆论不等同于现实民意，但它是一个重要参数，有助于对社会背景与社会现实进行深入了解
不等同的原因	①从主体上看，网民的构成呈现出多元化的趋势，但现实中仍未覆盖所有阶层。 ②从意见表达的角度来看，并不是所有的网民都会在网络上公开表达自己的意见，网络舆论只是显性的一部分。 ③网络民意受意见领袖、媒体组织等多方面的影响，用户表达的意见可能不完整、不真实

(2)网络舆论与网络暴力，见表10-6。

表 10－6　网络舆论与网络暴力

要点	具体内容
关系	网络舆论与网络暴力之间存在联系，由于表达的非理性，网络舆论有时会愈演愈烈，从而转变成网络暴力
网络暴力的形式	①侵犯当事人的名誉权，即在网络上发表一些对当事人具有侮辱性、伤害性且未经证实的言论。 ②侵犯当事人的隐私权，即在未经过当事人的允许下，在网络上公开当事人的个人隐私。 ③侵犯当事人的人身权，即在正常生活中对当事人进行行为和言语上的骚扰
网络暴力形成的原因	①互联网虚拟化、匿名性的特点。 ②网民的从众心理。 ③网络传媒“把关人”的缺失。 ④目前我国相关法律不够完善，对网民无法形成强烈的约束

(3)网络舆论与司法独立，见表 10－7。

表 10－7　网络舆论与司法独立

要点	具体内容
关系	①网络舆论是民意的代表，因此能够对司法机关进行舆论监督； ②网络舆论若超出其边界，带来媒介审判，会干扰司法机关的工作
启示	我们不能完全忽视网络舆论的影响而片面地强调个案正义，更不能为迎合网络舆论而对司法公正置若罔闻，应在积极利用网络舆论监督司法公正的同时，极力避免网络舆论的不当干预，使网络舆论与司法公正协调统一。坚守司法独立性，同时尊重民众意见表达

(4)网络舆论与道德困境，见表 10－8。

表 10－8　网络舆论与道德困境

要点	具体内容
背景	随着网络民意主体的多样化和自发性，网络民意越来越关注深层次的社会问题，发挥着越来越重要的作用。但目标的正当性与过程和手段的不合理性之间的冲突也导致了道德焦虑与困惑、网络“旁观者”和道德判断等一系列道德困境
表现	①习惯性地建立道德框架，进行简化的价值判断，以集体力量形成道德判断。 ②对当事人进行攻击，只在乎目标的正义，而忽视手段的正确与否

考点二：网络文化及其影响　★★★★

1. 网络文化的内涵及特质(见表 10－9)

表 10－9　网络文化的内涵及特质

要点		具体内容
内涵		网络文化是以网络信息技术为基础，在网络空间中形成的文化活动、文化方式、文化产品和文化观念的集合。它是社会文化在现实中的延伸和多样化表现
特质	开放性	个人可以不再依靠主流媒体机构的力量，广泛参与到主流文化的创造中
	多元性	网络文化的多元性体现为：①主体的多元；②形式的多元；③价值取向的多元

续表

要点	具体内容	
特质	分权性	没有哪位用户可以主导主流文化的塑造，所有用户参与文化生产都是平等的。即使存在话语中心、意见领袖等，其地位也并非固定不变
	集群性	①包括特定社区群体或者以某热点事件为中心临时形成的人群集合。 ②集体的力量促进了网络文化的形成，影响力与日俱增。 ③群体互动下也容易产生从众、群体极化、去个体化等群体心理
	参与性	①网络强调用户的主动参与，改变了传统媒体单向传播模式下的被动参与。 ②用户是网络文化最重要的主体，也是网络文化的基本单元，用户的积极参与造就充满活力的网络文化

2. 网络文化的构成层面(见表10－10)

表10－10　网络文化的构成层面

要点	具体内容
网络文化行为	人们在网络中的行为和活动是网络文化其他方面形成的基础
网络文化产品	个人用户或组织利用网络传播的各类原创性文化产品，例如表情包等
网络文化事件	网络平台中出现的一些具有文化意义的社会事件
网络文化现象	网络用户的行为或文化产品有着共同特征，从而形成特定的文化现象
网络文化精神	网络文化的内在价值取向与特质
网络文化产业	信息技术与文化创意产业形态的融合，包括数字游戏、互动娱乐、影视动画、立体影像、数字学习、数字出版、数字图书馆、数字表演、网络服务、内容、软件等
网络文化制度	网络文化推动社会制度发展、变化甚至变革
网络文化秩序与格局	网络文化不同主体之间形成的关系和秩序，以及不同层次文化之间的关系和态度

3. 网络文化的发展动因(见表10－11)

表10－11　网络文化的发展动因

要点	具体内容
个人诉求：网络文化的原动力	个体都有情绪表达的诉求，网络空间包容性强，其中产生的各种行为、活动，虽无明确目的，但却是网络文化发展的基础
用户互动：网络文化的助推力	用户互动的作用：①放大个体行为影响；②聚合个体行为能量；③孕育群体文化；④促进文化产品传播；⑤造就网络文化精神
主流文化：网络文化的初始标靶	网络文化发展初期具有草根性、边缘性，与主流文化形成鲜明对比。在挑战主流文化的过程中，完成主流文化自身构建
技术—经济—政治：网络文化的外部力学系统	①数字技术是网络文化形成的物质保障。 ②经济力量影响网络文化的发展轨迹和格局。 ③政治力量作用于网络文化的走向和起伏。 ④三者并不是孤立地起作用的，而是形成一种合力，推动网络文化呈现新的发展景象

4. 网络文化与大众文化(见表 10－12)

表 10－12　网络文化与大众文化

要点	具体内容
大众文化的内涵	大众文化是一个特定的范畴，它主要是指兴起于当代城市，与当代工业密切相关，随着现代媒体[尤其是电子媒体]的全球化而大规模生产的当代文化媒介形式
两者区别性	①大众文化是人类进入工业时代和商品经济的产物；网络文化则是信息时代所独有的文化形态。 ②大众文化是一种相对于精英文化而言的概念，网络文化绝不是对单一的某种文化的称呼，而是因其载体而得名。 ③大众文化产生于现实生活的世界，所有的文化都以“物质”的形式存在；而网络文化则是以计算机技术和各种应用软件技术为支撑
两者关联性	①网络文化主体和大众文化主体都是社会上范围最广泛的民众，他们在身份上没有特殊要求。 ②大众文化在网络空间找到了崭新的发展平台，互联网也成为大众文化发展的强有力的表现形式。 ③两者所追求的价值目标受网络媒介的影响，表现出多元化价值观，并且都在一定程度上满足个体精神消遣娱乐的需求

5. 网络背景下的亚文化(见表 10－13)

表 10－13　网络背景下的亚文化

<table>
<tr><th>要点</th><th colspan="2">具体内容</th></tr>
<tr><td>亚文化的概念</td><td colspan="2">网络亚文化是指存在于网络虚拟空间的边缘文化，是互联网用户在网络逐渐形成、信奉和遵循的背离主流文化价值观，行为模式，等等。相对于网络主流文化，网络虚拟空间中存在的边缘文化，是网民在网络中逐渐形成、信仰和实施的一种独特的文化价值体系、思维方式和生活方式</td></tr>
<tr><td>亚文化形成的主要原因</td><td colspan="2">①虚拟现实带来的集体狂欢。网络的匿名性决定了网络世界的虚拟性，这使得人们更容易说出隐藏在心里的真实想法。
②使用与满足的过程。网络空间具有高度包容性，网络亚文化迎合了有特殊需求的群体的爱好。
③网络技术的推动。互联网技术降低了过去信息发布的门槛，打破了“沉默的螺旋”，人们更愿意表达自己的个性化观点</td></tr>
<tr><td>网络中亚文化发展的可能</td><td colspan="2">①网络亚文化可分为民族亚文化、职业亚文化和越轨亚文化。
②对于民族亚文化来说，只有克服“数字鸿沟”的障碍，才能在数字时代迎来新的发展。
③对于越轨的亚文化来说，网络本身强调自由表达，对于受众的统一标准是薄弱的。因此，对于“越轨群体”，网络则更像庇佑所。
④亚文化发展的一个温床是社区。社区中的网民大多拥有相同兴趣与爱好，从而聚集起来</td></tr>
<tr><td rowspan="2">网络亚文化的影响</td><td>积极影响</td><td>①网络亚文化作为一种新的文化和信息载体，为人们接触和学习主流文化提供了新的渠道。
②为个性发展提供更为广阔的空间。
③对社会的整体文化起着“修补”的作用，拓宽了社会整体文化的外延</td></tr>
<tr><td>消极影响</td><td>①许多亚文化其实充斥着低俗，影响青少年价值观。
②泛娱乐化影响人们的认知</td></tr>
<tr><td>亚文化与主流文化的关系</td><td colspan="2">①文化是主流文化的亚文化，具有自身的基本特征和独特性。
②非抵抗性文化扩张，亚文化意识与主流意识逐渐融合，拓展了主流文化意蕴</td></tr>
</table>

6. 网络中的典型文化现象(见表10－14)

表10－14 网络中的典型文化现象

要点	具体内容	
黑客	①自由不羁的精神。 ②反传统、反权威、反集权。 ③分化严重，逐渐演变为社会安全的威胁	
恶搞	含义	在已有资源(如新闻图片)基础上进行二次创作，包含各种搞笑犯贫元素
	特征	①解构主流文化、多元化追求。 ②参与主体以平民为主。 ③手段、类型多样
	产生背景	①对主流文化的挑战。 ②对自由表达权力的向往。 ③顺应娱乐化潮流。 ④心理情绪释放的方式。 ⑤社区文化交流的“触发装置”
	消极影响	①损害他人隐私权、名誉权、肖像权等。 ②侵犯原作品版权。 ③演化为集体性网络暴力。 ④简单模仿带来文化趋同和单一
粉丝	含义	俗称追星族，即崇拜某明星、艺人或事物的一种群体
	网络与粉丝文化	①网络使得粉丝的集结、互动更加方便。 ②网络扩张了粉丝的“生产”行为
网红	含义	在现实或网络生活中，网民因某一事件或某一行为，或长期不断输出专业知识而成为热门的人
	特征	①更迭速度快，与特定网络发展阶段相匹配。 ②平台依赖性高，影响力与特定平台相关。 ③普通民众造就，民间表决的结果。 ④内涵延伸，不再是单一文化概念，也有经济含义
段子	含义	指带有幽默诙谐色彩的语体，带有趣味性色彩的语言片段
	特点	①民间自发创作，体现了民间智慧。 ②观察舆情的窗口，有特定社会背景。 ③促进人际交流，区分不同人群
表情包	含义	指一种利用图片来表示感情的方式，分为静态图片与动态GIF图像两种
	特点	①多种媒体方式的组合表达。 ②并无非常严谨的意义指涉，解读内涵丰富。 ③记录某个特定人物或事件，时代特征鲜明。 ④不同年龄群体对表情包的解读有明显区别

考点三：网络技术与“数字鸿沟” ★★★★

1. “数字鸿沟”的含义

数字鸿沟的实质是以互联网为代表的新兴信息通信技术在普及和应用上的不平衡现象。这种不平衡不仅体现在个人之间的技术掌握程度上，也体现在不同地理区域和不同发展水平的国家之间。

2. 个体数字鸿沟(见表 10－15)

表 10－15 个体数字鸿沟

要点	具体内容	
具体类型	知识沟	由美国学者 P. J. 蒂奇诺等人提出，认为社会经济条件好的人比差的人以更快的速度获取信息，大众传播媒介传送的信息越多，这两者之间的知识鸿沟也就越有扩大的趋势
	上限效果	由美国学者 J. S. 艾蒂玛和 F. G. 克莱因提出，个人对特定知识的追求并不是永无止境的，达到某一“上限”[饱和点]后，知识量的增加就会减速乃至停止
	信息沟	由N. 卡茨曼提出，着眼于新传播技术的发展，新传播技术的采用并非对全体社会成员都是均等的，富裕阶层更有信息优势
产生原因	包括：①收入差异；②种族差异；③受教育程度差异；④地区差异；⑤性别差异；⑥年龄差异；⑦家庭结构差异	
具体表现	①经济原因导致部分人群获取不到媒介信息。 ②媒介素养的差异包括媒介使用技能、信息获取能力、利用互联网改善自身待遇的能力、网络话语权等方面的差异。 ③老年群体与年轻群体在网络时代的适应度差异	

【考点拓展】强大效果论

强大效果论是指大众传播只要在正确的环境中使用正确的传播技巧就能产生强大的预期效果的理论。该理论是从建构传播语境的角度对有限效果论的某种反驳，但并非“子弹论”的回归，它审慎考察了产生强大效果的诸种条件。这类研究较多集中于电视，将其视作具有强大影响力的新媒介。

3. 国家或地区间的数字鸿沟(见表 10－16)

表 10－16 国家或地区间的数字鸿沟

要点	具体内容
产生原因	①技术进步为数字鸿沟带来新的内涵。经济合作与发展组织(OECD)将数字鸿沟界定为：“不同社会经济地位的个人、家庭、企业和地区在接近信息通信技术和使用互联网从事各项活动的机会上的差距。” ②各国或地区发展水平不一致。不一致的发展水平，使得各国或地区使用者能力和技能产生差异，从而产生第二层次的数字鸿沟。比如有电脑和网络却不知如何上网。 ③信息与知识的获取与利用能力不同。有学者指出，数字鸿沟不仅指实际接触电脑和网络机会上的差别，也指人们利用信息通信技术去获得附加资源的差距

续表

要点	具体内容
影响后果	①数字鸿沟不仅是社会状态，而且是社会后果和社会问题。在信息资源已经成为国家经济实力和国际竞争力的核心战略资源的今天，国家或地区之间由于因特网基础设施建设和操作技术普及水平差异，造成信息资源获取能力的巨大差距。 ②影响弱势国家的经济实力与国际竞争力。不同人群之间收入、受教育水平、所处地域及种族等方面的差异造成对因特网技术掌握和运用的差异，进而导致了不同群体在社会中面临的机遇、待遇不等，出现信息落差、知识分隔和贫富分化等问题
应对措施	①要加强核心技术的科研和开发，加快信息化产业发展。 ②大力借鉴国际通行的政策。 ③加快信息化人才培养和计算机知识普及

考点四：网络时代的媒介素养 ★★★★

1. 网络时代公众媒介素养与传媒从业者媒介素养(见表10－17)

表10－17　网络时代公众媒介素养与传媒从业者媒介素养

要点	具体内容	
公众媒介素养	媒介使用素养	①掌握相关技术。 ②合理、合法及节制地使用
	信息消费素养	①筛选有效信息的能力。 ②对信息的辨识、分析与批判能力
	信息生产素养	①负责任地发布信息和言论。 ②负责任地进行信息再传播
	社会交往素养	包括：①运用网络进行交往的能力；②选择交往对象、维护交际网络；③尊重他人权利
	社会协作素养	①与他人协同工作达成一致目标的能力。 ②在协同系统中自我定位的能力。 ③与协同工作的他人进行有效沟通的能力
	社会参与素养	①关注公共事务，积极参与公共话题交流。 ②尊重公共规则和他人的表达权，理性表达与讨论
传媒从业者媒介素养	对社会化媒体的认识与运用能力	①认真辨别虚假信息、不实信息。 ②碎片信息的整合能力。 ③运用社会化媒体进行全方位的拓展。 ④把握个体行为与机构行为的界限
	网络时代的数据与技术素养	①弱化抵触心理，接受新技术的发展。 ②形成与大数据技术相匹配的思维。 ③将人的能力与机器数据处理能力结合，互为补充

2. 网络时代政府机构与官员媒介素养的再认识(见表10－18)

表10－18 网络时代政府机构与官员媒介素养的再认识

要点	具体内容
对媒体及网络角色的认知及权利保障	①正确认识媒体的角色、功能，理解现代大众传播规律。 ②调整和完善相关制度，确保新闻媒体正常履行职责，自觉接受新闻媒体的监督。 ③尊重与保障公众的表达和传播权利，维护传播秩序并保障媒体及公众言论表达权
信息公开渠道的建设与保障	建设与维护信息公开渠道，保障相关信息的持续公开
与媒体及公众的对话能力	畅通与民众沟通、交流的渠道，调整自身的角色与态度

3. 三种媒介素养的关系

公共媒体素养、媒体从业人员的媒体素养以及政府机构和官员的媒体素养同样重要。网络空间信息纷繁复杂，只有三者都提高自身的媒介素养，才能最大程度地保证各个环节中信息的准确传播。

10.3 课后习题详解

1. 你如何看待舆情与舆论的关系?

答:舆情与舆论是一对相互关联的概念，二者既有区别又有联系。

(1)舆情与舆论的含义。

舆情，一般是指公众在一定时期和范围内的集体情感、愿望、态度、意见和要求，以及他们在与其相关的公共事务或其关注的特定事件中的表现。

舆论，指在特定的时间和空间，公众对特定社会公共事务公开表达的基本共识或态度。

(2)舆情与舆论的关系。

①舆情可以表达个人的情绪、态度或意见；而舆论表达的是多数人的意见。

②舆情表达的是不同的情绪、意愿、态度和意见互相交错的总和；而舆论强调的意见是共同的、一致的。

③舆情所表达的意见态度既可以是公开的，也可以是内隐的；而舆论必须是公开发表的意见。

④舆情不一定都上升成舆论；舆论不一定要靠舆情做支撑。

⑤舆情可以被监测和调控；舆论监督是舆情监控的重要组成部分，舆论引导是规范舆情的重要手段。

2. 你如何看待网络中的舆情、舆论与现实社会的舆情、舆论间的关系?

答:网络时代三种不同主体的媒介素养分别是公众媒介素养、传媒从业者的媒介素养以及政府机构与官员的媒介素养。这三者是同时存在、相互依赖的三足鼎立关系，对于一个平衡的、积极的信息传播系统来说，这三者缺一不可。

(1)政府机构与官员的媒介素养决定“环境”质量。

无论是作为“管理者”的政府机构及官员在传播系统中的管理理念与方式，还是作为“使用者”的政府机构与官员对媒体及公众舆论的态度，都会直接影响公众对于政府整体管理水平与社会发展的信心。所以媒介素养是政府管理与服务能力中非常重要的一部分。

(2)传媒从业者的媒介素养决定公共信息产品质量。

尽管大众媒体有着专业运营经验，有一大批受过专业训练的从业者，但在网络时代，公众对媒体的要求越来越高，媒体及从业者只有不断提升自己，才能适应形势的发展。在网络时代，信息生产者和消费者的角色日益模糊，也在时时进行着相互转化。因此，传媒人需要不时地把自己当作“消费者”，从公民新闻的生产中吸取能量，从而增强传媒从业者作为“生产者”的能力。

(3)公众媒介素养决定信息产品的转化效果。

公众的媒介素养与他们作为现代社会公民的素养紧密相关，因为作为公民参与社会公共事务的能力，在很大程度上体现为他们从媒体获得有效信息、通过包括社会化媒体在内的公共话语空间进行理性表达与交流的能力。这样一种素养的培养与提高，不仅取决于公众本身，也取决于管理者所提供的环境。

无论是哪种主体的媒介素养，都不仅仅是一种传播素养，而更是社会发展以及变革(特别是政治变革)所要求的能力的某种体现。三种素养互相作用、相辅相成，共同在信息传播系统中发挥各自的作用。

【真题链接】新媒体时代网络舆论的具体形态和特征。[华科2022年研]

3. 网络文化有哪些构成层面?

答: 网络文化是以网络信息技术为基础，在网络空间中形成的文化活动、文化方式、文化产品和文化观念的集合。它是社会文化在现实中的延伸和多样化表现。网络文化的构成层面主要包括以下几个方面:

(1)网络文化行为。

人们在网络中的行为和活动是网络文化其他方面形成的基础。

(2)网络文化产品。

个人用户或组织利用网络传播的各类原创性文化产品，例如表情包等。

(3)网络文化事件。

网络平台中出现的一些具有文化意义的社会事件。

(4)网络文化现象。

网络用户的行为或文化产品有着共同特征，从而形成特定的文化。

(5)网络文化精神。

网络文化的内在价值取向与特质。

(6)网络文化产业。

信息技术与文化创意产业形态的融合，包括数字游戏、互动娱乐、影视动画、立体影像、数字学习、数字出版、数字图书馆、数字表演、网络服务、内容、软件等。

(7)网络文化制度。

网络文化推动社会制度发展、变化甚至变革。

(8)网络文化秩序与格局。

网络文化不同主体之间形成的关系和秩序，以及不同层次文化之间的关系和态度。

4. 网络文化是否会突破大众文化的局限?

答: 大众文化是一个特定的范畴，它主要是指兴起于当代城市，与当代工业密切相关，随着现代媒体尤其是电子媒体的全球化而大规模生产的当代文化媒介形式。

(1)网络在一定意义上丰富了“大众文化”。用户参与大众文化创造的门槛降低，每个人在网络空间中的表达是自由的，同时各种圈层的存在也催生了更加丰富的文化类型。

(2)网络文化与大众文化是共存的，网络文化很难动摇大众文化的根基。原因如下:

①网络的“个性化”也带有大众特征。

网络从开始出现时便带有开放性、个性化特征。它强调用户可以自由选择信息，然而用户接触到的信息依然还是大工业机器生产出来的，与个性化相差甚远。

②用户生产的内容只是另一种形式的“大众文化”。

用户生产内容越来越普遍，这丰富了内容的多样性。但网络用户在现实中不可避免地受到大众文化的影响，因此其在网络中生产的内容依然带有强烈的大众文化色彩，不过是从线下复制到了线上空间。

③社会化互动对个性的抑制。

人是社会化动物，在社会化的互动中，人们的意见、观点会受到一定程度的影响。而用户生产的内容，很多都是在各种渠道影响下发布的，其实反而抑制了个性。

④网络文化生产的逐利性没有改变。

即使到了网络空间，多数博主生产内容依然是为了满足用户需求，更好地获利。

5. 试分析网络时代的一种文化现象。

答: 网络用户的行为或文化产品都会表现出某种共同的趋势或特征，形成某种文化现象，即网络文化。网红现象是如今互联网中受到大量关注的文化现象，其兴起的过程体现了一般网络文化的某些特征。

(1)网红的概念。

网红是指在现实或网络生活中，网民因某一事件或某一行为，或长期不断输出专业知识而成为热门的人，例如网红李子柒通过 YouTube 上传原创美食和生活视频，成为目前 YouTube 上最有影响力的中国原创博主，柔性传播了中国传统田园文化理念和价值观。

(2)网红的发展特征。

①更迭速度快，与特定网络发展阶段相匹配。网红拥有与网络发展特定阶段相匹配的表达能力，熟练掌握媒介的使用。

②平台依赖性高，影响力与特定平台相关。网红的成名大多发源于特定的平台，从而平台会给予他们更多的曝光。

③普通民众造就，民间表决的结果。网红的火爆大多来自网民自发的认可，涉及价值观、审美等各种因素。

④内涵延伸，不再是单一文化概念，也有经济含义。网红不再仅仅是一个文化意义上的词语，也成为了经济概念。网红经济也是驱动经济发展的因素之一。

6. 网络中个体间的数字鸿沟表现在哪些方面?

答: 在传统媒体时代，个人之间的数字鸿沟已经出现，而网络技术使这一问题更加突出。数字鸿沟的含义及网络中个体间的数字鸿沟的表现如下:

(1)数字鸿沟。

数字鸿沟的实质是以互联网为代表的新兴信息通信技术在普及和应用上的不平衡现象。这种不平衡不仅体现在个人之间的技术掌握程度上，也体现在不同地理区域和不同发展水平的国家之间。

(2)个体间的数字鸿沟的具体表现。

①经济原因导致部分人群获取不到媒介信息。

②媒介素养的差异包括媒介使用技能、信息获取能力、利用互联网改善自身待遇的能力、网络话语权等方面的差异。

③老年群体与年轻群体在网络时代的适应度差异。

【真题链接】

(1)简述"数字鸿沟"的概念及其在新媒体时代的研究应用领域。[华侨大学2022年研]

(2)知识沟的成因。[北京大学2022年研]

(3)新媒介时代如何弥补数字鸿沟?[郑州大学2022年研]

7. 网络是否会加速社会阶层或人群的分化?你的判断及理由是什么?

答: 随着技术的进步，传统意义上的数字鸿沟可能会逐渐缩小，但使用数字技术而造成的人口分化问题可能会日益突出。理由如下:

(1)不同网络应用造就不同的社交"圈子"。

网络应用发展迅速，不同的应用有其特定的用户群体，甚至存在以应用为中心的用户社区。不同应用间界限分明，用户因为身处不同应用平台，彼此之间缺乏交流，从而产生人群区隔。同一应用内部也会有不同的圈子，由于在每个圈子中用户的融入度不同，也会产生分化。

(2)网络中"人以群分"更为明显。

由于同一圈子中用户兴趣、社交等联系，用户更容易向自己所在的圈子靠拢，而排斥其他人群。同一圈子内部的认同感更强，网络用户形成群体分化。

综上，数字鸿沟不仅仅只是数字技术快速发展下，个体间使用能力的差异。同时，由于不同群体的掌握能力不同，也会带来社会阶层、社会圈子的重新分化。

8. 如何认识网络时代三种不同主体的媒介素养的关系?

答: 公共媒体素养、媒体从业人员的媒体素养以及政府机构和官员的媒体素养同样重要。网络空间信息纷繁复杂，只有三者都提高自身的媒介素养，才能促进信息生产、传播等环节的良好运转。

(1)政府机构与官员的媒介素养。

①政府机构与官员是"媒体管理者"的角色，他们的媒介素养高低决定了媒介环节的质量。

②政府机构与官员又是"使用者"的角色，公众舆论也是他们工作中的重要参考。

(2)传媒从业者的媒介素养。

①传媒从业者承担着信息的生产，是生产者的角色，他们的媒介素养，决定了公众接收到的信息产品的质量。

②在网络时代，信息生产者和消费者的角色产生新变化。人人都是生产者的时代，媒体人更需要将自己代入公众的立场，从其获取更多能量，增强自己作为“生产者”的能力。

(3)公众媒介素养。

①公众是信息的主要消费者，他们的“消化吸收”能力，决定了信息产品的转化效果。

②同时公众的信息生产也越来越普遍，公民新闻的出现也意味着公众需要不断增强自身的责任意识。

10.4 考研真题与典型题详解

一、概念题

1. 舆情

答：舆情是社会民众在一定的历史阶段和社会空间内，对关乎自己切身利益的公共事务(事项)或自己关心的特定事件所持有的群体性情绪、意愿、态度、意见和要求的总和及其表现。舆情可分为潜性舆情和显性舆情。潜性舆情是指社会群体还没有表露出来的心理倾向性；显性舆情是指社会群体已经表达出来的意见、建议等。社会情绪是舆情的低级形态，舆情的高级形态就是社会思潮。舆情都由舆情的主体、客体、激体、本体、承体等“五体”构成，只是在不同的舆情中，各构成要素的表现形式各不相同。舆情和舆论是相区别的，但是发展到一定规模就会形成社会公众舆论。

2. 意见整合

答：意见整合是指媒介利用辐射面广、接收信息多的优势，将公众的分散的意见加以集中统一，综合提高，使之成为相对一致的群体意见。这是一个意见的分离聚合、消除蜕变、迁移转换、归类重组的复杂过程。在整合过程中，媒介对舆论意见具有优化作用，能够对舆论意见进行选择、概括、提炼、深化，形成合理意见。经过整合，相对一致的共同意见容纳了许多人的见解，成为个体知觉的总和，构成了不可分割的意识和见解的整体，它的理性程度大大加强，意见质量提高很多。

3. 网络暴力

相关试题：网络暴力具有什么特点、表现形式，会造成什么社会影响？[简答题，厦大2022年研]

答：网络暴力是一种网络失范行为，是网民对当事人或者组织实施的以制造心理压力为手段，以迫使当事人或者组织屈服的网络攻击性行为的总称，具有隐蔽性、强制性、极端性和侵犯性。因这种行为带有明显的强制性特征，与现实中的暴力类似，故而称为网络暴力。目前来看，网络暴力主要包括网络语言暴力、网络信息暴力(图片、文学作品、短信、电影、直播等)、网络暴力游戏等方面。社会结构的调整、技术的更新、网络社会的生成、网民所处的个人环境及自我脱序等都有可能触发网络暴力。网络暴力作为网络时代的一种软暴力，是一把“双刃剑”：一方面可以通过群众的道德谴责、网络舆论形成强大的社会舆论压力，阻止道德滑坡，起到激浊扬清的作用。但另一方面也可能助长社会公众尤其是青少年的暴力倾向，放纵不文明言行，淡化法制意识，有造成社会分裂和社会动荡的危险。

4. 司法独立

答：司法独立是指司法权在国家权力结构中的独立性和司法权行使过程中司法主体的自主性。司法独立是宪法分权原则和法治原则的产物，被视为现代法治的基石，是世界各国普遍确立的一项宪法性原则。包含三个层面的含义：①就国家权力的结构而言，司法独立指司法权独立，即独立于立法权与行政权，形成国家公共权力之间相互制约的格局。②就司法权独立的制度表现而言，司法独立指司法机关的独立，因为只有独立的司法机关才能成为独立的司法权的承担者。③就具体形态而言，司法独立指法官的独立。互联网时代，网络舆论监督越位干预司法独立，由于网络传播的开放性和“把关人”的缺失，网络记者和网络公民记者滥用传播权利，随意讨论司法案件，妄加评论和判断，出现媒介越位审判现象。因而，媒体的监督作用应在尊重司法独立的基础上，客观公正地对案件事实进行报道。

5. 网络文化

答：网络文化是伴随着现代科技发展而出现的一种新型文化形态，是网络时代所表现出来的新的文明成果和状态的总和，它作为文化系统的一个子集，除具备文化的一般特质外，还有其独特之处，在技术性、主体性和精神性三个层面表现出独有的特征：技术性特征表现在网络文化的虚拟实在性、全球共享性、交互迅捷性；主体性特征表现在网络文化的个性群体化、大众通俗性、草根平民化；精神性特征体现在网络文化的开放多元性、平等自由性。

6. 草根文化

答：草根文化是新媒体时代“人民文化”的重要形式，强调的是文化主体而非文化属性。草根文化的概念在国内大约于 2005 年末或 2006 年初开始流行，它与新媒体的兴起是前后相随的，包括文学、艺术、戏侃、恶搞电影、滑稽短片、帖子文化、圈子文化、草根时尚、草根偶像、网络新词等。草根文化具有简洁明快、通俗易懂、容易获得流行、反对中心和权威、多元化等特征，与媒介变革紧密相关，并不必然走向庸俗文化。草根文化有利于文化个性的发展、社会正义的诉求、人民群众地位的提高，以及对抗文化利益(集团化)的固化，而对它的引导和扬弃需要建立在深刻把握新媒体信息形成和传播机制的基础上。

7. 文化工业[中山大学 2021 年研；中传 2018 年研；重庆大学 2018 年研；复旦大学 2010 年研]

答：文化工业是法兰克福学派代表人物霍克海默与阿多诺在《启蒙辩证法》一书中提出的一个概念。其批判性含义包括两个层面：①文化工业以艺术为名义，兜售的其实是可以获取利润的文化商品，使大众的闲暇时间变为另一种被剥削的劳动；②文化工业具有浓厚而隐蔽的资产阶级意识形态，在人们忘乎所以地享受文化快感时，隐蔽地操纵了人们的身心乃至潜意识活动。这个概念暗示了现代大众文化的本质属性，表明它不过是商品生产与消费体系的产物。阿多诺认为，“文化工业”作为凭借现代科技手段大规模地复制、传播文化产品的娱乐工业体系，广泛地产生于发达工业社会。它批量地制作和传播大众文化的手段和载体，操纵了非自发的、物化的虚假文化，成为束缚意识的工具和独裁主义的帮凶，并以较从前更为巧妙有效的方式(即通过娱乐)来欺骗和奴役大众，从而最突出地显示了启蒙向意识形态的倒退，进入了大众蒙昧的阶段。

8. 亚文化

相关试题：简述亚文化，谈谈和主流文化的关系。[华东政法2022年研]

答：亚文化又称集体文化或副文化、次文化，是指与主文化相对应的那些非主流的、局部的文化现象，是在主文化或综合文化的背景下，属于某一区域或某个集体所特有的观念和生活方式。1950年大卫·雷斯曼提出大众文化和次文化的差别，并且认为次文化具有颠覆精神。一种亚文化不仅包含着与主文化相通的价值与观念，也有属于自己的独特的价值与观念。亚文化有各种分类方法，罗伯逊将亚文化分为人种的亚文化、年龄的亚文化、生态学的亚文化等。由于亚文化直接作用或影响人们生存的社会心理环境，因此，其影响力往往比主文化更大，它能赋予人一种可以辨别的身份和属于某一群体或集体的特殊精神风貌和气质。

9. 恶搞

答：恶搞是指在高科技互联网支持下的一种新型的恶作剧搞笑行为。较为普遍的看法是该词源于日本ACG的“KUSO”文化，由日本的游戏界传入港台，成了BBS上的一种特殊的文化，后经由网络传遍中国。恶搞的科技含量较高，参与人员多，传播的时效性比较持久，是一种带有游戏性质的、反常规、很随意、非理性的言行举止或艺术行为。恶搞的制作目的多数在行为上不受商业影响，属于自娱自乐、无功利的游戏行为。恶搞者制造出反常规、不协调的作品以突出意料之外的结果，让大家看到依照常规思考问题的法则根本无法想到、做到的，但恶搞者却敢于想、敢于做的奇怪玩意。恶搞的形式主要有以下几种：戏仿文本、图片移植、影片剪辑、歌词篡改、动画造型等。恶搞的传播特性有：①浅层感性的娱乐性；②规约缺失的大众性；③行为失范的颠覆性。网络恶搞现象不是当代中国特有的社会现象，它亦普遍存在于当代西方社会，这就需要立法调整恶搞者和被恶搞者之间的利益关系，平衡恶搞者个人利益和国家、民族的整体利益。

10. 粉丝

相关试题：粉丝文化[东北财经2020年研]

答：粉丝是指狂热的大众文化爱好者和大众文化偶像崇拜者，2005年的选秀节目“超级女声”后大量出现。这个群体在20世纪80年代末、90年代初时叫作“追星族”，微博的兴起，将粉丝一词从娱乐圈扩大到了社会交往的各个领域。粉丝文化是群体自由结合的文化现象，他们是随机分化的审美群体。粉丝的特征有：执着狂热、喜欢收藏物品、情感排他、极端偏执、职业性等。粉丝对于偶像的赞美和忠诚也包含着一定的宗教内涵。粉丝文化的崛起，代表了一种更活跃、更自主、更富参与性的大众文化消费模式正在中国逐渐成形，它是部分都市民众在当下特殊的历史时刻寻求认同、权力、社群和团结的一种社会构型。粉丝是一群新型受众，由边缘地带走到前台。粉丝对于偶像制造过程的积极参与，打破、超越了传统、单向的传播过程，开创了传受双方高度互动、相互融合的新传播格局。

11. 网红

答：网红是指将网络作为成名原始渠道的人，即“网络红人”。它是特定社会条件和人的心理因素共同作用下的产物，并逐渐形成新传播时代人的自我表达和社会参与的一种独特符号。“网红”的演变分为两个阶段：①主要以网络歌曲和恶搞视频的走红为主。②主要指的是当下阶段，一部分以“papi 酱”“天才小熊猫”等发布原创内容的微博用户为代表；另一部分以“奶茶妹妹”“雪梨 Cherie”等拥有出色外貌或身材的微博用户为代表。网红具有以下特征：内容娱乐化，风格同质化；传播壁垒被打破，传播渠道多元化；内容生产全民参与，影响传播范围广等。“网红”现象到来也正是自媒体时代的到来，代表了创新型网络经济模式的出现与发展，满足网民的审美、娱乐、刺激等需求，是正常的社会现象；但同时催生了不良的社会现象，助长了不良的社会风气，产生了误导青少年发展的不良影响，需要引导。

12. 表情包

相关试题：谈谈表情包符号的传播效用。［简答题，华东政法 2022 年研］

答：表情包是网络与青年亚文化结合产生的一种新的符号形式。表情包以静态图片或动态 GIF 形式呈现，图文结合是其最常用的形态。素材主要来源于现实生活中的热门话题，从内容上可以分为明星类、时政类、游戏类、动漫类、影视类、证书类、文字类。表情包包括五个方面的发展特征：①精神上的狂欢化和戏谑化；②题材上的热点化和新奇化；③形式上的图文化和动态化；④生产上的细分化和自制化；⑤市场上的平台化和产业化。它以娱乐为目的，以拼接、戏仿等为手段，对原材料进行解构与建构，表现出戏谑反讽的风格。通过自制、传播个性与表达感情，表情包成为了中国青年的日常生活方式，也成为了一种广泛的文化实践。表情包不仅是自我表达的工具，而且进入公共领域，融入青年对时事、政治等重大事件的讨论中，成为中国青年参与公共生活的一种新方式。然而，其娱乐性及批判的弱化使得对公共议题的讨论深度有限，无法真正触及核心。

13. 集合行为［华东政法 2021 年研；西安外国语 2021 年研；西南大学 2020 年研；西南交大 2020 年研；东华大学 2020 年研；重庆大学 2019 年研；华中师大 2014 年研；北工商 2014 年研；中山大学 2013 年研；华南理工 2013 年研］

答：集合行为是指在某种刺激条件下发生的非常态的社会集合现象，例如火灾、地震后的群众骚乱，出于某种原因的自发集会、游行、种族冲突，物价上涨的流言引起的抢购风潮等。集合行为多以群集、恐慌、流言、骚动的形态出现，往往会对正常的社会秩序造成严重的干扰和破坏。该行为发生的基本条件有：①结构性压力；②触发性事件；③正常的社会传播系统功能减弱，非常态的传播机制活跃化。集合行为中的特殊传播机制包括：群体暗示与群体感染，群体模仿与“匿名性”。

14. 数字鸿沟［中南大学 2022 年研；华中师大 2022 年研；华侨大学 2022 年研；北京工商 2022 年研；厦大 2021 年研；同济大学 2021 年研；南航 2021 年研；西南交大 2021 年

研；复旦大学 2020 年研；北师大 2020 年研；华南师大 2020 年研；上海大学 2020 年研；浙传 2019 年研；北邮 2019 年研；南京大学 2018 年研；浙大 2016 年研]

答：数字鸿沟是指由于信息和通信技术的全球发展和应用，造成或拉大国与国之间以及国家内部群体之间的差距。数字鸿沟的概念起源于 1999 年美国国家远程通信和信息管理局(NTIA)发表的一篇题为《在网络中落伍：定义数字鸿沟》的报告，此后这一鸿沟更多地体现为以互联网为代表的新数字媒体接触和使用状况的差异。它的产生，从世界范围看，是由于发达国家经济水平及信息化程度与发展中国家之间所形成的信息不对称；从发展中国家看，是由于地区、行业、所有制以及企业规模等差异，存在着的信息不对称。

15. 信息沟理论

答：信息沟理论是 1974 年 N. 卡兹曼为顺应新传播手段，在“知沟”理论的基础上提出的传播理论。认为新技术的采用带来的利益并非对所有社会成员都是均等的。其主要观点包括：①新传播技术的应用必然会使整个社会的信息流量和信息接触量都有所增大；但并不是每个社会成员都能够均等地获得新技术应用所带来的利益。②现有的信息富裕阶层通过及早采用和熟练使用这些先进的信息处理机器，能够拥有相对于其他人的信息优势。③在社会信息化过程中，新的媒介技术会不断出现并以逐步加快的速度更新，因而“信息沟”的发展趋势可能会是“老沟”未平，“新沟”又起。相比“知沟”假说，“信息沟”理论将以经济地位衡量社会阶层的标准延伸为“信息富裕与否”，尽管依旧存在紧密联系，但不再是造成认知差别的唯一因素。“信息沟”问题的延续和发展——“数字鸿沟”，则重点关注信息方面的不平等。

16. 媒介素养[南开大学 2022 年研；河海大学 2022 年研；厦大 2020 年研；兰州大学 2020 年研；上海师大 2019 年研；华东政法 2019 年研；南京师大 2018 年研；中传 2017、2012 年研；人大 2016 年研；上海交大 2015 年研；中央民大 2015 年研；暨大 2012 年研]

答：媒介素养(Media Literacy)，是指人们面对媒介各种信息时的选择能力、理解能力、质疑能力、评估能力、创造和生产能力以及思辨的反应能力。媒介素养的研究至今经历了四代范式的变迁。第一代研究将大众媒介视为“下九流”的“带菌者”，媒介素养教育的职责是给公众打预防针，防止侵害。第二代范式强调提升公众对媒介内容的选择和辨别能力。第三代范式的重点在于加强受众对媒介文本的批判性解读能力，第四代范式的内涵则是参与式的社区行动，即由对媒介的批判性思考转为通过“赋权”促成健康的媒介社区，而非仅仅指责媒介的不足。加强媒介素养的教育，其意义不仅在提升普通公民积极利用媒介的能力，还在于提升受众对媒介讯息的选择、批判和使用能力，使之成为建构健康媒介生态必不可少的一环。

17. 信息公开

答：信息公开是一个主要出现于法学和政治学领域的概念，一般意义上的“信息公开”是指行政、立法、司法等行使公共权力的部门或组织，乃至一般企事业及私法团体在国家基本法规定的范围内向本国公民公布有关信息，使公众能在最短时间、以最小的代价、最便捷的方式最大限度地获取信息的过程与相关制度。信息公开的过程既是公众民主权利的实现过程，也是政府、媒体、公众三者齐心协力、共赴危难、共攘危局的过程。信息公开不仅是对政府执政能力的考验，也是社会和谐发展的重要体现。

18. MCN[贵州大学2022年研；西安外国语2022年研；西安交大2021年研；清华大学2019年研]

答：MCN即Multi-Channel Network，是指一种多频道网络的产品形态，是一种新的网红经济运作模式。作为舶来品，MCN模式源于国外成熟的网红经济运作，是一种多频道网络的产品形态，通过将平台下不同类型和内容的优质PGC(专业内容生产)或UGC(用户原创内容)联合起来，以平台化的运作模式为内容创作者提供商务运营等服务，帮助PGC或UGC变现。在资本的有力支持下，MCN能够保障内容的持续输出，最终实现稳定的商业收益。

19. 舆论场

相关试题：两大舆论场[湖南师大2022年研]

答：舆论场是指新闻舆论集中发生的场所。舆论场的形成需要两个条件，一是有新闻媒体的聚集，二是有大量受众的关注。新华社原总编辑南振中于1998年提出，在现实生活中实际存在着两个舆论场：一个是老百姓的“民间舆论场”；一个是主流媒体着力营造的舆论场。两个舆论场重叠的部分越大，舆论引导的针对性和有效性越强；两个舆论场重叠的部分越小，舆论引导的针对性和有效性就越弱。如果两个舆论场根本不能重叠，主流媒体就有丧失舆论影响力的危险。当下我国客观存在着两个舆论场，一个是党报、国家通讯社、国家电视台组成的官方舆论场，一个是都市报特别是互联网构成的民间舆论场。要处理好这两个舆论场的关系，使之良性互动，正确引导舆论，发挥正能量。

20. 网络欺凌(Cyber Bullying)[复旦大学2013年研]

答：网络欺凌又称网上欺凌、网上霸凌、网络霸凌、网络暴力等，是指在互联网上发生的欺凌或霸凌事件，是网络时代的新兴产物。网络欺凌涉及应用信息及通信技术，针对个人或群体进行恶意的、重复的、敌意的行为，使其他人受到伤害。如网络水军对某一新闻事实的极端性评价，在网络事件中恶意诋毁、污蔑、谩骂等集体行为或强势行为等，都可归为网络欺凌这一类。在互联网治理中，应对网络欺凌要从加强网络立法和实施有效的互联网监管等方面入手进行解决。

21. 互联网治理(上海大学2016年研)

答：互联网治理是指政府对互联网安全、信息主权等问题进行的治理，以确保互联网安全。互联网安全是国家总体安全体系的重要组成和非传统安全的重要领域，其发展战略已成为实现“两个一百年”奋斗目标和中国梦的重要内容。

22. 媒介审判[北外2021年研；华东师大2021年研；中山大学2017年研；武大2016年研；暨大2016年研；华中师大2015年研；上海大学2014年研；人大2010年研；北大2009年研]

答：媒介审判(trial by media)，是指新闻媒介超越正常的司法程序对被报道对象所作的一种先在性的“审判预设”。它是新闻竞争日趋激烈的产物，从法理学的视角看，“媒介审判”损害媒体作为社会公器的形象，是新闻媒体的职能错位，它使得新闻自由压倒司法独立，有悖于法治精神。西方学者认为："媒介审判"是一种不是依据法律程序对被告或犯罪嫌疑人实施的非法的道义上的裁判，又称"报刊裁判"(trial by newspaper)。它的历史沿革是西方国家的法律审判实行大陪审团制度，陪审团由普通公民组成，如果大众传媒在开庭审判前就对案件或涉案的当事人做过多的报道和渲染，就会影响陪审团的公正投票，从而间接影响判决的公允。

23. 信息娱乐[复旦大学 2014 年研]

答：信息娱乐是由信息和娱乐两个词组合在一起的一个新词汇，是指当今信息娱乐化的倾向。信息具有娱乐功能，利用大众传播手段和新兴的媒介手段，具有娱乐功能的信息可以得到传递，受众的娱乐欲望会得到满足。同时，信息作为娱乐产品，可以作为商品在市场上出售。"信息娱乐化"在西方国家，尤其在美国，被视为提高电视节目收视率的一大魔杖。与此同时，"信息娱乐化"也逐渐表现出许多的负面效应，呈现出明显的媒介、文化娱乐化的倾向，即媒介越来越侧重于传播带有娱乐性的信息，而忽视那些非娱乐性的信息。

24. 反转新闻[四川大学 2021 年研]**、逆转新闻**[中央民大 2020 年研]

答：反转新闻是新媒体时代出现在舆论空间中的新现象，是指针对同一新闻事实的报道，媒体前后的报道内容方向相反，从而引发公众立场和态度反转的新闻现象。一条新闻刚出来时，舆论迅速把矛头指向某一方，随后公布的细节又使新闻事实突然发生逆转，舆论态度立刻随着新情节情绪化地摆向对立的另一个方向。反转新闻出现的原因有：①新媒体时代信息的碎片化传播；②事实真相的呈现是一个动态过程；③记者的失实报道；④标签化传播以及对公众焦虑的刻意迎合、刺激，煽动公众情绪；⑤公众的碎片化阅读与刻板成见。

25. IP 营销[暨大 2021 年研]

答：IP 是 Intellectual Property 的缩写，是指"知识财产"，指包括音乐、文学和其他艺术作品，发现与发明，以及一切倾注了作者心智的语词、短语、符号和设计等被法律赋予独享权利的"知识财产"。也可以理解为 IP 是能够仅凭自身的吸引力，挣脱单一平台的束缚，在多个平台上获得流量，进行分发的内容，是一种"潜在资产"。IP 营销是品牌想要把产品或者品牌等类型的"知识财产"，包装成一个具体的形象呈现给用户，它是产品或品牌的具象化。其商业逻辑就是：品牌通过人格代理持续产出优质内容来输出价值观，通过价值观来聚拢粉丝，粉丝认可了价值观，实现了身份认同和角色认可，然后就会信任其产品。同时 IP 营销也是具有话题性和传播性的，具有庞大的粉丝基础和市场，是一种可以产生裂变传播的新型营销方式，这种营销方式对于快消品企业来说，也有一定的参考作用。IP 营销有两种类型：①跨界 IP 营销，主要针对大致相同的消费群体做爆炸营销，短时间地赢得巨额用户流量；②品牌 IP 营销，以品牌本身的消费群体为主，通过持续，不间断的内容、情感、情怀，趣味等品牌输出吸引并深度黏合用户，细水长流地获得长期用户流量。

二、简答题

1. 网络流行语的出现反映出哪些社会心态？[河北大学 2013 年研]

答：网络流行语是指产生并运用于网络的语言，它是一定时段内主要在网络场域被网民自发使用的、最活跃的、具有发酵功能和特殊意义的，并往往对社会现实产生影响的语言符号。网络流行语是中国转型社会人们诉求及心理的一种虚拟镜像，映射出复杂的社会心态，主要包括以下几个方面：

(1)从众心理：集合行为与群体极化。

网络流行语反映了网民的话语权意识，在网络空间里，许多网民聚集在一起发表观点，有时会出现不理智的言论，甚至随意使用辱骂的语言进行攻击，这种过度极端的现象就是网络群体极化现象。

网络流行语的使用群体属于趣缘群体，因此他们的心理倾向具有相似性。网络匿名环境，很容易使非理性的声音被放大从而占据优势地位，使舆情危机升级，产生群体极化，这就是沉默的螺旋反映和集合行为反映。

(2)娱乐心理：恶搞和呐喊。

根据中国互联网信息中心发布的统计报告显示，我国的上网群体主要分布在20～39岁之间。他们经历了相对宽松的社会环境和自由的思想，同时接触到手机、电脑等新媒介，大众传媒的分众化和娱乐化的趋势，使得他们在接受主流文化的同时也接受着亚文化的熏陶。因此这一部分网民娱乐心理较重，同样出于娱乐心理的恶搞，也是网民心理的呼吁和呐喊。恶搞不仅给人们带来了娱乐，也带来了释放，反映了人们特定的心理释放需求。

(3)冷漠心理：陌生人社会的看客。

在网络社会中，人际交往只有语言交际这一种方式，非语言交际一直处于缺位状态，网络社会节点之间的平均距离较近，但人与人之间基于情感生活形成的团聚性却很低，情感心灵沟通处于空缺状态。在网络社会，因为时间结构和空间结构的变革，人与人之间的社会距离和心理距离发生了变化，互联网会导致人际关系冷漠。

(4)焦虑心理：社会压力与社会安全。

焦虑心理是指心里不踏实，浮躁，对未来觉得渺茫，无所适从。网络环境的相对自由和宽松的舆论环境，成为了网民关注公共问题、反映社会心态的一种新的渠道。经济的高速发展，导致社会节奏加快，激烈的竞争压力让人们普遍带有焦虑情绪。在这样的整体大环境下，带有沮丧、失望的负面情绪成为了大多数网民的常态心理。在网络世界里，自身的压力和不满得到了一定程度的释放，在现实世界里无法解决的问题，在虚拟世界里可以得到些许补偿。总的来看，公众的焦虑心理主要表现在两个方面，一个是对身边生活现状的无能为力，一个是对现实生活中道德缺失和道德滑坡的感慨和忧虑。

网络流行语是一种时代产物，代表社会结构变革下产生的新的意识形态，互联网时代的到来，为人们创造了更加方便的信息平台，促进民主舆论的发展，新鲜词语的创造也代表了新生事物和新的现象。但很多涉及到公共利益而产生的网络流行语，很大程度上都带有负面的倾向，应当引起政府部门的重视。

2．政府对网络信息的管制主要有哪些措施?［江西师大2015年研］

答：网络信息管制是指政府对民众使用和利用网络过程中所实施的干预和控制的过程，是政府行政管理的一个重要的组成部分。网络信息管制调整的是管理和被管理的纵向关系，如政府对网络内容的管理与言论自由的保护、对公民隐私和个人数据的保护以及对网吧的管理等。而政府主要通过以下两种方式对网络信息进行管制：

(1)立法手段。

随着互联网的迅速发展，我国相继颁布了百余部网络方面的法律、行政法规、规章、司法解释和其他规定。在《互联网站从事登载新闻业务管理暂行规定》中对新闻网站的设立条件做了限定，可以说通过严格的新闻登载审批制度以及设置注册资金等手段间接否定了个人网站从事新闻刊登服务的可能性，将言论的主要流通渠道牢牢掌握在政府手中；其次，对政府性言论实行严格的审查，对发布政治性言论的网络媒介实施严格管制；最后，对境外新闻信息和境内突发事件的信息发布严格控制，禁止外国通讯机构向中国受众直接出售新闻信息，而由新华社对外国通讯社在中国境内发布新闻信息实行统一管理。

(2)技术手段。

网络管制的技术控制是指利用网络技术保护网络信息系统、网络信息资源，以防犯罪行为的破坏，保障网络的畅通运行，如组织进入技术，主要通过在互联网的国际主出口设定对访问某些 IP 地址的限制，使得网民无法直接登录这些国外网站获取信息，发表言论；互联网域名规则体系、防火墙技术、数据加密技术等网络技术规范，是网络中不可或缺的一部分。技术手段主要是针对网络中的有毒信息，大多通过设置防火墙、安装过滤软件、实施内容监控等手段来实现。利用过滤系统通过在搜索引擎中设置关键词来对言论进行过滤，对网络信息进行“信息把关”，将不良信息阻截到特定公众群体的视线之外。

3. 简述建构国际互联网治理体系应该遵循哪些原则。［北邮 2019 年研］

相关试题：互联网对世界新闻新秩序的建构的影响。［华科 2020 年研］

答：网络空间不是随心所欲的法外之地，它和现实世界一样需要规则和秩序。目前，世界互联网领域发展不平衡、规则不健全、秩序不合理等问题日益凸显，推进全球互联网治理体系变革的声音日益高涨。因此，构建全球和国际互联网治理体系应遵循的基本原则包括以下几点：

(1)尊重网络主权。

尊重网络主权是国际互联网治理的核心和灵魂。主权独立是《联合国宪章》及一系列重要国际法所确立的基本准则，覆盖各国交往的各个领域，其原则和精神也适用于网络空间。当今世界，互联网发展对国家主权、安全、发展利益提出了新的挑战，必须认真应对。虽然互联网具有高度全球化的特征，但每一个国家在信息领域的主权权益都不应受到侵犯，互联网技术再发展也不能侵犯他国的信息主权。我们应该尊重各国自主选择网络发展道路、网络管理模式、互联网公共政策，和平等参与国际网络空间治理的权利，不搞网络霸权，不干涉他国内政，不从事、纵容或支持危害他国国家安全的网络活动。

(2)维护和平安全。

安全是国家和人民的基本要求。没有信息安全，就没有国家安全，构建国际互联网治理体系应以安全为基本保障。网络空间，不应成为各国角力的战场，更不能成为违法犯罪的温床。各国应该共同努力，防范和反对利用网络空间进行的恐怖、淫秽、贩毒、洗钱、赌博等犯罪活动。不论是商业窃密，还是对政府网络发起黑客攻击，都应该根据相关法律和国际公约予以坚决打击。

(3)促进开放合作。

完善全球互联网治理体系，维护网络空间秩序，必须坚持同舟共济、互信互利的理念，摈弃零和博弈、赢者通吃的旧观念。各国应该推进互联网领域开放合作，丰富开放内涵，提高开放水平，搭建更多沟通合作平台，创造更多利益契合点、合作增长点、共赢新亮点，推动彼此在网络空间优势互补、共同发展，让更多国家和人民搭乘信息时代的快车、共享互联网发展成果。

(4)构建良好秩序。

自由和秩序是孪生姐妹，必须是共生的。网络空间同现实社会一样，既要提倡自由，也要保持秩序。自由是秩序的目的，秩序是自由的保障。我们既要尊重网民交流思想、表达意愿的权利，也要依法构建良好网络秩序，这有利于保障广大网民的合法权益。网络空间不是法外之地。网络空间是虚拟的，但运用网络空间的主体是现实的，大家都应该遵守法律，明确各方权利义务。要坚持依法治网、依法办网、依法上网，让互联网在法治轨道上健康运行。同时，要加强网络伦理、网络文明建设，发挥道德教化引导作用，用人类文明优秀成果滋养网络空间、修复网络生态。

4. 网络传播中有哪些陷阱导致虚假新闻的形成和传播?［湖南师大2019年研］

答：互联网时代，信息传播的低门槛催生了大量的假新闻，严重违背了新闻真实性的原则，产生了许多不良影响。导致虚假新闻形成和传播的陷阱主要有以下几种：

(1)来源陷阱。

在“人人都是媒体”的背景下，信息来源难辨，多层次传播容易掩盖真实的新闻来源，往往稍不留神就可能落入虚假新闻的陷阱。

(2)时间陷阱。

①网络是一个时间迷宫，各种不同时间段的内容同时存在。因此，旧闻随时可能被翻出来当作新闻，有时它们被全盘照搬，有时则被部分挪用。尽管有些事情的确发生过，但一旦在时间上错位，原本真实的信息就会成为假新闻。

②时间的压力会带来一些不实新闻，突发事件发生后尤其如此。

③在某些时候，网络传播的实时、全时特点与获得事实全貌及真相所需要的时间之间存在一定矛盾。

(3)专业陷阱。

专业领域知识的缺乏，可能会导致报道失实。在网络时代，这样的情况更是频频发生。网络中涉及健康领域的伪科学、假信息泛滥，更是其中的典型。如今，社会对专业报道的要求越来越高，涉及的专业领域也越来越广泛，而多数媒体人缺乏相关专业背景，这就容易在报道中出现失误。有些媒体为了帮助受众理解专业信息，会对相关内容进行“翻译”，但有些报道者自身对相关知识一知半解，其“翻译”过程会出现偏差。

(4)情绪、情感或认知框架陷阱。

专业媒体从业者也不能完全避免报道中的情绪和情感的干扰。面对冲突性事件，媒体从业者的情感、立场容易导致采访和报道偏向某一方，而这可能会成为报道失实的一个源头。除了情绪、情感方面的干扰因素外，急于给新闻对象贴标签或者将事件置于某种认知框架下，也有可能形成假新闻。

(5)炒作陷阱。

个体或企业出于商业目的对自身进行夸大，营销公司或企业的营销人员出于炒作目的故意制造的假新闻等等，如果对这些信息不加以认真辨别，都有可能导致媒体报道的失实。

5．简述非虚构写作的伦理问题。［南京师大 2022 年研；北大 2021 年研］

答：(1)非虚构写作的定义。

非虚构写作指的是基于"事实"前提展开的写作活动，也被称为新新闻主义、叙事新闻、文学新闻、非虚构创意写作等，目前还不是一个科学严谨、边界清晰的概念。美国非虚构作家何伟(Peter Hessler)认为"非虚构即是真实，不可编造"。此外，与传统新闻写作对"事实"的程式化、枯燥化表述相比较，非虚构写作鼓励作者的自由创造，重视读者的阅读体验。

(2)非虚构写作的特点。

①内容真实性：真实是非虚构写作的首要特点和基本标准。

②表达文学性：重视文学手法的运用，借助叙事和修辞的写作策略和方法，重视对话、场景、细节和心理描写，以增强作品的可体验性和可理解性。

③形式叙事性：非虚构作品通常都具有良好甚至完美的故事性文本特征。从本质上讲，非虚构写作利用一些叙事策略来报道人物和事件。

④题材边缘性：重视宏大叙事下忽略的一些边缘题材和主流媒体忽视的焦点。

(3)非虚构写作的伦理问题。

在全媒体时代，非虚构文学创作形成了以文学文本为核心、以全媒体为载体的多维表达格局，从而营造出媒体融合传播背景下的非虚构文学场。但值得警惕的是某些所谓的"深度好文"，正在以偏激的观点、情感的夸张表达来刺激网友情绪，迎合市场，非虚构写作的伦理问题已不容忽视。

①以非虚构之名，行虚构之实。

所谓非虚构写作，其重中之重就在于一个"非"字。非虚构的价值正在于它的真实性，但当非虚构成为获利的捷径时，它就成为一些人用以包装虚构赚取读者消费的手段。目前不乏一些出版机构利用读者的求实心理，通过设计、策划等，将虚假的材料编造成貌似非虚构的文本。

在社交媒体快速发展、草根文化崛起的现代社会，新闻已经成为了一种消费属性极强的大众文化，没有情节、悬疑、趣味、温度的新闻就没有被关注和消费的价值，这样一来，客观与真实变得次要甚至是不必要，细节的失真并不那么重要，相较于"情感真相"，"事实真相"已经变得不再重要。

②选题的自我窄化。

出于对阅读量及商业化的要求，非虚构写作的作品同质化现象较为严重，其在选题上往往具有负面、冲突、猎奇的情感倾向，偏向于对底层的过度消费，以社会边缘人群为写作对象。底层民众生活不但是非虚构写作关注的热点，也为其发展提供了丰富的土壤和素材，虽然非虚构写作将选题转向对大众生活的关注可以说是一种进步，但其缺少更多的生活内涵与时代关联。

在这一背景下，"苦难"作为一个标签式符号成为非虚构写作的关键词和重要维度。这类选题一定程度上能够实现非虚构写作情感动员的功能，引发底层读者的情感共鸣，但同时也意味着底层在被"消费"的过程中削减了自身的意义与价值，公共意识的匮乏与碎片化、同质化的书写，使非虚构写作面临日益扁平化、粗浅化的困境。

③审美价值的局限。

非虚构写作在一定程度上削弱了作品的审美价值，是因为非虚构写作是一种相对明确的“载道式”写作，其所载之“道”便是作家主体的思想、观念和看法。在非虚构写作中，所有叙事自始至终都突显了作家主体的声音，尽管作家以现场性、真实性作为依据，但其在叙事过程中也不免表达个人的看法与判断，作品中所彰显出的审美价值带有强烈的个人色彩。

在非虚构作品里，人们很难读到各种充满多义性的审美内涵，是因为作家的主观意愿及其不同的文化背景在不自觉的状态中左右了叙事，甚至对一些历史材料的拼接、对同一个事件都可能存在着不同的解读，再加之作者自身素质的良莠不齐，对文字的处理能力有限，极易导致作品缺乏思想性，审美力度不足。

非虚构写作对生命个体与时代关系的探寻、对现实议题与公共利益的关切，展现出其强大的影响力。在全媒体时代，虽然文本的展现方式发生了巨大变化，但非虚构写作“如何更真实、更好地呈现客观世界”这一核心并没有发生改变。因此在新媒体时代更有必要进一步确认非虚构写作的逻辑，规范其写作伦理，使非虚构写作成为我们这个时代有信度、有温度、有力度的写作方式。

三、论述题

1. 当前很多政府部门都注重加强新媒体建设，许多政府部门相继开设“政务抖音号”，请针对这一现象谈谈你的观点和认识。［清华大学2019年研；复旦大学2019年研］

答：根据第48次《中国互联网络发展状况统计报告》显示，截至2021年6月，我国网民规模达10.11亿，较2020年12月增长2175万，互联网普及率达71.6%。十亿用户接入互联网，形成了全球最为庞大、生机勃勃的数字社会。庞大的网民规模为推动我国经济高质量发展提供强大内生动力。这也进一步说明了自十八大以来习近平总书记一直强调的推动媒体转型和创新传播手段、方法的重要性，包括政府部门在内的诸多互联网主体纷纷开展“三微一端”建设，即微博、微信、微视频和客户端，以更好适应互联网时代传播规律。而许多政府部门相继入驻抖音开设政务号的行为，便是“三微一端”新媒体建设的进一步开展。

(1)新媒体建设布局是媒体融合时代转型大势所趋。

互联网作为一种高维媒介，其最大的价值就在于对个体节点的激活和“能动赋权”，传统媒体时代主流媒体或者政务部门，通过对有限的几个传播渠道的垄断控制实现高度单向性的传播模式已经不再奏效，受众地位极大提高，重新获得了对传播资源的控制感。而依托新兴技术兴起发展的新媒体深谙互联网传播之道，通过对流量入口的把控成为了互联网传播的强势主体，对传统媒体造成了巨大冲击，传统媒体的受众群体极大流失，与之相应的经济收入也急剧下滑。在这样的现实背景下，一贯秉持着“老大哥”思维的传统主流媒体及权威部门媒体传播转型迫在眉睫，从根本上需要转换自身“以我为主”的传播理念，遵循“互联网思维”，尊重和适应市场和受众导向，从而打通传播的最后一公里，使自己的声音能够为广大受众喜闻乐见，从而完成整个传播的有效过程。

抖音已然成为了现今短视频新媒体传播的主流领域，2018年在乌镇举办的第五届世界互联网大会上，字节跳动公司内部人员透露，如今抖音短视频的日活跃量超过1.2亿，用户大都为年轻群体且黏性极强，这部分群体同样也是互联网使用的主力军。包括新华社在内的许多媒体以及政府部门通过入驻抖音的方式，首先提高自身的曝光率和关注度，让自己的声音能够被互联网主流人群所听见，进而基于内容生产完成自身的传播和互动需求。

(2)创新传播手段与转变思维并行，重塑主流媒体话语权。

在2017年的十九大会议上，习近平总书记再度强调了要尊重互联网传播规律，推动传播方法与传播手段的创新，掌握好时、度、效的原则，牢牢掌握互联网时代话语领导权。就政府部门而言，首先要从根本上转变自身唯威权论的思维，依托互联网连接和新媒体手段建设服务型政府，切实践行"为人民服务"的宗旨；另外，不能只是浮于表面的手段创新、渠道创新，而应从根本上以人民为导向，传播人民大众所喜闻乐见的内容，建立与人民的良性互动，形成生态舆论场，重塑自身在互联网时代的话语主动权和领导权。

回归到本题开设了"政务抖音号"的政府部门来看，主动接近互联网新生代群体是一个良好的开端，但自愿"放低身段"并非意味着就达成目的，真正让用户接受并喜爱的，还是那些有着优质原创内容的媒体账号，这一点在抖音短视频上面尤为突显，即使"名人"入驻会带来短暂的爆发注意，但真正让人们长期关注并占据热门的，许多都是能够生产优质内容和具有创意的草根账号，这一点值得引起相关政务部门的注意。

(3)新媒体建设不能仅依靠规模扩张，更应注重"盘活存量"。

在互联网发展"上半场"阶段，规模扩张(通过网络连接化、数字化)是赢得网络大批用户"人口红利"的法宝，BAT三巨头的迅速成长正是基于对"人口红利"的收割。而在互联网发展"下半场"，人口红利已逐步消耗殆尽。因而如何"盘活存量"，对已经建立起来的连接进一步加密加深加厚，在垂直领域进行纵深垂直化发展成为了未来社会组织或企业在传媒竞争中持续发展的关键。

就政府部门而言，进行包括抖音微视频在内的"三微一端"建设是面临内容渠道分离的现实情况下所不得不做出的选择，但新媒体建设并非仅满足于"广撒网"式的铺陈，对于已经建立起来的新媒体渠道，政府部门还应进一步加强内容建设，生产真正具有传播力、影响力、吸引力、公信力的内容，依据不同的新媒体渠道特征和受众接收习性进行内容制作和传播，最重要的还是要尊重市场和受众需求，使媒体融合不仅仅流于表面的渠道融合、结构融合、市场融合，真正解决媒介融合中从0到1最根本的融合创新。

2. 习近平说"网络安全和信息化很重要"，你怎么看?［天津师大2019年研］

答：2014年2月27日，习近平总书记在中央网络安全和信息化领导小组第一次会议上指出："网络安全和信息化是事关国家安全和国家发展、事关广大人民群众工作生活的重大战略问题，要从国际国内大势出发，总体布局，统筹各方，创新发展，努力把我国建设成为网络强国。"党的十八大以来，习近平总书记以马克思主义政治家的深刻洞察力，就网络安全和信息化工作作出一系列重大决策、提出一系列重大举措，形成了关于网络强国的重要思想，推动我国网信事业取得历史性成就。

(1)网络安全和信息化的重要性。

①网络安全和信息化是一个关系着国家安全和主权、关系着社会稳定、关系着民族文

化继承和发扬的重要问题。它的战略地位，随着全球信息化步伐的加快而逐渐提升，同时随着信息技术的深入发展，网络安全问题也日益严峻，比如，利用网络干涉其他国家内政以及大规模网络监控、窃密等严重危害国家政治安全和用户信息。

②网络安全和信息化事关国家安全和国家发展、事关广大人民群众的切实利益，深刻影响政治、经济、文化、社会、军事等各领域安全。建立维护网络安全的长效机制刻不容缓，要有足够强的安全保护措施，要确保网络信息的安全、完整、可用，要营造一个风清气正的网络空间。

(2)提升网络安全和信息化水平的措施。

①建立健全信息交流合作机制。建立和完善信息资源应用和共享机制，加大资源整合力度，打破条块分割，确保部门间互联互通和资源共享，坚持国内共享与国际共享相结合、无条件共享和有条件共享相结合，加快全社会信息资源整合和信息资源开发，统筹推进各行业各领域的合作交流平台建设。

②推进网络空间法治体系完善创新。法治为网络空间治理提供了制度保障，立足发挥法律制度的强制性和激励性，准确把握网络立法的定位导向，实现“双三架构”，即从立法、执法、守法三个层面构建控制、惩戒、防御三个功能于一体的网络治理法治体系。

③强化网络安全人才的培育和引进。积极引进与加强培养培训相结合，落实高层次人才的政策待遇，为我国网络空间治理提供所需的信息化和国际化人才。通过设立人才创业基金等方式，大力引进软件信息服务、云计算、物联网等技术研发与产业化领军人才，加大人才交流，探索人才教育机构产业园区一体化发展模式。

目前，互联网空间成为了人们的第二生活空间，在这个空间里更好地发挥协同治理的作用，让互联网造福国家和人民，是全体社会成员的共同责任。

3. 当前，假新闻在世界范围内泛滥，有报告指出全球有28个国家和地区存在通过社交网站上的假消息操控舆论的情况。请用新闻传播有关的专业知识，从历史、技术、治理等角度，对这个问题进行论述与分析。[北大2019年研]

答：假新闻古已有之，一直是新闻传媒业的“顽疾”，但与以往不同的是，这一轮由政治生态极化和社交媒体兴盛而助推的假新闻浪潮，呈现出了一些值得注意的新动向。假新闻操控舆论主要有以下三个具体表现：

(1)从历史角度看。

①假新闻的形态发生了变化。

“假新闻”不仅仅指代那些凭空捏造的“虚假信息”(Misinformation)，更多的是指出于政治目的和商业利益而“制造”出来的“误导性信息”(Disinformation)。例如，在“参与调查希拉里邮件门事件的FBI探员自杀”这则著名的假新闻中，“邮件门”和探员自杀都是真实存在的，但二者之间其实并无直接联系。这则假新闻的炮制者将其巧妙勾连起来，引发了一系列阴谋论式的猜测。这一误导性信息在社交平台海量传播，其对希拉里选情所产生的负面影响迅速发酵。

②市场竞争、商业利益的驱动。

在市场经济体制下，商业利益的驱动使得虚假新闻频频发生。有的媒体“一切向钱看”，把记者和编辑的发稿量和工资挂钩、把经济效益和年底的分红福利挂钩，使得媒体工作者看重发稿数量，而轻视新闻质量。为了追求高点击率，而制造虚假新闻或噱头新闻获得轰动效应。还有一些不负责任的媒体工作人员，不遵守职业规范，捏造虚假新闻谋取私利。《华西都市报》发布的《女孩跟男友回农村过年，见到第一顿饭想分手了》、中国日报中文网的《揭范冰冰母女二人同侍香港老大惊人真相》均是媒体被“利益至上”冲昏了头脑的例证。

(2)从技术角度看。

①算法新技术的应用。

近年来席卷西方世界的“假新闻浪潮”在很大程度上也是借力于“算法推送”的新技术，通过记录和分析用户以往的浏览偏好，向其推送可能感兴趣的新闻内容。这样一来，用户被包裹在充斥同质化内容的“信息茧房”中，其认知和态度极易受到“过滤气泡”的操控。简言之，这种算法推送机制的存在进一步加剧了假新闻的泛滥。

②传播平台的高互动性。

假新闻在社交平台主导的传播生态中发生了“变异”，成为受众表达抗议情绪的一种方式。在“后真相”社会中，情绪超越事实成为主导舆论的主要动力。受众用分享假新闻的方式来指代某种认知偏见和情感倾向，极易在具有强烈“代入感”的社交平台上爆发“病毒式传播”，从而使主流意识形态和价值观发生“内爆”，对大选、公投等民主政治实践产生颠覆性的破坏。更有甚者，社交媒体作为一个具有高度互动性的信息传播平台，受众可以通过转发、点赞等形式介入新闻全链条产制的各个环节，这就使得假新闻的流动愈发难以控制。

(3)从治理角度看。

①部分从业者未能严格遵守职业规范和职业操守。

新闻真实性是新闻的最基本要求，可是这一要求在新闻实践中却未能被很好地捍卫和执行。一则是记者编辑对新闻真实性原则的轻视和忽略，致使采编工作浮躁、浮夸、肤浅。二则是一些网络媒体“进入门槛”降低，少数新闻从业者严重缺乏社会责任感。为了商业利益和点击率而发布“三俗”新闻。有的不尊重信息源，对新闻素材任意取舍、胡乱加工、主观臆测；有的甚至是追求新、异、特、血、腥、性，故意制造虚假新闻，欺骗受众。

②媒体生态环境复杂，约束措施和整顿的政策还不够完善。

当新闻业进入互联网时代以后，虚假新闻也开始带有强烈的网络时代特征。它的发生原因、传播轨迹乃至揭发、证伪机制都具有鲜明的互联网特色。网络对个体进行“话语赋权”，但网络的开放性和匿名性也给虚假新闻提供了滋生的温床。一些网民打着言论自由的口号，别有用心地制造虚假新闻或者网络谣言。一些资本团体雇佣“水军”“网络推手”转发虚假新闻谋取利益，煽动网络民族主义、“仇官仇富”的情绪。媒体经营与管理也出现纰漏，媒体为了抢关注性和时效性，导致新闻审核程序被“束之高阁”。澎湃新闻发布《江西九江发生6.9级地震》、新京报网刊发报道《山西24教师聚餐被通报批评续：县纪委书记被免职》都是省略中间审核环节导致虚假新闻出笼的例证。

媒体的超速发展和社会事物的多变，使得我国在虚假新闻的制度设计、政策规范的制定上略显滞后。很多刚性的、有效的、可操作的追查、问责、监管、惩罚机制尚未健全。近年来，许多虚假新闻发生后，行业主管部门也对相关单位进行了处罚。但我们依然要看到，这只是被报道出来接受惩罚的极少数，在微博、微信或其他客户端上依然有大量的制造虚假新闻而未被处罚的“漏网之鱼”。他们不可避免地会故技重施，重走制造虚假新闻、传播虚假新闻的老路。在上述因素的共同作用下，社交平台上的假新闻浪潮演变为疯狂滋生蔓延的“信息黑死病”，互联网成了“分裂网”，严重阻碍了人类社会的可持续发展。

4．请论述网络时代媒介与弱势群体的关联问题。[江西师大2013年研]

相关试题：直播等技术让外卖员等群体也成为网红，技术发展给弱势群体赋权。[辨析题，华东政法2022年研]

答：当前，农民工讨薪、妇女儿童权益保障、城市低保、失学儿童、高房价、看病难等等一系列涉及弱势群体的社会问题，已经引起大众传媒的深切关注与广泛报道，其中的很多问题正在得到或即将得到妥善解决。然而，观察近年来不少报道个案，可以发现一个特点，很多问题是由新兴互联网第一时间发布、传播，并为传统新闻媒体设置了“议程”，引发社会关注，最终推动政府部门关注并妥善解决的。

(1)网络媒体保护弱势群体权益中的“异化”现象。

①网络“娱乐化”遮蔽、吞噬掉了社会对弱势者的人文关怀。

娱乐是人类与生俱来的一种排解痛苦、缓解压力、宣泄情绪、放松心情的有效途径。但当网络媒体一切围绕娱乐，一切为了娱乐，“成为了受众狂欢的游戏场所”时，它就会毫不犹豫地把人们对弱势者的同情心当作赚取眼球的注意力经济而放肆挥霍，就会让广大网民逐渐“沉迷于网络游戏和色情暴力、热衷于在博客中披露他人隐私、发布低俗虚假的娱乐信息”，并最终排挤、消减、吞噬掉人们同情弱者、扶危济困的人道主义襟怀的兑现机会与舒展空间。

②弱势群体诉求网络表达的“自我娱乐化”，耗散了社会对其的同情心。

互联网掀起的传播狂潮中诞生了层出不穷的网络红人，在传统意义上，这些网络红人，原囿于籍贯、学历、家境、人脉等条件，多属于弱势群体中的一员。但他(她)们不甘寂寞，在“宏大”信仰式微而物质欲望扩张的双向驱动下，对信息传播的认知自觉不自觉陷入商业主义的规制通道，疯狂追名逐利、自我娱乐化，日渐成为其“安身立命”的生存方式。诸多网络红人，作为曾经的社会底层，看似仰仗网络媒体为广大普通受众奉献了“自强不息”的励志样板与多样杂陈的信息大餐，实际上他们的“一夜成名”天下扬，居多靠的是剑走偏锋、非正常出牌的“巧取豪夺”。他们靠透支社会对弱势群体的同情心、怜悯与救助意识实现了自己的“凤凰涅槃”，而丢给绝大多数弱势者一堆“剪不断，理还乱”的社会坏账、欠账。

值得注意的是，一些遭遇社会不公的个体，在通过网络媒体向社会求助、换取同情的时候，为了吸引更多眼球、赢得更大支持、不惜虚构事实、夸大情节，其实质与凤姐之流的“自我娱乐化”并无二致。虽然大多在网友追踪、媒体调查下呈现了真相，但同样产生了耗散社会同情心、消融人们持续关注弱势群体问题的热度、强度与频度的负面作用。

③网络舆情凡“弱”即“怜”的极端价值取向阻滞了“扶危济贫”氛围的构建。

一般地说，同情与理解弱者，保障他们的合法权益与诉求得到及时、客观、全面、公平的维护与兑现，本属网络媒介的一种优势与职责，无可厚非。但当凡事不分青红皂白、盲目同情“弱势群体”已经成为现今网络舆情的集体无意识取向时，实际上最终不但不能使弱势者的权益得到真正维护，反而会伤及社会扶危济贫良好氛围的形塑。更进一步说，如果我们的网络舆论一味凡“弱”即“怜”，可能会导致以下双重不良影响：一是不断强化所谓的弱势群体边缘地位，二是不断强化强势群体的优越地位。

（2）弱势群体权益保护中的媒介作为。

①“新”“老”联动，培育扶困济贫的良好舆论氛围。

传统媒体虽然也比较重视弱势群体，但因种种因素的制约，弱势者在新闻媒体没有什么实质上的“话语权”。在网络媒介传播中，弱势者的“声音”通过微博、微信、论坛等方式充分表达出来，“谁都可以通过网络放大自己的声音”，但因议题太过随意性、发散性、私人性、情绪性，在涉弱报道中也难免有失偏颇，甚至会产生帮倒忙的效应。因此，在弱势群体权益的宣传与维护上，传统媒体与网络新媒体二者之间实现有机互动，彼此扬长避短、取长补短，就成为一种现实必需与历史必然。弱势群体不但需要“零距离”触网宣泄积怨、“表情达意”展示私人话语，更需要凭借报刊、广播、电视等传统媒体放大声音、主张权益，阐释公共诉求，才能最大限度地实现自身的知情权、参与权、监督权、批评权和建议权。报纸、广播、电视、网络等形态的媒体各有所长，新老媒体应该扬长避短，相互促动，互相借力，合作双赢。

②不平则鸣，加强对损害弱者利益事件的舆论监督。

既然弱势群体问题已经成为迟滞中国社会持续、健康发展的一大障碍，大众传媒就应该把维护弱势者权益的报道常态化。由于媒体监督的对象往往是有权有势部门或群体，这样的新闻监督很多时候也会给媒体及记者带来麻烦，因而这种监督是需要勇气的。新闻媒体作为社会的良心，不能被丑恶现象所吓倒。当然，除了勇气，还要掌握相应的保护弱势群体的法律规范及其政策，提高舆论监督的针对性，增强舆论监督的时效性，切实做好弱势群体的维权报道。

③放下身段，让媒体成为弱势者利益表达平台。

放下身段，走向民间，与弱势人群亲密接触，从“民间立场”阐述和解释事件，将是媒体拓展弱者权益维护的更有效方式。历史经验证明，仅仅依靠政府部门作为消息源来增加弱势社群新闻的数量是绝对不够的。媒体既可以通过开辟弱势群体维权热线、公共论坛以降低弱势群体使用媒体的门槛，让所有的弱势群体都能在媒体上表达自己的利益诉求；又可以邀请各界有良知学者对弱势群体维权发表看法，让媒体成为执政者瞭望社会的一面镜子；还可以从长计议，为其提供无偿经济、知识、法律援助，强其实力、增其素质，最终促其走向权利兑现的自我保障道路。

5．结合实例，试分析网红经济与粉丝经济。［中传 2019 年研］

相关试题：

（1）传媒业中的“平台经济”“粉丝经济”“社群经济”各自形态或特征，并谈谈三者之间的关系。［人大 2019 年研］

（2）从文化生产的角度，分析粉丝经济。［北大 2019 年研］

（3）论述粉丝经济与饭圈文化。［华东政法 2022 年研；北邮 2019 年研］

（4）结合当下流量明星失德、违法事件，谈谈粉丝文化存在的问题和原因。［北大 2022 年研］

（5）论述粉丝经济是什么，企业对于粉丝经济的主体责任。［北邮 2022 年研］

（6）网络粉丝文化的现状和存在原因。［北大 2022 年研］

答：网红经济，是指依托互联网特别是移动互联网传播及其社交平台推广，通过大量聚集社会关注度，形成庞大的粉丝和定向营销市场，并围绕网红 IP 衍生出各种消费市场，最终形成完整的网红产业链条的一种新经济模式。

粉丝经济泛指架构在粉丝和被关注者关系之上的经营性创收行为，被关注者多为明星、偶像和行业名人等。粉丝经济以情绪资本为核心，以粉丝社区为营销手段增值情绪资本。粉丝经济以消费者为主角，由消费者主导营销手段，从消费者的情感出发，企业借力使力，达到为品牌与偶像增值情绪资本的目的。

(1)网红经济的特征与运作模式。

在网红人数与粉丝规模持续双增长的加持下，网红经济市场规模以及变现能力也随之增强；网红人数和粉丝规模的双增长亦为其产业链的发展及完善提供了强大的动力。伴随着网红数量的大幅增加，其涉及的领域也在不断扩大，从早期的娱乐内容作品创作以及美妆到接下来的知识科普、信息分享，再到现在的美食、财经等亟待挖掘的新兴垂直领域，都在不断发展成为孕育新生代网红的土壤。

①知识社群型网红的“知识变现”：随着互联网生态的不断完善、移动互联网的突飞猛进式发展和消费观念升级，曾经的“免费知识互联网”，在内容创业、知识电商和互联网分享平台的裹挟下，渐渐升级为“付费知识互联网”，主张“为知识付费、为价值买单”的知识电商。这类“网红经济”，以罗振宇的“罗辑思维”为代表，许多知乎大 V、自媒体大 V 的存在满足了大家低搜寻成本获取知识的需求。一些传统的媒体人、知识网红和内容制造者，已经顺利完成转型，占据了知识侧入口，收获了大量忠实粉丝和客观的经济收益。

②短视频或直播型网红的“流量变现”：从 2016 年开始短视频迎来春天，“小咖秀”“快手”“秒拍 + 微博”轮番上场。在众多“短视频 + 社交”的泛娱乐化轰炸下，涌现出大到 papi 酱这种为自己引资 1200 万的大咖，小到微博上圈粉十几万的初级网红。“网络红人”的存在，就是网红经济存在的基础，粉丝越多，他们宣传的产品就更有市场。

③电商类网红的“买买买变现”：目前电商类的网红多以销售服装以及美妆为主营业务，滕雨佳、大喜等是其中比较成功的网红，她们利用新浪微博作为流量入口吸引粉丝。这类“网红经济”，粉丝基础好黏性大，自带流量。传统淘宝店铺推广有首页橱窗等，费用高而且效果也不好。而网红大多有良好的粉丝基础，这些粉丝不只带来大量流量降低了推广费用，而且忠诚度高。另外，她们的产品定位适宜，模式简单，大大缩短了传统服装制造的生产周期。

(2)粉丝经济的特征与运作模式。

在“粉丝”对于偶像的狂热投入中，往往伴随一系列同样狂热的消费行为。这种行为甚至会扩展到各个经济领域，形成一个新兴的巨大产业——“粉丝产业”。伴随着众多选秀活动的刺激和推动，粉丝产业愈来愈壮大，并已成为娱乐产业最重要的组成部分。

①“粉丝”们消费与明星相关的产品。购买明星演唱、演出的音乐带、录像带、电视剧 VCD 等，购买明星们所喜欢或代言的商品，购买与明星相关的东西，比如明星们出的书籍。

②“粉丝”因支持明星而进行的系列消费行为。这包括“粉丝”们支持明星而需要的吃穿住行的消费。由于“粉丝”为了追随明星，经常会穿梭于各个地方，这对交通以及各地的餐饮和酒店业将是一个巨大的带动。比如在 2005 年湖南卫视的“超级女声”选秀活动中，在交

通业方面，全国各地的铁杆“粉丝”为了到长沙来看“超女”，便付出了很大的花销。

③因“粉丝”们的支持而产生的无形资产。这主要就是一些选秀节目的知名度所形成的品牌效应，比如“超级女声”“中国好声音”都已经成为了知名的娱乐品牌。

④“粉丝”团经济。“粉丝”们的大多数听歌和阅读行为不是私下孤立进行的，而往往是集体性的，这表现为建立歌友会等，这都可统称为“粉丝社群”。

⑤专业“粉丝”公司和职业“粉丝”。专业“粉丝”公司要招一批职业“粉丝”。为各种娱乐活动输送炮弹。通过招募“粉丝”、组织活动、在网上发帖子、举横幅和呐喊等为明星活动造势服务。进而分享演出后的利益。职业粉丝顾名思义就是以“粉丝”为职业，依靠当粉丝赚钱的人。

⑥投票公司。艺人为打造人气，提高短信支持率。靠“粉丝”们的手指还是慢了很多，现在就出现了专门用来投票的机器，一次可以放几百张移动手机卡，两小时内一台机器可以使选手多出几千张的短信支持选票。

6. 新媒体语境下，舆论监督面临哪些机遇？存在哪些问题？应当如何应对？请结合具体案例论述。［复旦大学 2015 年研］

答：舆论监督是指社会公众运用新闻媒介，对偏离或违背社会正常运行规则的行为依法实施的新闻批评。舆论监督借助新闻媒介的传播优势，以公开的方式反映公众对某一社会现象、某个社会事件或社会问题所形成的比较一致的意见。它是代表公众的意志对社会现实做出的强有力的主动回应，因而在实施社会监督方面具有很强的影响力。

新媒体是指利用数字技术、通过计算机网络、无线通信网、卫星等渠道，以及电脑、手机、数字电视等终端，向用户提供信息和服务的传播形态。在新媒体环境下，互联网以及基于互联网技术而产生的各种平台，包括各种社交网站、新闻网站、微博等，对舆论监督产生了极大影响。

（1）新媒体环境下舆论监督面临的机遇。

①网络舆论监督面更加广泛，舆论的发酵时间缩短。在传统媒体环境下，受到技术手段及制度的限制，大众传媒不可能做到有闻必录，只有重大的、对社会造成一定影响的事件才能进入大众传媒的舆论监督领域。而在新媒体时代，由于网络信息的海量性以及开放性，任何人在任何时间都可以在这一平台发布信息或是接收信息，所以舆论监督的客体涉及社会的方方面面。此外，在互联网中公众可以主动选择自己感兴趣的事件或话题关注，信息的反馈也非常及时，互联网能够在很短的时间内聚集起具有共同关注点和兴趣偏好的广大网民，为形成舆论创造条件。

②新媒体环境下的舆论监督使意见的表达更充分，形成一种自下而上的监督趋势。中国的网民规模日益增加，庞大的网民群体使舆论的汇聚更加广泛，且意见表达更加丰富多元，互联网成为广大公众意见的汇集市场。从监督方式看，传统媒体的舆论监督受组织控制色彩较浓，受各种利益群体的影响较多，同时行政干预的色彩较浓厚。而在网络时代，网络平台的平等和开放性，使网民较少受到各种外在条件和压力的束缚，可以无拘束地、真实地表达自己的心声，公民的舆论监督具有明显的主动性和自发性，他们能够更加自主地对个人、公共权利机构以及一些公共事件实行一种自下而上的监督。

③网络媒体与传统媒体合作，增强了舆论监督的影响力。在新媒体时代，舆论监督的

主力由传统媒体转向网络等新媒体，传统媒体扮演着新媒体追随者的角色，不少事件是先在网络上掀起了轩然大波，然后传统媒体才予以跟进报道。同时，新媒体的发展并没有削弱传统媒体舆论监督的优势，二者以其优势互补的作用力推动着舆论事件的发展，网络等新媒体往往是舆论事件的发生地，而传统媒体则是舆论事件的“放大镜”。

(2)新媒体环境下舆论监督存在的问题。

新媒体给舆论监督带来了前所未有的机遇，使其突破传统媒体环境下舆论监督的不足，使舆论监督发挥了更有效的作用。但是，任何事物都有其两面性，在迎接机遇时，新媒体也给舆论监督带来了挑战。

①“网络暴力”——侵害他人权利。网络暴力是指网民利用在网络上发表言论的低成本与低风险优势，非理性地向他人进行集体性的大规模舆论攻击，给他人造成严重伤害的行为。勒庞在《乌合之众：大众心理研究》中指出，在某种狂暴的感情的影响下，成千上万孤立的个人也会获得一个心理群体的特征。在这种情况下，一个偶然事件就足以使他们闻风而动聚集在一起，从而立刻获得群体行为特有的属性。在新媒体环境下，网络媒体有目的地进行议程设置以及网络舆论的快速形成，导致人宁可相信谎言，也不相信真相。

②“媒介审判”——影响司法公正。“媒介审判”在传统媒体时代就存在，但是在新媒体环境下，由于网络媒体的影响力，这一现象更为严重。例如温岭女教师虐童事件中，女教师颜艳红虐童照片一经网络曝光，就引起了轩然大波，公众纷纷谴责女教师的恶劣行为，随后温岭公安局以寻衅滋事罪将其逮捕。警方的刑拘在某种程度上其实是迫于舆论压力，因为我国法律对“虐待儿童”并没有明确的法律界定，媒介超越司法程序抢先对案件做出审判，对涉案人员做出定性、定罪、定刑的结论，这不仅干预了法院的审判权，也侵犯了犯罪嫌疑人的公民权利。

③“网络推手”——干扰真正的民意。网络推手是指以网络营销为目的，利用网络信息传播和大众心理，使用互联网的各种传播工具，以事件策划和舆论引导让受众知晓、关注特定信息的人。舆论如果是真实民意的表现，那么它对社会的影响以及社会公共事务的发展起着积极的作用，但是如果舆论是由网络推手造成，那么，其代表的就不是民意，而是某个集团或团体的利益。网络世界中鱼龙混杂，网民的辨识能力有限，如果网络推手潜伏在舆论的浪潮中，那么它对真实舆论的形成以及事件的正常发展都会产生负面影响。

(3)改进新闻舆论监督的对策。

①要把新闻舆论监督纳入制度化、法治化的轨道。对舆论监督所涉及的各方面的权利和义务，以及对违法行为的处罚做出具体明确的规定，才能保障新闻工作者的合法权益。只有做到有法可依，并在实践中完善这部法律，新闻舆论监督才能得到切实的法律保障。

②要不断提高新闻工作者的政治素质和业务素质。新闻工作者要认真学习，夯实自己的马克思主义理论功底，不断提高自己的业务能力；要深入实际，调查研究，善于观察和思考问题，审时度势，把握时机，捕捉群众关心的热点问题，然后把收集的情况加以整理、加工，做出客观公正的报道。凡是有利于密切党和政府与人民群众的联系，有利于保护国家安定团结及有利于使人们树立反腐必胜信心的事，新闻工作者都应责无旁贷地大胆去做，反之则要大胆反对、抵制。要严格遵守党的宣传纪律，恪守新闻工作者的操守，树立高尚的新闻工作者的职业道德。

③把握新闻导向，正确处理主旋律与多样化。在新闻舆论监督工作中，新闻工作者必须把握好新闻舆论导向，切忌借“新闻舆论监督”之名，搞人为“轰动”、新闻“炒作”，甚至刊登和播放一些道听途说的虚假报道，使受众对我国当前的形势产生错误的判断。

④采访和报道中要坚守真实、准确、客观、公正的基本原则。真实是新闻的生命，更是舆论监督的生命。目前，由舆论监督引起的纠纷，有部分是事实不够准确造成的。因此，必须做到事实真实、准确，这样才能使舆论监督真正起到作用。客观公正，也就是报道事实不带有任何偏见，特别是不要把记者的主观意图夹杂在报道之中，要坚持把报道事实同评价事实严格区分开。

⑤要给被监督者申辩的权利。由于新闻媒体的影响力很大，而被监督者在新闻媒体面前力量十分微弱，一旦出现失实，甚至事实被歪曲，他们如果连申辩的机会都没有，难免会采取消极抵制的方式。因此，新闻媒体在舆论监督中一旦出现失实的情况，应及时予以更正；在被监督者提出申辩时，应给予被监督者申辩的机会，使公众能够全面了解情况，做出正确的判断。

总之，新闻舆论监督是我国社会民主政治建设的一件大事，政府与媒体都必须密切关注新闻舆论监督的实施及发展进程，从而做到迅速发现其中出现的新问题并及时加以解决。唯有如此，才能够在规范新闻业建设的同时，有效加快和谐社会的民主进程。

7. 新冠肺炎疫情期间，央视频通过开展慢直播的方式直播雷神山医院和火神山医院的建设过程，网友通过“云监工”的方式积极参与到直播过程中，请你用传播学理论框架分析这一现象。[北大2021年研]

相关试题：饭圈文化[概念题，山西大学2022年研]

答：(1)基本概念。

在新冠肺炎疫情期间，慢直播成为诸多网友的情感寄托，千万网友形成同“屏”共振，他们自称“云监工”。“云监工”在观看慢直播的同时，在评论区实时互动，关注疫情，支持武汉，“饭圈文化”逐渐渗入到慢直播的实时互动中，造就了“云监工”这一独特的媒介事件和媒体仪式。“云监工”作为“慢直播”和“饭圈文化”融合的产物，起到了“陪伴式”社交的功能，成为一个独特的集体记忆和媒介事件。

(2)云监工：“慢直播”与“饭圈文化”的融合。

以央视频为例，自央视频《疫情二十四小时》慢直播上线以来，观看慢直播的网友自称“云监工”，即在网络上监督医院建设进度，后来随着红十字捐赠物资转运直播、“方舱医院”建设直播等上线，也监督物资调配、关注各地驰援等。

①作为“陪伴式”社交的“慢直播”。

“慢直播”最早可追溯的案例是挪威广播公司2009年拍摄的纪录片《卑尔根铁路：分分秒秒》。2013年，央视网与成都大熊猫繁育研究基地开办IPANDA熊猫频道，对大熊猫的生活进行24小时直播，在国外有一大批收视群体和粉丝。可以说，“慢直播”的镜头无剪辑、无后期制作与加工，原生态展现事物发展，为受众提供真实的“现场感”。

央视频《疫情二十四小时》慢直播运用前沿的网络技术，依托云资源优势进行云网融合，基于智能视频云实现了武汉“火神山”“雷神山”云监控系统平台建设，保障了央视频《疫情二十四小时》高清直播。

《疫情二十四小时》界面中的内容不仅限于对“火神山”“雷神山”医院的直播及回放，也实时直播“抗疫”过程中的其他新闻和知识科普，慢直播镜头和评论区构成了网络受众观看视频画面和进行互动的主要场域。这种慢直播不仅为网络受众提供了一个新的新闻观看视角，也提供了一个新的新闻参与方式。受众可以及时了解新闻信息动态，满足网络受众的信息需求，也为受众提供了“陪伴式”社交的参与平台，通过评论区的互动连接陌生人之间的关系，共同应对疫情，缓解特殊时期的紧张、焦虑和恐慌。

②作为亚文化的“饭圈文化”进入“慢直播”媒体场域。

在“云监工”现象中，“饭圈文化”则进入“慢直播”的媒体场域，“粉”起了直播画面中的众多物体，“追”起了医院建设进度。“云监工”一方面作为一种观看“慢直播”的网络行为，轻松、参与性强，让大众参与到“共同抗疫”的行动中来，另一方面作为群体身份，强化了网络受众的身份认同。“云监工”的同一身份，激发并凝聚了网络受众在“慢直播”这个沉浸式参与媒体仪式中的情感共鸣和身份共鸣。

③作为集体共同记忆的“云监工”。

《疫情二十四小时》慢直播的时间节点、事件特殊性和公共性上都区别于一般的“慢直播”视频，它不仅是受众打发时间的视频产品，也成为了一个集体共同记忆的媒介事件。在时间节点上，由于《疫情二十四小时》慢直播在春节和疫情期间，大量受众居家“自我隔离”，有大量空余时间，同时疫情事件的公共性具有高关注度，提高了《疫情二十四小时》慢直播的收看度。加上移动互联网应用、网络直播文化和“饭圈”应援文化的流行，“云监工”已经成为受众参与公共事件的媒体仪式，共享《疫情二十四小时》慢直播带来的参与式体验，共享“云监工”身份凝聚的中国自信、中国速度、中国人的文化内涵，“云监工”也成为因疫情而形塑的共同集体记忆。

(3)“云监工”的“饭圈文化”情感表达与传播。

疫情期间的慢直播，通过新闻事件和话题聚集受众，饭圈文化逐渐渗入慢直播的传播场域，其传播模式由传统新闻向游戏化、情感化的互联网传播模式转变。“云监工”借用“饭圈文化”中的典型表达方式进行情感表达和传播，具体表现在通过“命名”投射和表达情感、通过“拼贴”再创作进行情感参与、通过“应援”表达情感支持三个方面。

①命名：“云监工”情感投射的符码。

“云监工”对“慢直播”中的各类物体的命名是一种情感投射和表达的方式，名称代表着受众对人或物所寄托的情感、赋予的意义。在《疫情二十四小时》的“慢直播”场域内，“云监工”对工地物品的命名具有三个功能。首先具有标记性功能，能够让自己和其他受众快速识别对象加入互动。其次，命名具有意义建构和承载功能，通过命名传递信息和寄托情感。再次，具有意义传递功能。皮尔斯曾提出符解的概念，即从符号及其语境中由人释义出来的符号意义。“云监工”的命名体现了独特的中国文化，作为中国人的群体身份能够调动相关文化知识解读符码，产生形象联想和意义领悟，并与具体语境结合，促进对“共同抗疫”的情感认同和集体行动。

② 拼贴：“云监工”情感参与的再创作。

以“饭圈文化”视角解读“云监工”可以看出，他们通过对直播画面的各类物体进行分类整理、命名，赋予物体以符号意义，用符号来表达感情，通过符号的拼贴进行再创作，回应环境中的变化、焦虑，完成情感参与的媒介实践。“云监工”的媒介实践打破了“慢直播”视频实时直播动态画面的原有状态和现实直观叙事，视频画面中的物体图像与各种语言文字表情拼接，相互碰撞、嫁接赋予了崭新的情节和符号内涵。

③应援：“云监工”情感支持的网络表征。

在“慢直播”中，“云监工”以网络应援作为情感支持的一种表达方式，他们通过应援文字、应援色、应援表情包，在微博发起和参与话题，建立超话，为支持的工地物体打榜、建立后援团，甚至呼吁官方开通捐款和打赏“刷礼物”通道。“应援文化”是一种加油文化、支持文化，“云监工”对其支持的工地物体应援，其实是在表达对武汉的加油和支持，相互鼓励，相互激发“抗疫”信心和爱国情感，传播积极的情绪和情感。

8．疫情期间，直播扶贫农产品带货推动复工复产，助力脱贫攻坚，用传播学基本理论框架分析该现象。［北大 2021 年研］

答：2020 年，是我国决胜全面建成小康社会、决战脱贫攻坚之年。然而，受疫情影响，实体经济受到了较为严重的冲击，大量的农产品出现滞销的问题，给脱贫攻坚带来压力和困难。而直播带货与扶贫农产品的结合为脱贫攻坚注入了不可小觑的力量，一些中央及省市县级媒体和政府官员也纷纷参与其中，有效推动了复工复产，助力脱贫攻坚和乡村振兴。

（1）互联网为直播带货提供技术基础。

从传播媒介的角度看，麦克卢汉认为，媒介即讯息。最有价值、最有意义的信息不是具体的传播内容，而是看其所用的传播工具的性质、其所开创的可能性及带来的社会变革。互联网技术的快速发展，使得高清、实时、大范围的视频直播成为可能，为直播带货提供了媒介平台。同时，直播媒介的互动性和社交性为直播带货用户提供了在场感，用户既是直播带货内容的接受者，也是参与者，这正是直播带货与传统视频购物的最大区别。另外，在麦克卢汉看来，一切传播媒介都是人类各种感官的延伸：文字和印刷媒介是人的视觉能力的延伸，广播是人的听觉能力的延伸，电视则是人的视觉、听觉和触觉能力的综合延伸。而手机等电子设备作为直播带货的媒介，将主播的形象与声音传递给大众并与大众产生强互动性。大众获得了视觉、听觉、触觉等多方面的延伸，且这种“延伸”在互动中强化成正向刺激，大众的购买欲望因此提升，这也是直播带货的主要行为逻辑。

政府和传统媒体以“主播”的形式入驻社交媒体平台，并且在形式上也主动迎合社交媒体的传播模式，有利于改善传统媒体和官方“高居庙堂之上”的形象，主动贴近民众，放低姿态，以大家喜闻乐见的方式，拉近与受众之间的距离，推动产品销售。

（2）意见领袖是影响用户购买意愿的重要因素。

从传播者的角度看，意见领袖在两级传播中发挥着重要作用。拉扎斯菲尔德认为，意见领袖对信息进行加工之后再传播给他人，可以在很大程度上提高信息的传播速度与影响力，从而对他人态度产生一定的影响。直播带货本质上就是主播与受众在传播中互动交流的过程，主播作为“意见领袖”，连接媒体与受众、商家与消费者，在直播带货的过程中发挥着关键作用。

在直播带货中，代言人大多数是政府或者官方媒体的主持人，他们在一定程度上作为意见领袖，在群众中具有很大的影响力，由官方代言人为农产品的品质和安全做出有力承诺，会造成一定程度的“光晕效应”，吸引民众购买。如贵州赤水副市长陶兴国直播带货农特产品，三小时销售额达196万元。疫情期间，除了各直播平台上的主播以外，如央视主持人、各地政府官员也都参与到直播带货中来，特别是朱广权与李佳琦的联动，被网友称为“小朱配琦”。主流媒体和官方媒体等意见领袖的参与，更加能够吸引到受众的关注，增加受众对于直播产品的信任，从而产生购买欲望。

(3)直播带货满足了用户的使用需求。

从受众的角度看，疫情期间直播带货的火爆也是用户的一种自我选择。使用与满足理论认为，受众对于媒介的选择和接触都是基于自身的意愿和需求。一方面，网络直播带货迎合了社会发展的需要。现代生活节奏快、购物平台多种多样，消费者希望更快买到心仪的物品，有更舒适的购物体验。直播带货正是借助互联网技术通过主播的现场亲身试用和互动，给予受众在场感，满足受众的需求。另一方面，疫情期间受限于居家隔离和社交距离，网友们大部分时间待在家中，易产生负面情绪，同时也无法实现正常的购物，直播带货也满足了受众的娱乐需求和购物需求。疫情期间，人们的生命财产安全受到挑战，许多人处于不安之中。而直播平台的强互动特性迎合了用户的情感需求，在虚拟平台里，人们获得了一种交流感和陪伴感，从信息焦虑中得到短暂抽离。同时，相关政府官员和主流媒体也积极扮演组织者的角色，弥合社会裂缝，形成守望相助的社会氛围，情感认同下人们也更加愿意伸出援助之手，助力复工复产。

(4)沉默螺旋背景下的好评效应。

从传播效果的角度看，用户在进入到直播间之后，首先看到的是满屏的对带货产品的好评。在沉默的螺旋的作用下，类似的好评发声会越来越多，从而增强后来用户对产品的信任感，并激发用户的购买力。

“沉默的螺旋”作为传播学中重要的理论，是指一方的“沉默”造成另一方意见的增势，使“优势意见”显得更加强大，这种强大又会反过来迫使更多的持不同意见者转向“沉默”，如此循环，便形成一个“一方越来越大声疾呼，而另一方越来越沉默下去的螺旋式过程”。在直播带货过程中，主播即政府官员作为主要发声者，其对于产品的正向描述成为传播场域中的“优势观念”被大多数受众接受。官员代表政府为直播商品信任“背书”，这种基于政府公信力的身份认同在很大程度上消解了网民对于产品质量的疑虑。政府官员、主流媒体的直播带货的强权威性使得网友对于有主流媒体合作的直播带货更具有信任感，而直播间中受众在评论区的评价几乎都与主播的描述高度相同，这也诱导了人们从众心理的形成。另外，产品存货数量的实时显示、主播对于产品销售数量的强调等，也是人们从众心理形成的原因。从众心理使人们趋于与同场域的其他人保持一致，从而促成了受众的付款成交。

(5)小结。

从宏观的社会层面来看，一方面，直播带货的火爆背后反映了当下社会消费主义和消费文化的盛行，直播带货的产品以满足即时快感的商品为主。另一方面，也是在疫情的特殊背景下，国家对于刺激消费的公共性政策支持，给予了直播带货更大的发展空间。